KB123743

팩트를 알면 두렵지 않다

IT'S BETTER THAN IT LOOKS

팩트를 알면 두렵지 않다

그레그 이스터브룩 지음

김종수 옮김

움직이는 서재

낙관주의는 역사의 화살을
추진시키는 활과 같다

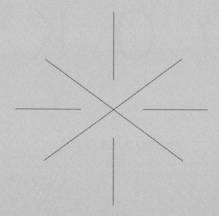

2016년 11월 도널드 트럼프가 미국 대통령으로 선출되던 날

미국의 실업률은 4.6퍼센트로, 1970년대 경제학자들이라면

엎드려 절했을 만큼 낮은 수치였다.

휘발유 가격은—실질 달러가치 기준으로—젊은이들이

최신 45회전 모노 싱글 레코드판에 열광하던 시절과 똑같은

수준이었다. 천연자원과 음식료품은 풍족하다. 중산층의 임금과

가구 소득은 상승했다. 경기는 89개월 연속으로 확장 국면이었다.

민간 부문 일자리는 80개월간 계속 늘어 이전 48개월간

최고 기록의 거의 두 배 가까운 수준에 도달했다. 이는 10년도

못 되는 기간 동안 800만 개의 일자리가 증가했다는 얘기다.

미국의 산업 생산은 사상 최고 수준에 이르렀다. 인플레이션은

10년 이래 최저치이고, 주택담보대출 금리와 다른 차입 비용도

역대 최저 수준이다. 범죄, 특히 살인은 장기적으로
하향 추세를 보이고 있다. 온실가스를 제외한 모든 형태의
공해 역시 장기적 감소 추세에 있고, 모든 종류의 차별 또한
장기적으로 하향 곡선을 그리고 있다. 교육수준과 수명은
그 어느 때보다도 높다. 전 세계 보유 외환의 3분의 2가 달러 표시
자산인데, 이는 미국 이외의 국가들이 미국의 장래를 밝게 보고
있다는 것을 의미한다. 미국의 군사력은 세계 최강일 뿐만 아니라
전 세계 군사력을 다 합친 것보다도 강하다. 객관적으로 볼 때
미국은 과거 그 어느 때보다도 최상의 상태에 있다.

그러나 트럼프는 "우리나라가 지옥으로 가고 있다"며
유권자들을 설득했다. 탁월한 산업 생산 실적에도 불구하고
트럼프는 "우리는 아무것도 만들지 못한다"고 외쳤고,
눈부신 경제적 성과에도 불구하고 "미국 경제가 여전히 악화일로를
걷고 있다"며 유권자들에게 부정적 믿음을 주입했다.
보스턴과 시카고, 클리블랜드, 덴버, 필라델피아, 피츠버그,
워싱턴 D.C. 등 미국 주요 도시들의 부활에도 불구하고 트럼프는
"미국의 도시들은 제대로 된 교육도 없고, 일자리도 없다"고 주장했다.
미국이 다른 나라에게는 800파운드(약 362kg)나 나가는
거구의 고릴라로 비쳐지고 있음에도 불구하고, 트럼프는
국제 관계에서 "우리는 항상 모든 것을 잃고 있다"며 유권자들을

선동했다. 트럼프는 선거 며칠 전 콜로라도에서 가진 유세에서
유권자들에게 "미국 역사상 최저 수준의 삶을 살고 있다"고 말했다.
2016년 대선이 끝난 뒤 (트럼프의 승리를 두고) 여론조사기관과
정치평론가들, FBI, 러시아, 위키리크스, 성차별, 그리고
힐러리 클린턴의 선거운동 실패에 책임을 돌리는 온갖 분석이
난무했다. 그러나 정작 중요한 것은 트럼프가 유권자들에게 모든 게
끔찍하다고 말했을 때 그들이 그 말을 믿었다는 점이다.

트럼프만이 모든 것에 대해 부정적인 것은 아니었다.
같은 해 좌파 진영에서 출마한 버니 샌더스는, 당내에서 압도적인
선호를 받으며 '현대 미국이 반석 위에 서 있다'는 구호의 선거 전략을
앞세워 민주당 후보 경선을 펼친 힐러리 클린턴을 거의
뒤짚을 뻔했다. 샌더스는 소수의 최상위 부유층을 제외하고는

미국의 비관적 주장은
전 세계 다른 국가의 눈에는
육중한 고릴라가 보여주는,
몸집에 어울리지 않은 징징거림일 뿐이다.

미국이 "파멸했다"고 주장했다. 샌더스 지지자들은 그의
대담하리만치 비관적인 주장에 열광적인 환호를 보냈다. 사실 그의
비관론은 어떤 면에서 트럼프 못지않게 뜬금없었다.
샌더스는 미국인들이 기업의 탐욕으로 야기된 공해물질에
"오염되고 있다"고 주장했다. 만일 우리의 신체가 오염되고 있다면,
그걸 보여주기 위해 더 오래 산다는 것은 웃기는 일이지 않을까.

2016년 대선 캠페인 때의 도널드 트럼프

2016년 대선 캠페인 때의 버니 샌더스

모든 게 실제보다 악화되고 있다고 믿는 풍조는 비단 미국에만
국한되지 않는다. 2016년에 영국은 여러 객관적 기준으로
판단컨대—견실한 경제 성장, 유럽연합의 어떤 나라보다도 낮은
실업률, 높은 수준의 개인 자유와 공중보건, 1인당 실질소득, 그밖의
어떤 주요 지표를 보더라도—역사상 최고의 상태였다. 현세대의
영국인들은 유럽 열강들 간의 전쟁으로 단 한 명도 죽지 않았다.
반면 앞선 세대에서는 유럽에서 벌어진 전쟁에서 200만 명이 죽고
500만 명이 중상을 입었다. 그러나 2016년 영국 유권자들은 분노에
넘쳐 유럽연합으로부터의 탈퇴를 요구했다.
그들은 마치 자신들의 평온하고 번영하는 체제가 (유럽연합 때문에)
아래로 아래로 몰락하고 있다고 믿는 듯했다.

인간의 인지 방식에는 네 가지 기본 유형이 있다. 하나는 '확실성'이다.

낙관주의는 역사의 화살을 추진시키는 활과 같다   **9**

우리는 태양이 지구로부터 9,300만 마일(약 1억 5천만 킬로미터) 떨어져

있다는 것을 확신할 수 있다. 또 한 가지는 '믿음' 또는 '의문'이다.

우리는 신에 대한 믿음을 입증하거나 반증할 수 없다.

세 번째는 '의견'이다. 어떤 맥주가 가장 맛이 좋은지, 또는 야구에

지명타자제를 반드시 두어야 하는지와 같은 질문에는 정답이 없다.

마지막으로, '믿고 싶은 것'이 있다. 우리가 믿고자 하는 것은

그 어떤 증거나 확률 또는 주관적 판단도 뒤집을 수 있다.

트럼프와 샌더스, 브렉시트Brexit 운동은 사람들이 사회에 대해
최악의 상황을 믿고 싶어 하는 경향에 편승해 대중의 공감을
불러일으켰다. 미국인들은 그 당시 미국이 최상의 상태였음에도
최악이라고 믿고 싶어 했으며, 영국에서도 똑같은 일이 벌어졌다.
그러나 세상은 전반적으로 과거 어느 때보다도 나아지고 있다.

물론 개인적으로나 신체적으로 또는 재정적으로 어려움을 겪고 있는
개인과 가족들이 많은 것도 사실이다. 아무도 아프거나 고통스럽거나
상심하지 않는 순간은 결코 없을 것이다.

그러나 전반적으로 미국 역사상 어떤 시절에도 2016년만큼
사람들이 살기 좋았던 적은 없었다. 생활수준과 1인당 소득, 구매력,
건강, 안전, 자유 그리고 수명은 사상 최고 수준이며, 여성과 소수집단,
동성애자들은 전에 없던 자유를 누리고 있다.

이렇듯 인류 역사상 세계 인구에서 전형적인 구성원의 삶이
모든 면에서 개선된 적은 없었다.

한 가지 지표를 살펴보자. 트럼프와 샌더스가 미국 도처에서
최악의 상황이 벌어지고 있다고 떠드는 것으로 환호를 받는 동안,
고통지수Misery Index－실업률+인플레이션율－는 지난 반세기 중
가장 낮았다(고통지수는 낮을수록 좋다). 실업률과 인플레이션율이
동시에 높으면 평균적인 사람들은 큰 타격을 입는다. 그런데 2016년에

이 두 지표는 이례적으로 동시에 낮았다. 노조 지도자들은
1960년대가 근로자들에게 황금시절이라고 말한다. 그러나 그 시절
고통지수는 지금보다 높았다. 공화당원들은 레이건 대통령 재임 시기
가 평범한 가족들에게 황금시절이라고 말하지만 그 시기 역시 지금보
다 고통지수가 높았다. 민주당원들은 빌 클린턴 대통령 재임 시기를
번영의 황금시절이라고 주장하지만 그때 역시 고통지수는
지금보다 높았다. 만일 고통지수가 (논란의 여지는 있지만) 평균적인
미국인들의 상태를 보여주는 최선의 지표라면 2016년은 그야말로
황금기였다. 그러나 그 2016년에 미국의 대선 후보들은
미국의 파멸을 외쳐댔고, 유권자들은 그들의 말을 '믿고 싶어 했다.'

2003년 출간된 졸저 《진보의 역설 The Progress Paradox》은 미국과
다른 선진국 사람들이 '붕괴 불안'—조만간 자신들의 생활방식을
더 이상 영위할 수 없을 것이란 우려 — 을 겪고 있다는 분석을
제시했다. 많은 사람들이 자유시장경제, 자원 소비, 개인적 자유,
사람이 아닌 법에 의해 운영되는 민주적 정부라는 공식이
지속되지 않을 것을 우려한다. 이 책은 서구식 생활방식이
겉으로 보이는 것보다 강건한 이유를 다각적으로 보여줄 것이다.
그와 함께 더 나은 세상이 보기보다 가까이 다가왔다는 근거를
보여줄 것이다. 그러나 누구도 붕괴가 일어나지 않는다고
확신할 수는 없다. 이 불확실성이 객관적으로 볼 때 미국 또는

세계의 상황이 대체로 괜찮음에도 불구하고 사람들이 나쁘다고
느끼게 만드는 작금의 모호한 불안감을 야기하는 것 같다.

《진보의 역설》을 출간한 이래 나는 이 난제를 계속 연구해왔다.
생활은 나아지는데 왜 사람들은 더 나빠진다고 느끼는가?
"생활이 나아진다"는 말이 삶의 모든 면이 개선된다거나
모든 사람의 형편이 나아진다는 것을 의미하는 것은 아니다.
"생활이 나아진다"는 것은 단지 현대 세계 대부분의 사람들이
대부분의 경우 이전 세대와 비교할 때
삶의 질이 나아졌다는 것을 의미할 뿐이다.
이것은 논란의 여지가 없는 명제에 가까워 보인다. 그러나 오늘날
많은 사람들이 최악의 상황을 믿고 싶어 한다는 점에서 여전히
일반적인 사회통념에 반한다. 이런 사정을 감안해서,
나는 이 문제를 연구하고 지금 여러분이 들고 있는 책을 쓰기로
결심했다. 이 책은 세 가지 목적을 가지고 썼다.
첫 번째 목적은 오늘날 온갖 불안 요소와 인터넷상의 요란한 논란,
귀에 거슬리는 피상적 논의에도 불구하고 미국과 유럽연합,
그리고 전부는 아니지만 대부분의 나머지 나라에서
생활 여건이 알려진 것보다 훨씬 좋은 조짐을 보이고 있다는 것을
보여주려는 것이다.
두 번째 목적은 그 이유를 규명하는 것이다. 미국과 대부분의

여타 국가에서 보이고 있는 양호한 생활 여건은 우연히
나타난 것이 아니다. 왜 모든 것들이 나빠지지 않고 더 나아지는가?
어떤 근본 요인들이 — 특히 어떤 유형의 개혁이 — 쇠퇴를 막는가?
세 번째, 이 책은 과거의 성공적인 개혁으로부터 배운 교훈을
불평등이나 기후변화와 같은 21세기의 난제에 적용해보고자 한다.
이 세 가지 논점을 통해 나는
'역사의 화살Arrow of History(역사의 방향성_역자)'이 드러나기를 희망한다.

나는 역사가 우리의 선택이 아닌 외부의 힘에 의해 쓰여진다는
결정론을 주장하는 것이 아니다. 또한 역사가 어떤 종착점을 향해

인도된다는 목적론을 제시하는 것도 아니다. 역사가 순환적이라거나 이전의 사건들로부터 예측할 수 있는 대로 가게 돼 있다고 주장하는 것도 아니다(역사 - 순환론적 주장은 역사를 '통제하는 비밀'이 있다는 가정에 기초한다. 이 때문에 도널드 트럼프의 몇몇 고위 보좌관들이 역사순환론이란 미신을 지지한다는 사실이 충격적이다). 나는 단지 시간이 감에 따라 인간의 생활 여건이 대체로 향상되고, 이러한 추세가 계속될 것으로 예상된다는 점을 강조하고자 할 뿐이다.

19세기 중반 프랑스 철학자 프레데릭 바스티아는 어떤 상황을 평가할 때 그렇지 않았으면 어떤 일이 벌어졌을지를 고려하는 것이 중요하다고 주장했다. 이 주제에 대한 그의 논문 〈보이는 것과 보이지 않는 것That Which Is Seen and That Which Is Not Seen〉은 오늘날 경제학자들이 '기회비용 분석'이라 부르는 것의 토대가 되었다. 발생한 것만 생각하지 말아야 한다. 일어나지 않은 것, 그래서 보이지 않는 것도 함께 고려해야 한다. 급변하는 지금 세상에서 우리가 보지 못하는 것은 무엇일까? 이 책의 세 가지 목적에 대한 서막으로, 잠시 오늘날 세계에는 없는 과거의 시련들을 생각해보자.

곡물창고는 비지 않았다. 토머스 맬서스가 인구 증가로 인해 대규모 기아 사태가 초래될 것이란 내용의《인구론》을 발표한 지

2세기가 넘었다. 1960년대에는 수억 명, 아마도 수십억 명이
굶주림으로 죽을 것으로 예측됐었다. 그러나 2015년 국제연합UN은
세계적으로 영양실조는 사상 최저수준으로 떨어졌다고 보고했다.
남아 있는 영양실조의 거의 대부분은 분배의 실패나 정부의
부패 때문에 빚어진 것이지 공급 부족으로 인한 것이 아니었다.
기아 문제는 우리 생전에 완전히 해소될 수 있을 것이다.

자원은 고갈되지 않았다. 1970년대에는 석유와 천연가스가
2000년 무렵쯤 완전히 사라져 세계는 연료 확보에 필사적이
될 것이란 예측이 일반적이었다. 하지만 현재 석유와 가스는
전 세계적으로 공급과잉 상태로, 값싸고 손쉽게 얻을 수 있어서
이들 화석연료가 배출하는 온실가스가 기후변화를 초래하고 있다.
각종 무기물과 광석 또한 고갈될 것으로 예상됐지만 여전히 풍부하다.
자원은 인구와 자동차, 항공기, 건축물이 믿을 수 없을 만큼
폭발적으로 확산됐음에도 그다지 줄어들지 않았다.

걷잡을 수 없는 전염병은 없다. 슈퍼 바이러스나 돌연변이 병원균이
막을 수 없는 기세로 창궐하여 전 세계를 위협할 것이란 말이
나돌았지만, 암을 포함하여 거의 모든 질병의 발병률은 감소 추세에
있다. 2000년 미국 질병통제예방센터CDC는 전염성 질병은
지속적으로 감소해왔으며, 그 결과 비만에 의한 사망률이

세균에 의한 사망률보다 훨씬 높아졌다고 보고했다.

전염병에 의한 사망률은 거의 모든 국가에서 지속적으로 하락했다.

해가 갈수록 미국이나 유럽연합뿐만 아니라 전 세계적으로
수명은 늘어나고 있다. 거의 모든 국가에서 인류는
더 오래 살고 있으며, 심근경색이나 뇌졸중으로 고통받는 사람들은
줄어들고 있다. 극빈국에서조차 수명 연장이 정점에 도달했다는
징후는 보이지 않는다.

서구 국가들은 공해로 숨막히지 않는다. 한 세대 전만 해도 덴버와
휴스턴, 로스앤젤레스, 샌디에이고 등은 사람이 살기 어려울 정도로
스모그가 심했고, 미국이나 유럽의 많은 나라에서 대기오염은
광범위한 호흡기 손상을 초래했었다. 오늘날 로스앤젤레스의
공기 질은 현격히 개선되어 몇 년째 심각한 경고가 없어졌고,
샌디에이고는 측정이 시작된 이래 스모그가 가장 낮은 수준으로
줄어들었다. 전국적으로 겨울철 스모그는 77퍼센트,
여름철 스모그는 22퍼센트가 줄어들었는데, 이는 미국의 인구가
급격히 늘어나는 와중에 거둔 성과다. 1980년대만 해도 산성비로 인해
미국 동부와 중부 유럽의 숲이 파괴될 것으로 예측됐었다.
그러나 산성비의 주 요인인 아황산가스는 미국에서 81퍼센트나
감소했고, 유럽에서도 급격하게 줄어들었다. 미국 애팔래치아
산맥의 삼림과 독일의 '검은 숲 Black Forest'은

18세기 이래 최상의 상태를 보이고 있다.

아프리카와 아시아, 인도 대륙의 많은 도시들은 서구에서 공기의 질이 개선된 이후에도 오랫동안 스모그와 연기로 고통받고 있다. 그러나 대부분의 개발도상국에서는 더 많은 사람들이 활발하게 경제활동에 참여하고 있음에도 대기와 수질오염은 점차 줄어들고 있다. 세계적으로 이러한 추세에 어긋나는 단 하나의 예외가 있으니, 그것은 '온실가스Greenhouse Gas'다. 라디오 전화 토크쇼에서의 (온실가스 문제를 부정하는_역자) 주장은 믿지 말라. 인위적인 기후변화는 과학적으로 입증되었다.

경제 시스템은 불안해지긴 했지만 여전히 잘 작동하고 있다. 많은 사람들이 경제적 격변에 현기증이 날 지경이지만, 80년 전 대공황 이후 전 세계적인 경제 붕괴는 없었다. 사람들의 생활수준은 꾸준히 향상되고 있는데, 이러한 추세는 특히 가난한 사람들에게 중요한 의미를 갖는다. 각종 상품과 서비스는 풍족하게 공급되고 있다. 거의 매년 세계 1인당 총생산GDP은 새로운 기록을 써나가고 있다. 중산층의 소득 증가세는 서구 국가에서는 다소 완만하지만 (세전소득보다 더 중요한) 중산층의 구매력은 계속 증가하고 있다. 그렇다면 여러분이 그토록 많이 들어왔던 '위축되는 중산층'은 뭐란 말인가? 미국에서 중산층이 줄어든 주된 요인은 소득 수준이 떨어진 사람보다 높아진 사람이 많았기 때문이다.

세계경제는―미국과 유럽연합에서는 쉽게 관찰할 수 없겠지만―
역동적으로 잘 돌아가고 있다. 개발도상국의 빈곤이 급속히 줄어들고
있다는 게 그 증거다. 1990년 세계은행이 극빈지역으로 규정한 지역에
사는 사람은 세계 인구의 37퍼센트에 달했지만, 오늘날 그 숫자는
10퍼센트에 불과하다. 이러한 사실은 국제교역으로 인해 제조업
일자리를 잃은 미국 중서부지역이나 영국 북부지역 사람들에게
별다른 위안이 되진 않겠지만, 국제교역으로 미국과 영국에서
상대적으로 적은 사람들이 경제적 고충을 겪게 된 반면 아프리카와
아시아, 라틴아메리카에서는 경제적 고통을 겪는 사람들의 숫자를
엄청나게 줄였다. 개발도상국의 빈곤 축소는 최근 4반세기에서 가장
주목할 만한 성공 스토리로 간주되어야 한다. 이러한 성공담은 미국과
유럽에서는 관찰되지 않기 때문에 서구인들은 거의 알지 못한다.

범죄와 전쟁은 악화되지 않았다. 살인사건 발생률이 높아지고
강대국들이 경쟁적으로 군비를 강화하던 한 세대 전에는, 폭력으로
유린된 도시와 끊임없이 전쟁이 벌어지는 참혹한 미래가
곧 닥칠 것처럼 보였다. 하지만 1990년 이래 미국과 다른
주요 국가들의 범죄율은 급속히 떨어졌다(일몰 이후 뉴욕 센트럴파크는 대낮
의 옐로스톤 공원만큼이나 안전하다). 범죄율 하락은 도시의 재생으로
이어져 거의 모든 사람들이 혜택을 보고 있다. 특히 오늘날 흑인들은
한 세대 전에 비해 살인사건의 희생자가 될 가능성이

훨씬 줄어들었고, (몇몇 끔찍한 예외에도 불구하고) 경찰에 의해 피해를

입을 가능성도 몇십 년 전보다 적어졌다.

시리아 내전 같은 가슴 아픈 예외가 있음에도 불구하고,

1990년 이래 전쟁의 빈도와 강도는 세계적으로 낮아지고 있고,

1인당 군비 지출은 하락 국면에 접어들었다. 미국과 러시아는

핵무기를 늘리지 않는 대신 오히려 국제적 감시기구가 참관하는

가운데 수만 기의 핵폭탄을 해체해서 고철로 용해시켰다.

1990년 무렵 이후 폭력으로 인해 사망할 가능성은 선사시대를

포함해서 사상 최저수준으로 떨어졌다. 이러한 언급은

2016년 유럽에서의 이슬람 테러와 미국에서의 대규모 총기난사

사건을 감안해도 여전히 유효하다. 아프가니스탄과 이라크, 수단,

시리아를 제외할 때, 2016년 어떤 사람이 폭력에 의해

죽을 확률은 사상 최저였다. 인구 증가의 압력하에서도

세계는 꾸준히 더 안전해지고 있다.

독재자들은 성공하지 못한다. 2차 세계대전 기간 중 전 세계에

암운이 번져가고 있을 때 단지 몇 개국의 자유사회만이

전체주의에 대항하는 연합전선을 형성하고 있었다.

전쟁이 끝난 후 공산주의는 흡사 파시즘이 시작한 과업을 완수하려는

것처럼 중국과 소련에 경찰국가를 도입했다. 조지 오웰처럼

선견지명이 있는 사상가들은 세계적으로 자유를 말살하는

절대독재체제가 다가오고 있음을 예견했다.

그러나 자유선거와 인권, 민의 신장을 향한 승리가 이어졌다.

어떤 나라들은 과거로 회귀했고(러시아, 터키), 어떤 나라들은

민주주의 이론가 래리 다이아몬드가 지칭하는 '약탈적 정부Predatory

Government'로 인해 혼란에 빠졌다(나이지리아, 베네수엘라).

그러나 현세대 동안 인구 최대국(중국)은 자유를 향한 시도를

하고 있고, 두 번째로 많은 나라(인도)는 미흡하나마 표현의 자유와

자유선거체제를 유지하고 있다. 오웰이 독재자들로 하여금

국민의 일상생활을 빈틈없이 감시할 수 있도록 할까봐 우려했던

기술의 발전은, 거꾸로 평균적인 국민들이 정부가 통제할 수 없는

정보에 광범위하게 접근할 수 있도록 했다.

우리가 갖고 있지 않은 문제라서 간과하기 쉬운 분야도 많다.

비디오게임과 집중하지 못하는 문화 행태에도 불구하고

사회적 무관심이 팽배하지는 않았다. 전반적인 교육수준이 향상되고

있으며, 개도국에서 소녀들에 대한 학교 교육은 더 이상 드문 일이

아니다. 잘 교육받은 여성들이 경제계와 정부, 과학계에서 책임 있는

자리에 진출하도록 하는 것은 그 자체로 정의로울 뿐만 아니라

세상에 새로운 아이디어의 공급을 배가시키는 일이기도 하다.

기술은 무분별하게 발전하지 않았다. 자동차와 항공기, 의약품, 그리고

많은 무기들조차 덜 위험한 쪽으로 발전했다. 그 사이 공장(제조업_역자)

일자리를 줄이는 데 막대한 관심이 기울여졌다. 공장 일자리의 감소는 중국과의 교역 이전부터 시작됐는데, 세계화 여부와 관계없이 자동화에 의해 촉발된 불가피한 흐름이었다. 별로 주목받지 못한 사실은 오늘날 미국인의 60퍼센트가 화이트칼라 직업에 종사하고 있다는 점이다. 화이트칼라 직종은 스트레스와 따분함은 있지만, 허리가 휘는 육체노동이나 공장 매연을 들이마실 일은 없다. 위에 제시한 논점들을 뒷받침할 자세한 근거는 본문에서 충분히 제공될 것이다.

미국과 유럽 그리고 세계의 상황이 일반적으로 알려진 것보다 낮다는 것이 현실에 안주하거나 자만해도 좋다는 결론으로 이어져서는 안된다. 반대로 세상이 발전하고 있다는 것을 앎으로써 더 큰 개혁을 불러오는 계기로 삼아야 한다. 오늘날 우리가 직면하고 있는 도전은 만만치 않다. 불평등과 인종 갈등, 기후변화, 불법 이민, 전쟁 지역이나 실패한 국가에서 도망쳐온 난민들, 중동지역의 끝없는 분쟁, 아프리카의 독재자와 군벌, 부실한 공교육 시스템, 공교육을 무력화시키는 얄팍한 상업주의에 경도된 문화, 분노로 오염된 공적 토론 등. 그리고 이것들은 겨우 시작에 불과하다. 여기다 우리가 당장 직면해야 할 엄청난 문제가 분명히 있다. 과거 어느 한 해를 놓고 봐도 예상치 못한 중대한 문제가 발생하지 않았던 적은 없다. 흡사 자연법칙이 한 가지 문제를

풀고 나면 새로운 문제가 생기도록 설계된 것 같다. 따라서 이 책은
"걱정 말고 행복하자Don't worry, be happy"고 말하는 게 아니다.
실은 걱정할 것이 너무 많다. 그러나 걱정은 하되 낙관적인 태도를
가지자는 것이다. 낙관주의Optimism는 우리가 세상의 많은 잘못과
결함에 눈감도록 하지 않는다. 대신 낙관주의는 우리가 소매를
걷어붙이고 일을 시작하면 문제가 풀릴 수 있다는 확신이자 다짐이다.

낙관주의는 일단 미래지향적 사고방식이다.
1세기 전 진보당원들 the Progressives은 철저하게 낙관주의자들이었다.
그들은 모든 남자와 여자들에게 언론의 자유와 종교의 자유,
공포로부터의 자유, 결핍으로부터의 자유를 추구했다. 이러한 믿음은
단지 구호에 그치지 않고 현실에 기반해서 이룰 수 있는 실질적인
진전이었다. 그들은 '아름다운 미국America the Beautiful(미국을 찬양하는
애국적인 노래)'의 멋진 마지막 구절처럼 "인간의 눈물로 흐려지지 않는
하얀 도시들이 빛나는" 미래를 보았던 것이다.
그후 비관주의가 학계에서 시작해서 공론의 광장으로 유행이 되어
퍼져나갔다. 오늘날 조금 배웠다는 사람은 세상이 곧 무너질 것같이
생각하는 것이 일반적인 사회통념이 되어버렸다.
모든 게 끔찍하다고 생각하지 않으면 상황을 제대로
이해하지 못하는 사람 취급을 받을 정도다.

대선 선거운동을 하는 동안 트럼프는 "옛 시절이 그립다"면서 현재에

대한 과장된 비관주의와 과거에 대한 막연한 동경을 뒤섞었다.

그렇다면 그 '좋았던 옛 시절'은 정확히 언제란 말인가?

과거의 그 어떤 시기에도 수명은 지금보다 짧았고,

질병은 더 만연했으며, 생활수준은 더 낮았고,

차별과 공해는 더 심했고, 자유는 더 위협받았다.

보수적 지식인인 유발 레빈Yuval Levin은 미국인들이

애초에 있지도 않았기 때문에 결코 도달할 수 없는

'이상적인 과거'로 돌아갈 것을 요구하는

'경쟁적인 향수 정치a politics of competitive nostalgia'를 벌이고 있다고 썼다.

반면에 더 나은 미래는 도달할 수 있다.

낙관주의는 다시금 지적으로 존중받을 필요가 있다.

낙관주의는 개혁을 위한 최선의 주장이다.

그리고 역사의 화살을 추진시키는 활이다.

일러두기

▶ 이 책에서 화폐에 대한 모든 언급은 달러의 현재가치 또는 다른 통화의 현재가치로 환산됐다.
즉, 과거의 화폐가치는 현재가치로 표시된다.
▶ 현대의 국가명을 적용했다.
▶ 본문 중 어떤 사람이 "말했다" 또는 "말했었다"고 표현된 인용문은 공식적 기록에서 따온 것이다.
본문에서 어떤 사람이 "말한다"고 표현된 인용문은 저자와의 인터뷰에서 차용한 것이다.

비관주의자들이
걱정하는 것들

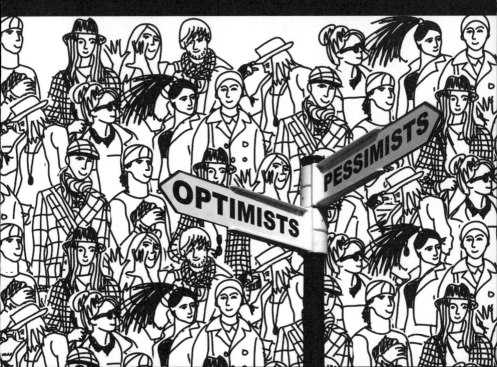

1

우리는 왜 굶주리지 않는가?

녹색혁명으로 전 세계인을 기아에서 해방시킨 사나이

1914년 어느 추운 겨울 아침, 미국 아이오와주의 작은 도시 크레스코 Cresco의 농장에서 20세기에 가장 중요한 인물이 태어났다. 그는 초등 학교 기초교육(읽기, 쓰기, 산수)을 교실 한 칸짜리 작은 학교에서 받았다. 매일 학교가 파하면 부리나케 집으로 돌아와 가축들을 돌봐야 했다. 장학금을 받고 대학에 들어간 그는 농업경영학을 전공해, 더 작은 땅 에서 더 많은 식량을 생산할 수 있는 작물 재배 방법에 대한 아이디어 를 연구했다. 그후 그는 세상으로 나와 수십억 명의 생명을 구했다.

젊은이들은 진절머리 나는 정치인들과 보기 민망한 문화예술인들 이 넘쳐나는 시대에 본받을 만한 영웅이 없다고들 말한다. 그렇다면 젊은이들이 1970년 노벨 평화상 수상을 포함해 평생 존경스런 삶을 살다 간 노먼 볼로그 Norman Borlaug(1914~2009, 미국의 농업경영학자)의 이름 을 알지 못한다는 것은 부끄러운 일이다. 볼로그는 '녹색혁명the Green

Revolution'으로 불리게 된 농업개혁운동을 지원하기 위해 아시아와 아프리카, 멕시코의 연구센터와 현지 직원들을 돕느라 생애 대부분을 자신이 태어난 땅에서 멀리 떨어져 살았다.

볼로그가 시작한 이 운동의 목적은 지구상 70억 명의 인구가 먹을 것을 풍족하게 갖도록 하자는 것이다(식량 배분 방식만 개선됐다면 모든 사람들이 이미 풍족한 식량을 가졌을 것이다). 유엔 식량농업기구FAO는 2015년 굶주림을 겪는 인구가 세계 인구의 13퍼센트로, 영양실조 비율이 사상 최저수준으로 떨어졌다고 보고했다. 그러나 전 세계 인구에서 차지하는 비중이 '단지 13퍼센트'라고 해도 여전히 9억 명의 인간이 굶주리고 있다는 뜻이다. 모든 게 넘쳐나는 과잉의 시대에 이 수치는 비극적으로 크다. 그러나 반세기 전만 해도 인류의 50퍼센트가 영양실조를 겪고 있었다.

세계 인구가 급증했음에도 식량 부족에 시달리는 인구의 비중은 급격히 줄어들었고, 세계 인구가 계속 늘어나는 중에도 영양실조는 더욱 감소하는 추세를 보이고 있다. 2010년에서 2015년까지 미국 국제개발국USAID을 이끌었던 라지브 샤Rajiv Shah는 "녹색혁명 덕분에 세계는 100억 명 또는 200억 명에게 충분한 열량과 단백질을 생산할 수 있게 됐다"고 말한다. "환경과 농업 생산의 균형을 어떻게 지킬 것인가에 대한 문제는 있다. 그러나 맬서스가 제기했던 우려는 잘못된 것임이 판명됐다. 세상이 무너진다면 식량 공급 때문은 아닐 것이다."

맬서스의 인류 파멸 예상은 정확히 틀렸다

당신이 세계 어느 곳에 있든, 오늘 먹게 될 식사는 부분적이나마 그 아이오와 농장의 소년과 작물의 대량생산을 가능케 한 그의 평생에 걸친 기여와 연관돼 있을 것이다. 녹색혁명에서 볼로그와 그의 동료들이 한 활동은 우리의 존재에서 차지하는 농업의 중요성과 함께 개혁이 인류 진보의 핵심 요소라는 사고방식과 관련돼 있다.

현대 국가의 많은 시민들이 식량 공급을 너무나 당연한 것으로 받아들이기 때문에, 역사상 성공한 모든 사회가 농업에 기반을 두고 있었다는 사실을 간과하기 쉽다. 농업은 소형 전자제품이나 로켓 발사만큼 매력적이진 않지만, 작물이 자라지 않는다면 다른 것들은 다 소용이 없다. 아르헨티나와 호주, 캐나다, 미국, 그리고 대부분의 유럽 국가들이 번영한 근본적인 이유는 농업, 즉 곡물과 과일, 채소, 낙농, 육류, 가금, 포도주, 식물 섬유 등을 생산하는 능력이 탁월했기 때문이다. 이들의 농업기술을 여타 국가로 확산시킴으로써 그 나라들도 역시 번영하게 됐다.

식량 생산은 어떻게 세계가 많은 사람이 예상했던 재앙 대신 대체로 긍정적인 방향으로 발전해왔는지를 이해하기 위한 첫 번째 창구다. 예견됐던 기아 사태를 모면할 수 있게 한 여러 가지 조치들은 앞으로 직면하게 될 다른 도전들에도 적용될 수 있다.

역사적으로 기아에 대한 예상은 강렬했다. 두 세기 전 토머스 맬서스Thomas Malthus는 인구가 식량 생산보다 빠르게 증가함에 따라 총체적

파국에 이를 것이라고 선언했다. 맬서스는, 자연은 희소성을 통해 종種을 통제하는데, 태어난 모든 인류를 부양하기에 충분한 토지를 경작하는 것은 물리적으로 불가능하기 때문에 이러한 파멸은 가차없이 일어날 것이라고 주장했다.

맬서스 사후 약 한 세대가 지났을 무렵 중국과 인도, 아일랜드, 일본을 강타한 기근은 그의 주장을 확인해준 것처럼 보였다. 총체적인 기아가 임박했다는 생각은 다른 사람들도 가졌다. 1848년 〈공산당 선언 Communist Menifesto〉을 출간한 마르크스와 엥겔스는 '농업 집단군의 설립'을 그들의 10대 강령 가운데 하나로 삼았다. 그들은 인류를 먹여 살리기 위한 유일한 희망은 군인들을 군역으로부터 영농 경작지로 전환하는 것뿐이라고 믿었다.

20세기 전반기 동안 중국과 독일, 그리스, 인도, 러시아, 베트남에서 극심한 식량부족 사태가 벌어졌다(이러한 식량부족 사태는 전쟁이나 독재 등 어느 정도는 인간에 의해 빚어졌다). 한편 1930년대 '더스트 보울the Dust Bowl(미국과 캐나다의 대평원 지대를 덮친 먼지 폭풍_역자)'로 인해 미국인과 캐나다인들은 자신들의 농업 생산성이 한계에 이르렀다는 우려를 하게 되었다. 1960년대에는 무자비한 기아라는 개념이 거의 유행어가 되었다. 1967년에 베스트셀러였던 《1975년 대기근Famine 1975!》이란 책은 1975년 이전에 세계적인 식량 폭동이 일어나고, 미국은 어떤 나라를 구할 것인지, 또 식량 공급에 대한 압력을 완화하고 '과잉 인구'를 줄이기 위해 어떤 나라 사람들을 모두 죽도록 내버려둘 것인지를 결정하는 끔찍한 선택을 해야 하는 상황에 몰릴 것이라고 예측했다.

1970년 미국의 운이 다했다는 말로 쇠퇴론적 세계관에 인기 있는 인물로 떠오른 스탠포드대학의 이론가 폴 에를리히Paul Ehrlich는 '투나잇 쇼'에 출연해 진행자인 자니 카슨에게 수억 명을 아사시킬 대규모 기아 사태가 곧 아프리카나 아시아뿐만 아니라 북미에서도 일어날 것이라고 말했다. 에를리히는 전국의 시청자들에게 "앞으로 15년 이내에 종말이 다가올 것"이라며 "이는 인류의 종말을 의미한다"고 선언했다. 기근에 관한 주장은 심지어 대중오락 분야까지 넘나들고 있다. 최근 흥행에 대성공을 거두고 있는 영화 시리즈물 〈헝거 게임The Hunger Games〉은 미래의 미국 사회가 힘의 장場과 반중력 장치를 보유하지만 토마토를 재배하는 방법은 전혀 모른다는 전제에 기초하고 있다.

그러나 우리는 굶주리지 않는다. 맬서스의《인구론Essay on the Principal of Population》이 출현했을 때 세계 인구는 10억 명이었다. 지금 인류는 70억 명으로 불어났고, 부유한 국가뿐만 아니라 일부 개도국에서조차 비만이 공중 건강 문제가 될 정도로 식량이 풍부하다. 오늘날 비만 인구는 맬서스가 먹여야 할 입이 너무 많다고 주장했을 때 지구상에 살고 있던 총인구의 두 배에 달한다. 전 세계의 농부들은 70억 명의 고객이 있음에도 불구하고 식량의 과잉생산이 수요를 능가하는 공급과잉을 초래하고 있다고 불평한다("작물 공급과잉 악화될 전망"-〈월스트리트 저널〉 2017년 4월 기사).

북한과 남수단, 베네수엘라 등지에서는 전쟁 또는 정부에 의한 식량 배분의 실패가 계속되고 있지만(북한은 국경을 개방하기만 해도 충분한 식량을 공급받을 수 있다), 두 세대 전 소련의 곡물 대흉작 이후 '흉작'이란 말은 들리지 않았다.

볼로그의 고수확 곡물 혁신이 20억 명의 생명을 구하다

볼로그는 1940년대와 1950년대에 멕시코에서 살았고, 1960년대와 1970년대엔 인도와 파키스탄에서 지냈다. 그곳에서 그는 뼈 빠지게 일해야 겨우 연명하는 자급자족형 농업을 새로운 작물의 신속한 개발로 대표되는 고수확 농업기술로 대체하는 작업을 현지 농부 및 공동체와 함께 벌였다. 사람들은 고대로부터 작물과 가축들을 변형시켜왔다. 오늘날 자연적으로 진화한 식물과 가축, 가금류를 소비하는 사람은 없을 것이다. 고대 메소아메리카(마야 문명) 사람들은 '테오신트_teosinte'라는 야생풀을 옥수수의 조상 식물과 교배시켰다. 전통적인 작물교배 방식은 고통스러울 정도로 느렸기 때문에 테오신트를 옥수수로 바꾸는 데는 수백 년의 시간이 걸렸다.

멕시코의 국제 옥수수·밀 개량센터(스페인어 첫 글자를 따서 CIMMYT로 알려졌다)에 상주하던 볼로그와 다른 농업경영학자들은 식물의 교배를 가속할 수 있는 몇 가지 방법을 발견했다. 볼로그는 CIMMYT에서 개발한 기술을 이용해 오늘날 세계적으로 주식主食의 하나가 된 '난쟁이 봄밀' 종種의 완성을 앞당길 수 있었다. 맬서스와 마르크스는 새로운 아이디어가 빠르게 신품종을 개발하여 곡물 수확량을 늘릴 수 있다는 것을 알지 못했다. 그들은 정태적이고 변치 않는 농업 시스템을 가정했다. 그러나 농업은 역동적으로 변했다.

통상적으로 농부들은 크고 인상적으로 보이는 수확물을 원한다고 생각하지만, 밀과 다른 곡물들은 작을수록 유익하다는 사실이 입증됐다. 대가 작아지도록 교배된 식물들은 먹을 수 없는 줄기 부분에 에너지를 덜 쓰고, 과실을 키우는 데 더 많은 에너지를 공급한다. 줄기가 작은 밀 품종인 스타우트는 알곡을 잘 지탱하는 데 비해, 줄기가 긴 밀은 성숙기에 휘어져 수확을 어렵게 한다. 자연 상태에서 식물들은 햇빛을 더 받기 위해 경쟁하기 때문에 자연적으론 키가 큰 밀의 유전자가 더 선호된다. 고수확 농업에서는 일정하게 늘어선 작물들이 햇빛을 고르게 받기 때문에 경쟁할 필요가 없어진다. 볼로그와 그의 동료들은 선택적 육종을 가속화하는 방법을 이용해서 농부들의 오랜 골칫거리인 녹병균에 저항성이 강한 밀 품종을 개발했다. 밀은 자연적으로 병충해에 강하기 때문에 볼로그가 선택한 곡물이다. 그와 그의 동료들은 빨리 자라고, 녹병에 걸리지 않으며, 가뭄과 낮은 일조량을 잘 견디고, 무엇보다도 수확량을 늘릴 수 있는 밀 품종을 혼합교배를 통해 개발했다.

볼로그가 CIMMYT에서 신품종의 밀을 완성하려고 애쓰는 동안, 필리핀의 국제쌀연구소와 중국의 후난 쌀연구소의 연구자들은 가속교배법을 이용해 고수확 벼 품종을 찾고 있었다. 후에 코트디부아르에 있는 아프리카 쌀연구소의 농업경영학자들이 이들의 연구에 합류했다. 이 연구기관들은 잘 교육받은 사람들에게조차 그 존재가 알려지지 않았지만, 갈수록 늘어나는 세계 인구를 먹여 살릴 수단을 제공했다. 1997년 미국의 시사 잡지 〈애틀랜틱The Atlantic〉은 볼로그의 고수확 곡물 혁신이 10억 명의 생명을 구했을 것으로 추산했다. 그로부터 20년이 지난 지금은 그 숫자가 아마 20억 명에 달했을 것이다.

선택적으로 육종된 난쟁이 밀은 농약은 별로 필요하지 않았지만 비료와 관개시설 없이는 번성할 수 없었다. 대부분의 농업경영학자와 마찬가지로 볼로그는 토양의 영양을 보존하기 위해 유기농 비료(동물 배설물로 만든 거름의 고상한 이름)를 옹호했다. 그러나 대량의 거름을 확보하기 위해서는 대규모로 가축을 사육해야 하고, 사람이 먹을 수 있는 곡물을 사료로 먹여야 한다. 화석연료와 무기물로 만든 비료는 세계적인 규모로 토양을 개선할 수 있다. 사람이 먹을 수 없는 물질을 곡물과 과일, 채소와 맞바꿀 수 있는 것이다. 비유기농 비료를 상업적인 규모로 전환하면 산업 생산과 평화롭게 공존할 수 있게 하는 부수 효과도 거둘 수 있다. 볼로그에게 이러한 선택은 인류, 특히 가난한 사람들의 이익에 봉사한다는 점에서 논란의 여지가 없는 것이었다.

볼로그와 여러 멕시코 농업경영학자들은 1965년 인도-파키스탄 전쟁 기간 중에 인도와 파키스탄을 방문해 식량 부족에 시달리던 이 지역에 고수확 영농기술을 도입하기 위한 일을 했다(멕시코가 세계 영양실조 감소에 기여한 공은 아직까지 제대로 인정받지 못했다). 몇몇 개도국 정부들은 고도로 교육받은 미국과 멕시코의 전문가들이 글조차 읽을 줄 모르는 소농들과 접촉하는 것을 의심스럽게 바라봤다. 이들이 농촌지역의 봉건적 문화를 흔들어 토지를 소유한 귀족 가문들의 불안을 야기할지도 모른다고 여겼기 때문이다. 이와 함께 몇몇 서구의 논평가들은 개도국에서 식량 공급을 늘리는 것이 잘못됐다고 지적하기도 했다. 인구를 억제하는 더러운 일은 자연이 하도록 맡겨야 한다는 것이다.

볼로그와 그의 조력자들이 가는 곳마다 농업 수확량은 늘어났고, 굶주림은 줄어들었다. 그 수치는 어느 경우나 놀라웠다. 볼로그가 소년이었을 때 미국의 농가는 1에이커(약 1,200평)당 10.8부셸(약 294kg)의 밀을 생산했다. 1950년에는 13부셸(약 354kg)의 밀이 생산됐고, 2015년에는 36부셸(약 980kg)까지 증가했다. 다수확은 서구에서뿐만 아니라 대부분의 개도국에서 1인당 섭취할 수 있는 열량과 단백질이 꾸준히 증가했다는 것을 의미한다. 지속 가능한 성장을 지향하는 국제기구인 '월드워치 인스티튜트Worldwatch Institute'는 2007년 "세계 곡물 수확량은 1961년 이래 세계 인구가 두 배로 증가하는 동안 거의 세 배로 늘어났다"고 선언했다.

1961년 전 세계에서 생산된 곡물은 7억 6,000만 톤이었다. 2015년 그 수치는 24억 톤으로, 대략 인구가 두 배 늘어날 때 곡물 수확량이 세 배 증가하는 패턴을 유지했다. 낙농 제품과 육류 생산량도 동시에 증가했다. 1950년에 세계 1인당 소고기 생산량은 37파운드(약 16.8kg)였다. 2015년 1인당 소고기 생산량은 99파운드(약 45kg)로 늘어났다. 이러한 수치들은 어쩌다 한 번이 아니라 2차 세계대전 종전 이후 전 기간에 걸쳐 1인당 열량과 단백질 생산이 인구 증가보다 빠르게 늘었음을 보여준다.

더 작은 땅에서 더 많은 식량을 생산하다

이와 못지않게 중요한 것은, 고수확 농업기술이 더 작은 땅에서 더 많은 식량 생산을 가능하게 했다는 점이다. 1950년 미국에서는 8,400만 에이커의 경작지에서 11억 부셸의 밀을 수확했다. 2015년에는 20억 부셸의 밀을 수확하기 위해 5,500만 에이커가 필요했다. 3분의 1이나 작은 면적에서 거의 두 배에 가까운 밀을 수확한 셈이다. 또 다른 형태의 수확량 증가는 자연에 대한 부담을 줄인다. 한 가지 예는 젖소의 우유 생산량이 꾸준히 늘어난 것이다. 2015년 미국에서 젖소 한 마리가 생산하는 우유는 1980년보다 80퍼센트가 더 많다. 그 결과 1980년의 우유 생산량과 똑같은 수준의 우유를 그때보다 수백만 마리나 적은 젖소로부터 얻을 수 있게 됐고, 젖소 방목에 필요한 토지도 줄어들었다.

고수확 농업은 반세기 전 전문가들조차 불가능하다고 여겼을 여러 가지 결과를 낳았다. 그중의 하나는 인도가 식량 자급을 이뤘을 뿐만 아니라 식량의 순수출국이 됐다는 것이다. 콜카타와 인도의 다른 여러 도시에서는 여전히 극심한 도시 빈곤 상태가 지속되고 있지만, 놀라운 농업 생산 덕에 예견됐던 대규모 기아 사태는 일어나지 않았다. 2013년 인도는 130억 달러어치의 곡물을 국제 시장에 출하했다.

볼로그의 전례를 따라 중국의 유안 롱핑과 시에라리온의 몬티 존스가 이끄는 연구팀은 아시아 벼의 다수확 특성과, 아프리카의 기후에 맞고 전통적인 풍미를 가진 아프리카 벼의 특성이 결합된 작은 줄기의 다수확 벼 품종인 '네리카nerica'를 개발했다(녹색혁명의 옹호자들은 일찍이 어떤 작물이든 현지 입맛에 맞아야 한다는 것을 체득했다). 네리카 종種은 아프리카 전역에서 재배되기 시작해 국내 생산으로 수입산 쌀을 대체하고 있다.

한 세대 전, 몇몇 서구 환경주의자들은 (이념적인 이유로) 전통적인 종자로 가축을 이용해 경작하는 자급자족형 농업만이 아프리카에 적합하다고 주장했다. 길만 건너면 에어컨이 들어오는 안락한 고급 레스토랑이 있다면, 등골이 휘게 일해도 수확은 적은 과거 방식의 농업을 낭만적으로 미화할 수도 있을 것이다. 아프리카에서의 고수확 농업에 대해 제기되는 이런 반론으로 인해 현지 농민들은 세계은행이나 다른 기관으로부터 탈곡기와 교배품종의 종자, 그밖의 농자재 구입을 위한 금융 지원을 받기 어렵게 됐다. 미국과 유럽연합에서 금융 지원은 가뭄에 단비만큼이나 농업의 성공에 핵심적인 요소다. 볼로그는 1995년 "많은 서구의 로비스트들은 굶주림을 체험해본 적이 없다. 그들이, 내가 지난 50년간 그랬던 것처럼 개도국의 극심한 빈곤 속에서 한 달만 살아본다면 제발 트랙터와 비료, 관개수로를 제공해달라고 간청하게 될 것이고, 잘 차려입은 본국의 엘리트들이 이런 요청을 거부한다는 사실에 분개할 것"이라고 나에게 말했다.

녹색혁명에 대한 오해의 일부는 흔히 녹색혁명의 영농기법을 미친

과학자들이 살아 있는 괴물을 발명하는 것과 혼동하는 것이다. 토양에 대한 녹색혁명의 접근 방식은 대부분 화학약품을 포함하지 않는다. 예를 들어, 대형 회전 분사식 스프링클러를 사용할 때 일어나는 수분 증발을 막기 위해 지표면에 촘촘히 깔린 호스를 통해 소량의 물을 흘려 보내는 적하滴下 관개방식Drip Irrigation을 채택한 것은 녹색혁명의 한 가지 아이디어다. 이와 마찬가지로 농부들은 (토양을 보존하기 위해 수확 후 남은 작물의 잔여물을 그대로 두는) 자연보호적인 경작 방식과 땅을 갈아엎지 않는 농법을 채택하고 있다.

녹색혁명에 대한 적대감은 2006년 '빌 앤 멜린다 게이츠 재단'이 아프리카에 고수확 농업을 도입하자는 편에 서자 바뀌기 시작했다. 게이츠 재단의 지지는 아프리카 농민들이 현대적 농업기술을 채택할 수 있도록 금융기관들의 지원을 확대하는 계기가 됐다. 예컨대 케냐의 옥수수 수확량은 볼로그의 어린 시절 미국의 대평원에서 그랬던 것과 똑같이 급증하기 시작했다. 게이츠 재단의 연구는 식물의 광합성 시간을 늘릴 수 있는 수단의 개발과 같은 농업기술의 돌파구를 열었다. 2016년 이 신기술의 발견으로 인해 많은 작물의 수확량을 10~20퍼센트 늘릴 수 있을 것으로 예상된다.

아프리카의 농업 개발을 가로막는 요인
대부분의 아프리카 농업은 아직 현대적 영농기술을 이용하지 않기 때문에, 농업기술을 향상시켜 이 지역에서 더 많은 식량을 생산하는 한편 부가가치가 높은 수출품을 생산해 경제 성장을 촉진할 여지가 매우 크다. 올루세군 오바산조Olusegun Obasanjo 전 나이지리아 대통령은 2016년 "아프리카에서 농업은 기아와 영양실조를 종식시킬 뿐만 아니라 소득과 고용을 창출하기 위한 가장 큰 기회"라고 했다. 농산물 수출이 아프리카 국가들의 국내총생산GDP 증대에 도움이 되려면 서구의 무역장벽을 낮춰야 한다. 예컨대 유럽연합은 아프리카로부터 커피 원두는 무관세로 수입하도록 허용하지만 볶은 커피의 수입에는 무거운 세금을 부과한다. 그럼으로써 유럽연합은 아프리카 커피농장 노동자들이 땀 흘려 거둔 결과물을 값싸게 들여와 숙련된 기술이 들어가는 부가가치 요소는 역내에 남긴다. 2014년 아프리카의 커피농장들은 24억 달러어치의 원두를 독일에 팔았는데, 거기서 볶아지고 가공된 커피는 유럽 전역의 커피숍과 슈퍼마켓으로 38억 달러에 되팔렸다.

무역장벽의 철폐와 함께 아프리카에 최적화된 고수확 종자의 추가 개발이 더욱더 필요하다. 라지브 샤는 미국 국제개발국USAID 국장이 되자 이 기구가 아프리카의 토양과 기후에 특화된 농업 연구를 지원하도록 독려했다. 이러한 개혁은 미국 내에서 아무런 지지를 받지 못했고 그 결과 또한 미국인들에게 알려지지 않았다. 어떤 농업경영학자들은 아프리카가 빙하에 침식된 적이 없기 때문에 가망이 없다고 봤다(빙하 침식은 지구의 표토층에 빙하기가 가져다준 선물이다).

역사사회학계에 나도는 한 가지 가설은, 유럽이 아프리카보다 빠르게 발전한 이유가 빙하에 침식된 유럽의 토양이 생산적인 반면 아프리카의 황폐한 토양은 비생산적이기 때문이라는 것이다. 샤는 "이런 주장은 대륙이동설continental drift을 전혀 감안하지 않았다"며, "아주 먼 과거 대륙의 지도를 떠올려본다면 아프리카의 토양이 한때 경작에 부적합하다고 여겨졌던 브라질의 토양과 매우 비슷하다는 사실을 알게 될 것"이라고 말한다. 브라질의 광활한 사바나 지역인 '케라도cerrado'는 석회암 파쇄석을 덮는 방법을 통해 농업에 적합한 토양으로 일궈졌다. 브라질은 여전히 많은 문제를 안고 있지만, 콩 재배와 목축 분야는 원활하게 돌아간다. 석회석 처방이 아프리카 농가도 그렇게 할 수 있도록 도움이 될지도 모르겠다. 브라질에서 거둔 농업의 성공 방식이 아프리카에 적용된다면 장기적인 식량안정 보장도 가능할 것이다.

한편, 인구 증가세는 둔화될 것으로 보인다. 예측이 정확하다고 입증된 유엔 인구국에 따르면, 세계 인구는 110억 명 선에서 정점에 이를 것으로 전망된다. 자급자족형 농업이 고수확 농업으로 대체된 곳에서는 어디나 인구 증가가 둔화된 반면 교육수준은 (특히 여학생에 대해) 높아졌다.

자급자족형 농경사회에서 아동은 그들의 노동력과 더 많은 아이를 낳을 수 있다는 점에서만 가치가 있다. 기술기반의 농업은 생산된 작물에 대한 경제적 시장성을 과학적으로 연구하고 배우는 농경제학으로 관심의 초점을 옮긴다. 농업경영학에서 볼 때 노동력에서 지식으로의 전환muscles-to-books은 세계 출산율이 지난 몇십 년간 계속 하락한 주된 원인이다. 세계 인구증가율은 1960년 약 2.1퍼센트로 정점에 도달한 이래 줄곧 떨어져서 지금은 1.2퍼센트까지 낮아졌다. 갈수록 낮아지는 사망률과 가정을 이루게 될 엄청난 숫자의 젊은이들이 가지는 '인구통계학적 탄력demographic momentum'을 감안하면 세계 인구는 계속 증가할 것이 확실하다. 이러한 인구통계학적 탄력은 인구증가율이 하락해도 총인구가 2100년 무렵까지 증가할 것임을 보장한다. 그러나 장기적인 사회구조의 전이(높은 출산율과 낮은 교육수준의 사회에서 낮은 출산율과 높은 교육수준을 가진 사회로의 이행)는 이미 완성 단계에 가까워졌다.

식량 생산이 인구 증가를 계속 앞지르기 위해서는 고수확 농법이 실질적으로 모든 경작지로 확대되어야 할 뿐만 아니라, 아프리카와 그외 지역의 국가들이 시장경제에 기반을 둔 농업을 채택해야 한다. 중국에서 곡물 생산이 획기적으로 늘어나기 시작한 것이 중앙의 계획경제체제가 시장의 힘에 의해 대체된 때라는 사실은 우연이 아니다. 자유시장 경제체제는 많은 결함을 가졌다. 그러나 농업 자원을 배분하고, 필요한 식량을 구하며, 수확량을 늘린 농부에게 보상하는 데 있어서 자유시장 경제체제는 중앙집중식 계획경제체제보다 우월하다는 것을 입증했다.

기술 농업의 눈부신 성과, 그뒤에 남은 과제들

세계 여러 곳에서 해밀턴 식 해법(알렉산더 해밀턴이 제시한 18세기 미국의 경제정책)이 요구되고 있다. 그의 처방은 세 부분으로 이루어졌다. 상업적 투자를 인수(보증)하는 국영은행을 설립하고, 초기 산업을 보호하기 위해 한시적인 관세를 부과하며, 농산물 시장이 발전할 수 있도록 연방 자금으로 도로와 운하를 건설한다는 것이다. 이렇게 함으로써 농부들이 자신들의 지역공동체가 구입할 수 있는 양보다 많은 농산물을 생산하도록 장려하자는 것이 그의 구상이었다. 영국의 원예가 노엘 킹스베리는 장거리 운송이 발달하기 전까지 농업은 지역산업에 불과했다고 지적했다. 농민들은 일단 원격지 시장에 농산물을 출하할 수 있게 되자 드디어 작물 수확량을 늘려야 할 이유를 찾았다. 전 세계 많은 지역에서 향상된 수송 기반시설 덕에 식량 공급이 부족한 곳에 농산물을 신선한 상태로 보낼 수 있게 됐다.

해밀턴 식 정책은 시간이 흘렀어도 여전히 유효하다. 번영하는 모든 나라들은 국영 대출기관을 갖고 있다. 관세는 산업이 성숙한 뒤에는 철폐되어야 하겠지만 초기 산업이 발달하는 데 도움이 된다. 미국이 풍요로워진 한 가지 요인은 연방 차원의 사회기반시설 투자를 통해 미국의 곡창지대를 개발한 것이다. 대부분의 개발도상국들은 도로와 교량, 철도를 절실히 필요로 한다. 시골지역(특히 아프리카와 일부 남아메리카)의 농부들은 (운송 인프라의 미비로 인해) 도시의 시장으로 자신들의 생산물을 가져갈 수 없어서, 결국 생산량을 늘려봐야 아무런 혜택을 보지 못하기 때문이다. 개도국의 영양실조는 농업 생산이 적어서라기보다 배분 과정의 문제와 사회기반시설의 부족, 현지의 부패 때문에 아직도 계속되고 있다.

고수확 농법이 화학물질과 유전자 변형식물의 사용을 포함하기 때문에 어떤 사람들은 현대 농업에 대해 불편한 감정을 드러낸다. 유전적으로 동일한 작물을 너무 많이 심으면, 빠르게 확산되는 식물 전염병이 발생하는 방향으로 자연선택이 일어나는 장場이 펼쳐질 수 있다는 우려에서다. 그러나 고수확 농업기술을 이용했던 지난 한 세기 동안 그런 일은 일어나지 않았고, 이제 그럴 가능성은 배제되었다. 이는 (여러 연구 분야 가운데 가성비가 가장 높은 연구 형태인) 농업 연구가, 의학 연구에서 항상 변형된 항생물질을 찾는 것과 똑같은 방식으로 변형된 종자를 찾는 한 가지 이유다. 고수확 농업은 자연에도 이롭다. 미국에서 '제2의 더스트 보울Dust Bowl(모래폭풍)'이 왜 일어나지 않았을까? 고수확 농업이 실패하지 않았기 때문이다.

2014년 유엔식량농업기구FAO는 단위면적당 열량(칼로리) 생산이 2050년까지 70퍼센트 늘어날 수 있을 것으로 추정했다. 이는 인구 증가 예상치를 훨씬 앞서는 것이다. FAO는 이 기간 중 단위면적당 관개용수와 화학물질 사용량은 줄어들고, 농업 생산량 대비 경작지 면적 역시 감소할 것으로 예상했다. 화학물질 사용을 줄이는 것의 이점은 명백하다. 식물의 유전자 변형을 시도한 초기에는 농약을 사용하지 않고 병충해에 대한 식물의 저항성을 높이는 데 주로 초점이 맞춰졌다. 미국 농무부의 조사에 따르면, 미국에서 농약 사용은 2차 세계대전 종전 이후 1981년 정점에 이르기까지 꾸준히 증가했다가 그후 병충해 저항력이 강한 작물이 도입되면서 감소해왔다. 농약은 여전히 위험하다. 클로르파리포스라고 불리는 농약은 유아들에게 발달장애를 일으키는 원인이 될 수 있다. 미국에서 클로르파리포스를 가정에서 사용하는 것은 금지됐지만 농장에서의 사용은 여전히 법적으로 허용되고 있다. 소비자는 보호하면서 농장에서 일하는 임신부들은 보호하지 않고 있는 셈이다.

그러나 농약 사용을 낮추는 추세인 것은 분명하다. 많은 소비자들은 (왠지 으스스하게 들리는) '유전자 변형 생물체GMO : GENICALLY MODIFIED ORGANISM'란 표식이 붙은 식품을 좋아하지 않는다. 그러나 그런 식물들은 농약이 뿌려졌을 가능성이 다른 식물에 비해 낮다. 2013년 미국 과학발전협회는 GMO 작물의 섭취가 안전하다는 결론을 내렸다. 2017년까지 유전자 변형 연구는 작물의 유전자에 새로운 유전인자를 추가하는 것이 아니라 자연발생적인 유전자(주로 부패의 원인이 되는 유전자)를 교체하는 이른바 작물 '편집'으로 바뀌었다.

생명공학을 활용한 농업은 가공식품 대신 신선한 과일과 채소의 공급을 늘림으로써 장기적으로 건강을 증진시킬 수 있을 것이다. 현재 진행되는 한 가지 연구의 목적은 상온에서 오랫동안 신선 상태를 유지할 수 있는 채소를 개발하는 것이다.

농업에서 농업용수 사용을 줄이는 것의 장점은 눈에 보이는 것보다 큰 의미를 갖는다. 중동지역에서 담수 공급은 한계에 이르렀고, 중국은 지하수를 위험한 수준으로 퍼올리고 있다. 세계에서 인구가 가장 많고, 그래서 식량 증산이 절실하게 필요한 중국은 1인당 담수량이 세계 평균의 25퍼센트에 불과하다. 중국이 쌀 경작을 위한 농업용수의 대부분을 의존하고 있는 중국 북부 평야 대수층의 지하수는 아마 한 세대 내에 거의 고갈될지도 모른다.

지구온난화에 따른 기온 상승 효과는 대처할 수 있을지 모르지만 그로 인한 담수 부족 현상은 다른 문제다. UCLA의 지리학자 로렌스 스미스Laurence Smith가 지적했듯이, 지구상 물의 98퍼센트는 염수다. 남은 2퍼센트의 담수도 호수나 강이 아니라 주로 빙하나 적설층에 저장되어 있다. 그런데 지구온난화로 인해 빙하와 고산에 쌓인 눈이 녹고 있다. 얼음과 눈이 녹은 물이 흘러내려 바다에 이르면, 다시 증발해 고산지대의 얼음과 눈으로 저장되는 물의 순환이 일어난다. 그러나 이런 물의 순환은 너무나 느리게 진행되기 때문에 인류의 담수 필요량을 충족할 수 없다.

바닷물의 염분을 제거해 담수를 얻을 수 있지만 비용이 너무 비싸다. 1인당 농업용수 사용량이 생활용수의 두 배라는 점을 감안하면, 농업용 담수 소비를 줄이는 일은 세계적으로 최우선 과제가 됐다. 유전자 변형 작물은 일반적으로 기존 작물에 비해 적은 수분을 필요로 한다. 녹색혁명은 수자원 보호에도 우호적이었던 셈이다.

지난 20년간 캘리포니아주는 농업용 담수 사용을 합리화하는 여러 가지 조치를 취했다. 캘리포니아에서 물 낭비를 줄이는 데 핵심적인 열쇠는 시장 가격을 적용한 것이었다(물 낭비는 가정보다는 농업과 더 밀접하게 관련돼 있다). 다른 서국 국가들도 이와 비슷한 조치를 취할 필요가 있다. 예컨대 벨기에는 감자 공급이 부족하지 않은 지 50년이 지났는데도 여전히 감자 생산에 과도한 보조금을 주고 있다.

기술 농업은 더 작은 땅에서 더 많은 농산물을 생산할 수 있다는 점에서 자연과 사회 모두를 위해 중심적 역할을 한다. 오늘날 미국은 1880년보다 21퍼센트 작은 경작 면적에서 6배나 많은 식량과 섬유를 생산한다. 1991년 소련의 붕괴로 중앙집중식 계획농업 체제가 시장경제체제로 대체된 이후, 러시아에서는 폴란드 면적만큼의 경작지가 줄어들었으나 농업 생산은 오히려 증가했다. 더 작은 면적에서 더 많은 식량을 생산하는 이런 결과는 어디에서나 필요하다.

우리는 앞으로도 굶지 않는다 - 식량에 대한 다양한 대안들

세계 인구가 1800년 10억 명에서 1900년 16억 명, 2000년 60억 명으로 급증하자, 모든 산림을 개간하고 마지막 한 조각의 땅까지도 경작해야만 모든 사람을 먹여 살릴 수 있다는 것이 그나마 희망적인 견해였다. 그러나 경작지는 줄어드는 가운데 식량 생산은 늘어났다. 농업에서 제외된 토지는 대부분의 경우 도시화되지 않고 자연 상태로 돌아갔다. 현재 남극대륙을 제외하고 지구 표면의 0.45퍼센트만이 콘크리트로 덮여 있다. 남극대륙을 포함하면 이 수치는 3분의 1퍼센트로 줄어든다.

제시 오수벨Jesse Ausubel 뉴욕 록펠러대학 인간환경 프로그램 사무국장은 "농부들이 한정된 땅에서 더 많은 작물을 수확하는 방법을 효과적으로 습득함으로써 경작지가 줄어들고 인구가 늘어나면서도 사람들이 양질의 음식을 섭취할 수 있게 됐다"고 말한다. 오늘날 애팔래치아 삼림지대는 유럽인들이 북아메리카를 발견한 이래 가장 넓은 면적을 차지하고 있다. 미국 동해안의 인구가 크게 늘었음에도 불구하고 많은 토지가 경작지에서 자연으로 환원됐기 때문이다. 오수벨은 "이렇게 용도가 전환된 토지는 그 규모가 도시 확대를 다 합친 것보다도 훨씬 넓기 때문에 앞으로 자연경관의 복원이 상당히 이루어지고, 그 결과 2050년까지는 세계적으로 산림 면적이 10퍼센트 확대될 것으로 예상된다"며 "이는 사상 유례가 없이 인구가 폭증하는 기간 동안 인도 크기와 맞먹는 7억 5,000만 에이커의 농지가 자연 상태로 환원된다는 얘기"라고 말한다.

정치인과 로비스트, 주류 언론, 그리고 요즘은 소셜미디어까지 부정적인 면만 부각시킨다. 개발도상국을 포함해서 전 세계에 식량이 풍부해졌다는 것처럼 좋은 소식으로 간주되어야 할 것들이, 각종 작물에 대해 농업 기업들이 사악한 실험을 하고 있다는 듯이 포장된다. 이미 농장이 많이 줄어든 서구 국가에서 매년 더 많은 경작지가 농업에서 퇴장해 자연으로 환원되고, 현재 운영되는 농장들도 갈수록 적은 농지를 사용하고 있다는 것은 당연히 좋은 소식임에도 불구하고, 언론과 로비스트들에 의해 '충격적인 농장 소실의 위기'로 왜곡된다.

베이징사범대학의 연구원인 지펭 리우Zhifeng Liu는 2014년 도시와 교외지역, 도로 등이 지구 표면에서 차지하는 비율이 3퍼센트 정도라는 걸 밝혀냈다. 이와는 대조적으로 지구 육지 면적의 11퍼센트가 경작지로 이용되고 있는데, 이는 농업용 토지가 아직까지는 인위적으로 이용되는 토지 가운데 가장 넓다는 뜻이다. 따라서 농업용 토지 수요가 줄어들수록 자연과 도시 확대에 유익해진다. 2013년은 처음으로 도시에서 거주하는 인구가 도시 밖에서 거주하는 인구를 넘어선 해다. 2015년에 인구 1,000만 명 이상인 도시의 수는 35개에 이른다. 이 가운데 많은 도시가 서구에는 익숙하지 않다. 한 세대 전만 해도 존재하지 않았던 중국의 거대도시 선전深圳은 시카고나 런던보다 크다.

농업의 발전은, 세계적으로 진행되는 도시 팽창에도 불구하고 토지 공급이 위협받지 않는 주요 요인이다. 기술 진보로 인해 사람들이 모든 면에서 더 적은 면적의 땅을 필요로 하게 됐다는 점도 토지 부족 사태가 일어나지 않는 부차적인 이유다. 네덜란드의 과학자 루이스 프레스코는 구석기시대에 인류는 수렵과 채취에 한 사람당 125에이커(약 15만 3,000평)가 필요했다고 지적했다. 오늘날 현대인은 식량 생산과 자원 획득, 주거 공간 등의 용도로 한 사람당 1에이커(약 1,224평)만 필요로 한다. 현대가 석기시대보다 훨씬 높은 수준의 물질주의 생활방식을 영위하고 있음에도 그렇다. 프레스코는 불과 한 세기 전만 해도 (빵 위에 붉은 고기가 얹혀진) 버거는 부유하고 권력을 가진 특권층만 먹을 수 있었던 특별한 음식이었다고 지적했다. 오늘날 10억 명의 사람들이 소고기로 만든 음식을 일상적으로 먹고 있고, 20억 명은 이런 음식을 가끔씩은 먹는다. 그밖의 사람들도 건강에 좋건 나쁘건 간에 치즈버거 파티에 가세하기를 열망한다.

식습관을 개선한다면 서구 세계의 건강은 분명히 더 증진될 것이다. (맥도널드가 2016년 항생제 없이 방목해서 사육한 닭과 소로부터 생산된 달걀과 고기로 전환한 것과 같은) 작은 변화부터, (각급 학교와 도시들이 영양가는 없고 열량만 높은 대표적인 음식인 가당 탄산음료의 소비를 억제하는 조치를 취하는 것과 같은) 중대한 변화에 이르기까지 개선의 조짐이 조심스럽게 나타나고 있다. 영양관리사들은 미국인들이 그저 더 적게 먹으면 된다고 하겠지만, 농업경영학자들은 치즈버거 대신 치킨 샌드위치를 먹는 것을 선호한다. 육우가 같은 양의 고기를 생산하기 위해 닭보다 5배 많은 자원이 필요하기 때문이다. 피시 샌드위치라면 더욱 좋을 것이다. 어류는 같은 양의 단백질을 생산하기에 가금류보다 더 적은 자원이 들어가기 때문이다. (이런 기준에 따르면_역자) 야채버거가 이상적일 것이다.

인도가 예상과는 달리 식량 자급을 이룰 수 있었던 한 가지 이유는, 인도의 채식 위주 식생활에 필요한 곡물 생산량이 육류 중심의 식생활에 비해 적기 때문이다. 전 세계가 (윤리적인 이유에서) 인도의 예를 따라 채식주의 식생활을 하게 된다면 좋을 것이다. 그러나 그런 일이 가까운 장래에 일어나지는 않을 것이다. 아마 완전 채식주의 음식과 (소고기와 돼지고기, 닭고기 중심의) 서구와 일부 아시아식 음식의 중간 어디쯤의 식생활 방식을 찾을 수 있을 것이다. 현실적으로 가능한 절충안은 동물에 의존하지 않고 고기를 생산하는 것이다.

현재의 야채버거는 압축한 톱밥 맛이다. 그러나 최근 혀의 미각을 자극할 만큼 맛있는 식물성 인조고기가 연구소에서 개발되고 있다. 몇몇 신생 기업들은 고기 맛을 느끼는 생리적 경로를 활성화시키는 식물 기반의 조리법을 연구 중이다. 이런 조리법이 개발되면 건강하고 먹기도 좋으며, 가축과 가축 사육에 필요한 각종 농업 자원의 투입이 전혀 필요 없는 채식 버거가 나올 수 있을 것이다.

또 하나의 가능한 대안은 동물을 거치지 않고 조직을 직접 배양해 고기를 생산하는 것이다. 이상하게 들리는가? 대부분의 서구 세계에서, 마당에 나가 닭을 잡아 목을 부러뜨리는 일은 이상하게 보인다. 그러나 우리의 증조할머니는 이것을 저녁 만찬을 준비하기 위해 흔히 하는 정상적인 일이라고 여겼다.

고기 생산을 위한 조직 배양은 지금도 가능하지만, 그 결과 얻은 스테이크용 고기가 파운드(0.45kg)당 1,000달러(약 120만 원)에 이를 만큼 비싸다는 게 문제다. 그러나 텔레비전이나 휴대폰, 가정용 프린터, 제트기 등 현대 생활의 수많은 필수품들이 처음에는 아주 비쌌다가 나중에는 살 만한 수준으로 가격이 낮아졌다. 오수벨은 "후대에는 수많은 사람들이 가축에서 생산된 고기를 소비하는 20세기를 (비윤리적이며 동시에 불합리한 자원의 사용이라는 점에서 이해가 되지 않는) 이상한 시기로 볼지도 모른다"면서, "그때에도 사람들은 더블 치즈버거를 주문하겠지만, 그 더블 치즈버거는 동물의 고기로 만들어지지 않았다는 점이 다르다"고 말한다. 이것이 실현된다면 지금보다 훨씬 많은 인구를 부양하는 것도 현실적으로 가능해질 것이다.

고수확 농업으로 식량 확보를 위한 토지 전쟁이 사라지다

잠시 앞으로 이 책에서 계속 반복될 두 가지 주제를 소개해보자. 첫째는 대부분의 사회에서 토지와 연관되는 방식에 역사상 유례가 없는 변화가 일어났다는 점이다. 그동안 거의 주목을 받지 못한 이 변화는 오늘날 우리가 사는 세계에 긍정적 변화를 가져온 핵심적인 동력의 하나다. 두 번째 주제는, 가장 긍정적인 변화는 미국이나 유럽연합이 아니라 개발도상국에서 일어나고 있다는 점이다. 이 두 가지 아이디어는 '왜 우리는 굶주리지 않는가'라는 질문과 관련돼 있고, 두 가지 모두 앞으로 더 넓은 주제로 확대될 것이다.

우선 토지를 생각해보자. 농업에 요구되는 경작지의 지속적인 감소는 식량과 관계없는 지정학적 역학관계에 영향을 준다. 수 세기 동안 여러 나라가 땅을 확보하기 위해 전쟁까지 벌였다. 이는 부분적으로 토지의 확보가 식량 생산의 유일한 수단이자 귀족층(토호)에게 핵심적인 부의 원천이었기 때문이다. 유럽의 정착민들이 미국 미시시피 서부에 도착했을 때, 그들은 드넓은 땅을 차지할 수 있다는 데 감격했다. 땅이야말로 구유럽 세계가 가장 소중하게 여기던 재산이었기 때문이다. 1952년 출간된 존 스타인벡의 소설《에덴의 동쪽》에서는 19세기 캘리포니아에 대해 "새로 도착한 사람들이 광활하게 펼쳐진 대지를 보고 흥분한 이유는 사금을 채취할 기회를 얻었기 때문이 아니라 토지를 소유할 수 있다는 기대 때문"이라고 묘사한다.

농업용 경작지의 지배는 유럽과 아시아에서 수 세기 동안 벌어진 여러 전쟁의 한 가지 원인이었고, 20세기 두 차례의 세계대전 역시 어떤 면에서는 영토 지배권과 관련됐다고 할 수 있다. 미국의 남북전쟁도 부분적으로는 노예제 기반의 농업 생활방식을 유지하려는 남부연합의 욕망에 대한 싸움이었다. 그 시절의 농업은 거의 1,000년 동안 의미 있는 변화가 없었다. 영주는 베란다에 앉아 있고, 농노들이 과거 수 세기 동안 해온 방식 그대로 땅을 일궜다. 남부는 빠르게 변화하는 산업과 교육에 기반한 뉴잉글랜드의 생활방식이 잠식해 들어오는 것을 한사코 막으려 했다.

고수확 농업의 도입은 풍부한 식량을 확보하게 했을 뿐만 아니라, 노예와 농노, 소작농들을 착취하지 않고도 부를 이룰 수 있게 했다. 지난 4반세기 동안 전쟁이 놀랄 만큼 줄어든 한 가지 이유도 결국 각국이 더 이상 충분한 식량을 확보하기 위해 토지를 장악할 필요가 없어졌기 때문이다. 아프리카와 미국, 중국, 멕시코, 필리핀의 농학자들이 곡물 종자를 교환해 우수한 교배품종을 개발한 목적은 기아를 해소하려는 것이지 전쟁을 줄이려는 의도는 아니었다. 그러나 그들의 노력은 예상하진 못했지만 매우 긍정적인 결과를 낳았다.

다음 장에서는 토지 용도의 추세적 변화가 해온 역할과 전쟁의 감소를 자세히 다룰 것이다. 전쟁은, 그 강도와 빈도 및 군인과 민간인 사상자 수가 케이블 TV 뉴스에서 어떻게 보도되느냐와 관계없이 지난 4반세기 동안 지속적으로 감소해왔다.

그들은 개도국의 빈곤 감소엔 관심이 없다

이제 개발도상국들의 발전상을 살펴보자. 영양부족 현상의 해소가 대부분 개도국에서 일어났을 뿐만 아니라 빈곤과 공해, 폭력, 저학력의 감소 또한 대부분 개도국에서 나타났다.

불과 80년 전만 해도 인류의 80퍼센트가 읽고 쓸 줄 몰랐다. 그동안 인구가 크게 늘었음에도 불구하고 오늘날 전 세계 문맹률은 15%로 떨어졌다. 농업의 발전은 문맹률을 낮추는 데 기여했다. 자급자족형 농업은 끊임없는 육체노동을 요구할 뿐, 지식을 필요로 하지 않는다. 자급자족형 농가는 들일을 할 많은 아이를 원하지만 각각의 아이가 갖는 가치는 작다. 이런 상황에서 아이를 학교에 보내 시간을 낭비할 이유가 뭔가? 오늘날의 농장 생활은 과거에 비해 육체적 노동은 적은 반면 지식이 중요해졌다. 농가들은 자식을 적게 낳는 대신 자녀 교육에 더 많은 투자를 한다. 아이 한 명의 가치가 더 커졌기 때문이다.

'믿을 수 없는incredible'이란 말이 남용되고 있지만, 현 세대에서 빈곤의 감소는 여전히 믿기 힘든 이야기가 아닐 수 없다. 이런 성취는 미국이나 유럽연합 밖에서 이루어졌기 때문에 그 소식이 서구에는 거의 알려지지 않았다.

150년 전에는 세계 인구의 90퍼센트가 극심한 빈곤 상태에서 살았다. 극빈 비율은 20세기 초반 무렵 미미하게 하락하기 시작했다. 2차 세계대전이 발발했을 때까지 세계 인구의 4분의 3이 빈곤 속에 살았고, 나머지 4분의 1만이 양호한 물질적 환경을 누렸다. 많은 사람들이 빈곤에서 벗어나 품위 있는 생활수준에 이른 전환점은 1970년대 어느 시점이었다. 통계를 구할 수 있는 가장 최근 연도인 2015년에 완전한 역전이 일어났다. 세계 인구의 90퍼센트가 아니라 단 10퍼센트만이 극빈 상태에서 살게 된 것이다. 옥스퍼드대학의 경제학자 맥스 로저Max Roser는 이러한 추세에 대해 지난 25년간 매일 약 13만 명이 빈곤에서 탈출한 것이나 마찬가지라고 지적한다.

세계은행은 극빈 상태(하루 소득 1.9달러 이하로 정의)에서 사는 인구가 1990년 19억 명에서 2015년에는 7억 1,000만 명으로 줄었다고 보고했다. 그러나 이 기간 동안 세계 인구가 53억 명에서 74억 명으로 증가했다는 점을 감안하면, 극빈 상태를 벗어난 인구는 1990년과 2015년 사이 34억 명에서 66억 명으로 거의 두 배로 늘어난 셈이다. 추가로 빈곤에서 벗어난 30억 명(대부분 개도국 국민이다)은 도널드 트럼프가 태어나던 해 지구상에 살아 있던 전체 인구보다도 많은 숫자다.

미국의 주류 언론은 중국과 인도의 내정 불안과 대기오염에는 큰 관심을 기울이는 반면, (이들이 확실히 어려운 문제이기는 하지만) 이들 국가에서 빈곤이 축소됐다는 사실에 대해서는 거의 보도하지 않는다. 전자는 부정적인 기사들이고 후자는 긍정적인 기사다. 이것이 편집자의 선택에 대해 여러분이 알아야 할 실상이다. 2013년 스웨덴의 사회변화 단체인 노부스Novus의 조사에 따르면, 미국인과 영국인의 3분의 2가 개도국에서 극빈 비율이 두 배로 높아졌다고 믿는 것으로 나타났다. 기자와 편집자들, 정치 지도자들이 개도국의 발전을 비뚤어진 시각으로 보고 있는 상황에서 미국인들과 영국인들이 개도국의 발전상을 어떻게 알 수 있겠는가? 조지타운대학의 스티븐 래들리트 교수는 대부분의 개도국에서 생활 여건이 개선됐다는 내용의 예외적인 책《위대한 상승The Great Surge》을 출간했다. 이 책에 대해 들어본 적이 있는가? 나는 아마 없을 것이라고 생각한다. 책 제목이 '최후의 심판일 2020!Doomsday 2020!'이었더라면 분명히 텔레비전 책 소개 프로그램에서 저자를 찾아나섰을 것이다.

극빈 인구 감소의 대부분을 차지하는 중국과 인도는 세계에서 인구가 가장 많은 두 나라이자 중요한 무언가를 공유하고 있다. 그것은 두 나라 모두 한 세대 전에 국가통제 경제체제에서 시장경제체제로 전환했다는 것이다. 2016년 프란치스코 교황은 자유 시장을 비난하면서 사회주의만이 보통 사람들에게 도움이 된다고 했다. 그러나 실제로는 중국과 인도에서 사회주의체제를 시장경제로 전환함으로써 수많은 보통 사람들의 삶이 극적으로 향상된 반면, 쿠바와 북한, 베네수엘라에서는 국가통제 경제체제가 소수의 내부 엘리트 계층을 제외하고는 극도의 빈곤을 초래했음이 드러났다.

세계 최대의 인구 대국 중국에서 사회주의경제를 시장경제로 전환한 데 따른 문제점도 있다. 빈곤과 기아가 줄고 교육이 확대됐음에도 불구하고 불평등이 확대되고 부패가 기하급수적으로 증가했다. 그러나 일부 부유층을 감안해도 결과적으로 평균적인 사람들의 삶의 질은 나아졌다.

쇠퇴론 vs. 역동설, 우리의 선택은?

이 장에서 제시된 많은 사례들(수확을 늘리고 토양 손실을 막기 위한 작물의 유전자 변형, 세계 여러 다른 지역 식물의 혼합교배, 고기 없는 스테이크를 만들기 위한 연구 등)은 지식을 변화하는 여건에 맞춰 활용하는 역동적인 능력을 보여준다.

삶에 대한 인간의 태도에서 파국적인 쇠퇴론Catastrophism과 긍정적인 역동설Dynamism이 근본적으로 대립한다. 극좌와 극우적 유형이 기묘하게 결합된 쇠퇴론적 시각은 세계가 쇠락하고 있고 쇠락할 수밖에 없다는 것이다.

이와는 대조적으로 역동설의 관점은 우리가 우여곡절은 겪겠지만 전체적으론 삶의 여건이 향상된다는 것이다. 사람과 기술은 진화하는 환경에 적응할 것이고, 유사 이래 그래왔다. 역동설은 우리가 미래를 그대로 용인할 것이라고 장담하지 않는다. 단지 우리가 미래에도 잘살 수 있을 것이고, 더 나은 세상이 다가올 것이라고 믿는 것이다.

'우리가 왜 굶주리지 않는가'라는
이 장의 주제를 요약하면 다음과 같다.
농지가 줄면서 농업 산출은 늘어난다.
이는 역동설과 개혁의 미덕을
보여주는 한 가지 예다.
기후변화가 (예를 들어 건조해진
캔자스와 온화해진 시베리아처럼)
기존의 곡창지대를 줄이고
새로운 곡창지역을 창출한다면
농업에 더 많은 개혁이 필요하다.
기후변화 속에서 농업 생산을
높게 유지하는 일은
어려운 과제이긴 하지만,
이는 근본적으로 공학적 문제이고,
역동적인 체제는 공학 문제 해결에
능하다.
따라서 앞으로 우리가 굶주릴 일은
없을 것이다.
그러면 어떤 통제 불능의
질병 때문에 죽게 될까?

2

우리는 왜
온갖 나쁜 습관에도 불구하고
수명이 늘어나고 있을까?

조류독감, 메르스, 에볼라 바이러스… 전 세계를 휩쓴 공포의 결과는?

세계보건기구WHO는 세계적인 전염병이 일거에 인류의 대량 사망을 초래해 지구 전 지역을 사람이 살 수 없는 곳으로 만들지도 모른다고 경고한다. 미국 국립보건원NIH의 한 고위 관리는 전염병의 발생이 "거의 확실하다"고 선언한다. 미국 보건복지부HHS 장관은 멈출 수 없는 전염병의 확산으로 경제가 붕괴할 경우에 대비해 통조림 음식과 필수 의약품을 준비해둘 것을 미국인들에게 권고한다. ABC 뉴스는 사망자 수가 1억 5,000만 명에 이를 수 있다고 보도한다. 백악관 관리들은 전염병으로 야기된 폭동을 진압하기 위해 군대를 파견할 준비를 해야 한다고 대통령에게 자문한다.

에볼라 바이러스나 지카 바이러스의 창궐일까? 아니면 생물 무기 공격에 대한 예상일까? (영화 〈원더우먼〉에 출연했던) 갤 가돗Gal Gadot과 크리스 파인Chris Pine이 나오는 대규모 제작비가 들어간 공상과학영화의 한 대목인가?

위에서 소개한 첫 문단은 H5N1으로 알려진 조류독감이 인류를 파멸시킬 것으로 예상됐던 2005년부터 2006년까지 실제 벌어진 상황을 묘사한 것이다. 그러나 지금 이 글을 쓰는 시점까지 조류독감에 의한 사망자는 전 세계적으로 약 450명에 그쳤다. 450명의 죽음은 분명히 비극적인 일이지만, 그간의 예상이나 통상적인 사망 원인에 의한 사망자 수와 비교할 때 전체적으로 무시할 만한 수치다.

21세기에 일어난 다른 질병들도 비슷한 패턴을 따랐다. 2009년 돼지독감Swine Flu은 수백만 명의 사망자를 초래할 만큼 걷잡을 수 없이 확산될 것으로 여겨졌다. 그러나 돼지독감에 의한 사망자는 전 세계적으로 약 1만 8,000명이었다. 이 정도의 사망자도 끔찍한 일이긴 하지만, 그해 폐렴에 의한 사망자 수보다 훨씬 적은 숫자다.

2012년 사우디아라비아에서 낙타로부터 사람에게 전이되는 코로나 바이러스의 한 종種이 발견됐다. 중동호흡기증후군MERS으로 알려진 이 전염병은 심각한 위협으로 간주됐다. 미국 기득권층의 거점인 외교협회Council of Foreign Relations의 한 고위 인사는 메르스MERS가 새로운 '흑사병Black Death'이 될 수 있다면서 유럽과 아프리카 인구의 4분의 1이 이 병으로 사망할 수 있다고 말했다. 바이러스를 연구하는 학자들은 이 병이 특별히 전염성이 강하지 않다고 공식적으로 확인했다. 메르스는 약 500명의 목숨을 앗아간 것으로 알려졌는

데, 이는 메르스가 발생한 해에 욕조에서 익사한 사망자 수보다 훨씬 적다.

2014년 에볼라 바이러스가 서아프리카의 기니에서 발견됐다. 보통 밀접한 접촉에 의해서만 전이되는 에볼라 바이러스는 돌연변이가 일어나 공기로도 전염되는 것으로 나타났다. 공기 전염은 접촉성 전염보다 훨씬 위험하다. 전문가들은 전염이 걷잡을 수 없이 확산돼 수많은 사람을 죽게 만들고 세계적으로 국경 봉쇄를 초래할 것이라고 예견했다. 미국 질병통제예방센터CDC는 2015년 봄까지 140만 명이 에볼라에 감염될 것으로 예상하고, 에볼라가 '다음번 에이즈AIDS'가 될 것이라고 경고했다.

그러나 2015년 봄에 새로운 에볼라 감염 사례는 멈췄다. 미국 국립보건원의 연구원들은 기니의 에볼라 바이러스에 특이한 돌연변이는 일어나지 않았다고 공식적으로 확인했다. 에볼라 발병은 공기 전염성 변종이 아니라 기존에 오랫동안 존재했던 바이러스 종에 의해 일어났으며, 이 종은 다른 유형의 에볼라 바이러스와 마찬가지로 밀접한 접촉에 의해 전염된다. 2015년 여름 세계보건기구와 제약회사인 머크Merk의 공동 프로젝트로 개발된 에볼라 백신이 임상시험에 들어갔다. 2015년과 2016년에 전 세계에서 약 1만 1,300명이 에볼라로 사망했다. 이는 끔찍한 결과지만 예상했던 것에 비해서는 미미한 숫자이며, 같은 기간 동안 고혈압 같은 통상적인 질환에 의한 사망자 수와 비교할 때 무시할 만한 수준이다. 미국에서 같은 기간 동안 발생한 에볼라에 의한 사망자는 5명인 데 비해 계절성 독감에 의한 사망자는 2만 명에 달했다.

감염성 질환에 대한 인간의 오랜 공포

감염성 질환은 우리 조상들에게 골칫거리였다. 백신과 전자단층촬영이 개발된 지금도 과거 우리 조상들이 느꼈던 두려움과 똑같이 무차별적인 병원균의 확산에 대한 공포가 있다. 인구가 계속 증가함에 따라 이런 두려움은 더욱 커졌다. 세계 인구가 10억 명에 도달하기까지 수천 년이 걸렸지만, 여기에 20억 명이 추가되는 데는 200년이 걸렸고, 그후 다시 20억 명이 더 늘어나는 데는 단 50년이 걸렸다. 역사적으로 사람이 더 많아진다는 것은 질병 또한 더 많아진다는 것을 의미했다. 도시로의 인구 유입 또한 질병 발생을 촉발했고, 해가 갈수록 인류는 점점 더 가깝게 살게 됐다. 이런 상황에서 고약한 바이러스가 나타나 사람 목숨을 벼 베듯이 앗아갈 것이라고 생각할 이유는 많아 보인다.

정치인들과 미디어가 불안감을 조장하는 기사를 선호하는 바람에 질병은 더욱 걷잡을 수 없이 창궐할 것처럼 느껴진다. TV 쇼에서는 낙관적인 관측을 제시하는 사람보다 극적인 예상을 내놓는 전문가들을 더 선호한다. 미국의 가수이자 풍자적인 음유 시인인 톰 레러Tom Lehrer는 "항상 최악을 예상하면 예언자로 일컬어질 것"이라고 노래했다.

그러나 흑사병 같은 전염병은 발생하지 않았다. 물론 앞으로 이런 전염병이 결코 일어나지 않으리란 보장은 없다. 계속 늘어나는 수명으로 인해 사람들은 만성적 질환을 키우기에 충분할 만큼 오래 살게 됐다. 그러나 연령대별로 조정해보면, 심장질환과 암을 포함해서 거의 모든 질병의 발생률은 미국과 유럽연합, 그리고 나머지 대부분의 지역에서 하락하고 있다.

미국 질병통제예방센터에 따르면, 미국의 경우 심장질환, 암, 만성호흡기질환, 사고, 뇌졸중 등 5대 사망 원인은 장기적으로 하향곡선을 그리고 있다. 하루에 담배 한 갑 이상 피우는 흡연 습관이 일반화된 2차 세계대전 직후에 심장발작에 의한 사망률이 치솟은 적이 있었다(흡연은 폐암의 원인이 될 뿐만 아니라 심장에도 손상을 가져온다). 제인 브로디Jane Brody가 지적한 대로, 1950년대와 1960년대와 같은 비율로 심장질환 치사율이 계속 높아졌다면 매년 170만 명의 미국인들이 심장발작으로 죽었을 것이다. 그러나 2016년에 심장발작으로 사망한 미국인은 약 42만 5,000명이었다. 이는 예상치보다 약 75퍼센트 적은 것이다. 미국 암협회에 따르면, 암으로 인한 사망률은 1991년 이래 25퍼센트 줄어들었다. 미국 암협회 연구원인 레베카 시걸Rebecca Siegel은 2017년 연구보고서에서 "이는 암으로 인한 실제 사망자 수가 암 사망률이 최고치를 유지했을 경우 예상 사망자 수보다 약 210만 명 적다는 뜻"이라고 말했다.

그러나 이런 사실은 암이 확산되고 있다는 인식을 계속 퍼뜨리고 거시적 통계치는 호도하면서 희귀한 암 발생 사례에만 초점을 맞추는 TV 토크쇼에서는 결코 알지 못할 것이다. 언론이 외면하는 것은 서구에서 질병 발생률이 떨어지고 있다는 사실만이 아니다. 한 세대 전(희미한 과거가 아니라 1980년대)에 인도에서는 전체 아동의 약 2퍼센트에 불과한 상류층 어린이들만이 홍역 예방접종을 받았다. 오늘날 인도 아동의 85퍼센트가 홍역 백신을 접종받고, 델리의 가난한 어린이들조차 개선된 MMR홍역, 볼거리, 풍진 종합 예방접종을 받는다. 여러분은 서구 언론에 자세하게 다뤄진 인도의 성폭력과 스모그를 본 적이 있을 것이다. 그러나 서구 언론에서 인도의 공중보건이 개선되고 있다는 언급을 본 적이 있는가?

2015년 8월 한 가지 중대한 기록이 달성됐다. 아프리카 대륙에서 1년을 통틀어 소아마비 발병 사례가 단 한 건도 없었던 것이다. 이런 긍정적인 보건 증진 스토리는 거의 주목을 받지 못했다. 인류의 복리후생에 대한 편향된 시각은 비단 소셜미디어나 케이블 채널의 토크쇼에서만 나타나는 게 아니다. 세계적인 유력 신문인 〈뉴욕타임스〉는 2013년 말부터 2015년 초까지 에볼라 바이러스로 인한 대재앙이 임박했음을 암시하는 1면 기사를 22번이나 게재했다. 2015년 중반 미국 국립보건원이 돌연변이 된 에볼라 종은 없다는 결론을 내렸을 때 〈뉴욕타임스〉는 그 내용을 4면 바닥에 깔았을 뿐이다. "세계보건기구, '에볼라 발병 사례 급감' 밝혀"라는 제하의 특파원 기사는 5면에 실렸다. 에볼라 백신 개발이 성공했다는 기사는 9면에 보도됐다.

나쁜 습관이 불러온 과체중과 대사증후군의 위협

대륙 간 비행기 여행은 전혀 존재하지 않다가 불과 몇 세대 만에 놀라우리만치 일반화됐다. 제트여객기는 병원균을 먼 거리로 신속하게 이동시키는 (자연 상태에선 존재하지 않는) 수단을 제공한다. 패스트푸드와 불량식품, 전자레인지 조리식품, 각종 감미료, 탄산음료 등도 널리 퍼진, 건강에 해로운 요인들로 보인다. 감자튀김을 이런 식품과 함께 먹는 것은 미국 달러화에 대한 믿음만큼 확고한 식습관으로 자리 잡았다. 버락 오바마 대통령 재임 시절, 영부인 미셸 오바마는 가공된 설탕 섭취에 반대하는 운동을 벌였다. 그러나 미국 정부는 설탕 생산을 총체적으로 지원하고 있었고, 2016년 미 농무부 조사에 따르면, 식료품 구매권 수급자들에게 제공되는 사탕류와 인공감미료가 첨가된 탄산음료에 매년 약 150억 달러를 지원했다. 서구의 과식 풍조는 아시아와 남미 지역으로 확산되고 있는데, 이는 앞 장에서 설명한 역동성으로 인해 고열량 식품이 풍부해지고 값도 싸진 덕분이기도 하다. 항공 여행과 나쁜 식습관은 순전히 인간에 의해 빚어진 건강에 대한 위협이다.

걷기보다 자동차를 선호하는 미국식 생활방식은, 너무 많은 열량과 불충분한 운동이 만성적으로 불균형하게 결합되어, 당연히 미국인의 늘어난 허리둘레와 대사증후군과 관련이 있다. 과체중과 대사증후군은 자동차가 최우선이 아닌 지역으로 확산되고 있다. 2016년 하계 올림픽이 해수욕 몸매와 늘씬한 '이파네마의 소녀'의 고향인 리우데자네

이루에서 열렸을 때, 전 세계 사람들은 자동차 보유 수준이 미국보다 훨씬 낮음에도 불구하고 비만이 브라질에서 가장 큰 건강 문제라는 것을 알게 됐다. 반세기 전 멕시코의 긴급한 사회문제는 영양부실이었다. 이제 멕시코는 인구의 3분의 1이 심각한 과체중에 시달리는 세계 최고의 비만 국가가 됐다. 멕시코인들은 폭력보다는 과체중으로 인한 질환으로 사망할 가능성이 더 크다. 오늘날 전 세계적으로 배고픈 상태보다는 과식한 채로 잠자리에 드는 사람이 더 많아졌다. 배부르게 잘 수 있다는 얘기는 (우리 부모 세대는 아닐지라도) 아마 우리의 증조부 세대에게는 환상적으로 비쳐졌을 것이다.

과거 전 기간에 걸쳐 항상 인구가 밀집된 환경에서 질병이 전염됐다는 점에서, 전후 기간 동안 세계 인구가 폭발적으로 증가했음에도 전염병에 의한 피해가 감소했다는 사실은 보기보다 훨씬 중요한 의미를 갖는다. 한때 사람들은 건강상의 이유로 오염되고 더러운 도시에서 벗어나고 싶어 했다. 오늘날 미국과 유럽연합에서 도시지역의 공해는 장기적으로 감소하고 있고, 도시들은 손쉽게 이용할 수 있는 가까운 곳에 다양한 의료시설을 제공하고 있다. 미국의 도시 주민들은 어디든 자동차를 타고 다니는 시골 주민들보다 더 많이 걷는다. 걷기는 이제 더 오래 살기 위한 생활방식이 됐다. 21세기에 도시는 건강하게 살 만한 곳으로서 시골을 대체하고 있다.

유전공학의 출현으로 또 다른 걱정거리가 생겼다. 어떤 실험실에서 무기로 쓸 수 있는 생명체를 만들어낼지 모른다는 위험에 대한 우려다. 생물 무기를 개발하려는 구소련의 끈질긴 시도는 재래식 무기 확충에 비해 별다른 성과를 거두지 못했다. 한번은 소련의 군사시설에서 무기화된 천연두 균이 우발적으로 누출됐다. 이로 인해 세 명이 죽었다. 만일 같은 장소에서 우발적으로 기관총이 발사됐다면 더 많은 사람이 죽었을 것이다. 1979년 소련의 다른 군사시설에서 무기 등급의 탄저균이 대량으로 유출됐다. 이 사고로 68명이 죽었으나 통제 불능의 파급효과는 일어나지 않았다. 동일한 시간과 장소에서 무기 등급의 탄저균은 보드카보다 치사율이 낮다. 1989년 워싱턴 D.C. 근처 미국 정부연구소에서 일하던 작업자들이 우연히 에볼라 바이러스에 노출됐다. 이 사고로 인한 사망자는 없었다.

2001년 워싱턴 주변에서 일어난 일련의 탄저균 공격은 막을 수 없는 전염 사태를 촉발할 것으로 예상됐다. 이로 인해 5명이 죽었다. 실제 사용했을 때 생화학 무기는 같은 양의 총탄이나 폭발물보다 덜 위험하다. 1995년 도쿄 지하철에서 일어난 사린가스 공격으로 20명이 죽었다. 반면에 2005년 런던 지하철에서 일어난 테러 공격에서 같은 크기의 재래식 폭탄은 52명의 목숨을 앗아갔다. 그렇다고 언젠가 강력한 생물 무기가 나오지 않는다는 보장은 없다. 그러나 인공적으로 만들어진 세균은 자연적으로 발생한 세균이 직면했던 것과 똑같은 장애물을 극복해야 한다. 포유류는 생물학적 공격을 방어할 수 있도록 진화하는 데 수억 년이 걸렸다.

통제 불능의 전염병은 없다

질병은 고통을 수반하지만 그렇다고 마구잡이로 확산되지는 않는다. 생물계가 세균과 바이러스를 물리칠 수 있도록 정교하게 적응해왔기 때문이다. 지금까지 알려진 바로는, 멈출 수 없는 전염병은 전혀 없었다. 여기서 '전혀 없었다'는 말은 '최근에 없었다'는 뜻이 아니라 지구에 생명이 존재한 38억 년 동안 '한 번도 없었다'는 것을 의미한다. 포유류의 신체는 외부 감염에 대항하기 위해 생긴 놀라우리만치 다양한 단백질과 생물학적 경로를 담고 있다. 동물과 식물 그리고 세균들은 함께 발전했다. 살아 있는 생태계는 아주 오랫동안 질병에 저항해왔다. 어떤 질병이 어쩌다 '승리'했다면, 그 결과는 숙주를 잃은 그 질병에 종말을 가져왔을 것이다. 온갖 식물과 동물 그리고 인류가 아직까지 여기에 존재한다는 것 자체가 질병이 결코 승리할 수 없다는 증거다.

면역체계의 자연적 진화를 넘어서 의학과 공중보건 관행의 발전이라는 사회적 진화가 있다. 스웨덴 스톡홀름의 의학전문대학원 카롤린스카 연구소에서 일하는 세계적인 백신 전문가 마거릿 리우Margaret Liu는 "사람들은 사회가 갈수록 전염병에 취약해진다고 믿는 것 같지만 공중보건은 항상 개선돼왔다"고 말한다. 이미 다른 질병에 걸리지 않은 건강한 인간의 신체는 대부분의 병균과 싸워서 물리칠 수 있다. 이는 입원 환자들이 포도상 구균이나 연쇄상 구균에 감염되는데도 의사와 간호사들은 이런 질병에 감염되지 않는 이유다. 환자들은 이미 병이나 수술로 인해 약해진 상태인 반면 의사와 간호사들은 기본적으로 건강한 상태이기 때문이다. 시간이 갈수록 더 많은 사람들이 기본적인 건강을 유지하고 있다.

지금보다 인구가 훨씬 적었던 1918~1919년에 세계적으로 유행한 독감으로 최소 2,000만 명이 사망했다. 그 시절엔 의료시설이 제대로 발달하지 못했고, 1차 세계대전의 여파로 농업이 휘청거리는 바람에 식량이 부족해져 세계 전역에서 영양부족 사태가 벌어졌다. 굶주린 사람들은, 오늘날 세계 인구의 다수를 점하고 있는 과체중인 사람들보다 감염되기 쉽다. (세균성 질환에 특효가 있는) 설파제와 항생제의 사용이 보편화되면서 사람들이 질병에 걸릴 가능성은 더욱 줄어들었다.

세계 대부분의 지역에서 위생 수준이 꾸준히 향상됨에 따라 대중이 질병에 노출될 위험이 줄어들었고, 그 결과 질병이 발생해도 대다수는 건강한 상태를 유지할 수 있게 됐다. 20세기에 독감은 세 번 세계적으로 대유행했는데, 매번 치명성이 약해졌다. 1차 세계대전 이후 1918~1919년 끔찍한 독감 대유행에 이어 1957년 H2N2 바이러스에 의한 독감 대유행으로 전 세계에서 약 100만~400만 명이 사망한 것으로 추정된다. 당시의 세계 인구는 1918~1919년보다 상당히 많아졌음에도 불구하고 사망자 수는 크게 줄어들었다. 그 다음으로 1968년 H3N2 바이러스에 의한 홍콩독감으로 역시 100만~400만 명이 사망했다. 사망자 수는 1957년과 비슷했으나 세계 인구는 훨씬 많았다. 대부분의 개도국을 포함해 전 세계의 공중보건이 꾸준히 개선됨에 따라 독감 바이러스에 의한 사망자 수는 더욱 줄어들었고, 이는 2014년 에볼라 발병에도 불구하고 그 피해가 예상보다 훨씬 적을 수 있었던 토대가 됐다.

그러나 사람들은 여전히 통제 불능의 전염병을 기대한다. 영화나 TV 시리즈에서는, 소수의 마지막 생존자를 제외한 전 인류가 막을 수 없는 질병으로 단 몇 주일 만에 전멸한 지구 종말 이후의 황량한 풍경을 배경으로 할리우드 스타들이 배회한다. 〈워킹 데드the Walking Dead〉, 〈나는 전설이다I Am Legend〉, 〈12몽키즈Twelve Monkeys〉와 그밖의 많은 작품들이 그렇다. 왜 시청자들이 지구의 종말을 재미있다고 생각하는지는 알 수 없다. 정작 중요한 것은 시청자들이 병원균의 RNA와 DNA가 절대 막을 수 없을 만큼 강력한 것처럼 묘사하는 TV 드라마나 영화에 과학적 근거가 있다고 생각할 수 있다는 점이다. 이런 영화나 TV 시리즈는 시간 여행이나 사랑에 애태우는 10대 뱀파이어 같은 황당한 이야기를 그럴듯하게 보여주는 똑같은 매체들이다. 스크린에 보이는 오락물들은 정확하게 사실 확인을 거치지는 않는다. 시청자들은 할리우드가 생산하는 대부분의 오락물을 웃어넘기지만, 영상에서 보이는 전염병에 대한 경고는 떨쳐버리기 어렵다. 여러분은 결코 타임머신을 타지 못할 것임을 안다. 그러나 병균을 결코 들이마시지 않을 것이란 확신은 없다.

미생물과 바이러스는 눈으로 볼 수 없다. 자동차 충돌 같은 명백한 위험보다 보이지 않는 위험을 더 두려워하는 데는 어느 정도 타당성이 있다. 세계적으로 자동차 사고로 인한 사망자가 희귀한 질병에 의한 사망자보다 훨씬 많다. 우리는 운전할 때 어떤 행동이 합리적이고 어떤 행동이 위험한 것인지를 판별하는 상식적인 기준을 갖고 있다. 그러나 거리를 한가로이 걷고 있는 낯선 사람이 치명적인 병균을 운반하고 있는지를 알아볼 상식적인 수단은 없다.

공중보건은 어째서 계속 향상됐을까?

과거에는 주로 특권층을 위해 운영됐던 양질의 병원과 전문 진료시설들이 점차 일반인에게 개방되고 있다. 대부분의 유럽연합 국가들과 일본에서 아픈 사람은 지불 능력과 관계없이 모두 병원에서 받아준다. 반면에 미국에서는 응급실만 진료비 지불 능력과 관계없이 환자를 받는다. 미국에서 대중적으로 오바마케어로 알려진 '적정부담 의료보장법Affordable Care Act'에 대한 논쟁에서 양측의 논객들은 모두 이 법안을 의료서비스를 제공하는 것으로 지칭했다. 그러나 이 법안이 제공하는 것은 의료보험의 보장 범위를 확대하는 것이다. 의료서비스는 적어도 의료상의 곤경에 처한 사람이면 누구에게나 이미 제공되고 있다. 부자들은 대학병원에 가고 가난한 사람들은 우중충한 자선시설에 입원하는 것이 아니라 누구나 양질의 의료서비스를 받을 수 있게 된 것은 공중보건을 향상시키는 데 매우 긴요했다.

중국과 인도를 포함한 거의 모든 국가에서 더 많은 사람들이 육체노동에서 화이트칼라 직종이나 서비스산업 고용으로 이동함에 따라 공중보건도 향상됐다. 정치인들이나 전문가들은 제조업의 쇠퇴(탈공업화)를 언급하면서 무언가 끔찍한 일인 것처럼 말한다. 그러나 건강의 측면에서 탈공업화는 중요한 개선 요인이다. 언론에 나오는 논평자들은 공장 노동과 지하 채굴을 미화하기를 좋아한다. 그러나 이런 직업은 인생의 중요한 시기에 만성적인 퇴행성 건강 문제를 초래한다. 공장에서 일하는 사람보다 책상에서 일하는 사람이 많아질수록 공중보건은 증진된다. 1900년에 미국인의 80퍼센트가 육체노동 또는 반숙련 노동 직종에 고용되었고, 20퍼센트만이 전문직종에서 일했다. 오늘날 미국 고용인원의 단 4퍼센트만이 육체노동에 종사한다. 35퍼센트는 반숙련 직종이고, 61퍼센트가 화이트칼라로 그 비율이 한 세기 전의 세 배에 이른다. 그에 따라 건강과 수명은 향상됐다.

공중보건을 증진시키는 노력들

위생시설에 대한 공공투자는 전반적인 건강 수준을 더욱 개선했고, 그 결과 전염병이 창궐할 가능성은 더욱 줄어들었다. 1970년대까지도 서구의 많은 대도시들은 정화되지 않은 하수를 강과 호수, 바다에 방류했다. 오늘날 어떤 대도시도 그렇게 하지 않는다. 시카고는 빗물이 일반수로에 유입되지 않도록 하는 대심도 지하터널 시스템의 구축에 40억 달러를 투자했다. 한때 악취가 심했던 시카고 강은 이제 선상 식사를 제공하는 유람선으로 인기를 끌게 됐다. 보스턴은 찰스 강과 그에 인접한 대서양 연안을 정화하는 데 수십억 달러를 썼다. 로스앤젤레스와 밀워키, 샌디에이고 등의 도시들도 하수 방류를 줄이기 위해 상당한 투자를 했다. 개발도상국에서 수질 위생을 개선하기 위해서는 아직 갈 길이 멀다. 내가 한때 살았던 파키스탄에서는 노출된 하수구가 인구가 밀집된 도심 지역을 지나고 있다. 그러나 개도국에서도 수질을 개선하는 노력이 계속되고 있으며, 이는 질병 전염이 갈수록 줄어든다는 것을 의미한다.

공해 감축도 공중보건을 증진시킨다. 1970년대까지만 해도 미국의 산업은 매년 수백만 파운드의 독성 화학물질을 배출하거나, 제대로 처리하지 않고 폐기했다. 오늘날 미국의 제조업 생산이 늘었음에도 불구하고 독성 물질의 배출은 줄었고, 대부분의 산업 폐기물은 처리 과정을 거치거나 재활용된다. 다음 장에서 자세히 다루겠지만, 미국과 유럽연합에서 온실가스를 제외한 모든 형태의 대기오염은 장기적으로 감소 추세에 있다. 개선된 대기 질은 공중보건에 유익하다. 중국과 인도 그리고 일부 여타 개도국에서 대기는 위험할 정도로 오염됐다. 전 세계적으로 공해가 심한 곳은 선진 공업국이 아니라 가난한 나라들이다. 가난한 나라에서는 조리와 난방을 위해 나무와 석탄, 농업 폐기물 등을 실내에서 때기 때문에 실내 공기오염이 외부 대기오염보다 심각할지도 모른다. 세계보건기구는 개도국에서 연간 약 430만 명이 실내 공기오염으로 인해 사망하는 것으로 추정한다. 반면에 미국과 유럽연합에서 외부 대기오염에 의한 사망자는 거의 없다. 개도국에서 실내 조리로 발생하는 연기는 막연히 추측하는 슈퍼 전염병보다 사람에게 더 해롭다.

공해를 줄이기 위한 공공투자는 개선된 공공의료 대응체제와 결합하여 큰 효과를 낳고 있다. 공공의료 대응체제는 문제가 커지기 전에 그 싹을 자르는 효과가 있다. 에볼라 바이러스나 지카 바이러스가 무차별적으로 확산되지 않았던 것은 부분적으로 아프리카와 그밖의 지역에서 공공 의료진이 즉각적으로 대응에 나섰기 때문이다. 여러 세대 동안 각국 정부들은 문제 해결을 위해 고심하기보다 문제의 존재 자체를 부정하는 데 더 힘을 쏟았다. 이제 각국 정부는 점차 공해와 질병에 대해 사실을 인정하기 시작했고, 의료기관들은 병균의 확산을 막기 위해 즉각 행동에 나선다.

개선된 의료서비스와 향상된 위생 수준, 풍부한 식량, 공해 감소, 화이트칼라 직종으로의 이동과 그밖의 긍정적인 변화로 인해 수명이 늘어나고 있다. 영국 보건국Public Health England은 2016년 65세인 영국 남성의 기대수명은 84세이고, 65세 영국 여성의 기대수명은 86세로 사상 최고의 기대수명을 기록했다고 보고했다. 기대수명의 증가 추세는 서구 국가 전역에서 비슷하게 나타나고 있다. 노령인구의 증가가 분명히 관찰됨에도 불구하고, 여론조사 결과를 보면 미국인들과 유럽인들은 통계적 생명표가 제시하는 기대수명보다 일찍 죽을 것이라고 생각한다. 이런 경향은 은퇴 후를 대비한 저축이 너무 낮은 요인일 뿐만 아니라(기대수명만큼 오래 살지 않을 것이란 가정은 노후자금을 따로 준비하지 않는 빌미가 된다), 그 어느 때보다도 향상된 공중보건 상태에 대한 광범위한 사회적 오해를 낳는다.

인류는 모두 수명 연장 에스컬레이터를 타고 있다

수억 년은 아닐지라도, 과거 수천 년간 인류의 기대수명은 짧았다. 나이 때문에 머리가 희끗해지고 등이 굽을 정도로 오래 산 소수의 노인들은 신의 은총을 받은 것으로 여겨졌다. 전형적인 인간은 중년까지만 살아도 다행이었다.

19세기 초부터 여기에 변화가 일어났다. 출생과 사망 통계를 보면, 1840년 무렵 이래 신생아들은 전년에 태어난 영아들보다 매년 3개월씩 더 살았다. 신생아들은 매 10년마다 2년 반씩 더 오래 살았다. 미국에서 19세기가 시작됐을 때, 출생 시점의 기대수명은 47세였다. 오늘날 출생 시 기대수명은 79세로, 대략 매년 3개월씩 수명이 늘어난 셈이다. 이런 추세가 계속된다면, 금세기 중반에 미국인의 출생 시 기대수명은 88세가 될 것이다. 21세기 말에는 수명이 100세에 달할 것이다. 그때쯤이면 100세를 넘기는 장수 노인이 흔해져서 더 이상 대통령으로부터 축하 전화를 받는 혜택을 누리지 못할 것이다.

오래 사는 사람들은 키도 크다. 19세기 중반까지만 해도 영국과 유럽 다른 나라들의 상류층은 노동자 계층에 비해 평균적으로 눈에 띌 만큼 키가 컸다. 영양 상태가 더 좋았고 심신을 쇠약하게 하는 힘겨운 노동을 하지 않아도 됐기 때문이다. 20세기 중반경에는 모든 계층의 사람들이 평균적으로 키가 같아졌다. 거의 세계 어느 곳에서나 전 사회계층에 걸쳐 남성과 여성의 신장이 커지고 있다. 예컨대 1900년 네덜란드에서 전형적인 남자의 키는 5피트(약 152cm)였지만, 오늘날 네덜란드 남성의 평균 신장은 5피트 11인치(약 180cm)다. 전 세계에서 나타나는 점진적인 신장 상승은 수명 연장과 궤를 같이한다. 실제로 두 가지 현상은 모두 비슷한 시기에 시작됐다. 어쩌면 1840년에 지구가 혜성의 꼬리를 스치면서 수명 연장이라는 우주의 선물이 세계 전역에 떨어졌을 수도 있다. 그러나 시간이 흐르면서 인간의 생활 여건이 개선됐기 때문일 가능성이 크다.

인간의 수명 연장은 특정한 사건들에 연관되지는 않는 것 같다. 수명은 항생제와 백신이 일반화됐다고 해서 급격히 늘어나지도 않았고, 전쟁 기간 중이거나 에이즈 확산과 같은 보건상의 위험 신호에도 줄어들지 않았다. 기대수명의 연장 추세는 다른 요인의 영향을 받지 않고 완만하게 진행되는 모습이다. 기대수명의 그래프는 45도 각도로 올라가는 에스컬레이터와 비슷한 모양이다. 이런 현상은 거의 세계 모든 곳에서 나타난다. 한 세기 전 아프리카의 출생 시 기대수명은 25세였다. 오늘날 아프리카의 기대수명은 60세다. 이는 다른 지역보다는 낮지만 아프리카의 과거에 비해서는 커다란 도약이다. 최근 몇십 년 전까지 미국에서 흑인들은 백인들에 비해 평균적으로 일찍 죽었다. 이는 흑인 가족이 자산을 형성하는 데 큰 어려움을 겪은 안타까운 이유였다. 그 격차는 꾸준히 좁혀져 이제는 거의 없어졌다. 2017년 CDC 보고서에 따르면, 흑인 남성 노인들은 백인 남성 노인들과 거의 똑같은 기간만큼 오래 산다. 두 세대 전 비참한 공중보건 수준과 함께 극심한 빈곤에 처했던 중국은 오늘날 출생 시 기대수명이 76세로 스코틀랜드보다 약간 낮은 수준이다. 온 세계가 수명 연장 곡선 에스컬레이터에 올라타고 있다.

1990년대까지만 해도 과학적으로 기대수명을 늘리려는 시도에 연구의 초점을 맞춘 의료기관은 없었다. 이런 기조는 1999년 캘리포니아 마린 카운티에 버크 연구소Buck Institute가 문을 열면서 달라졌다. 버크 연구소의 연구자들은 이미 일반적인 연구용 동물들의 수명을 두 배로 늘릴 수 있을 정도로 연구를 진척시켰다. 이들의 기술이 사람에게도 적용될 수 있을지는 모르지만, 연구는 시작됐다.

인위적인 개입에 의해 수명을 연장시킬 수 있다면 아주 오래 사는 사람이 나타날 수도 있을 것이다. 자연의 선택은 인류를 포함한 동물들이 재생산(번식) 연령에 도달할 수 있도록 적응하는 진화를 선호한다. 재생산 이후의 수명을 늘리는 적응 과정은 진화와는 무관하다. 동년배보다 오래 사는 동물이 자손에게 수명 연장에 적합한 유전자를 물려줄 방법이 없기 때문이다. 버크 연구소의 브라이언 케네디 소장은 "자연선택에 의해 우리가 장수하게 된 것이 아니기 때문에, 조기에 수명 연장 연구의 성과를 거둘 수 있는 기회가 있다. 최신 BMW 자동차는 완벽에 가까워서 기술자들이 더 개선할 여지가 별로 없지만 (1908년에 나온 포드의 구식 자동차_역자) 모델 T는 개선하기 쉬웠다. 젊은 시절의 우리는 BMW나 마찬가지다. 나이가 들면서 우리는 모델 T가 된다. 개선 작업은 아직 시작되지 않았다"고 말한다.

버크 연구소의 영향을 받아 구글은 2014년에 칼리코Calico라는 장수 연구 프로젝트를 시작했다. 칼리코의 연구원 신시아 케년Cynthia Kenyon은 이미 몇몇 유충들이 단 두 개의 유전자를 변형하는 것만으로 수명이 두 배 늘어나고, 유충의 기준으로 볼 때 활력을 잘 유지할 수 있음을 입증했다. 유전자 변형에 의해 진화 과정에서 차단된 자연적인 수명 연장 경로가 활성화된 것이다. 수명을 연장시키는 경로가 차단된 것은 아마도 진화 과정에서 재생산 연령에 도달할 확률을 높이는 경로가 선호됐기 때문으로 보인다. 한 번 차단된 수명 연장 경로가 활성화되는 것은 자연에서는 불가능하지만, 인간 사회에서는 그 가능성이 매우 높다.

자연선택의 많은 결과들은 잘 파악되지 않는다. 고래는 암에 걸리지 않는다. 북극곰은 초고지방 먹이를 섭취하지만 동맥경화가 생기지 않는다. 만일 이런 결과에 대한 생물학적 기제가 밝혀진다면, 사람에게도 암이나 혈전을 유발하지 않도록 하는 경로를 모방한 약이 개발될지도 모른다. 만일 인간이 DNA 구성에 이미 (과거 어떤 진화적 사건에 의해 차단된) 수명 연장 인자를 갖고 있음이 밝혀진다면, 이미 존재하는 이 유전인자를 활성화시키는 것이 실험실에서 새로운 DNA를 설계하는 것보다 훨씬 더 유망해 보인다.

그러나 계속 수명이 길어질 것이란 전망은, 의학적 발견이 이루어질 것을 전제로 한 것이 아니라, 단지 인류가 수명 연장이란 에스컬레이터를 계속 탈 것으로 예상된다는 것일 뿐이다.

수명 연장의 동력은 '지속적인 발전 과정'

독일 막스플랑크 인구통계연구소를 설립한 제임스 보펠James Vaupel은 매년 인간의 수명이 꾸준히 늘어나고 있음을 확인했다. 2002년 보펠은 1840년 이래 수명이 불가사의할 정도로 선형 상승곡선을 그리고 있음을 기록한 영향력 있는 논문을 과학 전문지 〈사이언스Science〉에 게재했다. 그는 논문에서 "사망률의 감소를 반복되지 않는 진화의 단절된 사건이 아니라 규칙적으로 계속되는 발전 과정으로 봐야 한다"고 결론지었다. 보펠은 특정한 발견이나 혁신이 사람들을 더 오래 살게 하는 것은 아니라고 생각했다. 그는 영양 섭취와 위생, 의학 지식의 향상이 장수에 기여한 것은 분명하지만, 수명을 늘린 핵심 동력은 '지속적인 발전 과정'이었다고 했다. 2017년에 보펠은 자신의 결론을 뒷받침하는, 2002년부터 수집한 통계자료를 나에게 보여주었다. 자료에 따르면, "기대수명은 매 10년마다 2년 반보다 약간 낮은 속도, 즉 하루에 약 여섯 시간씩 지속적으로 늘어왔다." 즉, 주말에 태어난 아기는 주초에 태어난 아기보다 만 하루를 더 살게 되는 셈이다.

보펠의 2002년 논문은 인간의 수명이 적어도 미국과 유럽연합에서 출생 시 기대수명이 100세를 넘어서는 시점까지 계속해서 늘어날 것이란 '합리적인 시나리오'를 제시했다. 개도국에서는 출생 시 기대수명이 오늘날 서구 수준을 넘어서는 시점까지 수명이 계속 연장될 것으로 예상했다.

이런 견해에 대한 반론도 있다. 2014년부터 2015년까지 미국에서 한 세대 만에 처음으로 출생 시 기대수명이 살짝 줄어들었다. 중국에서도 남성의 기대수명이 10년 만에 약간 떨어졌다. 대략적으로 20세기 수명 연장의 두드러진 요인은 영아 사망률의 감소였다. 신생아의 생명을 살리는 것은 한 인간의 전 생애를 구하는 것이기 때문이다. 오늘날 영아 사망률은 미국에서 175분의 1, 유럽에서 230분의 1에 이를 만큼 낮아져 앞으로 더 개선될 여지가 거의 없다. 반면에 노인들에 대한 의료적인 개입은 수명 연장에 눈에 띌 만한 기여를 하지 못했다. 노인들은 여생이 얼마 남지 않았기 때문이다. 시카고에 소재한 일리노이대학 공중보건학 교수인 제이 올샨스키S. Jay Olshansky는, 노인들에게서 암을 모두 없앨 수 있다면 미국의 기대수명은 겨우 3년 늘어날 것으로 추산했다.

2014~2015년간 미국에서 사망률이 높아진 것은 약물(거리에서 유통되는 헤로인 같은 마약뿐만 아니라 합법적으로 구한 처방약, 특히 합성 진통마취제)에 기인한 사망과 관련된 것으로 보인다. 2015년에 미국에서 합성 진통마취제 중독으로 인해 사망한 3만 3,000명은 그해 살인사건으로 죽은 사망

자보다 많다. 그해 경찰들은 살인사건 현장보다 약물 과용 현장에 더 많이 출동했을 것이다. 성인들의 진통제 과용은, 보스턴 아동병원의 소아과 의사 클레어 매카시가 지적한 대로 10대들의 음주와 마약 소비가 지난 4반세기 동안 감소해왔다는 점에서 더욱 문제가 되고 있다. 청소년들은 폭음을 하지 않을 만큼 똑똑해지는 데 반해 성인들은 갈수록 멍청해지고 있다(미국 대학 동아리에서의 폭음 관행은 심각하지만, 학교에 다니지 않는 같은 연령대의 미국 청년들은 대학생들보다 과음할 가능성이 더 크다). CDC 보고서에 따르면, "옥시코돈과 하이드로코돈, 메타돈 같은 마약성 처방약으로 인한 사망자 수는 1999년 이래 네 배 이상 늘어났다." 그러나 정부는 중독과 과용의 위험이 훨씬 적으면서 마약성 진통제를 대체할 수 있는 마리화나 대마초의 합법적 사용을 반대하기 위해 비용을 아끼지 않고, 마리화나 사용자들에게 과중한 징역형을 부과하고 있다.

처방약 과용과 자살, 알코올 중독처럼 스스로 자초한 사망률의 증가는 백인들 사이에서 두드러진다. 프린스턴대학의 앵거스 디턴Angus Deaton과 앤 케이스Anne Case 교수는 2000년에 백인 4,400명 중 한 명이 알코올 중독이나 약물 과용 또는 자살로 사망했음을 밝혀냈다. 2014년 그 비율은 1,800명 가운데 한 명꼴로 늘어났다. 2000년에 미국인 9,500명 가운데 한 명이 자살했는데, 2014년에는 7,700명 중 한 명이 자살로 목숨을 잃었다. 두 가지 수치는 매년 6,200명 중 한 명이 자살했던 한 세기 전보다는 자살률이 낮아졌음을 보여준다. 현대의 미국인들이 그들의 조상보다 훨씬 나은 삶을 살고 있다는 점에서 자살률이 극적으로 하락할 것으로 기대했을지 모른다. 그러나 자살률의 하락은 완만하고, 이제는 약물 과용에 의한 사망이 여기에 가세하고 있다.

담배의 퇴조가 바지의 허리 사이즈 확대와 동시에 일어나고 있음에도 불구하고, 흡연율의 감소는 사망률의 하락에 기여한다(흡연은 식욕을 억제한다). 유럽 사람들은, 건강을 위해 담배는 열심히 규제하면서 정크 푸드는 어디나 널려 있으며, 정신건강에 문제가 있거나 총기 안전교육을 받지 않은 사람들에게 총기를 판매하는 미국에 대해 곤혹스러워한다. 흡연은 서구에서 확연히 퇴조하고 있으나, 스마트폰과 고속 엘리베이터, 디즈니 장난감, 담배의 세계 최대 생산국이 된 중국에서는 여전히 흡연이 유행이다. 미국의 소설가 크리스토퍼 버클리Christopher Buckley의 1994년 작 유머 소설《담배 피워서 고마워요Thank You for Smoking》에는 중국인들이 생산성과 경각심을 유지하도록 하기 위해 중국 정부가 담배에 중독되기를 원한다는 이야기가 나온다. 중국의 남성 사망률이 증가함에 따라 한때 익살스런 풍자였던 것이 다큐멘터리에 가까워지고 있다.

아동 비만은 1970년부터 2000년까지 놀라우리만치 증가했다. 그후 부모와 학교가 기름에 튀기거나 설탕이 포함된 음식과 비만과의 관련성을 알게 되면서 아동 비만은 약간 줄었다. 로버트 우드 존슨 재단 the Robert Wood Johnson Foundation은 2007년 이래 미국의 1인당 칼로리 소비량이 하루 78칼로리 감소했다고 보고했다. 이 수치는 단기간에는 사소해 보이지만 한 세대 동안 유지된다면 상당히 중요하다.

의학 기고가 마고 생어-카츠Margot Sanger-Katz는 아동 건강지표들이 대부분 개선되고 있다고 지적한다. 연구자들은 점차 어린 시절의 대사 측정치가 좋으면 (건강하게 보내는 노후 기간을 의미하는) '건강수명'이 길어질 가능성이 크다고 생각하게 됐다. "오늘날 아동과 청소년들은 성장한 후에 그들의 부모보다 더 오래 삶을 누리고 건강 문제는 더 적게 겪을 것이다." 예컨대 보스턴대학의 매튜 페이즈Matthew Pase가 이끄는 연구팀은 2017년 어린 시기에 설탕이 포함된 탄산음료를 과다 섭취하면 노년기에 기억력 상실과 알츠하이머 병을 유발한다는 사실을 밝혀냈다. 전후에 설탕이 첨가된 탄산음료 소비가 1998년 정점에 이르기까지 급증했는데, 이 기간에 치매 역시 크게 늘었다. 청소년들이 앞으로 탄산음료보다 생수나 스포츠음료를 더 선호한다면, 노년기에 기억력 상실을 덜 겪게 될 것이다(2016년 미국에서 처음으로 생수가 탄산음료보다 더 많이 팔렸다). 청소년기보다 앞서, 임산부가 해산물을 섭취하면 신생아의 지능IQ이 더 높아진다는 연구 결과도 있다. 이런 인식이 확산되면 더 많은 사람들의 장기적인 건강을 향상시킬 수 있을 것이다.

교육과 수명의 상관관계

수명이 늘어나고 질병 발생률은 떨어지고 있지만, 사회보장국SSA이 운영하는 두 개의 연방 장애인 지원 프로그램의 수급 자격을 기준으로 볼 때 미국에서 장애는 증가하고 있다. 장애인사회보장보험SSDI과 장애인소득보전제도SSI는 장애인으로 분류된 성인 근로자에게 연간 1만 달러에서 1만 4,000달러까지 지급하고, 장애를 가진 청소년과 노인들에게도 보조금을 지급한다. 주로 성인 근로자를 지원하는 SSDI의 수급자는 20년 전에 450만 명이었다. 2017년에 SSDI에 등록된 수급자는 880만 명으로 늘어났다. 만일 수급자 수가 인구 증가와 같은 비율로 늘어났다면 오늘날 SSDI에 등록된 수급자는 520만 명이어야 할 것이다. 따라서 실제 수급자 수 880만 명은 예상치에 비해 70% 더 많은 것이다.

퇴역군인들에 대한 사회보장 프로그램의 장애인 수급자 수는 지난 20년간 인구 증가에 비해 거의 두 배 가까운 비율로 늘어났다. 사회보장국이 운영하는 두 가지 장애인 지원 프로그램과 퇴역군인 지원 프로그램을 합쳐 장애인 보조금을 받는 65세 미만 장애인은 해당 연령층의 전체 미국인 가운데 약 7퍼센트를 차지한다. 이 비율은 과거 인구와 비교할 때 클 뿐만 아니라, 그 자체로 큰 수치다.

미국이 아프가니스탄과 이라크 등지에서 끊임없이 전쟁을 벌여왔다는 사실이 장애를 가진 퇴역군인의 숫자가 늘어난 이유를 어느 정도 설명해줄 수 있을 것이다. 여기에는 최근 몇십 년 동안 위험에 노출된 미군들의 숫자가 늘어났을 뿐만 아니라, 향상된 야전병원으로 인해 부상자의 생존 가능성이 높아진 이유도 있다. 미국 사회는 항상 부상당한 병사들을 목숨을 잃은 병사보다 선호한다. 그러나 부상당한 병사를 살려서 데려오는 데는, 정치인이나 케이블 뉴스에 출연하는 평론가들이 거대 담론을 떠드느라 언급하기를 꺼려하는, 국가 재정과 가족이 부담해야 하는 비용이 따른다.

민간인의 경우, 심각한 신체적 문제를 가진 사람들도 각종 치료법이 향상되고 집에서도 여러 가지 업무를 수행할 수 있는 재택근무가 가능해짐에 따라 전체 장애급여 수급자 수는 줄어들고 있을지 모른다. 그러나 고령화와 인구 증가를 감안하더라도 장애인 등록자 수는 늘어나고 있다. 이 같은 현상은 건강의 문제일까, 아니면 사회 문제일까?

미국의 공영 라디오 프로그램 〈미국인의 삶This American Life〉의 기자로 활동하는 채나 조프-월트Chana Joffe-Walt는 한 가지 불편한 답을 제시한다. 현대 경제에서 저학력과 과체중은 그 자체로 장애다. 2013년 그녀는 고등학교를 졸업하지 못했거나 심각한 과체중인 사람은 누구에게나 연방 장애급여 지급을 승인한다는 앨라배마주의 의사를 인터뷰했다. 그 의사는 오늘날 취업 환경에서 어떤 고용주도 그런 사람을 원하지 않을 것이기 때문이라고 설명했다.

조프-월트는 연방 장애인 보조금이 도시보다는 시골지역에서 더 흔하다는 사실을 발견했다. 시골 거주자들은 제대로 교육을 받지 못했거나, 서 있기 어려울 만큼 체중이 많이 나갈 가능성이 더 크다. 통계청의 자료는 이런 견해를 강력히 뒷받침한다. 대부분이 시골지역인 앨라배마의 제4선거구에서는 성인 근로자의 17퍼센트가 장애인으로 분류돼 있는데, 이 수치는 전국 평균의 두 배에 이른다. 그녀는 여기에는 사악한 계산이 포함됐을 수 있다고 지적했다. 늦게까지 자다가 하루 종일 TV를 보면서도 정부로부터 평생 매년 1만 4,000달러와 저소득층 의료보장지원제도Medicaid를 통해 의료보장을 받는 장애인 수급자의 삶은, 최저임금 수준을 버는 비장애인 근로자의 삶에 비해 매력적일 수 있다. 최저임금을 받는 비장애인 근로자의 경우 늘 정리해고를 당할지 모른다는 불안에 시달리고, (해고되면) 의료보험을 잃을 위험을 무릅써야 하며, 새벽부터 일어나 성질 고약한 상사를 모셔야 하는 고역을 치르고도 1년에 소득세를 제외하면 1만 3,500달러를 받는다.

시골지역에서 흔히 말하는 '(부정한) 장애인 자격 취득'은 대책 없는 인생으로 가는 지름길이다. (이렇게 장애인이 되면) 자존심도 없고, 발전의 기회도 없으며, 가족을 부양할 능력도 없다. 이와 함께 싸구려 보드카를 마시거나 (마약성) 진통제를 맞으면서 살지도 모른다. 이 지점이 바로 각종 장애인 보조금과 약물 남용, 흡연 등이 프린스턴대학의 케이스와 디턴이 발견한 사망률 증가 현상과 교차하는 지점이다. 고학력자들의 건강지표와 수명은 상당히 향상되고 있다. 그러나 대학 교육을 받지 못한 사람들에게는 전혀 다른 얘기다.

오늘날 미국에서 최고학력의 남성은 최저학력의 남성보다 14년을 더 산다. 올샨스키의 조사 결과에 따르면, 1950년대 이래 고등학교 졸업장이 없는 여성의 수명은 거의 늘지 않은 반면, 고등교육을 받은 여성들의 기대수명은 같은 기간 동안 급등한 것으로 나타났다. 올샨스키는 "이 통계자료에서 교육과 기대수명 간의 연관성만큼 두드러진 것은 없다"면서 "다행인 것은 저학력자의 인구 비중이 점진적으로 줄어들고 있다는 점이며, 불행인 것은 교육을 받지 못했을 경우의 타격이 과거에 비해 훨씬 치명적으로 보인다는 점"이라고 말한다.

헤밍웨이의 소설을 읽는다고 해서 혈압이 낮아지지 않듯이, 교육이 기대수명과 궤를 같이하지는 않는다. 학력은 한 사람의 인생을 구성하는 다른 여러 요소를 보여주는 한 가지 대용지표일 뿐이다. 미국 질병통제센터CDC는 대학에 다녀본 적이 없는 사람은 학사 학위가 있는 사람보다 흡연할 가능성이 세 배에 이른다는 사실을 발견했다. 고학력자들은 일반적으로 소득이 높고, 사무실에 앉아서 일하며, 의사의 지시를 잘 따른다(이들이 겪는 만성적인 건강 문제는 주로 활동 부족과 연관된다). 의사들은 저학력 환자들이 약 복용 횟수 같은 기초적인 사항에 대한 의사의 지시조차 무시한다고 탄식한다. 콜롬비아대학의 공중보건학 교수이자 전 애트나Aetna 보험사 최고경영자인 존 로위John Lowe는 이렇게 말했다. "어떤 사람이 내 사무실로 걸어들어와 자신이 얼마나 살 수 있을지 묻는다면, 그 사람에게 두 가지를 물어보겠다. 나이가 몇이고 교육은 몇 년이나 받았느냐"고.

위생 수준의 향상과 공해 감축, 응급실의 기술적인 개선 등 수명을 연장시키는 많은 성과는 평등주의적 원칙에 따라 모든 사람에 공평하게 제공된다. 그러나 교육은 그렇지 않다. 공립학교는 캘리포니아와 미시간, 남부 여러 주의 대부분 지역에서 끔찍할 정도로 열악한 상태다. 주의회와 시의회들은 주립대학과 시립대학에 대한 지원을 끊고 있다.

사립대학들은 많은 가정이 감당할 수 없을 만큼 학비가 비싸다. 교육 문제는 흔히 사회 정의의 관점에서 논의되지만, 이제는 건강 측면도 고려사항의 하나로 추가되어야 할 것 같다. 교육이 수명을 결정짓는 비장의 카드라면, 상위 20퍼센트는 나머지 그룹에서 이미 멀찍이 떨어져나갔을지도 모른다.

인류와 자연과의 사투는 여전히 현재진행형

오늘날 많은 사람들이 자연을 자비로운 여신으로 숭배하지만, 우리 조상들에게 자연은 질병과 포식자, 자연재해 등으로 고통을 주는 적敵이었다. 인류가 자연으로부터 진화한 후 수천 년 동안 자연과 사투를 벌였고, 마침내 찾아낸 세계와 평화로운 공존관계를 구축했다. 인류는 앞으로 후손들이 과거를 돌아볼 때 지난 일들을 즐겁게 회상할 수 있을 것이란 희망적인 가정을 품고 즐거운 이야기를 이어갈 것이다.

그러나 평화로운 공존은 아직 성취되지 않았다. 세계 곳곳에서 자연과의 전투가 계속되고 있다. 좌파의 과학 저작물과 우파의 선전물에서 발견되는 반反 백신 정서로 인해 소아마비가 부활하고 있다. 빌 게이츠는 2014년에 체체파리와 살인 흡혈충, 민물달팽이 등으로 인해 아프리카와 남미에서 3만 명이 목숨을 잃었다고 지적했다. 모기로 인한 피해는 훨씬 심각하다. 2014년 전 세계적으로 47만 5,000명이 범죄와 전쟁, 가정폭력 등으로 같은 인간에 의해 살해당했다. 같은 해 모기로 인해 72만 5,000명이 죽었다.

말라리아 퇴치를 위한 진전은 계속되고 있다. 옥스퍼드대학의 사미르 바트Samir Bhatt는 2000년 이래 아프리카에서 말라리아 발생 건수는 인구 증가에도 불구하고 40퍼센트가 감소했음을 밝혀냈다. 지금까지 말라리아 모기에 가장 효과적인 대응 수단은 살충 처리된 모기장이다. 그러나 이것만으로는 충분하지 않다. 세계에서 말라리아 발생이 집중된 지역(지금도 확대되고 있을지 모른다)에는 여전히 모기로 인해 전염되는 질병에 대항할 수 있는 백신이 필요하다. 아마 다른 대응 방안이 효과적일 수도 있을 것이다. 한 가지 유망한 연구 방안은 뎅기열을 옮기지 않도록 유전자를 변형시킨 모기를 방사하는 것이다. 이렇게 유전자가 변형된 모기가 번성하면, 사람을 물기는 하겠지만 병을 옮기지는 않을 것이다. 만일 이 기술을 말라리아에 대해서도 적용할 수 있다면 세계적으로 의료 분야에 커다란 진보가 될 것이다.

미국이나 유럽연합에서 사하라 사막 이남의 아프리카 지역과 똑같이 말라리아가 발생한다고 가정해보자. 사하라 사막 이남의 아프리카 지역에서는 많은 사람들이 이 병으로 죽고, 수백만 명이 아프거나 생산 활동을 못 한다. 이 지역에 필요한 것은 (미국이나 유럽에서처럼) 살빼기가 아니라 병을 예방하고 치료하는 의료서비스다. 말라리아가 서구에서 흔한 질병이라면, 미국과 유럽연합의 유권자와 정치 지도자들은 백신 연구를 세계가 직면한 최우선 과제라고 생각할 것이다.

면역성을 옮기는 백신 개발 가능할까?

통제 불능의 전염병 발생을 현 세대에서는 억제할 수 있다고 해도, 앞으로도 계속 그럴 것이라고 확신할 수 있을까? 오늘날 새로운 백신을 만드는 일은, 현재의 병원균을 약화시킬 필요가 있기 때문에 시간이 오래 걸리는 과정이다. 예컨대 수두 백신은 최종적으로 완성하는 데 30년이 걸렸다. (이 기간을 단축시키기 위해) 재조합형 단백질의 '백신 플랫폼'이 개발 중이다. 병원균의 돌연변이에 신속하게 대응하기 위해 강력한 백신으로 전환될 수 있는 일종의 '비어 있는 백신'을 만드는 것이 목표다. 또한 백신은, 일일이 달걀에 주입하거나 다른 힘들고 번거로운 공정을 거쳐야 하기 때문에 대량 생산이 어렵다. 이론적으로 유전자 변형식물은 제약 설비로 백신을 제조하는 것보다 훨씬 간단하게 백신을 배양할 수 있다.

가까운 장래에 새로운 병균의 돌연변이가 새로운 공중의료 대응체계의 출현을 이끌 수도 있을 것이다. 즉, 백신 플랫폼으로부터 신속하게 백신 종두를 완성한 후, 유전자 변형식물로 하여금 작물을 생장시키는 것과 마찬가지로 필요한 단백질을 배양하도록 하는 것이다. 금세기 내의 어떤 시점에는 전이가 가능한 백신이 개발될지도 모른다. 사람들이 서로 질병을 옮길 수 있다면, 면역성을 옮기지 못할 이유가 없지 않은가?

'질병이 인류를 절멸시키지 않는
이유'를 논한 이번 장을 요약하자면
다음과 같을 것이다. 질병은 인류를
절멸시킬 수 없기 때문에
그러지 않는다. 자연선택에 의해
인간의 유전자는 병균에 대항해
스스로를 지킬 수 있도록 진화했고,
공공의료체계의 향상으로 사람들이
질병에 굴복할 가능성이 줄어들었다.
그러나 세계 인구가 계속 늘어남에
따라 여전히 의료서비스의 질을
개선하고, 덜 비싸게 공급하고,
보다 공평하게 배분되도록
개혁할 필요는 있을 것이다.
결국 인류는 굶주리지도 않을 것이며,
전염병에 의해 멸종되지도
않을 것이다. 그런데 만일
자연이 붕괴한다면 어쩔 것인가?

3
자연은 붕괴할 것인가?

"인구 증가와 온실가스로 지구 생태계는 붕괴할 것!"

1970년대에 대해서는 그다지 그리워할 만한 게 별로 없다. 세계 경제는 침체됐었고, 냉전이 계속되고 있었다. 중국과 인도, 아프리카의 대부분, 남미의 많은 지역이 빈곤 상태에 있었다. 세계의 많은 지역이 경찰국가이거나 공식적인 인종차별국 또는 둘 다에 해당됐다.

그리고 자연은 붕괴 직전이라고 여겨졌다. 석유 자원은 극심한 공급부족에 빠져 워싱턴과 런던의 고위층이 아라비아반도의 유전을 장악하기 위해 전쟁을 벌일 것을 논의한다는 말이 나돌았다. 천연가스는 고갈이 임박해서 의회가 가스 사용을 사실상 금지하는 법안을 제정할 것처럼 보였다. 많은 무기물과 광석들, 콘크리트에 들어가는 하상 모래 등이 고갈 상태에 근접하고 있다는 말이 많았다. 유해한 대기오염이 일상화됐고, 로스앤젤레스에서는 1급 스모그 경보가 연간 125번이나 발령되었다. 산업계는 독성 폐기물을 마음대로 내다버렸고, 도시들은 정화 처리를 하지 않은 생활하수를 강과 호수에 방류했다. 식물 생장억제 농약인 다미노자이드Alar와 다이옥신dioxin이 지하수에서 검출되었고, 심지어 사과에서 검출된 경우도 있었다.

고고도의 오존층이 파괴되어 성층권에 막혀 있던 방사선이 지상으로 투과될 조짐을 보였다. 백악관에서는 리처드 닉슨 대통령이 "2000년까지 우리의 도시들은 공해로 질식하게 될 것"이라고 선언했다. 삼림은 산성비로 병들거나, 아마존에서 불태워지거나, 벌채로 잘려나갔다. 캘리포니아 해안에서 드물게 관찰되는 해달을 포함해 대중에게 잘 알려진 대형 동물들이 멸종 위기에 처했다. 수많은 동물 종들이 멸종에 근접한 것으로 추정됐다. 여기에는 미국의 상징인 대머리독수리도 포함된다.

두 가지 요소가 상황을 더욱 악화시킬 것으로 우려됐다. 하나는 처음 두 장에서 논의한 식량 공급과 건강 증진에 비해 인구가 믿을 수 없을 정도로 빠르게 늘어난다는 점이었다. 다른 하나는 인위적으로 촉발된 기후변화의 초기 조짐들이었다.

1970년 미국의 유명한 TV 뉴스 앵커맨 월터 크롱카이트Walter Cronkite는 "인구 증가는 완전히 통제 불능"이라고 말했다. 그로부터 세계 인구는 두 배가 됐다. 만일 시간여행자가 1970년으로 돌아가 월터 크롱카이트에게 '세계 인구가 조만간 두 배가 되고, 인공적인 온실가스로 인한 지구온난화가 과학적으로 이론의 여지 없이 명백해질 것'이라고 말해준다면, 그는 분명히 특유의 친근한 바리톤 목소리로 지구 생태계가 붕괴할 것이란 예측을 내놨을 것이다.

대머리독수리는 아직도 멸종되지 않았다

그러나 2017년에 나는 워싱턴 D.C. 근처의 우리 집 위를 평화롭게 날고 있는 대머리독수리를 봤다. 배달된 신문들은 석유와 천연가스의 과잉 공급으로 인해 에너지 가격이 사상 최저치로 떨어질 압력을 받고 있다고 보도했다. 2017년 3월 10일자 〈월스트리트 저널〉 1면에는 "석유 공급 과잉 우려"라는 제목의 기사가 실렸다. 1주일 뒤 같은 신문 같은 면에 "천연가스 공급 과잉 심화"라는 기사가 게재됐다. 지금쯤이면 온 사회가 석유와 가스 고갈에 대한 우려로 공황상태에 빠질 것으로 예측됐으나, 그와 반대로 오히려 너무 많은 에너지가 걱정거리다. 또 다른 신문은 캘리포니아 해안에 수많은 해달이 번성하고 있어 이들을 보기 위해 많은 관광객들이 해변의 해달 서식지로 몰려들고 있다고 보도했다.

산성비는 거의 멈췄고, 성층권의 오존층 구멍은 닫히고 있다. 미시간주 플린트와 롱아일랜드 만灣 주변에는 여전히 수질 위험 경보가 내려지고 있지만, 일반적인 수질은 향상되고 있다. 한 세대 전에는 더러웠던 보스턴 항구와 체사피크만, 퓨젯사운드(시애틀) 등 주요 수역은 수영이나 낚시를 해도 안전할 만큼 '1972년 수질 개선법'의 성공 기준을 충족하고 있다.

창공을 날고 있는 대머리독수리를 보고 있자니 자연에 대해 만족스런 느낌이 들기보다는, 오히려 다른 환경 문제들이 해결되었듯이 온실가스 문제도 극복할 수 있을 것이란 생각이 든다. 기후변화에 대한 개혁은 9장에서 논의할 주제다. 여기서는 더 많은 사람들이 더 많은 자원을 소비하는데도 자연생태계가 붕괴하지 않은 이유에 대해 생각해보기로 하자.

인간이 자연에 끼친 손상은 끔찍할 수 있다. 알래스카 프린스 윌리엄 만의 야생을 영구적으로 파괴한 엑손 발데즈호 기름 유출 사고를 생각해보라. 유조선 엑손 발데즈호가 1989년 블라이 암초에 충돌했을 때 사람들은 야생이 영구적으로 파괴됐다고 말했다. 오늘날 프린스 윌리엄 만의 해양과 조수대의 생물은 대부분 유출 사고 이전의 숫자로 회복됐고, 프린스 윌리엄 만은 아름다운 경관과 생태계가 결합된 고래관찰 관광의 인기 있는 명소가 되었다. 이제는 엑손모빌 사가 된 엑손은 수십억 달러의 벌금과 합의금을 물어야 했다. 그러나 이 모든 것은 지질학적 관점에서 보면 한순간에 지나갔다.

인류가 자연을 훼손하는 유일한 힘은 아니다. 1980년 워싱턴주의 세인트헬렌스 화산에 응축됐던 마그마가 히로시마에 투하된 원자폭탄의 1,500배에 이르는 위력으로 폭발했다. 한 연구자는 "약 1,900만 그루의 더글러스 전나무가 뿌리채 뽑혀 과자 부스러기처럼 내동댕이쳐졌다"고 썼다. 수백 평방마일의 삼림이 불타 재가 되었고, 분화지점에 가까이 있던 50명의 사람과 수많은 동물들이 숯이 됐다. 당시 언론 논평자들은 세인트헬렌스 화산지역이 영원히 파괴됐다고 말했다. 내가 1992년 폭발 지역을 방문했을 때, 1980년 당시 생명이라곤 찾아볼 수 없이 달 표면 같았던 지역이 바뀐 모습을 보고 깜짝 놀랐다. 불과 12년 만에 이 지역은 야생화와 어린 전나무, 엘크 등 온갖 생물들로 밝게 빛났다. 오늘날 세인트헬렌스 국립 화산유적지는 등산객들에게 추천되는 방문지가 됐다.

오랜 세월에 걸쳐 자연은 인간이 저지른 것보다 훨씬 심한 참화를 겪고도 스스로 치유됐다. 자연은 빙하기와 소행성의 충돌, 재구름이 몇 년간 해를 가릴 정도로 극심했던 화산 활동을 이겨냈다. 오래 전 시베리아를 만든 대규모 화산 활동은 히로시마 원폭의 30억 배의 위력으로 분출됐고, 인류가 전쟁과 공장에서 배출한 연기를 다 합친 것보다 더 많은 연기를 뿜어냈을 것으로 추정된다. 자연은 인체가 병균에 대항할 수 있는 방어체계를 진화시켰듯이 이런 손상에 대응한 보호 능력을 발전시켜왔다. 면역체계가 있다고 해서 병원균이 사소해지는 것이 아니듯, 자연에 복원력이 있다고 해서 자연에 가해지는 위해가 사소한 것은 아니다. 그러나 자연이 붕괴할지를 묻기에 앞서 우리가 생존하고 있다는 사실이, 생태계 자체가 스스로를 지키는 요새가 되고 있다는 증거라는 점을 상기하는 편이 좋을 것이다.

마찬가지로 자연을 올바른 형태로 보존하는 것이 인간과 세상이 상호작용하는 지침이 되어야 한다는 통상적인 오해를 불식하는 것도 중요하다. 자연은 올바른 형태가 있는 것이 아니라 끊임없이 변화한다. 하버드대학의 진화생물학자 리처드 리원틴Richard Lewontin은 "환경은 보존되기 위해 존재하는 것이 아니기 때문에 인간이 '환경을 보존하자'는 기치 아래 계속 살아갈 수는 없다. 온갖 살아 있는 유기체들이 서식하는 이 세상은 인간의 활동뿐만 아니라 이 모든 유기체들의 활동에 의해 끊임없이 변화하고 재구성된다"고 썼다. 만일 내일 당장 인간이 지구상에서 사라지더라도 환경은 계속 변화해갈 것이다.

아마존의 삼림 훼손 면적은 1퍼센트!

나무는 자연의 건강 상태를 보여주는 중요한 지표다. 목재가 주된 난방 연료였고, 농사를 위해 개간지가 필요했던 19세기 동안 숲 면적은 빠르게 줄어들었다. 무분별한 벌채는 종종 토양 침식과 산사태 같은 의도치 않은 결과를 불러왔다. 1980년대까지 발전소들이 배출하는 이산화황은 대기를 산화시켜 애팔래치아산맥과 유럽 동부지역의 삼림을 심각하게 위협했다. 숲이 죽어 새들의 서식지가 사라지면, 봄을 맞이하는 새들의 지저귐이 없는 이른바 '새로운 침묵의 봄'이 올 것으로 예견됐다. 기후 활동가인 빌 맥키번Bill Mckibben은 1999년에 "오늘날 미국 동부지역의 삼림 면적은 미국 독립혁명 이전 수준만큼 넓어졌다"고 지적하면서, "숲의 건강은 이제 완전히 해결된 문제"라고 썼다.

앨 고어가 부통령이었던 때, 아마존 우림이 광범위하게 소멸될 것이라고 예상했다. 고어는 아마존 분지에서 1초에 축구장 한 개 면적의 밀림이 불태워지거나 개간된다고 말함으로써 청중들에게 경각심을 불러일으키려 했다. 이 계산대로라면 오늘날까지 축구장 1,400만 개 (2,100만 에이커)에 해당하는 삼림이 브라질에서 사라졌다는 얘기다. 고어의 예측은 맞는 것으로 나타났다(이는 이런 종류의 예측 가운데 유일한 것일지 모르겠다). 그러나 2,100만 에이커가 샌프란시스코나 도쿄 같은 인구 밀집 지역에 사는 사람에게는 안드로메다 성운만큼이나 넓은 것처럼 들릴지 모르지만, 이 수치는 대략 아마존 우림의 1퍼센트에 해당할 뿐이다.

브라질 연구자들이 인공위성으로 수집한 자료에 따르면, 2015년부터 아마존의 삼림 훼손은 연간 200만 에이커의 비율로 가속화하기 시작했다. 이는 우려할 만한 일이지만, 아마존의 삼림 훼손이 이런 비율로 수 세대 동안 계속되더라도 아마존 우림은 여전히 어마어마하게 광대한 면적으로 남아 있을 것이다.

어쨌든 '삼림 훼손'이란 말은 잠시 생각해봐야 할 몇 가지 이유가 있다. 하나는 우림을 개간하면 토양으로부터 탄소를 방출시킨다는 점이다. 우림 개간이 지구온난화에 미치는 의미는 야생 지역의 감소에 미치는 영향보다 더 클지 모른다. 둘째는, 나무는 다른 식물에 비해 대체하는 데 훨씬 오랜 시간이 걸리기 때문에 과거에는 삼림 훼손이 사회적 실패와 일치했었다는 것이다. UCLA대학의 지리학자 재레드 다이아몬드Jared Diamond는 급속한 삼림 훼손이 (침식과 풍화에 의한) 표토층의 유실을 초래해 경작을 저해함으로써 아나사지Anasazi 문명과 마야 문명의 종말을 불러왔다고 주장했다. 현대적인 농업 방식은 오늘날의 세상을 이런 결과로부터 격리시킬 것으로 보이지만, 과거에 문제를 불러왔던 행태를 반복하는 것은 승산을 따져 행할 수 있는 일이 아니다.

아마존을 넘어선 나무 지표는 적어도 지난 한 세대 동안 긍정적이었다. 예일대 임학대학원의 토머스 크로우서Thomas Crowther가 이끄는 연구팀은 위성사진을 이용해 인류 문명에 의해 유발된 삼림 손실의 대부분은 현대가 아니라 20세기 이전에 발생했다는 사실을 밝혀냈다. 예일대 연구팀은 현재 지구상에는 약 3조 그루, 1인당 425그루의 나무가 있다고 추정했다. 런던대학의 사이먼 루이스Simon Lewis가 이끄는 연구팀은 2015년 남미 지역에 대한 위성자료를 수집해 분석한 결과, 열대우림을 포함한 이 지역의 삼림 거의 전부가 '최소 훼손'의 범주에 해당됐음을 밝혀냈다.

배출권 거래제로 산성비 감소

삼림에 대한 몇몇 위험 요소들이 감소했지만, 산성비는 특히 1950년 무렵부터 1980년대까지 계속 증가했다. 1990년 법적으로 화력발전소에 대해 아황산가스 및 유사 가스의 배출 한도를 정한 배출권 거래제Cap-and-trade program가 도입됨에 따라 미국 동부지역 삼림에 대한 산성비의 위협은 멈췄다. 2016년 미국 환경보호국Environment Protection Agency은

이 법안이 통과된 이후 미국에서 아황산가스 배출량이 81퍼센트 감소했다고 보고했다. '미래를 위한 자원Resources for the Future'으로 불리는 초당적 연구기관이 개발하고, 1990년대 초 EPA 국장이었던 빌 라일리Bill Reilly에 의해 추진된 배출권 거래제는 예상보다 빠르게 작동하고 비용도 훨씬 적게 드는 것으로 나타났다. 라일리는 1990년대 초 석유회사들로 하여금 석유 시추를 방해하는 천연가스를 태우지 못하도록 압박해 더욱 칭송을 받았다(유정 시추탑 주변에 보이는 불기둥이 천연가스를 태우는 장면이다). 라일리는, 천연가스가 유정에서 태워질 경우에는 이산화탄소보다 더 강한 온실가스인 메탄가스를 대기 중에 방출한다는 사실을 정확하게 지적하고, 천연가스는 오직 청정 발전 연료로만 사용되어야 한다고 주장했다.

배출권 거래제는 위로부터의 규제가 아니라 시장 원리에 의존하기 때문에 산성비를 통제하는 데 비용이 더 적게 든다. 발전소들은 공해 배출을 줄이는 데 적합하다고 판단되는 방법이면 무엇이든 활용해 자유롭게 공해 발생을 줄였다. 만일 법적으로 요구되는 공해 감축량을 초과해서 줄였다면, 그만큼의 배출권을 의무 감축 기준을 맞추는 데 어려움을 겪는 다른 발전소에 팔 수 있었다. 공해를 배출할 권리를 판매하도록 허용하는 제도에 대해 거품 물며 반대하던 논평가들은 전체 공해 발생량이 꾸준히 줄어들었다는 사실은 항상 무시한다.

미국에서 산성비와 관련해 배출권 거래제를 도입한 이후 유럽연합과 중국이 유사한 정책을 채택했고, 역시 아황산가스 배출량이 줄어드는 효과를 봤다. 이는 한 가지 작은 의미와 다른 한 가지의 큰 의미를 갖는다. 작은 의미는 숲을 보호하는 일이 과거에 생각했던 것보다 비싸지 않고 실용적이라는 사실이 확인됐다는 점이다. 큰 의미는 국제적인 의무 부여나 유엔의 감독 없이도 산성비를 막을 수 있었다는 점이다(사실 산성비는 국제협약에서 언급되지도 않았다). 산성비 문제에 대처하는 일은 각 국가들이 경제적으로 감당할 수 있을 뿐만 아니라 국익에 부합하기 때문에 각 나라가 굳이 강요받지 않고도 스스로 처리해온 것이다. 이 사례는 온실가스를 통제할 수 있을 것으로 낙관하는 한 가지 근본적인 이유다.

인공조림과 벌채는 자연을 훼손하는 일인가?

과거 평론가들이 삼림 파괴가 임박했다고 가정하던 시절, '미래를 위한 자원'에서 숲 문제 분석가로 일하던 로저 세지오Roger Sedjo란 인물이 있었다. 그는 숲과 숲이 보듬고 있는 서식지가 잘 유지될 것으로 예측한 학술논문을 썼다(대부분의 숲 생물들은 숲 아랫부분, 특히 땅속에 서식한다). 세지오는 "과거에는 농업을 확대하기 위해 땅을 모조리 개간해야 할 것이란 견해가 많았지만, 내가 어렸을 적만 해도 농업을 위해 필요한 땅이 줄어들었음을 주요 통계지표를 통해 알 수 있었다"고 말한다. 그는 세계 삼림 면적이 1980년 이후 약 15퍼센트 증가했고, 오늘날 미국의 삼림 면적은 1950년대와 똑같은 수준이라고 추정한다. 한편, 미국의 목재 생산량은 1980년 이래 거의 50퍼센트 늘어났다. 숲과 나무 문제의 개선은 인구가 극적으로 증가하는 동안 일어난 일이다.

세지오는 농업에 필요한 경작지가 줄어든 것과 함께 목재 사업의 효율이 개선된 것이 숲과 나무가 되살아난 이유라고 믿는다. 여기서 개선된 목재 사업이란 대규모 조림지를 말한다. 인공 조림지는 사업체가 목재 수확을 위해 계획적으로 속성수를 줄지어 심어놓은 것이다. 이런 식의 인공조림과 벌채는 자연에 대한 모욕으로 비칠지 모르겠다. 세지오는 "사람들은 야생 숲에 대해선 무언가 영적으로 반응하기 때문에, 어떤 신비한 기준에서 목재 생산을 위한 인공조림에 반대하는 것 같다"면서, "줄지어 선 토마토에 대해선 아무도 영적으로 반응하지 않는다. 일렬로 심어진 채소는 정상적으로 보이지만, 일렬로 늘어선 나무는 뭔가 잘못된 것 같다. 그러나 두 경우 모두 식물을 재배하는 것은 마찬가지"라고 말한다.

개념적으로 볼 때 나무는 아주 큰 밀의 줄기라고 볼 수 있고, 당연히 심고, 수확하고, 다시 심는 순환 과정을 끝없이 반복할 수 있다. 그러나 밀이 깨끗하게 베어진 들판은 가을 추수와 풍요를 상징하는 시각적 이미지를 갖지만, 다 자란 나무가 잘려나간 벌목지는 왠지 불쾌하게 여겨진다. 이런 인식의 오류를 자연의 탓으로 돌리는 한, 과일과 채소는 계획적으로 재배하고 수확하는 것이 좋다고 생각하면서 동시에 나무는 아무렇게나 마구 자라도록 내버려둬야 한다고 생각하는 식의 당혹스런 자연관은 계속될 수밖에 없다.

멸종 위기 생물이 다시 서식하다

나무는 그렇다 치고 동물은 어떤가. 레이첼 카슨Rachel Carson의 잊을 수 없는 1962년 저작 《침묵의 봄Silent Spring》의 결론은, 북미 조류의 대부분이 조만간 멸종한다는 것이었다. 그러나 그 책이 출간된 이후 30년이 지난 오늘날 미국에서, 카슨이 곧 멸종할 것이라고 지목한 40종의 새 가운데 33종이 개체 수가 늘거나 안정됐고, 7종은 개체 수가 줄었으나 멸종과는 거리가 멀다. 미국 야생동물보호협회National Audubon Society가 매년 말 발표하는 조류 통계를 보면, 몇몇 종은 '멸종 경보'가 완화됐고, 대부분의 새들은 개체 수가 늘어나고 있음을 알 수 있다. 이 협회의 2016년 통계에 따르면, 미국 내에서 모두 646종의 조류가 관찰되었고, 이 가운데 182종의 새들이 한때 공해가 너무 심해 야생동물들이 전멸되기 직전으로 보였던 로스앤젤레스 지역에 서식하는 것으로 나타났다.

우리 집 상공을 나는 대머리독수리를 본 후 일주일쯤 지나서 나는 백악관에서 단 16마일 떨어진 곳에 위치한 보호림에 산책하러 갔다. 거기서 세 마리의 야생 칠면조를 내 눈으로 분명히 목격했다(칠면조는 성질이 고약해서 가까이 접근하지는 않았다). 야생 칠면조와 다른 야생조류의 개체 수는 다시 회복됐다. 미국인들이 슈퍼마켓에서 식품을 구입하면서 더 이상 저녁거리를 위해 야생 조류를 사냥할 필요가 없어졌기 때문이다. 독수리와 그밖의 새들 역시 개체 수가 회복됐는데, 이는 사회가 카슨의 경고를 새겨듣고 DDT를 포함한 살충제의 무분별한 사용을 제한했기 때문이다.

이들 조류의 사례는 생물 종種에 대해 보다 넓은 시야가 필요하다는 것을 시사한다. 즉, (생물 종의 멸종과 관련하여) 여러 문제가 있는 것은 사실이지만, 인간에 의한 대량 멸종이, 전문가들이 과거 예측한 것처럼 공룡을 전멸시킨 소행성 충돌의 후폭풍과 같은 규모로 일어나지는 않는다는 것이다. '자연보호 국제연합IUCN : International Union for the Conservation of Nature'은 알려진 생물 종의 대부분은 양호한 상태라고 평가한다. IUCN은 알려진 생물 종의 1.3퍼센트만이 명백한 멸종 위험에 처해 있고, 약 20퍼센트 정도가 (인공적이든 자연적이든 간에) 어떤 형태의 멸종 압력을 받고 있다고 본다. 연구 결과에 따르면, 온도에 민감하면서 스스로 움직일 수 없는 산호는 해양온난화로 인해 위태로워지면서 부정적인 추세를 보이고 있다. 세인트루이스대학의 인류학자 캐서린 맥키넌Katherine MacKinnon은 2017년 유인원과 침팬지, 보노보 등 인간과 가장 유사한 동물인 영장류가 (그들의 고립된 서식지가 인간과 접촉하게 됨에 따라) 가장 심각한 멸종 위협을 받는 위험군에 속하게 됐음을 발견했다.

인간에 의한 대규모 멸종이 확대될 것이란 과거의 예측이 실현되지 않았다는 사실이 다른 생물들에 대한 (멸종) 위협 논란이 해소됐다는 것을 의미하지는 않는다. 인간에 대한 (멸종) 위협 논란이 끝난 것도 아니다. 소아마비 근절 운동의 후원 세력인 의학 연구자 프랭크 페너Frank Fenner는 2010년, 인류가 21세기가 끝나기 전에 멸종할 것이라고 예측했다. 그러나 지금까지 관찰된 인간에 의한 멸종은 예상보다 적었다.

성층권의 오존층 파괴는 멈췄다

오존은 통상적인 원자 두 개를 가진 산소 분자 O_2가 아니라 원자가 세 개인 산소 분자 O_3다. 오존의 이런 특성은 불가사의하지만, 포유류의 폐가 2원자 산소를 처리하도록 진화했기 때문에, 폐에 생소한 3원자 산소가 도시 스모그에 포함될 경우 호흡기 손상을 초래한다. 따라서 인간은 오존을 들이마시길 원치 않고, 특히 어린이와 노인들은 결코 마시지 말아야 한다. 그러나 성층권의 오존층은 유익하다. 그곳에서 오존이 폐에 나쁜 화학성분이란 건 아무 문제가 되지 않고, 대신 자외선을 흡수하는 유익한 역할을 한다. 3원자 산소가 태양 광선의 위험한 부분을 걸러주는 데 도움이 되는 것이다.

오존이 어디에 있느냐에 따라 효과가 달라진다는 것은 자연계의 오묘한 균형 가운데 하나다. 오존은 폐에는 해롭지만 피부로부터 자외선을 차단하는 역할을 한다. 최근 위험하리만치 대기가 깨끗한 하와이 해변보다 스모그가 자욱한 캘리포니아 해변에서 일광욕을 즐기는 것이 피부에 더 안전했던 적이 있었다. 아황산가스 또한 자연계의 오묘한 균형 속에 있다. 대기권 아래에서 아황산가스는 산성비가 된다. 대기권 위의 높은 곳에서 이 가스는 입자를 형성해 태양열을 우주로 반사시킴으로써 지구온난화를 완화시킨다. 대기권의 온실가스가 계속 증가해왔다는 사실을 감안하면, 지구는 실제보다 더 더워졌을지 모른다. 관측된 온난화가 예상보다 느리게 진행된 데는 몇 가지 가능한 이유가 있다. 그중의 하나가 아황산가스_{이산화황}가 온실가스를 상쇄해 지구를 식혔다는 가설이다. 그렇다면 이 장에서 개혁 조치로 치켜세웠던 아황산가스 감축을 위한 계획들은 뭔가? 산성비를 줄일수록 온난화는 더 심해지는 역설이다.

2차 세계대전 직후 염화불화탄소CFCs(프레온가스)와 할론Halon(탄소와 할로겐으로 구성된 가스)이라고 불리는 화학물이 냉매와 화재 진압용 제재로 광범위하게 도입됐다. 실험 결과, 대기권 상층부에서 CFCs와 할론가스가 유익한 오존층을 파괴하는 것으로 나타났다. 1985년 영국 케임브리지대학의 조셉 파먼Joseph Farman 교수가 이끈 연구팀은 남극 상공의 성층권에서 '오존 홀Ozone Hole' 한 개를 발견했다. 남극 대륙의 얼음 위에 위치한 오존 홀은 아무에게도 위협이 되지 않았다. 그러나 만일 오존 홀이 확대된다면 세계는 더 이상 차단되지 않는 자외선으로 인해 위험에 빠질 것이다.

1987년 서구 국가들은 CFCs와 할론가스를 단계적으로 퇴출하기로 합의했다. 각국은 2012년까지 합의안의 인준을 마쳤다. 이는 지구라는 푸른 별에서 모든 국가가 참여해 성취한 최초의 보편적 의정서가 됐다. 이제 성층권의 오존층 파괴는 멈췄다. 오존 홀은 줄어들고 있고, 아마도 최종적으로는 메워질 것으로 보인다. CFCs와 할론가스는, 냉매와 소화용제의 기능은 하되 오존 파괴의 촉매 작용은 하지 않는 다른 화학물질로 대체되었다.

오존 홀과 지구온난화, 같은 듯 다른 해법

오존 홀 문제와 지구온난화 문제가 교차하는 지점이 있다. 오존층 문제는 기술적 역동성에 정치적 의지가 결합해 해결됐다. 화학자들은 해법을 찾았고, 거의 모든 정치 지도자들이 필요한 개혁조치를 지지했다. 이런 반응은 인공적으로 촉발된 기후변화에 대한 세계의 반응과 상당히 다르다. 오존 홀 문제의 경우, 자연적으로는 생성되지 않는 화합물인 CFCs가 대기권을 훼손한다는 것이 명백했다. 해로운 화학물질은 경제적으로 실천 가능한 방식으로 금지시킬 수 있다는 점 역시 분명하다. 기후변화의 경우, 주로 문제가 되는 화학물질인 이산화탄소는 인간이 배출하는 양을 왜소해 보이게 만들 만큼 엄청난 양이 자연적으로 생성된다. 여기다 화석연료는 CFCs나 할론가스와 같은 방식으로 신속하게 퇴출될 수 없다는 문제가 있다.

인간에 의해 발생한 대기 중의 이산화탄소는 1900년 300ppm에서 오늘날에는 400ppm으로 증가했다. 이는 대기를 구성하는 분자 1만 개당 인공적으로 생성된 이산화탄소 분자 한 개가 추가된 셈이다. 많은 과학자들이 이 정도의 미미한 변화만으로는 지구 대기권처럼 거대하고 활동적이며 에너지가 요동치는 시스템에 영향을 주지 못한다고 생각했다. 1991년에는 이러한 생각이 합리적인 주류의 견해였다. 그해 미국과학협회는 인간이 기후에 영향을 준다는 증거는 없다고 선언했다. 그러나 '분자 1만 개에 새로 추가된 분자 한 개만으로도 대기에 더 많은 열이 포함되도록 유발할 수 있다'는 반직관적인 인식을 입증하는 연구와 실험을 축적하는 실증 작업이 시작됐다. 2005년 미국 과학협회는 영국과 중국, 독일, 일본의 과학협회와 함께 "심각한 지구온난화가 일어나고 있다는 강력한 증거가 있다"는 공동선언문 채택에 참여했다.

기후변화에 대해서는 처음부터 상당한 의문이 제기되었던 데다, 오존층을 파괴하는 화합물을 금지시킨 것과 똑같은 방식으로 화석연료의 연소를 금지시킬 경우 인류의 삶의 질이 급격하게 떨어질 것이기 때문에, 지구온난화에 대한 공론화는 당파적인 겉치레 논쟁으로 변질됐다. 불과 한 세대 전에 미국 공화당은 과학에 근거한 자연보호를 지지했다. 로널드 레이건 대통령은 CFC 금지 조치를 지지했고, 아버지 조지 부시 대통령은 1990년 대기오염 감축 법안을 재가했다.

그런데 도널드 트럼프가 대선 후보로 선출된 해에 공화당은 자연보호와 과학적 방식을 외면하기 시작했다. 극단적인 당파주의가 득세하면서, 공화당의 다양한 지지자들에게 '과학적'이란 말은 '기부자의 의제에 부합하는 것이라면 무엇이든'이란 의미로 왜곡됐다. 트럼프는 '기후변화'가 "중국인들에 의해 만들어지고 중국인의 이익에 봉사하는" 거짓말이라고 주장했다. 이런 말도 안 되는 횡설수설이 트럼프가 백악관에 입성하는 데 기여했다. 2017년 중국은 온실가스를 줄이기 위해 100기의 석탄화력 발전소 건설을 취소했다. (트럼프의 주장이 사실이라면) 중국 정부가 왜 자신의 거짓말에 속아 넘어갔는지는 확실치 않다.

자원은 고갈되지 않는다

모든 것은 고갈되기 마련이다. 이 말은 지구가 유한하다는 점에서 합리적인 추론으로 보인다. 또 지구 밖 은하계에 측정할 수 없는 자원이 있다고 해도, 그것이 인류에게 의미가 있으려면 몇 세기가 걸릴지 모른다. 모든 것은 고갈될 것이란 명제가 타당해 보이기 때문에 어떤 사람들은 자원 소모를 자연에 드리워진 먹구름으로 여긴다.

한 세대 전 평론가들은 자원 소비 속도에 예상되는 인구증가율을 곱해보고는 암울한 미래를 예상했다. 이런 추론은 아마도 '변화 없는 추세선의 오류'라고 부를 수 있을 것이다. 만일 19세기 말 뉴욕시의 말 두 수를 가지고 아무런 변화가 없는 추세선을 추정한다면 맨해튼이 거대한 마구간이 될 것이라고 예상했을 것이다. 그러나 부분적으로는 기술 혁신 때문에, 또 부분적으로는 시장경제가 효율적인 자원 배분을 선호하기 때문에 추세는 변한다. 구소련은 제철소에 대한 성과급을 품질이나 이윤에 기초해 지급하지 않고, 제철소가 소비한 철광석과 코크스, 석탄의 양에 따라 지급했다. 그 결과 자원은 낭비됐고 공해는 늘었다. 1990년 독일이 통일됐을 때, 동독의 1인당 에너지 소비량은 서독보다 25퍼센트나 많았다. 반면 삶의 질은 서독이 훨씬 높았다. 소련이 통제하던 동구 체제는 낭비를 억제할 아무런 인센티브도 제공하지 않았다.

시장경제는 생산자와 소비자 수준에서 모두 자원 필요량과 공해 발생량을 줄이는 사람에게 이익을 부여한다. 예를 들어 오늘날 흔히 보는 맥주 캔의 금속 함유량은 과거 맥주 캔의 약 15퍼센트에 불과하다.

이는 자연을 보호하기 위해서가 아니라, 금속을 적게 포함하는 가벼운 캔이 맥주 판매의 채산성을 높이기 때문이다. 그러나 이익 창출이 목적임에도 불구하고 자연에 대한 부담을 줄이는 부수 효과를 낳는다.

더 적은 원료로 더 많은 제품을 만드는 방법을 찾는 것은 최근 몇 십 년간 시장경제가 추구해온 두드러진 특징 중의 하나다. 1900년부터 1970년대까지 미국과 유럽연합에서 1인당 금속과 물, 에너지 사용량 은 늘어났다. 그런 추세가 아무런 방해를 받지 않고 계속됐다면 자원 부족 문제가 드러났을 것이다. 그러나 서구 국가에서 거의 모든 자원 의 1인당 사용량은, 생활수준이 계속 향상됐음에도 불구하고 지 난 한 세대 동안 지속적으로 감소해왔다. 오늘날 신차들은 1970년 대 차들에 비해 더 많은 마력을 내면서도 연료는 상당히 적게 쓴다. 오 늘날의 냉장고는 평면 디스플레이와 그밖의 여러 가지 부가기능을 탑 재하고도 1980년대 냉장고에 필요했던 전력 소비량의 겨우 25% 정도 만을 쓴다. 소비자에게는 보이지 않지만 제품 생산에 핵심적인 공장의 생산 공정에서도 에너지와 금속 원료 사용량이 꾸준히 줄어들었고, 이 런 변화는 자원의 희소성에 대응해 더욱 빠르게 이루어지고 있다.

2차 세계대전 직후 시기에 영향력이 컸던 MIT의 경제학자 모리 스 아델만Morris Adelman은 어떤 천연 자원도 적어도 1,000년 동안은 고갈되는 일이 없을 것이라고 주장했다. 가격 변화와 기술 발전이 인간의 활동에 비해 어마어마하게 큰 지질 구조로부터 필요한 자 원을 더 많이 이끌어낼 것이기 때문이다. 그간의 경험은 이 같은 견해를 뒷받침한다. 10년 전쯤부터 전 세계 수억 명의 사람들이 스마트폰을 갖고 싶어 하기 시작하면서, 초소형 전자제품에 필요한 희소광물(희토류)의 부족 사태가 일어났다. 희소광물의 주요 생산국인 중국은 스마트폰 제조 회사들이 희소광물을 공급받기 위해 중국 내에 공장을 지을 것이라고 기대했다. 결과적으로 희소광물 가격이 올라감에 따라 새로운 광산 개발과 채굴의 채산성이 높아졌다. 호주가 이러한 희소광물 개발을 시작해 시장에 대량으로 공급하면서, 애플이 아이폰을 기록적인 속도로 판매하는 와중에도 희소광물은 더 이상 희소하지 않게 됐다.

아델만과 다른 경제학자들은, 자원은 가격이 떨어지면 새로운 자원을 찾아야 할 동기가 거의 없기 때문에 사라지는 것처럼 보이지만, 가격이 오르면 새로운 자원 탐색의 수익성이 커지면서 갑자기 풍부해진다고 지적했다. 혹은 가격 상승이 다른 대체물로 전환하도록 유인을 제공할 수도 있다. 2016년 혼다자동차는 희소광물이 전혀 필요 없는 하이브리드 자동차를 만듦으로써 중국의 전략을 무색케 했다.

자원이 고갈되지 않는다는 사실을 보여주는 가장 충격적인 사례는 석탄을 포함한 화석연료가 여전히 풍부하다는 것이다. 1972년 지식인들과 언론인들로부터 상당한 지지를 받은 '성장의 한계Limits to Growth'라는 제목의 학술 연구논문은 1992년까지는 석유 매장량이 소진될 수 있다고 전망했다. 닉슨과 카터 대통령 재임 기간 동안 원유 가격이 (현재 가치로) 배럴당 325달러에 이르게 될 것이란 주장이 학계와 백악관에서 공공연히 제기되었다.

2016년 1배럴당 석유 가격은 325달러가 아니라 27달러에 불과했다. 〈성장의 한계〉가 출간되었을 당시 전 세계에서 소비되는 석유는 하루 5,500만 배럴로, 이러한 소비량은 이 논문과 다른 언론사 해설에서 지속될 수 없는 수량이라고 언급됐다. 오늘날 세계 석유 소비량은 하루 9,600만 배럴에 달하지만 석유시장은 공급과잉 상태다. 인플레를 감안했을 때 현재 미국의 휘발유 소비자 가격은 대략 드와이트 아이젠하워가 대통령이던 1950년대 가격과 같은 수준으로, 미국의 소비자들은 매년 수십억 달러를 절약하고 있는 셈이다.

지질학자 킹 허버트King Hubbert는 1956년 미국의 석유 생산이 1970년경 최고점에 이르게 될 것이라고 예측한 것으로 유명하다. 그는 그 무렵 원유가 고갈됨에 따라 석유 생산은 돌이킬 수 없이 감소하게 될 것이라고 예상했다. 환경보호주의의 비주류 관점에서 허버트의 예언은 희소식이었다. (석유에 기초한) 문명이 몰락할 것이고, 그러면 그때 가서 "우리가 그럴 것이라고 진작에 말하지 않았느냐"고 내세울 수 있을 것이다. 그러나 미국의 석유 생산량은 그후로도 계속 늘어 세계 최대의 산유국 사우디아라비아를 제치기 직전에 이르렀다.

〈성장의 한계〉는 컴퓨터 모델에 근거해서 작성됐다. 그런데 컴퓨터 모델은 사전에 설계된 알고리즘이 내놓는 결론을 무조건 따르거나, 아니면 불분명하거나 아예 잘못된 입력 자료로 인해 결과의 타당성이 제한되기 마련이다. 2016년 힐러리 클린턴의 대선 승리가 확실하다는 결론을 내린 여론조사 모델들을 생각해보라. 어떤 모델은 수학적으로 왜

곡됐었고, 다른 것은 입력 자료가 부실했거나 추측에 근거한 하자가 있었다. 아무리 개선된 알고리즘에 의해 부정확한 추측을 걸러낸다고 해도 추측은 여전히 추측일 뿐이다. 어떤 인기 있는 선거 예측 모델들은 선거 결과를 소수점 아래까지 정확하게 예측할 수 있다고 주장했지만, 2016년에 이들은 승자를 가리지도 못했다. 선거 예측은 통계적으로 타당하다기보다 일종의 오락으로 간주되어야 한다. 기후변화 예측도 유사한 의심을 가지고 접근해야 한다. 기후변화에 관한 근래의 암울한 전망들은 컴퓨터 모델에 기초하고 있는데, 이들은 관찰된 기후 통계자료보다 설득력이 훨씬 떨어진다.

천연가스 역시 공급이 급격히 감소할 것으로 여겨진 나머지, 당시 고급 시사교양지였던 〈포린 어페어즈Foreign Affairs〉는 1976년 이처럼 줄어드는 자원의 연소를 법으로 금지해야 한다고 주장했다. 1978년 신설된 에너지부 장관이었던 제임스 슐레진저James Schlesinger는 천연가스 공급이 거의 소진됐다고 말했다. 그해 미 의회는 발전소들이 연료를 천연가스에서 석탄으로 전환할 것을 의무화하는 '국가에너지법National Energy Act'을 통과시켰다. 단위 전력을 생산하는 데 석탄 연소는 대략 천연가스에 비해 두 배의 온실가스를 배출한다는 점에서, 의회의 이 같은 조치는 발전소들로 하여금 온실가스 배출을 늘리도록 명령한 것이나 다름없다. 2016년까지 천연가스 가격은 사용량이 늘었음에도 불구하고 20년 이래 최저수준으로 떨어졌다. 풍부한 천연가스는 미국의 많은 주에서 전력요금 인하로 이어졌고, 그 덕에 많은 미국의 일반 소비자들이 혜택을 보았다. 버락 오바마 대통령이 과학 보좌관으로 선택한 존 홀드런John Holdren은 1970년대 천연가스 가격이 치솟고, 2010년 무렵까지는 천연가스가 고갈될 것이라고 예상했다. 실제로는 정반대의 일이 일어났다. 천연가스 매장량은 극적으로 늘어났고, 미국은 천연가스 수출국이 됐다.

〈월스트리트 저널〉이 가격 하락을 걱정할 정도로 석유와 가스 매장량이 풍부해졌음에도 불구하고, 석유와 가스가 조만간 고갈될 것이라는 믿음이 여전한 것은 자연에 대한 몇 가지 오해에서 비롯된다. 하나는 지질 구조의 방대한 규모와 관련된다. (과거에는 물리적으로 불가능하다고 여겨졌던) 하루에 9,600만 배럴의 석유를 소비할 정도의 인간 활동조차도 지구의 엄청난 크기에 비하면 사소한 것이다. 특히 거의 모든 인간 활동이 지구에서 상대적으로 얇은 지표면에서 일어나고 있다는 점을 감안하면 더욱 그렇다. 반면에 대부분의 지구 구성물은 땅속이나 해저에 깊이 묻혀 있다.

또 다른 혼선은, (자원) 가격의 상승이 생산자들로 하여금 자원 소비를 줄이는 혁신을 하거나 새로운 자원을 찾아 더 깊이 파들어갈 인센티브를 제공함으로써 공급 증가를 유도하는 경제적 역동성을 제대로 이해하지 못한 데서 유래한다. 1970년대 미국에서 에너지 공급 부족 사태가 일어난 한 가지 원인은 닉슨 대통령이 석유와 가스 가격을 통제함으로써 생산을 위축시킨 것이었다. 닉슨은 또한 (대부분 파이프라인을 통해 운송되는) 천연가스의 주간州間 이동을 통제했다. 이 조치로 가스를 생산하는 주들(당시에는 주로 텍사스와 루이지애나)로부터 난방과 전력 생산을 위해 가스를 필요로 하는 주들(당시엔 주로 뉴잉글랜드 지역)로의 가스 판매가 위축됐다. 당시에 가스를 구입하는 주들은 정치력을 동원해 가스를 생산하는 주들이 엄격한 가격 통제를 받도록 해야 한다고 주장했다. 뉴잉글랜드 지역의 가스 구입 주들은 가격 통제 조치가 남부의 가스 생산 주들이 귀중한 상품인 가스를 값싸게 공급하도록 하는 영리한 방법이라고 생각했다. 그 결과는 생산자들이 주간 파이프라인을 통한 가스 공급을 중단하는 바람에 양측 모두에게 손해를 입힌 것이었다. 구매자는 가스를 공급받을 수 없었고, 생산자는 수익을 낼 수 없어서 근로자들을 해고해야 했다. 정치권이 이 문제를 바로잡는데 몇 년이 걸렸다.

적극적으로 시장경제 원리에 저항하는 사람들에 의해 통치되는 정부들은 문제가 더욱 심각하다. 소련에서 가격 통제는 적용하는 곳마다 공급 부족이라는 역효과를 낳았다. 소련 정부는 어떠한 경우에도 오류를 인정할 수 없었기 때문에, 공급 부족의 원인을 천연자원의 부족 탓으로 돌렸고, 그 결과 소련은 자원 고갈이란 환상에 동참하게 됐다. 공산 독재체제가 무너지고 러시아 석유 시장에 수요-공급 원리가 적용되자 석유가 넘쳐났다. 오늘날 러시아연방은 주도적인 원유 생산국이 됐다.

2차 세계대전 기간 중 미국에서 긴급 수단으로 쓰였던 가격 통제와 물자 배급제는 자원 고갈처럼 보이는 현상을 초래했다. 1943년 내무

장관 해럴드 아이크스Harold Ickes Sr.는 '석유가 바닥나고 있다!'는 제목의 기고문을 썼다. 1945년 7월 포츠담회담에서 해군 장관 제임스 포레스털 James Forrestal은 연합국 지도자들에게 1960년경까지 석유가 완전히 고갈되는 상황에 대비해야 한다고 말했다. 그후 전시 가격 통제는 해제됐고, 석유 공급은 곧 충분해졌다.

그러나 이러한 교훈은 닉슨 재임 시절에 시작된 석유파동으로 잊혀졌다. 이 시기에 대부분의 지식인 지도층은 화석연료의 고갈이 임박했다고 믿었다. 대학과 기부 재단들, 발행인들, 신설된 에너지부까지 이런 믿음을 강화하는 사람들에게 재정적 지원을 제공했다. 이상한 것은, 당시 사회의 엘리트라는 사람들은 화석연료를 더 이상 사용하지 못할 것이란 끔찍한 말로 일반 사람들에게 경각심을 불어넣는 것이 긴요하다고 생각했다는 것이다. 내가 1970년대 후반 장기 조사 프로젝트를 위해 그랬던 것처럼, 당시 석유와 가스 채굴업자들과 시간을 보낸 사람이라면 누구나 석유와 가스 공급이 충분했다는 것을 알았다. 문제는 자연이 아니라 정치 규범이었다.

이런 불합리한 인습을 타파하는 데 앞장섰던 잡지 〈월간 워싱턴 Washington Monthly〉은 1980년 석유와 가스가 인간의 시간 척도상 고갈될 수 없다는 주장을 펼치는 데 상당한 지면을 할애했다. 나는 기고를 통해 "천연가스는 소진되지 않았고 여전히 충분하기 때문에 필요한 만큼 쓰지 않을 이유가 없다"고 썼다. 이런 사실을 알아내는 데 CIA나 FBI가 동원될 필요는 없다. 그저 석유와 가스 유정 현장을 방문해 탄화수

소 지질학자와 몇 마디만 나누면 알 수 있는 일이다. 워싱턴에 소재한 미국 정부 부처(혹은 브뤼셀에 소재한 유럽연합 정부)는 이렇게 하지 않는다. 그들은 파멸을 외치는 대가로 돈을 받는 전문가들을 고용함으로써 자원에 대한 대중의 인식을 왜곡하곤 한다.

실용적인 중도 노선의 카터 대통령은 퇴임하기 직전에 석유와 가스에 대한 규제를 풀었다. 그후 석유 공급이 급속하게 늘어남에 따라 석유수출국기구OPEC의 석유 가격 유지를 위한 담합 카르텔이 깨지면서, 한때 무적으로 보였던 석유 독점체제가 종말을 고했다. 여기다 3차원 지진학과 수평채굴 기술, 수압파쇄 공법 등 채굴 기술이 향상됨에 따라 셰일가스 매장지로부터 석유와 가스의 채굴이 가능해졌다. 셰일가스층은 북미 지역에 흔한데, 다코타와 몬태나, 사스카추완 지역의 바켄층 탐사를 통해 상당한 매장량이 발견됐다. 어떤 정부기구도 이러한 발전을 가져온 연구조사를 수행하지 못했다. 어쩌면 그랬기 때문에 이러한 발전이 가능했는지 모른다. 석유와 가스 공급을 늘리기 위한 정부 주도의 시도는 석유 대체물 몇 방울을 생산하느라 막대한 자금을 쏟아부은 채 값비싼 무용지물로 남았다. 문제에 제대로 대처하지 않는 방법에 관해 개인지도를 받고 싶은 정치학도라면, 1980년 의회에 의해 만들어진 '합성연료공사Synthetic Fuels Corporation' 사례를 찾아봐야 할 것이다.

만일 3차원 지진학을 개발하기 위한 정부 기구가 창설됐다면, 우선 인상적인 건물을 짓고, 수백 명의 행정보조 인력을 채용하며, 예산 증액을 위한 로비를 펼치겠지만, 석유는 한 방울도 생산하지 못했을 것이다. 미국과 다른 나라에서 석유와 가스의 산출이 늘어난 것은 민간 주도의 개발 계획이 부패와 이익 집단의 요구, 경제에 대한 이해부족 등으로 느려터진 정부 기구보다 훨씬 나았기 때문에 가능했다.

석유 수요의 정점이 곧 석유 생산의 정점

그 결과는 이상적인 것과는 거리가 멀다. 풍부한 화석연료는 온실가스 배출이 계속된다는 것과 같고, 수압파쇄 공법은 지하수를 오염시킬지 모른다. 화석연료 시장 질서에서 포춘 500대 기업들의 도를 넘는 행위는 반발을 불러일으킬 수 있다. 미국 3대 은행이자 석유 및 가스 시장에서 영향력이 큰 주요 지원 기관의 하나인 웰스파고 은행은 2016년 조직적으로 서류를 조작했음을 시인하고, CEO였던 존 스텀프John Stumpf를 해임했다. 사기 행위로 유서 깊은 은행의 이름에 먹칠을 한 그해에 1,900만 달러를 연봉으로 받은 스텀프는 퇴임하면서 8,300만 달러의 보너스를 받았다. 그에 대한 보상이 과연 은행의 주장대로 시장원리에 따른 것인가? 그렇다면 웰스파고 은행이 기초적인 금융 기술을 가지고 1,900만 달러보다 적은 연봉에 일할 사람을 단 한 명도 찾을수 없었다는 말을 믿어야 할 것이다. 그러나 포춘 500대 기업에 의해움직이는 현재의 석유 및 가스 세계시장의 질서가 아무리 흠결이 있더라도, 석유와 천연가스가 실제로 급격히 줄어든다면 사회는 이로 인해더 악화될 것이고, 특히 보통 사람들이 부자들보다 훨씬 큰 피해를 보게 될 것이다.

1970년대에는 지하에 남아 있는 석유 매장량이 5억 배럴에 못 미칠 것으로 믿어졌다. 그후 세계는 대략 1조 배럴 정도를 소비했는데, 오늘날 적어도 1조 7,000억 배럴이 시추되지 않은 채 남아 있는 것으로 알려져 있다. 세계가 한 세대 전에 존재하는 것으로 추정됐던 매장량의 두 배를 소비했음에도 매장량은 더 늘어났다. 이런 결과는 인위적인 개입에 의한 것이 아니라, 경제적 인센티브와 기술 발전의 역동성, 자연계의 광대한 규모를 반영하는 것이다.

'석유 생산의 정점'은 그 시점이 오더라도 아마 수십 년 뒤에나 올 것 같아 보인다. 물론 종국에는 석유가 고갈될 것이다. 그러나 그런 일이 생기기 훨씬 전에 사회는 아마 청정연료로 옮겨갈 것이다. 특히 '석유 생산의 정점'은 '석유 수요의 정점'으로 대체되는 과정에 있는지 모른다. 에너지 효율화는 전반적인 석유와 가스의 필요성을 줄이고 있다. 국제에너지기구International Energy Agency는 석유 수요가 2040년 현재의 소비 수준보다 약 10퍼센트 많은 수준에서 정점에 이를 것으로 추정했다. 이런 예측은 과거 석유와 관련된 많은 예측이 그랬던 것처럼 잘못된 것으로 판명될 수 있겠지만, 석유에 대한 세계적인 갈망이 지금도 완화되고 있음을 시사한다. 필자는 2009년 저서 《초음속 충격파음 Sonic Boom》에서 다음과 같이 썼다. "현재 석유 왕족의 후손들은 조상들이 아직 누군가가 석유를 원할 때 마지막 한 방울까지 팔아치웠기를 바랄지도 모른다."

자연은 붕괴할 것인가?

1인당 담수 사용량이 획기적으로 준 이유

생수는 지금 휘발유보다 비싸다. 물 공급이 석유 공급보다 더 중요해 졌는지 모른다. 과거 석유가 거의 고갈된 것처럼 보였을 때 담수는 넘 쳐나는 것처럼 보였다. 그러나 언젠가 물이 중요성 면에서 연료나 광 물을 능가하는 자원이 될 것으로 보인다. 2014년 미국 지질조사에 따르면, 미국 내에 수영장과 온수 욕조가 1960년대보다 1,000만 개나 늘었음에도 불구하고, 1인당 담수 사용량은 반세기 내에 최 저수준으로 떨어진 것으로 나타났다.

존 스타인벡의 걸작 《에덴의 동쪽East of Eden》의 도입부는, 수천 년 동 안의 주기적인 가뭄이 남서부를 황폐화시킨 탓에 캘리포니아는 가망 없는 인구과잉 상태라고 선언하는 것으로 시작한다. 오늘날 캘리포니 아 인구는 스타인벡이 소설을 썼을 때의 네 배에 이른다. 이들은 스타 인벡 시절에는 존재하지 않았던 효율적인 물 관리 공법을 이용해 물을 마시고, 목욕을 하며, 수영을 하고, 오렌지 나무에 물을 준다. 캘리포니 아는 쌓인 눈으로부터 담수를 끌어온다. 2011년 가뭄 주기가 시작됐을 때, 캘리포니아의 상황은 가망이 없는 것으로 전국 언론에 묘사됐다. 2016년까지 캘리포니아의 적설층은 정상으로 회복됐고, 2017년에는 요세미티 국립공원의 하프 돔이 눈으로 뒤덮이는 동안 저지대에는 폭 우가 내렸다.

개도국들의 난제, 대기오염와 소음 공해

우리가 호흡하는 공기는 대부분의 사람들이 자연을 경험하는 가장 밀접한 연결 수단이다. 대기 질을 제외하면 발전된 나라인 한국의 수도 서울에서 스모그는 몸에 해로운 수준이다. 중국의 연안도시들에서 스모그는 아이를 키우는 것이 안전하지 않을 정도로 심각하다. 2015년 베이징은 스모그에 대해 '적색 경보'를 발령하고 3일간 학교 문을 닫았다. 서구에는 거의 알려지지 않은 인구 1,500만 명의 거대도시 톈진에서는 2016년 이착륙 항공편이 모두 취소된 적이 있었다. 지상을 덮은 스모그로 인해 현대적인 제트기조차 상승 한도가 너무 낮았기 때문이다. 평소 베이징의 미세먼지는 세계보건기구 기준의 세 배에 이른다. 그나마 기준치의 네 배에 달했던 10년 전에 비하면 나아진 것이다.

지난 한 세대 동안 중국 정부는 대기오염의 원인이 전적으로 자연적인 것이라는 허구적인 주장을 견지했다(일부는 자연적이지만 대부분은 인위적인 것이다). '적색 경보' 사태 이후 베이징의 관리들은 (분명히 자신들의 자녀가 걱정이 되어) 대기의 질 문제에 국가가 책임이 있음을 인정하고, 정화 기술 개발에 상당한 자본을 투자할 것을 약속했다. 문제가 있다는 것을 인정하는 것이 개선의 첫걸음이다.

미국의 발전소들은 발전 설비에서 배출되는 공해물질의 대부분을 제거하는 정교한 대형 정화장치를 갖추고 있다. 최근까지도 중국의 발전소들은 이런 장치를 갖추지 않았다. 전형적인 미국의 석탄 화력발전소는 연료 에너지 값의 거의 40퍼센트를 전력으로 전환시킨다. 반면에 중국에서는 전형적인 발전소의 열효율이 미국의 절반 정도에 그친다. 이는 같은 양의 전력을 생산하는 데 더 많은 석탄을 연소시켜야 한다는 의미다. 베이징 정부는 낭비적인 발전소의 연료를 대기 위해 너무나 많은 석탄을 구매해야 하기 때문에 몽골에서 중국으로 석탄을 수송하는 화물 트럭들이 몰리는 몽골과의 국경에서는 종종 1마일이 넘는 교통체증이 일어나기도 한다. 중국의 도시 거주자들은 중앙에서 통제하는 석탄 난방시스템이 아파트에 너무 뜨거운 열을 공급한다고 불평한다. 반면에 시골 거주자들은 너무 춥다고 불평한다. 중국 정부가 100개의 석탄 화력발전소 건설을 취소한 한 가지 이유는 낙후된 발전 시스템에 대한 의존을 줄이고 스모그를 통제하기 위한 것이었다. 중국에서는 기후변화보다도 호흡기 건강이 더 직접적인 걱정거리다.

인도의 많은 도시들은 스모그뿐만 아니라 연기 때문에 대기의 질이 끔찍할 정도로 나쁘다. 보스턴에 소재한 건강영향연구소 Health Effects Institution는 인도에서 대기오염으로 인한 조산 사망이 증가하고 있음을 발견했다. 이란 정부가 2015년 핵 협정에 서명한 이유 가운데 하나는 테헤란의 대기오염 때문이었다. 테헤란의 분지 형태의 지형은 로스앤젤레스 분지와 똑같은 스모그 형성 조건을 만들어낸다. 이란은 연료 효율이 높은 자동차나 미국과 영국에서 만든 저공해 가스터빈 발전기 같은 현대적인 제품을 획득할 수 있도록 제재 조치의 해제가 필요했다. 이란과 인도 그리고 그밖의 개도국에서 대중의 호흡기 건강을 개선하기 위해서는 똑같은 조치가 필요하다. 그것은 온실가스를 줄이는데 대해 보너스를 주는 것이다.

소음 공해 역시 개도국들이 겪는 고통이다. 금세기 중에 카이로를 방문한 사람이라면, 개도국의 귀를 먹먹하게 만드는 소음에 비하면 서구의 대도시들이 얼마나 조용한 편인지 금방 깨닫는다. 개도국의 많은 도시에서는 소음 공해로 인해 잠자거나 공부하기가 어려운 것은 말할 것도 없고, 보통 사람들의 일상생활조차 불쾌하기 짝이 없다. 개도국의 소음은 종종 디젤 발전기에서 나오기도 하는데, 이 발전기들은 서구의 발전기에 비해 시끄러울 뿐만 아니라 비효율적이고 더럽다. 서구에서는 모든 사람이 전기를 쓸 수 있지만, 개도국에서는 부유층만이 디젤 발전기를 살 수 있고, 가난한 사람들은 거기서 나오는 소음과 매연에 시달릴 뿐이다.

미국의 대기 질 개선을 위한 노력

개도국들은 서구에서 도시 스모그를 저감시킨 기술과 공법의 긍정적인 사례를 참고할 수 있을 것이다. 정유 단계에서 휘발유와 디젤 연료를 '재조합'하면 많은 공해물질이 제거되는데, 이 공정을 거치면 스모그를 형성하는 성분이 자동차 배기관에 아예 도달하지 않는다. 1980년대 말 아르코 석유회사의 화학자가 개발한 석유 재조합 기술은 많은 사람들이 알지 못하지만 사회적으로 요긴한 발견이다. 화학성분의 변경을 통해 휘발유의 증기 압력을 변환시키는 것과 함께 스모그의 발생을 차단하는 것이다. 이는 승용차 하부에 부착되고 점차 버스와 트럭으로 확대되고 있는 촉매 변환장치가 스모그 발생을 줄인 것과 비슷하다. 2017년 초에 인플레를 감안한 휘발유 소비자 가격은 1950년대와 거의 같았지만, 휘발유의 화학성분은 크게 개선됐다. 소비자들은 같은 금액의 돈으로 훨씬 나은 제품을 사는 셈이다.

1970년대에 로스앤젤레스에서는 연평균 125차례의 스모그 '1단계' 경보가 발령됐다. 오늘날 이 천사의 도시는 1단계 경보 사이에 몇 년을 보낸다. '대기 질 나쁨'인 날도 연간 7~8일로 줄었다. 대기 질은 여전히 우려 사항이지만, 자연이나 공중보건을 더 이상 위협하지는 않는다. 멕시코시티에서도 대기의 질이 상당히 개선됐다. 1980년대의 스모그 비상 상황으로부터 오늘날 꽤 깨끗한 공기 상태로 향상된 멕시코시티의 사례는 인구 증가에도 불구하고 재정에 심각한 부담을 주는 지출 없이 환경을 보호할 수 있음을 보여준다. 멕시코에서도 휘발유의 화학성분을 개선하면서 공해물질을 제거하는 '재조합'은 중요한 진전이었다.

자동차를 사랑하는 로스앤젤레스 사람들의 열정은 그대로지만, 미국에서 팔리는 신차에 대한 배기가스 규제로 인해 스모그 배출량은 1970년대에 비해 99퍼센트나 줄었다. 배기가스 규제는 항공기와 선박 엔진, 건설 장비, 기관차, 버스, 스노모빌, 트럭, 잔디 예초기, 낙엽 청소기 등에 의무화되고 있다(낙엽 청소기에까지 배기가스 규제를 적용하는 것이 사소해 보일지 모르지만, 캘리포니아 대기자원위원회에 따르면 로스앤젤레스에서 휘발유로 작동하는 정원관리 장비들이 배출하는 스모그가 로스앤젤레스 카운티의 모든 자동차가 배출하는 스모그보다 많다). 몇몇 자동차 회사들은 스모그 배출량을 이른바 '부분적 제로' 등급까지 낮췄고, 전기추진 방식의 자동차가 실용화 단계에서 늘어나고 있어, 발전소와 송전선까지 감안했을 때 순 스모그 배출량의 감소를 예고하고 있다. 미국에서 스모그는, 기준이 강화됐음에도 불구하고 1980년 이후 33퍼센트가 줄었다. 몇십 년 전 미 환경보호국의 스모그 목표치는 도시 대기 중 120ppb(parts per billion : 10억분의 1)였다. 오늘날 법정 한도는 70ppb이고, 미국 도시에서 실제 관측된 평균치는 48ppb다.

지난 4반세기 동안 미국의 대기 질은 다음과 같은 추세를 보였다. 납은 99퍼센트가 줄었고, 일산화탄소는 77퍼센트, 이산화황 아황산가스은 81퍼센트, (산성비의 또 다른 요인인) 질소산화물은 54퍼센트, 공장 연기 37퍼센트, 저고도 오존 22퍼센트가 각각 감소했다. 이 기간 동안 미국 인구는 28퍼센트가 늘었고, 1인당 GDP는 두 배로 증가했다. 이는 경제적 생산량 대비 대기오염이 극적으로 감소함에 따라 1인당 대기오염 물질이 크게 줄었다는 뜻이다. 질소산화물의 감소는 특히 주목할 만하다. 폭스바겐과 피아트 크라이슬러 등 자동차 회사들은 이 종류의 공해물질 배출 기준을 어긴 것으로 알려졌다. 그러나 일부 자동차 회사들의 사기 행위에도 불구하고 전체 질소산화물 배출 수준은 떨어졌다. 대기오염 감축에 대한 비용-편익 분석들은, 스모그 감축 기술에 대한 지출이 수명 연장과 호흡곤란 감소, 도시 생활의 만족도 증가 등의 편익에 비추어 정당화된다는 것을 일관되게 보여준다. 미국의 도시들은 적지 않은 부문에서 놀랄 만큼 회복됐다. 대기가 깨끗해지면서 사람들은 삶의 가치를 인정하게 됐고, 덩달아 부동산 가치도 상승했다.

미국에서 대기의 질이 향상된 여러 가지 이유 가운데 하나는 전력회사들이 발전 연료를 석탄에서 가스로 대체하거나, 지하채광 석탄에서 노천채취 석탄으로 전환한 것이다. 몬태나와 와이오밍의 파우더 리버 지역이 속하는 로키산맥 지층에서 나오는 노천석탄은 캔터키과 웨스트버지니아의 애팔래치아산맥 지층에서 채굴한 지하매장 석탄보다 본질적으로 공해를 덜 발생시킨다. 노천광산은 또한 작업자들에게도 더 안전하다. 지하광산의 광부들은 끔찍한 작업 조건에서 일하지만, 노천광산의 굴삭기를 운전하는 작업자는 신선한 공기를 마시며 일하고, 무엇보다 머리 위에 수십억 톤의 위험한 바위를 두고 일하지 않아도 된다.

여기 현대 정치경제학에서 전반적으로 관찰되는 난제가 있다. 노천석탄으로 전기를 만들면 대기오염이 줄고 작업자들의 안전이 제고되는 등 광범위한 사회적 편익이 발생하지만, 지하광산에서 일하는 광부들의 일자리가 없어져 지역적인 피해를 초래한다. 2016년 대선 유세 기간 중 도널드 트럼프와 힐러리 클린턴은 애팔래치아 지역의 석탄 광산 일자리를 더 늘리겠다는 방만한 공약을 내놨다. 이들의 공약은 뻔뻔스런 거짓말이다. 만일 실현할 수 있다고 해도 끔찍한 결과를 낳을 발상이다. 사회가 지하광산의 채굴을 늘리기는커녕 없애나갈 것이기 때문이다. 그러나 정치적으로는 오랜 시간이 걸리는 지역사회의 교육과 건강 문제를 해결하는 것보다 사양 산업의 일자리가 하늘에서 뚝 떨어진다는 환상적인 이야기를 그럴듯하게 내놓는 것이 훨씬 쉽다.

유럽이 미국보다 더 개화됐다는 널리 퍼진 견해에도 불구하고, 미국의 대기 질 개선 속도는 유럽을 앞선다. 파리의 스모그는 미국 어느 곳보다도 심각하다. 세계는 미국의 선례를 좇아 따라잡을 수 있을 것이다. 대기오염 통제에 관한 미국의 모든 개선 내용은 정보가 공개된 규제 모델이거나 공개된 기술 문헌에 자세히 나와 있는 공학적 아이디어들이기 때문이다.

스모그만 챙기고 기후변화는 외면하는 대기정화법

오존 홀 문제는 온실가스 문제와 정면으로 대비된다. 혼선은 불가피하다. 버락 오바마 대통령은 2016년, 이산화탄소 배출로 인해 자신의 딸 말리아가 어린 시절 천식으로 고생했기 때문에 지구온난화와 관련된 규제의 필요성을 확신하게 됐다고 말했다. 그러나 천식과 관련된 공해물질은 이산화탄소가 아니라 이산화황이고, 말리아가 태어난 해 이후 미국의 대기 중 이산화황은 64퍼센트나 감소했다.

공해물질의 화학성분에 대한 오바마의 외견상 실수는 사실 우발적인 것이 아닐지 모른다. 오바마 발언의 배경을 설명하자면, 대기정화법Clean Air Act이 건강을 해치는 배기가스에 대해서는 광범위한 관할권을 미국 정부에 부여한 반면 온실가스에 관해서는 아무런 권한을 주지 않았다는 것이다. 만일 온실가스가 미국인들의 건강을 위태롭게 한다는 사실이 밝혀진다면, 현행 대기정화법 하에서도 연방 차원의 규제가 의미가 있을 것이다. 정치인들과 환경보호국EPA, 항소 법원, 대법원은 이산화탄소가 공중보건을 위협하는지 여부에 대한 결론 없는 논쟁에 갇혀 있다. 미국 공화당은 이산화탄소가 건강과 무관한 것으로 간주되기를 바란다. 그래야 현행 대기정화법 하에서 온실가스가 규제 대상에서 제외되기 때문이다. 민주당은 이산화탄소가 건강을 해친다는 사실이 밝혀지기를 원한다. 그래야 화석연료를 포함한 경제 전체가 규제 당국의 통제권에 들어가기 때문이다.

미국의 대기 질에 관한 법은 1991년 이래 개정되지 않았다. 그 이후 미국 도시지역의 대기오염은 급속하게 저하됐고, 그 사이 기후변화에 대한 인위적인 영향이 입증되었다. 그러나 미국의 법은 여전히 과거로 사라져가는 문제인 스모그에 초점을 맞추고 있는 반면, 미래의 문제인 기후변화는 다루지 않고 있다. 수질과 독성물질, 생물 종에 관한 법률 등 미국의 환경 관련 법령은 대부분 수십 년간이나 시대에 뒤떨어진 상태로 방치돼, 이제는 더 이상 통하지 않는 과거의 가정만을 반영하고 있다. 워싱턴에서의 당파적 교착 상태는 환경 관련 법률의 상식적인 개정마저도 가로막았다. 이는 워싱턴 정가의 당파적 사리추구가 국가적인 공익에 역행하는 많은 사례 가운데 하나다(워싱턴의 당파주의자들은 이런 문제를 두고 싸우겠다고 약속하는 것이 후원금 모금에 유리하기 때문에 끝없는 교착 상태를 선호한다).

만일 여러분이 오늘날 미국의 대기가 대부분 깨끗해졌다는 사실을 믿지 못하겠다면, 그것은 야외에서 충분히 시간을 보내지 못했기 때문일 것이다. 좋은 날씨와 천혜의 자연경관을 가진 캘리포니아와 콜로라도 및 그밖의 여러 지역에 사는 미국인들은 건물과 차 안에서 너무 많은 시간을 보낸다. 나이에 0.9를 곱하면 실내에서 보낸 시간이 나올 정도다. 이제 밖으로 나가 깊게 숨을 쉬어보기 바란다.

자연이 붕괴하지 않는 이유를 다룬
이 장을 요약하면
다음과 같을 것이다.
자연은 붕괴할 수 없기 때문에
붕괴하지 않는다. 그러나 자연은
어떤 생물 종에게도 우호적이지 않은
방식으로 변화할 수 있다.
매머드와 동굴사자, 다이어 울프,
마스토돈, 검치호랑이 등 홍적세의
대형 육상 동물들이 자연이 변화하자
순식간에 사라졌다.
오늘날 인류가 지구를 지배하지만,
자연은 이것 역시 바꿀 수 있다.
식량과 자원은 지속될 것이고,
개혁은 자연 세계를 보호할 수 있다.
그러나 경제가 해체된다면
어떻게 될 것인가?

4

경제는 무너질 것인가?

아무도 통제하지 않아 붕괴하지 않는 자본주의 경제 시스템

2015년 베트남 공산당 서기장이 워싱턴 D.C.를 방문했다. 협정을 협상하기 위해서도 아니었고, 서구 제국주의를 비난하기 위해서도 아니었다. 제트 여객기를 주문하는 것이 그의 방문 목적이었다. 미국 국회의사당을 배경으로 미국의 경제계 인사들과 화사한 전통의상을 차려입은 베트남 패션모델이 참석한 계약 행사에서 응우옌 푸 쫑Nguyen Phu Trong 서기장은 세계 최첨단 여객기인 보잉787 드림라이너 구매 계약서에 서명했다. 그리 오래지 않은 과거에 보잉사는 인도차이나 반도를 초토화했던 B-52 폭격기를 만들었다. 오늘날 이 회사의 공장은, 이제는 친구가 된 과거의 적들을 휴가지로 실어나를 민영 베트남 항공의 멋진 주력 기종을 생산해내고 있다.

이런 변화가 혼란스러울 수 있다. 우리는 모두 고용과 소득에 대해

안정감을 추구하지만, 현대 경제는 끊임없이 요동치는 변화를 낳는다. 경제체제는 1929년 대공황the Great Depression과 2009년 대침체the Great Recession 기간 중에 궤도를 이탈했다. 두 경우 모두 경제는 회복됐으나, 또 다른 붕괴를 피할 수 있다는 보장은 없다. 전문가들은 바로 코앞에 닥친 미래도 보지 못한다(미국 주택시장의 폭락 직전에, 연방준비제도 이사회 의장이던 앨런 그린스펀은 "우리는 전국적인 주택 가격 거품이 있다고 보지 않는다"고 말했다). 예측은 소용없다(2010년 당시 재무장관이었던 티모시 가이트너는 미국 국채의 신용등급이 트리플A 아래로 떨어질 가능성은 없다고 단언했다. 그러나 1년 후 그런 일이 일어났다). 외견상 안전하게 보이는 자리도 사라진다(웨스팅하우스 냉장고나 스미스 코로나 타자기를 만들던 일자리는 한때 바위처럼 단단하게 보장된 일자리로 여겨졌다). 새로운 사업이 느닷없이 불쑥 튀어나온다(태블릿 컴퓨터 판매는 5년 만에 제로에서 10억대로 치솟았다).

이런 혼란상이 경제 붕괴에 대한 불안감을 조성한다. 언젠가 상점에 상품이 없어지고, 시장에서 식품이 사라지며, 주유소에서 연료가 바닥나는 날이 올지 모른다는 불안감이다. 이렇게 되면 상점과 학교, 창고, 병원은 문을 닫을 것이다. 세계 경제 시스템은 작동을 멈추고 다시는 재가동되지 않을지 모른다. 여러분은 이런 걱정을 하지 않는가?

그렇다면 이런 불안한 현상의 장막 뒤에서 실제 무슨 일이 일어나는지를 보여줌으로써 여러분을 안심시켜보도록 하겠다. 내가 함부로 위치를 공개하지 못하는 곳에 철통같이 보안된 지하시설이 있다고 하자. 그 내부에는 제임스 본드 영화의 악당이 만든 어떤 것보다도 인상적인 중앙통제실이 있다. 각종 다이얼과 스위치, 모니터 화면이 사방에 깔려 있다. 모든 산업과 금융, 소비자 동향에 관한 모든 통계자료가 이 비밀스런 중앙통제실로 흘러들고, 이곳에서 세계 경제가 운영된다. 커다란 의자에 앉아 이 모든 것을 관장하는 사람은 없다. 커다란 의자는 비어 있다. 이것이 이 시설이 숨겨져 있어 사람들이 그 존재를 알지 못하고 그로 인해 동요하지 않는 이유다.

미국인과 유럽인들을 그토록 불안하게 만드는 경제 시스템은 아무도 통제하지 않는다. 미국 대통령도 아니고, 중국 국무원도 아니다. 빌더버그 그룹이나 국제적인 은행가들의 음모 조직, 월마트의 CEO조차도 경제를 통제하지 않는다. 세계 경제가 누구의 통제도 받지 않고 작동된다는 사실은 최대의 강점일 뿐만 아니라, 붕괴를 피할 수 있다는 최고의 희망이다. 가장 주목되는 현대 마르크스주의자인 슬로베니아의 철학자 슬라보예 지젝Slavoj Žižek이 마지못한 감탄과 함께 다음과 같이 말했다. "자본주의는 스스로의 불안정성에 의해 더욱 강해진 유일한 사회구성체다."

서구 국가들은 다양한 국내외적인 경제 문제를 안고 있다. 그러나 통제 주체가 없다는 것이 문제가 되지는 않는다. 오히려 아무도 경제를 통제하지 않는다는 것이 다행이다.

대통령이나 어떤 개인이 실제로 경제를 통제했다고 가정해보자. 오늘날 미국인들은 안전벨트는 없이 연비 10mpg(miles per gallon)로 고정된 차를 운전하고 있을지 모른다. 디트로이트의 고용 수준을 유지해 미국 자동차 노조가 현직 정치인들에게 기부금을 계속 내도록 하고, 서로 연줄로 엮인 앵글로색슨 백인 청교도 남성들에게 충분한 관리직 자리를 제공하기 위해 자동차 기술은 과거 어느 시점에 동결됐을 것이기 때문이다. 여러분의 호주머니에 스마트폰이 없을지도 모른다. 과도한 가격 책정으로 소비자를 등쳐먹는 벨 시스템의 독점체제를 유지하기 위해 통신기술은 다이얼식 전화기 상태에 고정됐을 수 있기 때문이다. 랩톱 컴퓨터나 태블릿PC도 나오지 않았을 것이다. 실리콘밸리의 이런 발명품들은 '비밀'로 분류돼 미 중앙정보국CIA에 보관됐을 수 있기 때문이다. 1960년대의 대형 가전제품 업체인 디지털 이큅먼트Digital Equipment사의 창립자 켄 올슨Ken Olsen은 실제로 "개인이 가정에 컴퓨터를 가질 이유가 없다"고 말했다. 부자들만이 제트 비행기로 여행할 수 있을지도 모른다. 이스턴 항공과 팬암 항공, TWA 항공 등 항공사의 고임금을 보호하기 위해 항공사들의 경쟁을 금지하고 과도한 운임을 매겨 보통 사람들의 비행기 이용을 아예 배제시켰을 수도 있기 때문이다. 생활수준은 지금보다 훨씬 낮았을 것이다. 한 세대 전의 가계소득 중앙값은, 인플레와 가구 규모를 감안해 조정하더라도 오늘날의 절반에 못 미쳤기 때문이다.

파시즘과 공산주의, 봉건주의, 군주제 등 누군가 통제하는 주체가 있는 경제 형태를 실험해본 사례가 있다. 이러한 실험들은 소수의 엘리트들에게 사치를 안겨준 것을 제외하고는 모두 참담한 실패로 끝났다. 파시즘은 독일과 일본을 폐허로 만들었다. 모택동 치하의 중국과 소련, 북한, 베네수엘라 등에서 실행된 공산주의는 소수에게 방만하고 과도한 권력과 부를 부여한 반면 나머지 모든 사람들을 절망에 빠뜨렸다. 군주제와 봉건제는 사회의 발전을 기어갈 정도로 지체시켰고, 여성과 소수자들을 억압하는 데 장점을 발휘한 것을 빼고는 다른 모든 면에서 무능했다.

듀크대학의 인도 태생 공공정책학 교수인 인더미트 길 Indermit Gill은, 남한과 북한은 경제체제가 어떻게 보통 사람들을 돕거나 해칠 수 있는지를 여실히 보여주는 사례라고 지적했다. 똑같은 지리적 조건과 자원, 사람을 가지고 시작했지만 중앙통제 체제를 택한 쪽은 궁핍한 악몽이 된 반면, 시장이 결정하도록 한 쪽은 가난을 몰아내고 세계 최고의 고등교육 진학률을 성취했다.

길은 나아가 이른바 '워싱턴 컨센서스Washington Consensus'의 처방을 따른 대부분의 개도국들은 생활수준이 향상되고, 여성의 교육수준이 높아졌으며, 자유선거를 채택하게 된 반면, 중앙통제 경제체제를 고수한 개도국들은 대부분 가난에서 벗어나지 못하고 퇴보했으며, 폭력집단이나 독재자의 지배를 받고 있다고 지적했다. 1980년대 경제학자들의 국제적인 협력에 의해 만들어진 워싱턴 컨센서스는 개도국들이 중앙통제를 버리고 자유시장 경제체제로 전환하고, 부채를 피하며, 규제를 풀고, 실효성 있는 사유재산권 제도를 확립하고, 대외수출과 자본 유입을 자유화하고, 실효 한계세율을 낮출 것 등을 권고했다(그리스처럼 문제가 된 나라들은 고율의 세금을 부과한 뒤 부자들로 하여금 뇌물을 주고 세금에서 벗어나도록 한다). 어떤 분석가들은 절대적 중앙 계획경제 처방과 정반대에 서 있는 워싱턴 컨센서스를 비난한다. 그러나 시장지향적 경제는 통상(물론 항상 그런 것은 아니지만) 가난한 사람들에게 도움이 되는 반면, 중앙통제 경제는 대개 가난한 사람들에게 해를 끼친다는 사실을 보면 결론은 자명해질 것으로 보인다.

통제권자가 없는 경제는 거의 모든 사람들의 생활수준을 향상시키고, 사회적 발전을 장려한다. 적어도 지금까지 알려진 바에 근거해볼 때, 보통 사람들이 통제받지 않는 경제 시스템의 혜택을 가장 크게 본다. 그러나 책임 지는 자리가 비어 있다는 것을 생각하면 왠지 불안해진다.

시장경제의 작동 원리는 '분산된 의사결정'

물론 대통령이나 총리, 중앙은행장 등 힘 있는 자리에 있는 사람들은 잘하든 못하든 시장경제에 영향을 줄 수 있다. 그러나 이들이 경제를 통제할 권한은 없다. 대선 유세 과정에서 이에 관한 터무니없는 주장이 많았다. 자신이 '경제통수권자'가 될 것이란 힐러리 클린턴의 선언이 그 가운데 하나다. 지도자의 큰 실수가 경제에 해를 끼칠 수는 있지만 그런 경우를 제외하고는, "최고위층의 정책 결정은 상대적으로 경제에 사소한 요소에 불과하다"고 백악관 경제자문위원장이었던 에드워드 라지어Edward Lazear 스탠포드대 교수는 말한다. 그는 그 한 가지 예로, "경기 대침체는 주로 경제 자체의 요인에 의해 일어났고, 경제 스스로 치유했다"고 주장한다. 대부분의 경제적 성과와 손실은, 아무도 책임지는 자리에 있지 않기 때문에, 대체로 경제 자체에 의해 발생하고 경제 스스로의 힘으로 치유된다.

이론가들은 이러한 시장경제의 작동 원리를 '분산된 의사결정'에서 찾는다. 어떤 단일 주체도 사건의 진행 과정을 지시하거나 명령하지 않는다. 분산된 의사결정은 불가피하게 혼란을 초래할 수밖에 없어 보편적으로 인기가 없지만, 대형 실수의 가능성을 줄여준다. 사람들이 무엇을 원하고, 그 대가로 얼마를 지불할 것인지에 관한 수많은 분산된 의사결정들이 경제 시스템 안으로 흘러 들어온다. 이러한 수많은 작은 결정들이 모여 대개는 자원을 가장 효율적으로 배분하는 결과를 낳는다. 분산된 수많은 작은 결정들은 현명한 것일 수도, 혹은 어리석은 것일 수도 있다. 너무나 많은 사람들이 사기를 당하거나, 돈을 아끼지 못하거나, 비싸게 사서 싸게 파는 등의 여러 가지 실수를 범한다. 그러나 전체적으로 보면, 아무도 책임지지 않고 무질서하게 요동치는 시장경제의 특성으로 인해 거의 모든 사람들의 삶이 향상된다.

이는 경제가 스스로 자율적으로 규제한다는 얘기와는 다르다. 자율규제 주장은 19세기 말 몇 차례의 공황 전에도 나왔고, 1929년 대공황 직전과 경제 대침체를 부른 2008년 신용 붕괴 전에도 나왔었다. 경제 대침체 기간 중에, 당시 프랑스 대통령이었던 니콜라스 사르코지는 "신용 붕괴는 전능한 자유시장경제가 언제나 옳다는 생각이 틀렸음을 입증했다"고 말했다. 보수주의자를 포함해서 사려 깊은 사람이라면 누구도 시장이 항상 옳다고 주장하지 않는다. 시장은 심각한 오작동이 일어날 수 있기 때문에 법적 기준이 필요하다. 그러나 어떤 개인이나 주체도 경제나 경제법규를 통제하지 않을 때 우리의 삶이 더 낫다. 이런 경제 원리는 번영의 대가로 불확실성을 받아들인다. 더 높은 생활수준을 누릴 가능성이 크지만, 동시에 경제가 붕괴할 수도 있다는 불안감이 상존하는 것이다.

전통적으로 시장경제가 제대로 기능하는 것은 '보이지 않는 손'의 덕으로 간주된다. 그러나 이러한 비유는 잘못됐다. 무형의 지적 주체가 목표를 향해 경제 행위를 지시한다고 가정하기 때문이다. 경제는 목표가 없다. 경제는 단지 각종 발견과 발명, 부족 현상, 소비자 필요의 변동, 사회적 유행의 변동 등을 포함한 상황의 변화에 반응할 뿐이다. 대개의 경우 그 결과는 대부분의 사람들에게 더 유익했다. 그러나 그런 결과가 일어난다는 보장은 없고, 객관적으로 상황이 좋은 시절에조차 불안감을 낳는다.

경제에 대한 불안을 부추겨 대통령이 된 사나이

붕괴에 대한 불안은 변화의 속도에 의해 더욱 고조된다. 상품과 일자리는 미립자처럼 순식간에 명멸한다. 10년 전에 파나소닉은 미친 듯이 성장하고 있었고, 강력한 은퇴저축 투자제도를 갖춘 최고의 취업

희망기업이었다. 그런데 이 회사는 휴대전화 시장의 부상에 대해 오판하고 말았다. 그 결과는 통렬한 사업 손실과 대규모 정리해고였다. 그후 2015년까지 파나소닉은 성장 잠재력이 큰 대용량 배터리 분야에서 세계 최대 공급자로 자신의 위상을 재정립했다. 파나소닉은 네바다주에 최첨단 배터리 공장을 짓고 있다. 이 공장은 테슬라 자동차용 배터리뿐만 아니라, 가정에서 전기 사용률이 낮은 새벽 시간대에 전력을 비축했다가 전기 사용률이 높아지는 오후에 사용할 수 있도록 하는 가정용 배터리를 공급할 예정이다. 이제 파나소닉은 다시 취업하기 좋은 기업이 됐다. 그러나 아무도 이런 식의 부침을 즐기지는 않는다. 사람들은 안정성을 원하지만 현대 경제는 그 안정성을 주지 못한다.

경제를 기본적으로 천연 자원으로 구성된 먹이사슬이라는 개념으로 이해하는 사람들에게 자원 고갈보다도 더 큰 두려움은 바로 돈 자체에 대한 공포다. 오늘날 서구의 거의 모든 사람들은 누군가(고용주 또는 고객, 은행, 사회보장국 등)가 돈을 공급해줄 것이란 애매한 가정에 의존해서 살아간다. 그런데 돈이란 게 도대체 뭔가? 과거에 돈은 주머니 속의 황금이었으나, 오늘날은 파일 속이나 신용카드 칩에 기록된 0과 1의 무수한 조합이다. 과거에 은행들은 금고 안에 화폐를 보관했지만, 오늘날은 컴퓨터 하드 드라이브에 입력된 기록을 보관한다. 미국 조폐창이 인쇄하는 1달러짜리 실물 지폐의 생산은 2006년 정점에 오른 후 계속 감소하고 있다. 오늘날 연방준비제도가 '돈을 찍어낸다'고 할 때, 이는 실제 화폐를 인쇄한다는 의미가 아니다. 연준은 그저 더 많은 돈이 존재한다고 선언하고, 0과 1의 조합을 추가로 지급함으로써 새롭게 선언된 돈을 매입한다.

돈은 단지 다른 사람이 교환의 대가로 제공하는 것의 값어치를 나타낼 뿐 어떤 내재적 가치도 갖고 있지 않기 때문에, 어떤 면에서는 합의에 의한 집단적인 환상이 되었다. 만일 어떤 위기로 인해 사람들이 돈을 더 이상 신뢰하지 않게 된다면(가령 물물교환을 요구한다고 하자) 현대 경제는 와해될 것이다. 이것이 특별히 지속될 수 있는 안정적인 상황처럼 들리지는 않는다.

많은 사람들이 "만일 우리가 미친 듯이 빠른 변화를 멈춰 정보나 지적재산권 따위는 잊어버리고 손에 잡히는 실물경제로 돌아갈 수 있다면, 사업을 안정적으로 운영하고 안정적인 일자리가 보장되는 과거의 좋은 시절로 되돌아갈 것"이라고 생각한다. 이것은 매우 솔깃한 생각이지만, 가속적으로 변화하는 경제가 제공하는 온갖 장점은 도외시한 발상이다. 사람들은 세계적인 변화가 없는 과거를 재현할 수 있기를 바라면서도, 무서운 속도로 변화하는 오늘날의 경제가 제공하는 높은 생활수준과 발전된 의료서비스, 값싼 통신과 안전한 교통 또한 계속 누릴 수 있기를 원한다.

모든 사람이 안정되고 좋은 일자리를 가진 경제적 황금시대는 한 번도 없었다. 노동 수요가 커서 노동운동이 절정에 달했던 2차 세계대전 직후 확장기조차 거의 모든 고용 형태의 일자리에 지급된 임금은 실질 달러가치로 환산했을 때 오늘날보다 적었고, 공장들은 문을 닫을 가능성이 컸으며, 흑인이나 여성들은 취업 신청조차 못했다. 그러나 미국과 영국에서는 수백만 명의 사람들이 과거에 경제적 황금기가 있었다고 믿는다. 이들은 그 황금기가 정확히 언제였는지는 꼭 집어 말하지 못하면서, 그저 과거 그 시절에는 모든 게 더 나았었다고 말한다. 과거 평온했던 시절을 부당하게 빼앗겼다는 믿음의 실제 이유는 흡사 현시점에서 정부의 혜택을 더 요구하기 위한 근거가 필요했기 때문인 것처럼 보인다.

특정되지 않은 과거의 어느 시기에 경제가 더 좋았다는 불분명한 믿음은 도널드 트럼프에게 수백만 표를 만들어줬다. 그는 부분적으로 언론이 끊임없이 경제에 대해 비관적인 보도를 한 덕분에 자신의 퇴보적인 견해로 유권자들을 설득할 수 있었다. 2016년 고용이 가파르게 상승했을 때, 〈뉴욕타임스〉는 긍정적인 경제 뉴스가 자신들의 논조에서 벗어났다고 여긴 나머지 "실업률이 떨어졌으나 많은 사람들이 일시적 현상이라고 느낀다"는 실망스런 1면 기사를 냈다. 2017년 봄, 미국의 실업률이 4.4퍼센트로 떨어졌을 때 미국의 3대 방송사 저녁 뉴스 프로 가운데 어느 곳도 이 멋진 소식으로 프로그램을 시작하지 않았다. 3개 방송사 모두 이 기사에 20초 미만을 할애했다. 〈ABC 월드뉴스 투나잇〉은 일자리 창출이 금리 상승을 유발할 수 있다는 부정적인 내용을 덧붙였다. 〈NBC 나이틀리 뉴스〉는 이달 수치가 놀라움에도 불구하고 지난달 수치는 부진했다며 불만 섞인 보도를 했다.

경제에 대한 트럼프의 부정적인 주장이 유권자들에게 반향을 불러일으킨 더 큰 이유는 통제되지 않는 경제 시스템에서 불가피하게 나타나는 불안감이다. 메릴랜드대학의 사회과학자 캐럴 그레이엄Carol Graham은 대부분의 사람들이 자신의 현재 상태가 아니라 미래에 기대하는 상태에 근거해서 경제 상황에 대한 느낌을 갖는다는 사실을 보여줬다. 우리는, 지금 상황이 대체로 괜찮음에도 불구하고 이런 상태가 계속된다고 확신할 수 없다. 실제로 지금까지 계속된 발전 과정이 앞으로도 이어질 가능성이 매우 큼에도 불구하고 미래를 장담할 수는 없다. 무의식적으로 잠재된 트럼프의 경제에 대한 메시지는 "여러분은 미래가 좋을 것이라고 확신할 수 없다. 그러므로 현재는 끔찍한 것이다"라는 것이다. 이것은 터무니없는 논리다. 그런데 6,300만 명의 유권자가 이 말을 믿었다.

'제조업 붕괴'라는 말의 함정

우리는 2016년 트럼프의 대선 유세로부터 "제조업이 완전히 파괴되었음"을 알게 되었기 때문에 그게 사실이라면 상황은 끔찍해야 마땅하다. 미국 일자리의 약 85퍼센트가 제조업 분야에 속해 있는데, 제조업은 자본 설비가 노동력의 필요성을 없애고 있고, 외국의 경쟁자들이 미국 시장에 들어오는 분야다. 트럼프 후보는 조만간 미국 일자리의 단 2퍼센트만이 제조업에 남을 것이고, '녹슬어 못 쓰게 된 공장들'이 무덤처럼 도처에 흩어져 있을 것이라고 선언했다.

　실제로 위 문단은 '제조업'을 '농업'으로 바꾸고, '트럼프 후보'를 '매킨리 대통령'으로 대체하면 1900년 상황을 묘사하고 있다. 1900년 미국 일자리의 85퍼센트는 어떤 형태로든 농업과 연관돼 있었다. 당시 농업 분야에서는 트랙터와 탈곡기 같은 기계들이 농장 노동자들을 대체하고 있었고, 각국이 수출 시장을 노린 잉여 식량을 생산하기 시작하고 있었다. 1900년에 오늘날 케이블 뉴스에 나오는 전문가들이 있었다고 가정해보자. 2017년까지는 미국 일자리의 단 2퍼센트만이 농업에 남아 있게 될 것이라고 말한다면 당연히 경제 붕괴가 예견되었을 것이다. 그러나 오늘날 농업 일자리가 전체의 2퍼센트에 불과함에도 불구하고 농민을 포함한 모든 사람들의 삶이 향상됐다.

　고수확 작물의 도입과 기계화된 수확 작업은 농촌지역의 광범위한 붕괴로 이어졌다. 목화 수확기가 수많은 농장 일자리를 없앰에 따라 수백만 명의 흑인들이 제조업 일자리를 찾아 구 남부연합의 농촌지역으로부터 북부 도시로 이주하게 됐다. 멋진 블루스 음악과 함께 끔찍한 총기 범죄와 미국 최초의 흑인 대통령을 배출한 시카고 남부지역의 사회 변화상은 20세기 최고의 걸작 중의 하나인 니콜라스 레먼Nicholas Lemann의 《약속의 땅Promised Land》에 잘 묘사돼 있다. 기계화된 수확으로 인해 농업 고용이 급격하게 감소하자 농촌지역 주민들은 희망이 없는 것처럼 보였다. 그러나 실제로는 제조업 일자리의 수입이 농장 일보다 훨씬 더 좋은 것으로 나타났고, 새로운 공장 일자리의 수요 증가는 자기계발이란 측면에서 오늘날 교육기관의 역할에 가까웠다. 흑인들이 공장 일자리를 찾아 대거 북부로 이주한 것은 인권운동의 확산과 흑백 간 소득격차 완화에 기여했다. 미국에서 백인은 흑인보다 평균 3분의 1을 더 벌 만큼 소득격차는 여전히 남아 있다. 올바른 생각을 가진 사람이라면 누구도 농업의 시계를 1900년으로 되돌리거나 미시시피 삼각주의 목화를 손으로 수확하기를 원치 않을 것이다. 그러나 농업 고용의 하락이 시작됐을 때 상황은 끔찍했다.

1900년에 비해 오늘날 농업 노동자는 거의 없는 것이나 다름없지만, 미국의 농업 생산은 매년 기록을 경신하고 있다. 마찬가지로 공장 노동자는 꾸준히 줄어들고 있지만, 미국의 공장들은 생산 기록을 계속 갈아치우고 있다. 대부분의 미국인들은 미국 제조업의 정점이 1950년대나 1960년대의 어느 시점일 것이라고 추측할지 모른다. 실은 그렇지 않다. 미국 제조업에서 최고의 해는 2017년이다. 당신은 과거 좋았던 옛 시절(가령 로널드 레이건 대통령 재임 시절)에 공장들이 더 바삐 돌아갔을 것으로 생각하는가? 레이건 대통령 이래 미국 공장의 산출량은 85퍼센트 증가했다. 한 세대 만에 미국 제조업 생산량이 거의 두 배로 증가한 것은 제조업 고용이 같은 기간 동안 30퍼센트 하락한 것과 함께 일어났다. 제조업 고용은 (언론이 그렇게 생각하고 싶어 하는 것처럼) 사라지지 않았다. 2016년에 미국 공장의 일자리는 1,230만 개로, 음식 서비스업 일자리보다 많았다. 농업에서 그랬던 것처럼 제조업에서도 기술 발전에 따라 더 적은 노동자가 필요해졌을 뿐이다.

트럼프를 포함해 많은 사람들이 미국의 제조업 일자리가 줄어든 것에 대해 국제교역을 탓한다. 중도좌파 성향인 브루킹스 연구소의 경제학자 마틴 베일리Martin Baily와 배리 보스워스 Barry Bosworth는 미국 GDP에서 차지하는 비중으로 따져본 결과 미국 제조업 고용 감소의 대부분은, 본격적인 세계화의 시작을 알린 중국의 세계무역기구WTO 가입 시점인 2000년까지 이미 끝났음을 밝혀냈다. 미국 노동력에서 차지하는 제조업 일자리의 비중은 1953년에 정점에 이르렀다. 이때 일본은 폭격으로 폐허가 된 상태였고, 중국은 변방의 폐쇄된 사회였기 때문에 두 나라 중 어떤 국가도 미국의 상품이나 서비스, 고용에 영향을 주지 못했다. 1960년 미국 GDP에서 제조업 생산이 11퍼센트를 차지한 반면, 미국 경제 전체에서 제조업 고용의 비중은 24퍼센트였다. 2013년 미국 GDP에서 제조업 생산이 (1960년보다 높은) 12퍼센트를 차지한 반면, 제조업 고용 비중은 전체의 9퍼센트로 낮아졌다.

제조업 일자리가 감소한 반면 교사와 기술자, 간호사 및 숙련공 (전기배선공, 용접공 등)에 대한 수요는 증가했다. 동태적 관점에서, 어떤 분야는 늘고 어떤 분야는 줄어드는 이러한 추세는 정상적인 것으로 간주된다. 우리의 집단적인 정서로는 받아들이기 어렵지만, 어쨌든 정상적이다.

자동화는 산출량에 비해 공장 일자리가 줄어드는 한 가지 이유다. 그러나 여러 원인 가운데 한 가지일 뿐, 자동화가 공장 일자리 감소의 전적인 요인은 아니다. 우리는 우리가 사는 상품의 특성에 모두 익숙하다. 그러한 상품을 만들어내는 공장들의 특성 또한 그만큼 중요하다. 필자는 2009년 저서 《초음속 충격파음 Sonic Boom》에서 제너럴 일렉트릭 GE이 철도차량용 엔진을 더 짧은 시간에 더 싸게 만들기 위해, 그리고 더 적은 연료를 연소하면서 더 적은 공해물질을 배출하는 믿을 수 있는 엔진을 만들기 위해 펜실베이니아 이리 Erie에 소재한 기관차 공장을 어떻게 해체하고 재건했는지 자세히 설명했다. 기관차 제조 공정을 전면적으로 재검토한 결과는 대히트를 쳐서, GE는 철도 사업에서 도태될 것이란 월가의 예상을 깨고 포트워스에 제2 공장을 열었다. 오늘날 중국은 미국 펜실베이니아와 텍사스에서 생산되는 GE의 청정엔진 기관차의 최대 고객이다.

많은 경우 공장을 개선하는 것만으로도 가격을 낮추고 품질을 높일 수 있다. 미국 워싱턴주 렌튼에는 보잉의 제트기들을 조립하는 널찍한 공장이 있다. 전 세계에서 운항 중인 상업용 항공기의 40퍼센트가 이곳 렌튼 비행장에서 처녀비행을 했다. 이 공장에서는 1967년에 처음 출시된 보잉737기도 조립한다. 그해 렌튼 공장은 1주일에 보잉737기 한 대를 만들었다. 오늘날 렌튼 공장은 더 조용해지고, 더 적은 연료를 소모하며, 더 발전된 전자항법장치를 탑재한 신형 보잉737기를 하루에 한 대씩 출고한다. 렌튼 공장은 내부 공정을 개선한 덕에 더 나은 제품을 더 빠르게 생산하면서도 근로자는 1967년의 약 절반만 쓰고 있다. 그 결과 보잉737기의 제조에 고용되었을 많은 사람들이 일자리를 갖지 못하게 됐다. 그러나 그밖의 모든 사람들은 더 안전하고 값싼 항공여행을 누리는 이득을 보게 됐다.

철강산업의 효율성 증대도 사회적으로 똑같은 영향을 주었다. 백악관 입성을 노리던 트럼프는 "우리는 대규모 철강산업 일자리 창출을 통해 미국산 철강을 이 나라의 근간으로 되돌려놓을 것"이라고 말했다. 이는 유세 과정에서 전형적으로 나오는 터무니없는 말이다. 미국 철강산업이 몰락했다는 거짓 고충 진단(미국산 철강은 독보적인 우위를 놓친 적이 없다)에 이어 철강산업 일자리를 늘리겠다는 산타클로스 약속을 내놓는 것이다(철강산업 일자리를 대규모로 늘리려면, 최신 고로를 해체해서 구식 고로로 대체하는 것과 같은 낭비적인 일을 추가로 해야 할 것이다). 미국 철강연구소에 따르면, 미국에서 쓰이는 철강 제품의 71퍼센트는 미국산이다. 미국의 국내 철강 생산량은 전후의 최고치에 비해 약간 떨어졌을 뿐인 반면, 철강산업 노동자의 고용은 생산 공정의 효율화로 인해 75퍼센트나 줄어들었다. 제철회사에 고용된 인력의 약 15배에 달하는 미국인들이 철강 제품을 구매하는 기업(건설, 가전, 자동차 회사 등)에 일자리를 갖고 있는 것으로 추정된다. 이는 철강산업의 효율화가 과거 비효율적인 노후 제철 공장에 고용되었을 인원의 15배에 이르는 미국인들에게 이득을 준다는 것을 시사한다.

현대 서구 경제권 전반에 걸쳐, 가격을 낮게 유지하는 효율화는 대체로 그로 인해 손해를 보는 사람보다 훨씬 많은 사람들에게 도움을 준다. 캐나다 퍼시픽 철도회사는 지난 5년간 인력을 40퍼센트나 감축하면서 운임을 낮추고 평균 열차운행 속도는 높였다. 이 과정에서 소수의 인원이 정리해고되는 아픔을 겪었지만 대부분의 캐나다인들은 혜택을 보았다. 사회는 효율화에 밀려 일자리를 잃은 근로자들에게 새로운 역할을 찾아줄 필요가 있다. 그러나 항공여행과 전화기 품질, 화물운송 서비스를 개선함으로써 대부분의 사람들에게 득이 되는 경제의 역동성을 바꾼다면, 발전의 궤도에서 이탈하게 될 것이다.

(사람을 내보내고 기계를 들여오는 방식으로) 노동을 자본으로 대체하면 사회 전체의 생활수준은 높아지지만 개별 근로자에게는 해를 끼칠 수 있다. 때때로 발전적인 아이디어가 이런 과정을 가속화하기도 한다. 2017년 맥도널드(이 회사의 CEO인 스티브 이스터브룩은 나의 먼 사촌이다)는 주문받는 직원을 대체하는 터치스크린형 자율주문기를 설치하기 시작했다. 맥도널드는 현지어를 못 하는 사람들을 포함해 많은 비숙련자들에게 수만 개의 일자리를 만들어주었다. 지역 입법기관과 노동운동가들은 맥도널드와 유사 고용주들로 하여금 신입 직원들에게 시간당 20달러의 임금과 복지혜택을 제공하도록 압박했다. 이는 이스터브룩이 신입 직원을 자본 투자로 대체하는 것을 합리화하는 결과를 빚었다. 기계는 파업을 하지 않을 뿐만 아니라, 2016년 맥도널드 직원들이 여러 도시에서 그랬던 것 같은 매장 밖 피켓 시위도 하지 않는다. 기계는 소송도 걸지 않는다. 이스터브룩과 다른 경영자들이 직원을 해고하는 대신 기계에 투자할 합리적인 동기를 부여한다는 점이 신 러다이트 운동(첨단 기술 수용을 거부하는 반기계 운동) 딜레마의 핵심에 있다. 이에 관해서는 6장에서 거론할 것이다.

2016년 워싱턴 D.C.는 신입 직원에게도 매년 2개월의 유급 가족휴가를 받도록 의무화하는 법안을 제정했다. 이는 참으로 인정이 넘치는 조치처럼 들렸다. 작가 잭 셰이퍼는 이를 '치유적인 입법'이라고 칭했다. 이 법안을 통과시킨 워싱턴 시의원들은 아마 다음과 같은 지적도 함께 받았을지 모른다. "그러면 사업체들은 직원들을 기계로 대체할 것이다." 그 다음해 볼티모어시의 민주당 흑인 시장인 캐서린 퓨 Catherine Pugh는 시간당 15달러의 최저임금안에 거부권을 행사했다. 언론의 평론가들은 놀라움을 표했지만, 볼티모어에서 신규 일자리를 만들기 위해 애쓰는 사람들은 아무도 놀라지 않았다.

한 세기 전 농업 고용이 급전직하로 추락하기 시작했을 때, 농장 노동자들이 다시는 그처럼 좋은 일자리를 찾지 못할 것이란 두려움은 더 높은 임금과 더 나은 복지혜택을 주는 일자리에 의해 사라졌다. 오늘날 철강과 철도 노동자들이 해고됐을 때 가장 큰 두려움은 다시는 그만큼 좋은 일자리를 갖지 못할 것이란 우려다. 이는 많은 사람들에게 당연한 두려움이다. 그러나 개선된 상품과 서비스 생산 방식이 가져다주는 혜택에 비하면 그렇게 큰 문제는 아니다. 오랫동안 미국 철강산업의 수도였던 피츠버그의 상황을 생각해보자. 오늘날 이 철강 도시의 1인당 연소득은 국내 철강 생산이 정점이었던 때의 약 두 배가 됐다. 도시 재생 사업이 진행되고 있는 피츠버그는 부동산 가치 상승과 맑은 하늘, 그림 같은 풍경, 카네기멜론대학의 최첨단 공학연구센터, 피츠버그대학의 최첨단 의료시설을 자랑한다. 비록 최근 경제적 흐름이 일부 주민들에게 호의적이지 않았다고 해도, 제정신을 가진 사람이라면 누구도 피츠버그의 시계를 1950년대로 돌려놓으려 하지 않을 것이다.

언론인들의 불만이 부정적인 보도를 집중 확산시킨다

미국이 더 이상 제조업에 참여하지 않는다는 잘못된 인식이 대중적인 이미지로 심어진 것에는, 오래된 공장이 문을 닫는 것은 보도하면서 새로운 공장이 문을 열 때는 보도하지 않는 언론의 이중적 태도에도 일부 책임이 있다. 예컨대 2008년 혼다자동차는 인디애나주 그린스버그에 8억 달러를 투자해 최첨단 공장을 지었다. 2,300명을 고용해 고연비의 '시빅Civic' 모델을 생산하는 이 공장은 매립용 폐기물을 전혀 발생시키지 않을 정도의 내부 재활용 시스템을 활용하고 있다. 미국의 전국적 언론들은 이 공장의 준공을 외면했다.

몇 년 후 근처에 있는 먼시Muncie의 노후한 자동차 부품공장의 폐쇄는 언론의 광범위한 주목을 받아 '죽어가는 러스트 벨트Rust Belt'의 상징으로 연출되어 크게 보도됐다. 지역 언론들은 화재와 범죄가 장기적으로 줄어들고 있음에도 이를 강조해서 집중적으로 보도하는 바람에 화재와 범죄가 늘어나는 듯한 인상을 만들어낸다. 이와 마찬가지로 전국 언론들은 공장 폐쇄를 강조함으로써 미국의 산업 생산이 과거의 일이 됐다는 인상을 만들어내고 있다.

직업으로서의 언론 역시 광업과 제조업이 요동쳤듯이 기술 변화로 인해 경련을 일으키고 있다. 미국에서 종이 신문의 구독률은 1957년, 하루에 2.8명당 1부로 최고치를 기록했다. 오늘날 구독률은 7.7명당 1부다. 기자들의 급여 수준이 실질가치 기준으로 꾸준히 떨어지고 있는 가운데, 한때 안정성을 보장했던 기자 직종은 복지혜택 없이 쉽게 해약될 수 있는 계약직으로 바뀌고 있다. 이런 상황 변화로 인해 주류 언론인들의 불만이 커졌고, 이들은 자신들의 불만을 알려진 모든 수단을 통해 확산시키고 있다.

미국 제품을 사기에 지금보다 더 좋은 적이 없었던 것처럼, 뉴스 소비자 입장에서 지금보다 더 나은 시절은 없었다. 개방된 국제무역이 소비재의 공급을 증가시킨 것과 마찬가지로, 인터넷이 등장하면서 뉴스와 의견의 공급이 크게 늘었다. 기사 작성과 방송 보도 역시 다른 분야처럼 수요와 공급에 반응한다. 기사와 방송 보도가 많아질수록 개별 언론사의 몫은 줄어든다. 이러한 여건 변화로 인해 언론인들도 공장 노동자들과 마찬가지로 경제적 변화를 개인적으로 실감하게 됐다.

언론의 부정적인 태도는 종이 신문에서 디지털 뉴스로 전환되기 오래 전부터 있어왔지만, 최근의 변화에 의해 더욱 증폭된 것 같다. 언론인과 공장 노동자들의 처지가 같아진 한 가지 결과로 언론인들이 부정적인 경제 현상의 상대적으로 고립된 사례를 부각시키는 반면, 생활수준과 수명, 교육, 자유 등의 측면에서 일어난 대체로 긍정적인 발전상은 의도적으로 깎아내리는지도 모른다. 2016년 〈뉴욕타임스〉의 1면에는 중산층의 불행에 대한 기사가 (미국 매장석탄의 중심지인) 켄터키주 패리스 발發로 실렸다. 애팔래치아의 석탄 생산은 비틀스가 함께 무대에 섰을 때부터 쇠퇴하기 시작했다. 석탄 광업의 고용은 지난 30년간 80퍼센트나 줄었다. 이러한 고용 감소는 어느 당이 집권하든, 또 어떤 정책을 썼든 상관없이 거의 일관되게 계속됐다. 매장석탄 수요는 여전히 남아 있지만, 2000년 이후 전력 생산에 필요한 석탄의 미국 내 수요는 37퍼센트가 줄었다(국내 전력 생산용 석탄은 국제교역과는 아무런 관련이 없는 분야다). 물론 켄터키주 패리스의 주민들은 침울해질 수밖에 없었다.

석탄 광업의 불행이 유독 미국에서만 일어난 독특한 현상은 아니다. 2016년 중국의 석탄 광부들이 정리해고에 항의하기 위해 파업을 벌였다. 중국의 광부들은 몽골에서 들어오는 수입 석탄과의 경쟁에 대해 화가 났다. 호주와 영국, 독일 및 그밖의 나라의 광부들이 자신들의 생계가 불가피하게 위축되는 것을 달가워할 리는 만무하다. 그러나 미국의 언론은 (대기오염과 온실가스의 감소와 진폐증의 퇴치에 관한 좋은 기사를 제쳐두고) 매장석탄 광업의 쇠퇴를 미국 경제에 대한 심판이라도 되는 것인 양 크게 보도했다.

켄터키 패리스 발 특집기사가 나간 지 오래지 않아 〈워싱턴 포스트〉지는 웨스트버지니아주 맥도웰 카운티에서 일어난 질병과 슬픔을 다룬 참혹한 1면 기사를 실었다. 맥도웰 카운티는 기대수명이 미국에서 가장 짧다. 켄터키와 웨스트버지니아 경계의 매장석탄 산지 깊숙이 자리 잡은 맥도웰 카운티는 일자리나 건강 측면에서 끔찍한 지역이어서 이 지역에 대한 특별지원 프로그램이 정당화될 수 있을지 모르겠지만, 전형적인 미국의 경험을 대변하기보다는 예외적인 사례에 속한다.

오늘날 캘리포니아나 뉴잉글랜드 지역의 어느 곳에서 나오는 '미국의 정서'에 대한 기사는 발신지가 어디든 밝은 기사일 것이다. 또한 애리조나와 콜로라도, 사우스다코타와 노스다코타, 플로리다, 조지아, 하와이, 미네소타, 뉴멕시코, 오리건, 테네시, 텍사스, 유타, 워싱턴, 그리고 로키산맥 북부의 주들에서 발신되는 기사들 역시 긍정적일 것이다. 그러나 언론인들은, 스스로 자신들의 직종에서 일어나는 변화에 시달린다고 느끼기 때문에, 경제적 변화가 불만을 불러일으키는 곳으로 끌리는 경향이 있다.

또 다른 요인은 매 4년마다 (인디애나, 미시간, 오하이오, 펜실베이니아, 위스콘신 등) 표심이 바뀌는 주들이 과도하게 정치권과 언론의 주목을 받는다는 점이다. 이들 주에는 세계화로 인해 피해를 본 유권자들의 수가 불균형하게 많다. 뉴잉글랜드와 뉴욕, 텍사스, 그리고 서부해안의 주들은 세계화의 수혜 지역이다. 그러나 이런 곳들은 표심이 어디로 향할지 모두가 알기 때문에 대선 기간 동안 별로 주목받지 못한다. 표심이 바뀌는 몇몇 주들은 또한 정치권 후보들에게 적극적으로 기부금을 내는 제조업과 광산 노조원들의 근거지이기도 하다. 반면에 인터넷쇼핑으로 타격을 입은 백화점 같은 다른 부문의 일자리 감소는 상대적으로 관심을 덜 받는다. 이들 부문의 근로자들은 노동계에서 영향력이 크고,

정치인들에게 자금을 대주는 역할을 하는 노동조합에 속하지 않기 때문이다.

대통령 선거운동 기간 동안 도널드 트럼프는 "중국과의 무역협상은 이 나라를 파괴시키고 있다. … 무역으로 인해 나라 전역에 걸쳐 총체적인 손실을 입고 있다. … 우리는 제조업을 다시 시작할 필요가 있다"고 말했다. 그러나 트럼프가 이 말을 한 그날 미국의 제조업 생산은 사상 최고를 기록했다. 뉴욕대학의 판카지 게마와트Pankaj Ghemawat 교수와 스티브 앨트먼Steve Altman 교수는, 트럼프가 수입품으로 인한 '총체적인 손실'이라고 선언한 해인 2016년, 미국 시민들이 소비한 상품과 서비스의 84퍼센트가 미국 내에서 생산됐음을 보여줬다. 트럼프는 나아가 일본 자동차들이 "미국에 물밀듯이 쏟아져 들어오고 있다"고 주장했다. 트럼프와 샌더스가 모두 황금기라고 격찬했던 1980년대라면 이 말이 맞는다. 사실 1980년대에는 생활수준과 교육수준이 지금보다 낮았고, 질병과 공해, 범죄 발생률은 높았다. 2016년 미국에서 팔린 일본 상표의 자동차 가운데 3분의 2는 미국 근로자로 채워진 미국 공장에서 만들어졌다. 미국 내 일본 자동차 공장에서 일하는 미국 근로자들은 시간당 약 50달러의 임금과 복지혜택을 받는데, 이는 디트로이트의 미국 자동차 공장에서 일하는 전미자동차노조원들과 거의 같은 수준이다.

삶을 향상시키는 역동성은 불안과 함께 온다

(중국의 공산화 이후 나왔던) "누가 중국을 잃었나?"는 질문에 이제 "누가 중국에 일자리를 뺏겼나?"는 질문이 가세했다. 트럼프와 샌더스는 선거운동을 하면서 청중들에게 수백만 개의 미국 일자리를 중국에 "빼앗겼다"고 말했다. (빼앗겼다는) 이런 일자리는 중국 또는 그 어느 곳에서도 찾을 수 없다. 왜냐하면 그런 일자리는 더 이상 존재하지 않기 때문이다. 제조업의 고용 동향에 자동화와 생산성 향상은 무역보다 더 큰 영향을 미친다. 이 같은 현상은 서구뿐만 아니라 아시아에서도 똑같이 일어난다. (중국의 경제 통계는 믿을 수 없지만) 중국의 제조업 고용 증가는 아마도 거의 끝난 것 같다. 만일 제조업의 고용 증가세 둔화가 아직 진행되지 않았다면 머지않아 공장 일자리가 감소할 가능성이 크다. 중국이 미국식의 선거제도를 가졌다면, 그곳의 중국 후보들은 미국에 '빼앗긴' 일자리에 대해 주먹을 흔들 것이다. 한 세기 전의 농장 일처럼 제조업에서 '잃어버린' 일자리는 결코 다시 돌아오지 않을 것이다. 지금 직면한 과제는 미래의 일자리를 가질 수 있도록 근로자들을 교육하는 일이다.

볼 주립대학의 경제학자 마이클 힉스 교수는 미국 제조업 고용 감소의 13퍼센트는 해외 생산에 의한 것이지만, 나머지는 미국 내에서의 생산 효율화나 제품 혁신, 또는 소비자 취향의 변동에 의해 유발됐음을 계산해냈다. 만일 연방의회나 주의회가 더 효율적인 생산 방식을 금지하는 법안을 통과시킨다면 어떻게 될까? 제품 혁신을 금한다면?

2016년 메인주 출신 상원의원 수전 콜린스Susan Collins는 〈뉴요커〉지 기자인 라이언 리자Ryan Rizza에게 "지난 몇 년 사이 메인주의 제지공장들이 문을 닫았기 때문에 자유무역에 대해 과거보다 회의적이 됐다"고 말했다. 그러나 중국의 종이 생산이 미국 제지공장이 문을 닫은 이유는 아니다. 그 이유는 미국인들이 〈뉴요커〉와 같은 인쇄매체를 우편함으로 배달받기보다 디지털 형식으로 보는 것을 선호하면서 신문 인쇄용지와 (잡지용) 광택지를 덜 사게 됐기 때문이다. 인쇄기에서 바로 나온 따끈따끈한 조간신문이 문간에 배달되는 시대는 앞으로 그리워하게 될 낭만이 있었다. 그러나 의회가 뉴스를 스마트폰이나 태블릿 PC로 보는 것을 금지한다면? 킨들Kindle(아마존의 전자책)과 누크Nook(반스앤노블의 전자책), 디지털 버전의 〈뉴요커〉를 불법화한다면? 그렇게 해서 메인주의 제지공장을 되살릴 수 있을진 모르겠다.

트럼프와 샌더스가 중국에 '빼앗긴' 일자리를 2016년 대선의 주요 이슈로 삼았을 때, 오피니언 필자들과 정치인들은 MIT의 경제학자 데이비드 오터David Autor 교수의 연구 결과를 적극적으로 인용했다. 그의 연구 결과는 미국 제조업 고용에서 국제무역으로 인해 150만 개의 일자리가 감소했음을 보여준다. 이는 미국 제조업 고용 인원의 약 13퍼센트에 해당하는 것으로, 볼 주립대학의 연구에서 얻은 결론과 대체로 일치한다. 그런데 오터 교수는 어두운 측면에 초점을 맞춘 반면, 볼 주립대학의 연구는 제조업 부문이 전반적으로 건강하다는 면을 강조했기 때문에 오터 교수가 더 많은 주목을 받았다. MIT의 일자리 상실 자료는 2007년에 멈췄는데, 이 해는 중국의 제조업 고용 역시 감소하기 시작했다는 점에서 중요한 의미를 갖는다.

MIT의 조사는 국제교역에 의해 감소한 일자리는 포함하지만 늘어난 일자리는 계산에 넣지 않았다. 초당적인 연구기관인 윌슨 센터는 2016년 멕시코와의 교역으로 약 600만 개의 일자리가 미국 경제에 추가됐다고 추정했다. 오터는 나아가 교역으로 일자리를 잃은 지역에서 줄어든 1인당 소득이 213달러임을 발견했다. 이는 좋아할 일이 아니지만, 오하이오나 위스콘신의 유권자들에게 연간 213달러의 손실을 안긴 바로 그 힘에 의해 미국과 유럽연합 전체에서 소비자 물가가 낮게 유지될 수 있었다는 점을 감안하면 그렇게 엄청난 참사도 아니다. 오터는 역량 있는 학자다. 여기서는 그를 비난하려고 의도한 것이 아니라, 오늘날 정치 시스템과 언론 시스템이 부정적으로 들리는 경제 분석에만 매달리고 성가시게 보이는 긍정적인 측면은 무시하는 경향이 있음을 보여주고자 한 것이다.

미국의 인구분포도를 보면 해안지역이 내륙보다 더 번성하고 교육 수준도 높음을 알 수 있다. 이는 콜로라도와 몬태나가 멋지지 않다거나, 애틀랜타와 시카고가 훌륭한 곳이 아니라거나, 차타누가와 프로보가 숨은 보석 같은 작은 도시가 아니라는 뜻이 아니다. 전 세계적으로 연안지역이 대체로 내륙보다 낫다는 게 사실이다. 중국은 번영했지만 인접한 몽골은 그렇지 못한 이유 중 하나는 중국이 긴 해안지역을 가진 반면, 몽골은 내륙에 갇혀 있다는 점이다. 경제학에서 어떤 아이디어 못지않게 잘 정립된 개념인 '비교우위'에 따르면, 교역의 파트너로서 혁신을 낳는 외부의 새로운 아이디어에 노출된 지역은 거의 모든 사람들이 혜택을 보게 돼 있다. 주로 바다를 건너 이루어지는 교역의 기능은 역사에 확실하게 각인돼 있다. 링컨 페인Lincoln Paine의 권위 있는 저서 《해양과 문명The Sea and Civilization》은 과거 3,000년 동안 선박을 이용한 무역에 참여한 지역과 국가, 제국들은 탐험과 교환을 외면한 곳들보다 더 빠르게 발전했음을 보여준다. 세계의 여러 다른 지역 간에 해상 교역을 통해 끊임없이 이루어지는 경제적 상호작용은 근대성의 부상에 기여했고, 이제는 세계 경제가 힘차게 돌아가도록 하는 근본 요인이다.

그러나 달콤한 것에는 쓰디쓴 것이 함께 오기 마련이다. 멀리 떨어진 나라들과의 교역과 상호작용은 끊임없는 변화와 고용 불안을 초래한다. 경제학자 폴 크루그먼이 지적했듯이, 최근 몇 년간 미국에서는 매일 약 7만 5,000명이 일자리를 잃는다. 또한 그 몇 년간 하루에 약 8만 5,000명이 새로운 일자리를 찾음으로써 전체적으로는 꾸준한 고용의 순증을 기록하고 있다. 그러나 아무리 반대편에 다른 일자리가 있다 해도 해고에 따르는 스트레스와 좌절을 겪고 싶은 사람은 없다. 교역과 다른 요소들이 이런 끈질긴 변화를 몰아붙인다.

국가와 지역, 도시 그리고 각 개인들은 과거 몇 세기 동안 이런 경제적 변화를 멈출 수 있기를 바라왔다. 그러나 잉글랜드 남서부 콘월 지역의 광부들이 어떻게 남아메리카에서 대규모 주석 매장지가 발견되지 않았기를 바라겠는가! 나의 고향인 뉴욕주 버팔로가 어떻게 실패한 베들레헴 제철소가 연속 주조공법 같은 새로운 아이디어로부터 생기는 경쟁에 직면하지 않았기를 바라겠는가. 혹은 한때 곡물시장에서 중추적 역할을 했던, 버팔로의 부둣가에 우뚝 솟은 거대한 곡물 저장 사일로들이 1959년 세인트 로렌스 해로가 개통되면서 외면당하지 않았기를 바랄 수 있겠는가. 중국 양쯔강 강변 이정儀征시의 조선공들이 어떻게 초대형 컨테이너선들에 의해 화물선의 수요가 줄어들지 않았기를 바라겠는가. 이런 예는 수도 없이 많다.

이정시의 딜레마는 오늘날 경제 변동의 또 다른 측면을 보여준다. 경쟁은 상품의 생산비용을 낮출 뿐만 아니라 운송비용도 낮추도록 강요한다. 익일 배송이나 2일 내 배송은 과거에는 부자들에게나 가능했을 뿐 일반적으로는 알려지지도 않았다. 지금은 평균적인 미국인이나 유럽인들도 주문한 물건이 즉시 최소비용으로 문 앞까지 배달되기를 기대한다. 소비자 시장에서는 눈에 잘 띄지 않지만 생산 과정에는 핵심적인 상품의 대량 운송은 운송비가 계속 떨어지고 있다. 이는 생활수준을 향상시키기에는 좋은 일이지만, 더 많은 변화를 불러온다.

19세기에 벌크 화물선들이 미국 동부 해안에서 중국까지 운항하는데 3개월이 걸렸지만 요즘은 3주일이면 간다. 또 24시간 상시 운항하는 대륙 간 화물 항공편은 작은 물건뿐만 아니라 대형 화물 운송에도 이용된다. 선박의 속도가 더욱 빨라지고 필요한 선원 수는 줄어듦에 따라 선박을 이용한 해상 운송비는 톤당 10달러까지 떨어졌다. 미국의 핵추진 항공모함보다 더 큰 초대형 컨테이너선의 등장으로 대량 운송비가 저렴해짐에 따라, 세계 각지에서 생산한 휴대폰 부품을 아시아로 보내 조립한 후 다시 소비지로 운송해 낮은 가격으로 판매하는 일이 가능해졌다. 지난 25년간 중국은 도처에 부두와 크레인 등 항만 인프라를 건설했고, 파나마운하와 수에즈운하는 더 커진 선박들이 통행할 수 있도록 확장됐다. 전 세계의 항구들은 대형 선박이 접안할 수 있도록 준설됐다. 말라카해협을 통과할 수 있는 최대 크기의 컨테이너선을 지칭하는 이른바 말라카막스Malaccamax급 거대 선박도 등장했다. 1989년 완공된 앤트워프의 거대한 베렌드레히트Berendrecht 갑문은 비용을 절감하면서 교역을 가속화시키기 위해 지구 표면을 물리적으로 개조한 세계적인 구조물의 하나다. 가격 인하가 가능해짐에 따라 거의 모든 사람들이 혜택을 본다. 그러나 이처럼 생활수준을 향상시키는 변화가 가속화될수록 불안정성의 증가가 불가피해진다.

오늘날 컨테이너선의 승조원과 광물과 곡물을 실어나르는 벌크선 선원들은 가족을 부양하기 위해 어려운 근무 여건을 감내하고 있다. 그런데 조만간 전자항법장치로 조종하기 쉬운 환경을 제공하는 자동화된 선박이 대양을 항해하게 될 것으로 보인다. 그렇게 되면 선원들은 더 이상 부당한 처우를 받지 않아도 될 것이다. 그들의 일자리 자체가 없어질 것이기 때문이다. 선박 운항의 자동화로 인한 승선 인원의 감소로 또 한 번 소비자 가격의 인하가 가능해지고, 이는 다시 생활수준의 향상으로 이어질 것이다. 만일 이런 질 낮은 일자리를 없애는 발전적 시도가 금지된다면 어떨까? 혹은 모두에게 한 자리씩 마련해주도록 사회 질서를 개혁하자고 한다면 어떨까?

트럼프를 백악관으로 보낸 요인의 하나는 미국보다 교역 상대국에 유리하게 체결된 무역협정에 대해 중서부의 일부 주들이 가진 반감이었다. 트럼프가 이렇게 주장하자, 방송에 나온 기성 정치인들은 사실일 리가 없다며 비웃었다. 그러나 많은 무역협정들이 실제로 미국보다 상대국에게 유리한 게 사실이고, 이는 미국인들이 자랑스러워해야 할 일이다.

미국이 2000년에 받아들인 세계무역기구WTO 체제는 중국이 (관세와 부가가치세를 합친) 통관비용을 미국보다 세 배나 높게 물릴 수 있도록 허용했다. 미국에는 금하고 있는 관행인 보호무역 장벽을 중국에게는 합법화해줌으로써 중국의 발전을 지원하기 위한 것이다. 브라질과 인도 그리고 대부분의 아프리카 국가들은 미국에 허용된 통관비용의 3.5배를 부과할 수 있다. 역시 미국에는 금지된 보호무역 관행을 합법화시켜준 것이다. 전문가들은 미국 중부지역이 너무나 어리석거나 무지해서 이런 정황을 이해하지 못한다고 생각했다(사실 이것이 워싱턴의 엘리트들 사이에서 지배적인 견해였다). 그러나 미국 중부지역 주들은 상황을 충분히 파악하고 있었고, 트럼프에게 표를 몰아주는 것으로 자신들의 의사를 표현함으로써 이들의 생각이 틀렸음을 보여줬다. 다만, 미국인들이 이러한 기울어진 무역협정들에 대해 자부심을 가져야 한다는 점이 간과되고 있는 것이 안타깝다. 오랫동안 세계에서 가장 관대한 나라였던 미국은 2000년의 관세 양허를 통해 다시금 다른 나라들을 돕기 위해 자신의 부를 포기한 것이다.

2015년 노벨 경제학상을 수상한 앵거스 디턴은 개도국의 불평등 문제를 연구한 결과, 세계적인 불평등에 대한 최선의 대책은 개도국들이 미국 및 유럽과의 교역을 더 늘리는 것이라는 결론을 내렸다. 세계화는 여러 측면에서 미국과 유럽의 중산층을 화나게 만들지만, 여전히 인류의 대부분에게 유익하다. 그리고 세계화는 이제 겨우 시작됐을 뿐이고 앞으로 더욱 진전될 것이다.

만일 인디애나 먼시의 공장에서 일자리를 잃은 근로자에게 "당신에게 해를 끼친 바로 그 국제무역이 물가를 낮춰 미국인과 유럽인 대다수에게 도움을 주고, 세계의 빈곤을 놀라운 속도로 줄이고 있다"고 말해준다면, 그 대답은 온갖 욕설이기 십상일 것이다. 그러나 이것이 세계의 역동성이다. 부유한 지역에서 상대적으로 작은 경제적 양보를 하면 인류의 대부분이 살고 있는 곳에서 커다란 이득을 얻게 되는 것이다. 이러한 역동성은 서구에서는 잘 보이지 않지만, 그 결과로 인류의 삶이 점점 더 나아지고 있는 것은 분명하다.

'미국의 중산층이 사라진다'는 기사의 치명적 오류

'미국에서 중산층이 더 이상 다수가 아니다'라는 뉴스는 충격적이었다. CBS의 〈이브닝 뉴스〉는 2015년 어느 날 중산층이 사라지는 것처럼 보이는 밝은 색의 원그래프와 함께 이 기사를 전했다. 높은 신뢰를 받는 연구기관인 퓨 리서치센터the Pew Research Center는 같은 날 '미국 중산층은 더 이상 과반수가 아니다'라는 연구 결과를 공개함으로써 이 보도를 뒷받침했다. 퓨 리서치센터는 1971년 미국인의 61퍼센트가 중산층이 었으나 2015년에는 단 50퍼센트만이 중산층이어서 더 이상 중산층이 다수를 점하지 못하게 됐다고 결론지었다. 이런 식의 보도는 미국 대중의 마음속에 '세상이 끝날 것' 같은 인상을 심어줌으로써 다음 해에 트럼프의 승리를 뒷받침하는 역할을 했다.

퓨 리서치센터의 연구를 깊이 들여다보면, 미국인의 14퍼센트가 상위 소득구간에 속했고 25퍼센트가 하위 소득층에 속했는데, 2015년 에는 21퍼센트가 상위층에, 29퍼센트가 하위층에 속했음을 알 수 있다. 이는 중산층에서 상위 소득계층으로 올라간 미국인이 하위 소득층 으로 떨어진 사람보다 많았다는 것을 의미한다. 퓨 리서치센터는 다음 연구에서, 미국에서 경제적으로 소득이 상승한 중산층 가구가 하락한 가구보다 많은 지역이 더 많았다는 결과를 보여줄 수 있을 것이다. 대부분의 유럽연합 국가들도 중산층에서 상승한 사람이 하락한 사람보다 많다는 점에서 비슷한 수치를 보여준다. 그러나 이런 긍정적인 내용은 중산층이 더 이상 다수가 아니라는 위협적인 기사를 강조하느라 생략되기 일쑤다.

중도좌파 성향의 연구기관인 어번 연구소Urban Institute의 노동경제학자인 스티븐 로즈Stephen Rose는 미국인들이 풍요로운 방향으로 계층 이동을 하기 때문에 미국 중산층이 줄어들고 있음을 보여주는 연구 결과를 수년에 걸쳐 발표해왔다. 퓨 리서치센터와 약간 다른 통계를 사용한 로즈의 2016년 자료에 따르면, 한 세대 전인 1979년 미국인의 13퍼센트가 상위 소득계층이었고, 39퍼센트가 중산층에, 48퍼센트가 하위 계층 또는 빈곤층에 속했다. 로즈는 2014년에 31퍼센트의 미국인이 고소득층이었고, 32퍼센트가 중산층, 37퍼센트가 저소득층 또는 빈곤층이었다는 결과를 얻었다. 이러한 수치는 중산층이 줄어들고 있다는 대중적인 주장을 뒷받침하지만, 고소득자의 비중이 증가하는 것과 함께 저소득층이 감소하고 있다는 점에서 크게 보면 대체로 긍정적인 소득분포의 변화를 보여준다. 1979년의 미국과 2014년의 미국 가운데 과연 어느 곳에서 살고 싶은가?

2014년의 미국은 더 풍요로웠을 뿐만 아니라 더 평등했다. 또 다른 1979년과의 비교를 보자. 그해 미국 경제는 성장이 정체되고 인플레이션은 치솟는 답답한 상황이었다. 당시 지미 카터 대통령은 (사상 최악의 연설로 알려진) 전국에 생방송된 연설에서 비관론을 펼쳤다. 널리 알려진 크리스토퍼 래시Christopher Lasch의 저서 《자기도취의 문화 the Culture of Narcissism》의 부제는 '기대체감 시대의 미국적 삶American Life in an Age of Diminished Expectation'이었다. 오늘날의 미국 GDP를 현재의 달러 가치와 그동안의 인구 증가를 감안해서 조정해보면 1979년에 비해 약 40퍼센트 늘었을 것으로 추정된다. 그러나 실제 GDP는 165퍼센트가 늘었다. '기대체감'이 전염된 한 세대 동안 GDP가 예상보다 네 배나 더 늘어난 것이다.

그동안 인종차별과 범죄, 공해, 질병 등의 면에서 이룬 모든 발전을 제쳐놓더라도, 그간의 경제적 성과는 오늘날의 미국이 생활 수준과 사회적 계층 이동, 공정성 등의 면에서 한 세대 전의 미국보다 훨씬 나은 곳이라는 사실을 보여준다. 그러나 미국인들은 여전히 현재는 나쁘고 과거가 더 좋다고 말한다.

경제가 실패하고 있다는 믿음은 어디에서 오는가?

퓨 리서치센터가 중산층의 크기를 측정한 척도에는 세전소득만 포함됐다. 소득 숫자만을 인용하는 것은 가장 두드러지게 좌파 성향에 경도된 버몬트 출신의 샌더스 상원의원과 매사추세츠 출신의 엘리자베스 워런 상원의원이 분노와 부정적인 면을 강조하기 위해 채용한 접근 방식이다. 소득만을 따지는 방식은 오바마 대통령 시절 백악관의 총애를 받았던 파리경제대학의 토마 피케티Thomas Piketty와 버클리대학의 임마누엘 사에즈Emmanuel Saez가 택한 접근 방법이기도 하다. 피케티와 사에즈는 자본에 대한 보상이 임금 소득 증가를 능가하기 때문에, 자본주의 체제는 대부분의 자본(주로 주식)을 소유한 최상위층이 보통 사람들보다 더 잘 살아가도록 구조화됐다는 점을 보여주는 방대한 도표와 그래프를 만들어냈다.

이들의 결론은, 두 경제학자가 "가장 간단하면서 가장 강력한 불평등의 척도"라고 부르는 세전소득만을 고려한다. 세전소득이 가장 강력한 불평등의 척도라는 것은 논란의 여지가 없다. 그러나 가장 간단하다고 해서 반드시 정확한 것은 아니다. 신장은 농구선수들에게는 가장 간단한 척도지만, 신장만을 기준으로 농구팀을 구성하는 것이 현명한 방법은 아닐 것이다. 미국 또는 유럽에서 누구도 세전소득만을 가지고 가정을 꾸려나가지는 않는다. 세율과 정부 보조금, 소비자 물가, 가족 규모 등도 역시 고려되어야 한다. 2013년에 발간된 피케티의 두툼한 저서《21세기 자본Capital in the Twenty-First Century》은 '세전소득의 불평등 증대는 서구 경제가 위기 상황에 빠졌음을 의미한다는 사실을 입증했다'는 평가를 평론가와 학계로부터 받았다. 그러나 704페이지에 달하는 이 책의 어디에도 세금과 정부 보조금, 소비자 물가 등이 피케티가 그토록 옹호하고자 하는 보통 사람들의 삶에 얼마나 영향을 미치는지에 대한 평가는 없다. 세금과 복지혜택, 물가는 대부분의 사람들의 삶에 핵심적으로 중요한 요소다. 이런 요소들을 감안하면 서구의 경제 상황은 소득만으로 분석한 것보다 훨씬 괜찮아 보인다. 이 때문에 많은 경제학자와 정치인들은 부정적인 지표인 세전소득에 집착하고, 나머지 요소들은 애써 없는 것으로 가정한다.

소득은 세금이 중과되거나 인플레에 의해 잠식되면 가치가 줄어든다. 가구 구성원 수가 줄어듦에 따라 같은 소득이라도 더 적은 인원에게 배분되는 것과 마찬가지로, 복지혜택으로 강화된 소득은 가치가 더 크다. 세전소득보다 더 중요한 것은 아래에 다섯 개의 항으로 나타낸

'구매력'이다. 구매력은 소득에서 세금을 빼고 복지혜택을 더한 뒤 물가변동률을 곱하고, 이를 가구 크기로 나눈 것으로 개념화할 수 있다.

$$구매력 = (I - T + B) \times CPI \div HS$$
소득 세금 복지혜택 물가변동률 　 가구

대부분의 미국인들은 최근 몇십 년간 부자들에 대한 세금이 인하돼 왔고, 최상위층에 대한 세금을 늘려야 한다는 주장이 강력히 제기되고 있음을 안다. 그러나 유권자와 전문가들은 미국 중산층에 대한 세금 역시 인하돼왔으며, 2001년에는 아들 조지 부시 대통령이 지지한 법안 하에서 최하 5분위 소득계층에 속하는 가구에 대한 연방소득세가 철폐되었다는 사실은 잘 알지 못하는 것 같다.

아들 부시 대통령과 오바마 대통령 재임 기간 동안 거의 모든 사람들에 대한 연방소득세가 줄어든 것과 함께 정부의 복지혜택은 증가했다. 2013년 의회예산국CBO은 한 세대 전에 전형적인 미국 중산층 가정은 연방정부로부터 받는 복지혜택보다 더 많은 세금을 냈음을 계산해냈다. 오늘날은 그 반대다. 전형적인 중산층 가구의 경우, 연방정부로부터 받는 복지혜택의 가치는 연방세금 지출액보다 7,800달러만큼 크다. 이렇게 늘어난 구매력이 더 적은 수의 가구원에게 배분된다는 사실은 임금 소득 증가율에만 초점을 맞추는 주장에서는 항상 배제된다. 그 사이에 현재의 달러 가치 기준으로 많은 생필품의 가격은 계속 낮아져왔다. 20세기 초에 일반적인 미국 가계는 가용 자금의 59퍼센트를 식품과 의류에 지출했다. 21세기 초에 그 비중은 21퍼센트로 떨어졌다. 이는 식품과 의류의 품질이 향상됐음에도 불구하고 실질 달러 가격이 하락했기 때문이다.

1882년과 1986년, 2001년, 2003년, 2010년, 2012년의 연방세금 감면과 연방 복지혜택의 증가, 가구 인원의 감소, 인플레가 거의 없었던 점 등을 감안하면 실상은 어떻게 됐을까? 2014년 브루킹스 연구소의 경제학자 개리 버틀리스Gary Burtless는 이런 의문에 대해 다음과 같은 답을 찾았다. 1980년 이래 미국인 가운데 최하 5분위 계층의 구매력은 49퍼센트가 늘었다. 중산층에 해당하는 중앙 5분위 계층의 구매력은 36퍼센트가 증가했다. 대부분의 유럽연합에서도 결과는 비슷하다. 이러한 구매력의 상승은 경제 대침체를 포함한 전 기간에 걸쳐 완만하면서도 꾸준하게 이루어졌다. 물론 이것이 돈 문제로 시달리는 사람이 전혀 없었다는 의미는 아니다. 아무도 돈 문제로 고민하지 않는 상황은 앞으로도 없을 것이다. 다만 전체적으로 보통 사람들의 구매력이 양호한 상태에 있고, 한 세대에 걸친 개선 추세가 계속될 것이란 얘기다. 가장 최근의 인구조사국 통계자료는 2000년 이래 중산층의 구매력이 전후 평균치인 연간 3퍼센트의 비율로 증가하고 있음을 보여준다.

대통령 후보들과 전문가들, 저자들 그리고 연예인들까지 미국인과 유럽인들에게 그들이 경제적으로 뒤처지고 있다고 끊임없이 말한다. 그러나 미국과 유럽의 거의 모든 사람들이 한 세대 전보다 재정적으로 나아졌다. 그럼에도 사정이 악화됐다고 믿은 6,300만 명의 미국인들이 트럼프에게 투표했다. 민주당에서 트럼프에 반대해서 샌더스를 택한 유권자가 몇백만 표에 달했다. 만일 2016년 미국 대선이 트럼프와 샌더스의 대결이 됐다면, 두 거대 정당의 후보들이 모두 유권자들에게 상상 속의 '좋았던 옛 시절'에 비해 사정이 악화됐다는 잘못된 주장을 펼치는 모양새가 됐을 것이다.

샌더스는 선거운동을 하는 동안 "중산층이 '추락하는 임금' 때문에 위축되고 있다"고 주장했다. 트럼프가 실제로는 범죄가 줄어들고 있음에도 증가한다고 주장한 것처럼, 샌더스가 실제로는 임금이 오르고 있음에도 하락한다고 주장한 것은 유권자들이 믿고 싶어 하는 부정적 주장을 펼침으로써 유권자를 현혹하려는 의도였다고 보인다. 미 노동부는 2016년의 시간당 임금상승률이 물가상승률의 거의 두 배인 2.9퍼센트라고 밝혔다. 결국 2016년은 임금 면에서 괜찮은 해였던 셈이다. 2017년 봄 미국의 비농업 부문 임금은 시간당 29.19달러로, 절대금액뿐만 아니라 실질달러 가치로도 사상 최고치를 기록했다. 중산층에게 핵심적인 지표인 평균 시간당 임금은 2007년부터 2017년까지 26퍼센트가 올랐다. 물론 수백만 명의 사람들이 여전히 어렵게 살아가고 있다. 그러나 이는, 이상하게도 인기가 있지만 사실은 완전히 틀린, '임금이 떨어지고 있다'는 주장과는 별개의 문제다.

미국과 유럽에서 물가상승률이 거의 제로에 가까운 상태가 장기간 지속되면서 많은 사람들이 저물가를 당연한 것으로 여기게 됐다. 인플레이션은, 부자들에게는 거의 손해를 끼치지 않지만, 보통 사람들에게는 실업을 제외한 어떤 경제적 요인보다도 훨씬 큰 해를 입힌다. 그러나 장기간의 저물가(구매력 측면에서는 장기간의 호조)는 전혀 서구 여론의 관심을 끌지 못한다. 미국의 노인들은 사회보장지원금의 생계비 조정분COLA : cost-of-living adjustments이 몇 년 동안 거의 인상되지 않은 것에 불만을 제기한다. 그러나 COLA가 인상되지 않은 것은 물가가 거의 오르지 않았기 때문이다. COLA를 인상했는데 물가가 더 높아진다면 노인들의 형편이 나아질까? 과거의 정책 당국자들이, 현재의 중앙은행장들이 인플레율을 끌어올릴 수 있기를 바란다는 얘기를 듣는다면 너무 놀라서 진정제를 찾아야 할지도 모른다. 그러나 달콤한 것과 쌉쓸한 것은 함께 온다. 급격한 변화를 초래하는 경제적 요소들은 그와 함께 소비자 물가를 억제함으로써 보통 사람들에게 실질적으로 유익한 역할을 한다.

보통 사람들의 구매력을 향상시키는 경제적 효율성은 그로 인해 직업과 전문성을 잃는 사람들에게 불가피하게 해를 끼친다. 오늘날 정치권과 언론 보도는 매년 보통 사람들의 삶이 그 전년보다 개선되고 있다는 사실은 제쳐둔 채, 잊혀진 소도시의 고통스런 모습을 전반적인 경제적 실패를 대변하는 것처럼 묘사하는 경향이 있다. 예컨대 펜실베이니아 존슨버그를 방문한 정치인이나 기자는 아침에 학교나 직장에 가기 위해 일어나는 사람조차 별로 없는, 쇠락해가는 음산한 산업도시를 발견하게 될 것이다. 굽이쳐 흐르는 클레리온 강을 따라 다 허물어져가는 100년 된 제지공장은 쇠락하는 미국 경제의 상징처럼 보이게 만들 수 있을 것이다. 무너진 공장은 눈에 보이지만, 전반적인 경제적 번영은 한눈에 보이지 않기 때문이다. 따뜻한 마음을 가진 사람이라면 존슨버그나 그와 유사한 상황에 처한 곳에 대해 걱정할 것이다. 그러나 그렇다고 해서, 제지공장이 2교대로 활발하게 돌아갔지만 생활수준은 지금보다 낮았고 인종차별과 공해, 질병 면에서 지금보다 나빴던 과거로 되돌아가면 이 나라가 더 나아질 것이라고 생각하는 것은 다르다.

그토록 많은 유권자들과 평론가들이 부정적인 측면에 집착하는 것은 아마도 자기연민을 느끼고자 하는 성향이 인간 본성의 일부이기 때문일지도 모른다. 그렇지 않은 사람들은 그저 자신들의 입장을 뒷받침하지 않는 사실에 귀를 막는지도 모른다. 제2의 에덴동산이 아니라면, 누구도 돈이나 건강, 애정, 우정 문제로 고통스럽지 않은 순간은 결코 없을 것이다. 여기서는 크게 보는 것이 중요하다. 크게 보면 대체로 괜찮고, 대체로 좋아지고 있다.

실제로는 거의 모든 사람들의 생활수준이 향상되고 있음에도 불구하고 서구 경제가 실패하고 있다고 널리 퍼진 믿음은, 좋게 보면 인간 본성의 혼란스런 측면을 보여주는 지표일 수 있다. 최악의 경우는 정신 나간 지도자를 선출하도록 만드는 위험한 오해가 되는 것이다.

미국의 실업률에 담긴 불편한 진실

혹시 숨겨진 실업이 있지는 않을까? 미국의 놀라운 고용률이 실은 은폐된 조작의 결과라는 이야기는 라디오 토크쇼에 심심치 않게 나오는 소재다. 음모론은 나아가 25~49세의 건강한 성인 중 취업자의 비율을 말하는 노동력 참가율을 가리기 위해 고용률 수치가 조작됐다고 주장한다. 버락 오바마 대통령이 퇴임하기 직전인 2016년 12월, 라디오 토크쇼 진행자인 러시 림보Rush Limbaugh는 청취자들에게 "미국의 노동력 참가율은 사상 최저수준"이라고 말했다.

실제 노동력 참가율이 가장 낮았던 시기는 1966년으로, 미국의 건강한 25~49세 성인의 60퍼센트가 일자리를 가졌다. 2017년에는 그 비율이 63퍼센트였다. 인구 증가를 감안하여 1966년의 노동력 참가율을 2017년에 적용하면, 2017년에 1억 1,700만 명이 취업하고 있었을 것이다. 그러나 2017년의 실제 취업자 수는 1억 5,200만 명이었다. 이는 인구 증가를 감안하더라도 '좋았던 옛 시절'보다 3,500만 명 더 많은 미국인들이 일하고 있었다는 얘기다. 그러나 음모론이 횡행하는 라디오 토크쇼의 세상에서는 미국 실업률의 충격적인 실상이 철저히 은폐되고 있고, 트럼프는 선거운동 기간 동안 이러한 음모론적 주장을 그대로 따라했다.

세인트루이스 연방준비은행에 따르면, 사실 성인 남성의 노동력 참가율은 1950년 86퍼센트에서 2015년 69퍼센트로 최근 몇십 년간 떨어져왔다. 그러나 동시에 성인 여성의 노동력 참가율은 1950년 33퍼센트에서 2015년 57퍼센트로 가파르게 상승했다. 남성 취업자의 완만한 감소와 여성 취업자의 급격한 증가 추세를 종합해보면 미국 고용구조는 (물론 개선이 필요하지만) 건실하다는 결론에 이르게 된다. 평론가들이 미국의 노동력 참가율이 일종의 재앙이라고 말할 때, 이들이 실제로 말하는 것은 남성 취업자가 여성 취업자보다 더 중요하다는 것이다. 혹은 백인 남성 취업자가 흑인이나 히스패닉 남성 취업자보다 더 중요하다는 것일 수도 있다. 2000년 무렵부터 백인 남성의 노동력 참가율은 낮아진 반면 흑인과 히스패닉 남성의 노동력 참가율은 올라갔다.

사회학자 찰스 머레이Charles Murray는 그의 2010년 저서 《해체Coming Apart》에서 보여준 바와 같이, 남성의 노동력 참가율에서 나타난 변동의 대부분은 노동시장에서 도태된 미혼인 백인 남성으로부터 비롯된다. 머레이는, 일부 백인 남성들은 일자리가 없어서가 아니라, 일하고 싶지 않거나 일할 필요가 없기 때문에 일하기를 중단한다고 썼다. 왜 그럴까? 결혼하지 않았기 때문이다. 수전 B. 앤서니Susan B. Anthony는 1877년 '독신 여성의 시대'가 도래하고 있음을 제시했다. 그 시대는 21세기와 함께 도래했다. 오늘날 미국에서 결혼하지 않았거나, 남편과 사별했거나, 이혼한 여성들의 수가 남편이 있는 여성보다 많다. 누구에게도 속하지 않는 여성의 수가 늘어남에 따라 누구에게도 속하지 않는 남성의 수도 함께 늘어났는데, 혼자 사는 남성은 꾸준한 일을 원하지 않을 수 있다(동성결혼은 여기에서 논의할 만큼 충분히 일반적이지 않다). 일정치 않은 수입을 비공식적으로 버는 잡역부나 계절 노동자로 일하면서 연방 장애수당이나 퇴역군인 장애수당을 받는 경우, 풍족한 생활은 할 수 없어도 웬만한 의식주와 약간의 여가활동은 해결할 수 있을지 모른다. 머레이는, 부인과 자녀가 있는 남성은 일하는 것 외에 다른 선택지가 없지만, 미혼 남성들은 결혼한 남성에 비해 열심히 일할 필요를 훨씬 덜 느낀다고 지적한다.

결혼하지 않은 미국인 남성의 비중이 늘어나고 있는 이유는 경제적 차원에서 대학에 다닌 적이 없는 남성의 가치가 부분적이지만 꾸준히 떨어지고 있기 때문이다. 작가 앤 킴Anne Kim은 한 세대 전에 대학 학위가 있는 남성은 그렇지 않은 남성에 비해 1년에 7,000달러를 더 벌었기 때문에, 대학 졸업자가 경제적인 면에서 결혼 상대자로서 더 매력적이었다고 지적했다. 오늘날 대학 학위가 있는 남성은 학력이 고등학교에서 멈춘 사람보다 연간 평균 2만 달러를 더 번다. 대학에 다니지 않은 남성은 소득 사다리에서 밀려나고, 결혼 상대로서의 매력도 떨어지게 된다. 그 결과 결혼하지 못하고 취업도 하지 않게 되는 것이다.

머레이의 불길한 발견은 실업 상태의 독신인 성년 백인 남성이 남아도는 자유시간을 어떻게 쓰느냐에 관한 것이다. 그들은 늦게까지 자고, 비디오게임을 하며, 텔레비전을 본다. 이불을 뒤집어쓴 채 세상과 단절되고, 인생의 황금기를 전자화면을 바라보며 허송하는 상당한 규모의 남성 집단이 출현한 것은 미국 사회의 폐단을 보여주는 징표인지도 모른다. 이 책을 쓰는 시점에 실업률은 4.4퍼센트였다. 대부분의 노동경제학자들은 실업률이 5퍼센트 밑이기만 하면 완전고용으로 규정한다. 일자리를 찾는 사람에게 일자리는 충분하다.

저성장, 아메리칸 드림의 종말일까?

한때 지식인들이 그토록 옹호하던 저성장이 이제 현실이 되었지만 많은 사람들이 좋아하는 것 같지는 않다. 1960년대 미국 경제는 연간 5퍼센트씩 눈부시게 성장했다. 1980년대와 1990년대에도 가끔씩은 4퍼센트대의 성장을 기록하기도 했다. 1950년부터 2000년까지 미국 경제는 연평균 3.3퍼센트로 성장해왔다. 성장률이 이 구간 어딘가에서 유지된다는 것은 가계소득이 꾸준히 증가하는 것을 의미하고, 국가부채는 억제될 것이다. 미국과 유럽연합에서 GDP의 증가세는 2008년 경제 대침체기의 충격으로 멈춰 섰다. 대략 2010년 이후 경제활동의 기본적인 지표들은 정상으로 회복됐지만 성장률은 그렇지 못했다. 오늘날 미국의 성장률은 연 2퍼센트로, 유럽보다 낮다.

낮은 GDP 증가율은 정부 차입을 가속화시키는 주된 요인이다. 그러나 이에 대해 아랑곳하지 않는 지식인들과 도시활동가들은 자신들이 꿈꾸는 것이 저성장이라고 말했다. 성장의 추이는 산술적인 파급효과를 낳는다. 1950~2000년간 연평균 성장률로 성장한다면 가계소득은 약 25년 만에 두 배가 된다. 현재의 성장률이라면 가계소득이 두 배가 되기까지 훨씬 오래 걸릴 것이다.

필립 롱맨Phillip Longman은 "미국인들이 영원히 더 큰 풍요를 누리도록 운명지어졌다는 생각은 2차 세계대전 이래 미국인에게 하나의 신념이 되었다"고 썼다. 서구 사회는 이전에는 알려지지 않았던 불만과 고충을 발견하는 데 집착하는 단계에 들어섰다. 그중의 하나가 저성장으로 인해 다음 세대는 현 세대보다 훨씬 더 잘살지 못할 것이라는 불안이다. 노스웨스턴대학의 경제학자 로버트 고든Robert Gordon은 성장 둔화가 단지 국가부채에 나쁠 뿐만 아니라 '아메리칸 드림'에 종말을 고하는 재앙이 될 것이라는 연구 결과와 논문을 발표함으로써 전문가들로부터 찬사를 받았다.

그러나 이러한 과격한 주장은 논란이 될 수 있다. 퓨 자선기금Pew Charitable Trusts은 2013년 연구를 통해 연령과 가족구성원을 감안하여 조정했을 때 미국인의 84퍼센트가 부모 세대보다 더 많이 번다는 사실을 발견했다. 최상위 5분위에 속하는 미국인의 대부분은 원래 최상위 계층이 아닌 가정에서 자란 것으로 나타났는데, 이는 미국에서 사회적 계층 이동이 계속되고 있다는 것을 보여준다.

세전소득이 이전만큼 빠르게 늘지 않는다고 불평하는 것은, 항공산업의 초기에는 비행기의 속도가 한 세대마다 두 배로 빨라졌는데 요즘은 한 세대가 지나도록 속도 증가가 없다고 불평하는 것과 같다. 오늘날의 항공 서비스는 비좁기는 하지만 충분히 빠르고, 안전하며, 저렴하다. 초음속이나 극초음속을 달성해야 할 이유가 없다. 필요한 것은 지금의 빠르고 안전하며 저렴한 항공 서비스를 다음 세대까지 지속하는 것이다. 경제 상황도 마찬가지다. 현재의 생활수준을 미래 세대에도 유지할 수 있는지 여부는 미래 세대가 상상할 수 있는 모든 것을 확실히 가질 수 있는지보다 훨씬 더 중요하다.

하버드대학의 경제학자 마틴 펠드스타인Martin Feldstein은 국내총생산GDP 공식이 단지 산출량과 가격만을 측정하고 삶의 질은 따지지 않기 때문에 성장을 저평가한다고 주장했다. 여기 두 가지 예가 있다. 1950년대의 수술은 GDP 산식에서 오늘날의 수술과 똑같이 취급된다. 그러나 거의 모든 경우에 오늘날의 수술이 적은 고통으로 더 나은 결과를 얻는다. 1950년에는 미국 은퇴자의 3분의 1이 빈곤층이었다. 2013년에 그 비율은 (여전히 높기는 하지만) 9퍼센트로 떨어졌다. 그러나 광범위한 사회보장제도의 개선은 GDP 성장률 통계에는 반영되지 않는다. 펠드스타인은, 높아진 삶의 질과 더욱 안전하고 튼튼해진 상품을 감안하면, 미국의 성장률은 단 한 가지 예외적인 척도인 세전소득을 제외하고는 매우 양호한 모습을 보이고 있다고 주장한다(오늘날의 자동차는 한 세대 전의 자동차보다 운전자와 보행자를 죽게 할 가능성이 훨씬 적다). 세전소득이 유일하게 부정적인 지표이기 때문에 논의를 지배하고 있는 것 같다.

GDP 성장과 생활수준 향상의 둔화가 아메리칸 드림에 종말을 고할 것이란 생각은, 요즘 유행하는 쇠락론적 입장이라는 이유로 공감하는 사람들이 있는 것 같다. 1960년에는 미국 가정의 12퍼센트가 에어컨을 가졌지만 지금은 90퍼센트가 에어컨을 갖고 있다. 미국 북부지역은 냉방할 필요조차 없다. 그렇다면 90퍼센트의 에어컨 보유율은 도대체 어디서 나온 수치일까? 1980년대 미국 신축 주택의 평균 면적은 1,680 평방피트(약 47평)였다. 2010년 인구조사에서는 신축 주택의 평균 면적이 2,392평방피트(약 70평)로 나타났다. 단 한 세대만에 44퍼센트가 늘어난 것이다. 미국 사회는 앞으로 추가로 신축 주택의 평균 넓이를 44퍼센트 더 늘리기를 원할까? 그렇게 늘어나면 신축 주택의 평균 면적은 3,450평방피트(약 97평)가 될 것이다. 대가족만이 이런 정도의 넓이가 필요할 텐데, 미국과 유럽의 가구 규모는 장기적으로 줄어들고 있다. 그러나 쇠락론의 논리에 따르면, 다음 세대는 이런 초대형 주택에 살지 못할 것이므로 아메리칸 드림은 종말을 고하게 되는 것이다.

현대 경제는 대체로 통제되지 않은 채 작동하지만, 정책은 경제에 일정한 영향을 미친다. 공공정책이 경제 성장에 영향을 준다는 면에서 보면, 최근의 법안과 규제들은 경제 성장을 둔화시키려고 의도한 것처럼 보인다. 2002년 조지 W. 부시 대통령이 서명한 '사베인스-옥슬리 법Sarbanes-Oxley Act'과 2010년 버락 오바마 대통령이 서명한 '도드-프랭크 법Dodd-Frank Act'은 적극적으로 새로운 민간기업의 창업을 억제하고 기존 공개 기업들의 확대는 가로막았다. 2,300쪽에 달하는 도드-프랭크 법은 2만 2,000쪽에 이르는 연방 규제조치를 파생시켰는데, 이들 규제의 대부분은 위험을 무릅쓰는 적극적 기업활동은 벌하는 대신 위험을 회피하는 소극적 행위를 보상하는 것을 의도하고 있다. 이는 경제 성장에 대한 전통적인 보상 방식의 정반대로 뒤집은 것이다. 노련한 투자은행가인 윌리엄 코핸William Cohan은 2017년 "오늘날 월가에서 일하는 다섯 명 가운데 한 명은 다른 네 사람이 하는 일을 감시하는 일을 하고 있다"고 썼다. 현재의 경제적 규제들은 시간당 수임료만 노리는 변호사들과 자신들의 한가한 자리를 보전하려는 관료들의 이익만을 더 늘림으로써 성장을 저해하는 초과 거래비용을 부과하고 있다.

초당적 연구기관인 카우프만 재단Kauffman Foundation의 연구 결과는 미국에서 새로운 일자리의 약 80퍼센트가 신생 기업에 의해 만들어진다는 사실을 보여준다. 그러나 공화당이 다수를 점하던 하원에서 통과된 사베인스-옥슬리 법은 기업을 설립하려는 사람들을, 무죄를 입증하기 전까지 유죄인 것으로 취급함으로써 설립 비용을 늘리고 설립 절차를 지연시킨다. 기존의 대기업들은 혁신을 억제하는 많은 법률과 규제를 지지했다. 대기업의 법무 담당 부서들이, 기민하기는 하지만 변호사를 고용할 형편이 못 되는 새로운 경쟁자들을 짓누르기 위해 새로운 규제의 온갖 성가신 조항들을 이용할 수 있었기 때문이다. 어떤 분석가는 "모두가 강도를 규제하는 법을 어떻게 준수하는지는 알지만, 누구도 2,300쪽에 달하는 도드-프랭크 법을 어떻게 지켜야 할지는 알지 못한다"고 썼다. 기존 기업들은 규제 문제를 교묘하게 처리할 수 있는 로비스트들을 고용하고 있다. 그 결과 신생 기업들은 (기존 기업들이 기대한 대로) 번번이 패퇴하고, 성장은 둔화된다.

미국에서는 해가 갈수록 더 많은 행위가 법이나 규정의 통제 아래 놓인다. 이런 법규들은 사소하고 어리석은 것들로부터 발전적인 것과 반경제적인 것에 이르기까지 다양하다. 어리석은 법규로는, 국가기념물의 주차장에서 설상화를 신는 행위를 (단순한 결례가 아니라) 연방 범죄로 규정한 것을 꼽을 수 있다. 반경제적인 것으로는, 주로 경제활동을 규제하는 17만 8,000쪽에 달하는 〈연방규정집 Code of Federal Regulations〉을 들 수 있다. 2016년 조지 메이슨대학의 경제학자들은 연방 및 주정부의 규제가 투자를 위축시킴으로써 연간 미국 GDP 성장률을 평균 0.8퍼센트포인트 떨어뜨리는 것으로 추정했다. 매년 GDP에 0.8퍼센트가 추가된다면 임금이 더 오를 것이고, 적자폭은 줄어들 것이며, 저성장에 대해 그렇게 고민할 필요도 없을 것이다.

2차 세계대전의 참화에 이은 처음 몇십 년간 서구 경제는 너무나 빠르게 성장했기 때문에 그러한 성장세가 영원히 끝나지 않을 것이라고 생각하는 것은 비현실적이다. 이제 서구의 생활수준은 충분히 높아졌으므로, 앞으로 풀어야 할 과제는 다음 세대에도 이러한 생활수준이 지속되도록 하고, 누구도 여기서 배제되지 않도록 하는 일이다. 그것이 '새로운 아메리칸 드림'이 되어야 할 것이다.

미국 정부의 형편없는 인프라 건설 시스템

한 가지 미국 경제에 걱정스런 점은 더 많은 인프라가 필요하다는 것이다. 정부는 성장률이나 임금인상률을 인위적으로 끌어올릴 수 없다. 정책 당국자들은 경제 발전에 거의 방관자에 그치는 경우가 종종 있다. 휴대전화와 인터넷이 가격을 급속히 낮추면서도 그렇게 빠르게 발전할 수 있었던 이유는, 정부의 주목을 끌지 않으면서 신생 기업을 옥죄는 규제가 도입되기 전에 스스로 확실한 기반을 닦았기 때문이다.

그러나 정부의 역할이 경제적 성과를 증폭시킬 수 있는 한 가지 분야가 있다. 바로 인프라스트럭처다. 이 분야에서 미국의 연방정부와 주정부, 지방정부들은 몇 세대에 걸쳐 유난히 형편없는 성과를 냈다. 고속도로와 교량, 댐들은 보수가 필요하다. 인구가 계속 늘어났지만 새로운 도로와 대중교통 시스템의 건설은 지지부진하다. 지하철과 여객열차 서비스는 유럽이 미국보다 훨씬 낫다. 독일의 자동차 회사들은 아우토반에 비해 열악한 미국 고속도로의 조건을 감안해서 미국에서 팔리는 자동차 모델에 대해 별도의 서스펜션을 설계하기 시작했다.

2016년 미국 교통부는 아이오와와 펜실베이니아, 로드아일랜드의 교량 가운데 20퍼센트 이상을 포함해 미국 전역에서 5만 5,000개의 교량이 대대적인 보수 또는 교체가 필요하다고 밝혔다. 공공 재정으로 지어지는 스포츠 경기장은 스타 운동선수들과 함께 사진 찍고 싶은 지역 정치인들에게는 인기가 있지만, 경제 성장에 미치는 영향은 미미하다. 브루킹스 연구소의 테드 가이어Ted Gayer과 알렉스 골드Alex Gold의 2015년 연구는 "스포츠 시설 건설과 경제 발전 사이에는 뚜렷한 긍정적 상관관계가 없다"고 결론지었다. 이와는 대조적으로, 도로 및 교량과 버스 등 대중교통 시스템은 분명한 승수 효과를 갖는다. 인프라를 개선하기 위해 차입 자금을 동원하는 것은, 주택 개량을 위한 대출이

유용한 것처럼 경제 전체로 이득이 될 수 있다. 그러나 워싱턴의 정치권은 이익집단 지원을 위해서는 방만하게 돈을 빌리면서도 인프라 건설과 보수는 간과하고 있다.

2014년 버락 오바마 대통령은 미국의 인프라에 대해 "우리는 충분한 자금을 지출하지 않고 있다"고 탄식했다. 그러나 미국은 투자액에 비해 성과가 적은 것을 감안하면 오히려 인프라에 과도한 지출을 하고 있다. 런던의 지하에 준공된 야심찬 고속 지하철인 크로스레일Crossrail은 1마일당 2억 8,500만 달러의 비용이 들었다. 2016년 스위스 알프스 산맥에 개통된 세계에서 가장 길고 가장 깊은 곳에 건설된 철도터널은 1마일당 3억 3,500만 달러가 들었다. 샌프란시스코와 시애틀 지하에 동시에 건설된 지하철 터널은 1마일당 10억 달러의 건설비가 들었다. 미국의 건설비가 영국이나 스위스보다 훨씬 많다. 여기 세 나라의 이야기가 있다. 한국의 수도 서울에서 2018년 동계올림픽 경기장까지 탄환열차를 놓는 데 1마일당 5,300만 달러가 들었다. 런던 동부선의 지하철 연장 구간은 세계에서 가장 붐비는 지역에 건설되는데도 1마일당 9,000만 달러가 소요됐다. 워싱턴 D.C. 교외 메릴랜드의 트롤리 건설 프로젝트는 1마일당 건설비가 1억 7,000만 달러에 이른다. 노스캐롤라이나 더햄의 트롤리 프로젝트는 1마일당 1억 8,500만 달러가 든다. 미국의 트롤리 프로젝트는 복잡한 공학적 문제가 없는 지상 시스템이다. 그러나 미국의 트롤리들은 1마일당 건설비가 한국의 탄환열차의 세 배에 이르고, 복잡한 공학적 난제를 갖고 있던 영국의 철도 프로젝트보다 두 배나 비싸다.

　이러한 현상이 특별히 트롤리 프로젝트에서만 나타난 예외적인 사례라면 좋겠지만, 미국의 인프라 사업에서 일반적으로 나타나는 현상이라는 게 문제다. 뉴욕시 북쪽의 태편지 다리Tappan Zee Bridge는 1955년 오늘날 화폐가치로 환산했을 때 7억 달러의 비용으로 완공됐다. 이 다리를 대체해 2018년 개통될 예정인 새로운 다리는 적어도 40억 달러의 비용이 들 것으로 예상된다. 공사비가 원래 다리의 6배에 이르는 것이다. 8,500만 달러를 들여 1963년 완공된 켄터키주 루이빌의 케네디 메모리얼 브리지는 원래 공사비의 12배를 들여 새로운 다리로 대체될 예정이다. 워싱턴시의 한 대로에서는 건설회사들이 지하철역에서 월터 리드 국립의료원까지 보행자용 지하도를 건설 중이다. 이 짧은 지하도를 건설하는 데 7,000만 달러의 비용이 들고, 완공하는 데 4년이 걸릴 것으로 예상되고 있다. 미국의 다른 인프라 건설 계획에서와 마찬가지로 이들 교량과 트롤리, 지하도 건설 프로젝트에도 연방 정부가 대부분의 자금을 대는 반면, 프로젝트의 진행은 주정부나 지방정부 관리들이 관장한다. 비용 초과와 공사 지연을 조장하는 전형적인 보상 구조다.

　과도한 규제와 지루한 소송 그리고 님비NIMBY : not-in-my-backyard(지역 이기주의) 현상의 만연에 따른 주민 반발이 미국적 표준이 됐기 때문에 공공투자 프로젝트는 이제 시간이 너무 오래 걸리고, 비용은 너무 많이 들며, 공익에 돌아가는 보상은 너무 적어졌다. 노스캐롤라이나의 트롤리는 계획에서 개통까지 15년이 필요한 것으로 계획됐다. 이는 공사 속도가 1년에 겨우 1마일을 넘어서는 것으로, 연방정부의 재원 조달에 지방정부의 공사 진행이 결합되면 '공기 지연'이라는 결과를 낳을 수밖에 없다는 공식에 딱 들어맞는 사례다. 많은 인프라 프로젝트가 노조에 대한 '퍼주기'식 계약을 포함하고 있는데, 노조는 그 대가로 정치권의 후보들에게 후원금을 낸다. 거의 공식적인 리베이트 시스템이나 다름없다. 서유럽의 인프라 사업에도 노동조합이 참여하는 것이 일반적이지만, 정치권 후보에 대한 리베이트 방식은 그렇지 않다.

오하이오 강에서는 노후한 갑문 때문에 아이젠하워 대통령 재임 시절 이래 바지선 운항의 병목 현상이 계속되고 있다. 이 갑문을 교체하기 위한 연방 프로젝트가 30년간 진행 중인데, 물가 상승에 따른 조정 비용이 3배로 늘어남에 따라 이 책을 쓰고 있을 때까지도 완공되지 않았다. 네덜란드의 겐트-테르뉴젠 운하Ghent-Terneuzen Canal에 건설 중인 더 큰 갑문은 10억 달러의 공사비를 들여 완공하는 데 5년이 걸릴 전망이다. 미국 정부는 강의 갑문 하나 짓는 데 30년이란 시간과 세 배의 공사비를 들였으나, 그 갑문은 여전히 작동하지 않고 있다. 만일 미국 정부가 인프라 투자를 통해 경제 성장을 자극하고 싶다면, 그 답은 주정부나 지방정부에 낭비할 돈을 더 많이 주는 것이 아니라, 중앙정부의 공사 관리자로 하여금 민간기업의 공사 관리자가 하듯이 공사를 책임지도록 하는 것이다.

상상을 초월하는 국가부채의 늪

대부분의 서구 경제권에 대한 큰 걱정거리 가운데 하나는 국가부채다. 현재의 달러 가치로 조정했을 때 미국의 공적 부채(사회보장과 관련된 국가기관 간 회계처리상의 부채가 아니라 국가가 다른 나라 또는 투자자에게 지고 있는 빚) 는 2006년부터 2015년까지 두 배로 늘었다. 미국은 단 10년 동안 과거 독립 이후 216년간의 부채를 다 합친 것보다도 더 많은 공적 부채를 지게 된 것이다. 2006년부터 2015년 사이 백악관과 상하원은 공화당과 민주당이 번갈아 차지했기 때문에, 이 기간 중의 국가부채 증가에는 양당이 모두 똑같은 책임이 있다. 이 시기는 베이비붐 세대의 은퇴가 본격적으로 시작되기 직전이었다. 바꿔 말하면 늘어나는 연금 지급액을 보장하기 위해 저축을 했어야 할 시기였다는 것이다. 그러나 미국은 이 시기에 차입을 늘려 그 돈을 내일이 없는 것처럼 마구 써댔고, 그 과정에서 인프라를 개선하지도 못했다.

그러나 내일은 오게 돼 있다.

어떤 경제학자들은 부채를 철 지난 걱정거리로 본다. 이른바 '현대 통화 이론modern monetary theory' 학파는 (호주와 캐나다, 유럽연합, 일본, 싱가포르, 스위스, 영국, 미국 등) 경화hard-currency를 가진 나라는 원하는 만큼 돈을 빌리고 화폐를 찍어서 갚을 수 있다고 주장한다. 보다 정확하게 말하면, 이들 국가는 빚을 갚기 위해 '1과 0'으로 구성된 화폐 발행액을 늘린다고 선언할 수 있다는 것이다. 아마 이 이론이 맞을지 모른다. 그러나 현대 통화 이론이 맞는지 확인하기 위해 실험을 하려면 서구 세계를 파산을 걸고 도박을 하는 위험을 무릅써야 할 것이다.

　정치 전략가들 사이에 '부채는 여론조사를 하지 않는다'는 말이 있다. 미국 유권자들은 더 많은 복지혜택과 보조금을 원하지만 재정의 균형에 대해서는 아무런 관심도 없다. 2016년 대선 선거운동에서 트럼프와 샌더스는 방만한 선심 공약(트럼프의 경우는 세금의 일괄 감면, 샌더스의 경우는 모든 공공서비스의 무료 제공)으로 선전했다. 그러나 이들은 그러한 선심 공약의 재원을 어떻게 조달할 것인지에 대해서는 거의 언급하지 않았다. 힐러리 클린턴은 국가부채를 늘리지 않으면서 자신의 선거 공약을 실현할 수 있도록 세심하고 복잡한 재원 조달 계획을 공개했다. 이 얼마나 구태의연한 방식인가! 우리는 그렇게 한 힐러리 클린턴에게 무슨 일이 일어났는지 알고 있다.

　과거에는 정부 지도자들이 빚을 더 지는 것은 무책임하다고 느꼈다. 1789년 초대 미국 대통령 조지 워싱턴은 "신생 국가인 미국의 최우선 과제는 독립전쟁으로 진 빚을 갚는 것"이라며 "그러지 않는다면 나와 우리 세대는 우리 자신이 져야 할 부담을 부당하게 후대에 떠넘기는 꼴이 된다"고 주장했다. 레이건 대통령과 아버지 조지 부시 대통령은 공화당 후원 기반의 이익을 거스르는 일임에도 국가부채를 낮게 유지하기 위해 연방세금을 인상했다. 이들은 당시 부채 규모가 인플레를 감안한 오늘날의 기준으로 보면 일부에 불과한데도 우려스럽다고 보았다. 2006년 신참 상원의원이던 버락 오바마는 "워싱턴의 연방정부는 잘못된 선택을 우리의 자녀와 손자 세대에 전가하고 있다"

며, 국가부채 한도를 7억 달러 인상하는 안에 반대표를 던졌다. 그러나 오바마는 일단 대통령이 되자, 자신이 용납할 수 없다고 말한 규모의 10배에 이르는 7조 3,000억 달러의 국가부채를 늘렸다.

2003년 미 의회는 5,000억 달러의 적자 예산안을 통과시켰고, 아들 조지 부시 대통령은 이를 승인했다. 이는 그때까지 들어본 적이 없는 수준의 국가부채 규모였으나, 이로 인해 아무런 일도 일어나지 않았다.

경제학자들과 일부 의원들은, 빌 클린턴 대통령 재임 후반기에 기록한 재정 흑자에 뒤이어 발생한 대규모 적자가 심각한 결과를 낳을지 모른다고 우려했다. 그러나 의회는 대규모 차입을 시도했고, 역시 아무런 문제도 발생하지 않았다. 그러자 의회는 이듬해 새로운 국가 차입을 승인했고, 아무 문제도 일어나지 않았다. 그 다음에는 더 많은 빚을 졌고, 역시 아무 일도 없었다. 2009년에 연간 적자 규모는 1조 4,000억 달러로 불어났다. 오바마 대통령 재임 마지막 해의 5,870억 달러 적자는 오히려 안도할 만한 수준으로 여겨졌다. 그러나 이 정도 규모의 적자는, 인구 규모를 감안하더라도 오바마 대통령과 아들 부시 대통령 이전의 어떤 대통령이라도 충격을 받을 만큼 높은 수준이다.

정치인들은, 정부 부채가 높은 성장을 통해 해소될 수 있다는 이유를 들어 불가능한 미래의 성장을 가정함으로써 세금 감면과 '퍼주기'식 선심 정책, 빚 잔치의 재원을 조달할 수 있다고 주장한다. 2016년 선거운동 기간 동안 트럼프는 미래 연간 성장률이 평균 6퍼센트에 이를 것이라고 말했다. 샌더스는 5퍼센트를 주장했다. 두 전망치 모두 그간 관측된 성장률을 한참 능가한다. 1977년부터 2008년 경제 대침체가 시작되기까지 미국의 성장률은 연평균 2.8퍼센트였다. 시카고대학의 경제학자 오스턴 굴스비Austan Goolsbee는 성장률에 대한 선거 공약을 '마법의 날아다니는 강아지들'이라고 불렀다. 후보들이 노리던 권력을 잡자마자 날아다니는 강아지들은 하늘에서 추락한다. 트럼프는 대통령 취임 선서를 한 후 얼마 되지 않아서 "부채 문제의 처리가 더 이상 최우선 과제가 아니다"라고 선언했다.

연방정부의 부채가 확대된 것과 동시에 주정부의 연금 계정도 적자로 들어섰다. 퓨 기금은 각 주들이 적어도 1조 달러의 재원 없는 연금 지급 의무를 지고 있음을 발견했다. 실제로는 그 규모가 3조 달러에 이를 가능성도 있다. 주 연금 기금들은 기금 자산의 투자운용 수익률이 7.6퍼센트를 기록할 것이란 비현실적인 가정을 한다. 이는 (희대의 금융 사기범인) 버나드 매도프Bernard Madoff가 자신의 실적을 부풀리기 위해 했던 약속을 방불케 한다. 미래의 불특정한 시점에서의 비현실적인 수익률을 추정함으로써 주지사와 시장들은 자신들이 재정적으로 책임감이 있는 것처럼 보이게 하고, 연금기금 펀드매니저들은 넉넉한 성과급을 챙기는 한편, 새로 들어오는 연금 보험료를 마치 투자수익인 것처럼 은퇴 주민들에게 나눠주고 있다. 정확히 폰지Ponzi 사기 수법(실제 수익은 없으면서 가입자의 납입금을 수익금처럼 배분해주는 다단계 사기 수법) 그대로다.

코네티컷과 일리노이, 뉴저지 그리고 캘리포니아의 많은 도시들이 재원이 뒷받침되지 않은 채 은퇴자들에게 연금 지급 의무를 지고 있다. 일리노이주의 재원 없는 연금 채무는 현재 주민 1인당 2만 2,500달러인데, 앞으로 계속 늘어나게 될 은퇴자에 대비한 저축은 하지 못하는 실정이다. 댈러스 시의 재원 없는 연금 채무는 시의 4년간 예산에 맞먹는다. 많은 주에서 탁월한 자금운용 성과를 주장하면서 기금 운영자들에게 지급한 막대한 성과급을 정당화하고 있는 교사 연금제도들도 실은 재원을 축적하지 못한 연금 채무를 적어도 5,000억 달러 이상지고 있다. 그 결과 많은 주에서 폰지 사기식 구조를 채용하고 있다.

애리조나와 일리노이, 미시간, 위스콘신 등이 연금 계정의 부족한 재원을 메우기 위해 예산을 전용하는 바람에 공립학교에 대한 지출을 삭감한 주들이다. 2016년 맨해튼 연구소의 연구보고서는 '교사 연금에 들어가는 납세자들의 세금 대부분이 현재 재직 중인 교사들이 미래에 수령할 연금을 위한 재원으로 축적되지 않고, 과거 교직에 종사했던 사람들의 연금으로 지급되고 있음'을 밝혀냈다. 이는 앞으로 상황을 더 악화시킬 게 분명한 회계적인 사기나 다름없다. 사회보장국은 주정부나 지방정부의 연금제도와 비교할 때 정직한 연금운영 방식의 모델이다. 만일 지방의 연금제도들이 파산하면, 이들의 과실을 덮기 위해 훨씬 더 많은 빚을 져야 할 압력이 워싱턴의 연방정부에 가해질 것이다.

21세기 초에 시작된 정부의 빚잔치는 경제 성장이 둔화된 것과 어느 정도 관계가 있을지도 모른다. 다만 급작스런 인플레나 채권자들의 대출 연장 거절과 같은 공적 부채의 증가에 대한 일반적인 공포 반응은 일어나지 않았다. 이는 미국 의회와 많은 유럽 국가 의회들에게 '더 이상 과거의 원칙들이 통용되지 않으므로 '빚 얻어 돈 풀기'는 무한정 계속될 수 있다'는 인식을 심어준 것 같다. "우리는 이제 모두가 케인지언이다"라는 말은 과거에는 수요를 촉발시켜 경기 순환을 완충하는 차원의 정부 차입을 정당화하는 의미로 쓰였다. 그러나 존 메이너드 케인스John Maynard Keynes의 금언에는 두 가지 측면이 있다. 경제가 위축됐을 때는 돈을 빌려 지출하되, 경기가 좋을 때는 지출을 줄여 빚을 갚으라는 것이다. 오늘날 서구와 아시아 각국의 정부들은 이익집단을 만족시키기 위한 선심성 지출을 합리화하기 위해 케인스가 말한 금언의 전반부만 열심히 따르고, 지출에 대한 자제력을 요구하는 후반부는 무시한다. 이들 정부는 절반만 케인지언인 셈이다.

정부가 차입을 하는 데 아무런 문제가 일어나지 않는다면 왜 걱정인가? 국가 행정과 가정 운영 사이의 유사점을 즐겨 강조했던 프랭클린 루스벨트 대통령의 비유 화법을 적용해보자. 주택 소유자가 집을 담보로 돈을 빌려 페라리 자동차를 사고, 최고급 크루즈선을 타고, 아침부터 크리스털 샴페인을 마신다고 가정해보자. 처음에는 아무런 나쁜 일도 일어나지 않을 것이다. 그러나 일단 각종 청구서와 카드 대금의 만기가 돌아오면 집은 압류되고 말 것이다. 많은 국가의 의회와 대통령, 총리들은 낭비벽이 심한 주택 소유자처럼 행동해왔다. 그리스와 스페인은 겨우 재정 파탄을 모면하고 있는 상태이고, 일본은 국가채무가 GDP를 넘어섰으며, 중국은 과도한 국가부채 규모를 가리기에 급급하다. 신용평가기관인 무디스는 중국의 국가신용등급을 하향 조정함으로써 중국 정부가 과도한 부채에 빠져들고 있음을 경고했다.

스위스에 소재한 세계경제포럼의 리처드 새먼스Richard Samans는 2017년, 오늘날 전 세계적으로 재원이 뒷받침되지 않는 연금 지급 부담액이 모두 70조 달러에 이른다고 밝혔다. 그 규모는 2050년까지 400조 달러로 놀랄 만큼 늘어날 것으로 예상되는데, 그 대부분이 각국의 정부, 특히 중국과 인도 정부가 갚아야 할 부채다. 400조 달러는 현재 전 세계 GDP의 약 5배에 해당하는 금액이다. 마이클 모런Micheal Moran은 2012년에 출간된 영향력 있는 저서 《심판The Reckoning》을 통해, 역사상 위대한 국가들은 과도한 영토 확장이나 야만족의 침입 때문이 아니라 무분별한 차입과 그로 인한 압류 때문에 몰락했다고 주장했다.

부채는 입법기관들이 각종 이익 집단들에게 선심 쓰듯 퍼주는 수상한 자금을 만들어낸다. 그 돈을 챙긴 이익 집단들은 그 대가로 선거운동 후원금을 아낌없이 대준다. 미국의 납세자 입장에서는 정치후원금 기부를 금하는 대신 선거 비용을 공적 자금으로 제공하는 편이, 선출직 공직자들이 선거 자금을 리베이트로 받는 대가로 대규모 공공자금을 낭비하도록 방치하는 것보다 훨씬 돈이 덜 들어갈 것이다. 과도한 정부 차입에 대한 조치가 지연되면, 국가부채 문제는 복리효과로 인해 갈수록 더 악화된다. 그러나 각국 정부들은 그들이 지고 있는 빚 문제에 대처하는 데 늑장을 부리고 있다. 오바마 대통령은 백악관에 있을 때 "(다른 나라들이 국가부채) 문제를 뒤로 미루고 있다"고 했지만, 그 스스로가 (미국의 국가부채 문제에 대해) 남을 비난하는 것 이상의 대처를 했어야 한다는 것을 알아야 한다.

국가부채의 엄청난 규모는 이것이 문제가 아니다. 미국은 인구 증가와 함께 매년 거의 모든 것의 기록을 경신하고 있다. 국가부채는 늘어난 인구 수를 감안하여 현재의 달러 가치로 환산한 1인당 부채의 기준으로 봤을 때 더 잘 이해된다. 그 추이는 다음과 같다.

- 1960년 미국의 공적 부채는 1인당 1만 2,800달러였다.
- 1980년 미국의 공적 부채는 1인당 1만 1,450달러로 떨어졌다.
- 2000년 미국의 공적 부채는 1인당 2만 7,700달러로 높아졌다. 이는 그 이전 40년간 부채의 두 배에 이르는 것이다.
- 오바마 대통령의 임기가 끝난 2017년, 미국의 공적 부채는 1인당 6만 5,000달러였다. 미국인 한 사람당 가계소득 중앙값보다 많은 빚을 진 셈이다.
- 인구통계조사국의 인구 추계와 의회 예산국의 세출 예산 전망으로부터 계산해보면, 2047년 미국의 1인당 공적 부채는 23만 5,000달러가 될 것이다. 이전 세대들이 빌린 국가부채 때문에 가구마다 4년치 임금을 합친 것보다 많은 부채를 지게 된다는 것이다.

2047년의 겁나는 수치는 이자율이 낮게 유지되고, 정부가 저비용으로 계속 차입할 수 있을 것이란 가정하에 나온 것이다. 미국 연방준비제도는 오바마 대통령 재임 기간 내내 제로(0)퍼센트 이자율 정책을 고수했다. 만일 오바마 재임 기간 동안 미국 재무부 채권 가격이 전후 평균 수준이었다면 국가부채는 7조 3,000억 달러가 아니라 10조 달러가 추가됐을 것이다. 어떻게 인플레이션을 유발하지 않으면서 이자율이 그토록 오랫동안 낮게 유지될 수 있었는지는 경제학자들 사이에서 뜨거운 논란이 되고 있다. 그 답이 무엇이 됐든 간에, 앞으로 차입 비용이 전후 패턴으로 반등한다면 공적 부채가 기하급수적으로 늘어날 것이고, 미국과 일본 및 국가채무가 많은 다른 나라들에서는 무책임한 재정 운용에 대한 논란이 그밖의 모든 국내 정책 문제를 뒤덮을 것이다.

국가부채 해결해야 보편적 기본소득 실현 가능

위에 나온 숫자들을 보면 "(공공 부문의) 낭비와 사기, 권한 남용을 당장 중단시켜야 한다"는 생각이 들 수도 있을 것이다. 연방정부와 주정부, 지방정부의 많은 기관들에는 불필요한 일거리와 서로 간의 불만 제기로 시간을 때우는 관리들이 넘쳐나고, 고위직에서는 사기성 행위가 빈발한다. 그러나 낭비와 사기, 권한 남용 등은 정부의 예산 책정 문제에서 상대적으로 사소한 요소들이다. '낭비와 사기, 권한 남용을 중단하자'는 구호는 정치인들이 무분별한 차입 문제로부터 화제를 돌리기 위한 편리한 방편이 되었다.

　2017년 미국 연방 예산 4조 달러 가운데 3조 4,000억 달러가 복지

지원금과 국방비, 국가부채의 이자 지급에 배정됐고, 전체 예산의 15퍼센트에 불과한 나머지 6,000억 달러가 기타 모든 분야의 지출 예산으로 책정됐다. 나머지 모든 분야에 대한 재량적 지출을 완전히 삭감한다고 가정해보자. 예컨대 FBI와 항공관제, 국무부, 각종 환경 관련 기관, 연방법원, 연방 교도소, 국경수비대 등에 대한 예산을 없애고, 국립공원은 매각 처분하며, 교육과 도로, 우주 개발, 의학 연구 등에 대한 재정 지출을 중단한다고 가정해보는 것이다. 그러더라도 기존의 국가부채를 상환하기는커녕 부채의 증가 속도를 소폭 늦출 수 있을 뿐이다.

여론조사 결과는 미국인들이 연방 예산의 25퍼센트가 대외원조에 쓰인다고 생각하고 있음을 보여준다. 실제 대외원조금은 연방 예산의 1퍼센트에도 못 미친다. 정치에서 중요한 것은 무엇이 정확한가가 아니라 사람들이 무엇을 믿느냐는 것이라는 신조를 바탕으로, 도널드 트럼프는 2017년 "우리는 국가부채의 급증을 대단히 우려하고 있고, 그것이 대외원조를 삭감하려는 이유"라고 말했다. 그러나 연방 예산의 85퍼센트는 복지 지출과 국방비, 이자 지급에 쓰인다. 트럼프 대통령처럼 국가부채 급증을 대외원조의 적자와 예산 낭비, 사기 행위, 권한 남용 등의 탓으로 돌리는 것은, 실제로는 아무것도 하지 않으면서도 흡사 국가부채라는 거대 괴물과 맞서는 것처럼 가장하는 교묘한 수법일 뿐이다.

위의 문단을 보면, "그렇다면 불법 이민자에 대한 복지 지출과 보조금 지급을 없애자"는 생각이 들 수도 있다. 여기가 바로 사람들이 믿는 것에 따라 정치가 휘둘리는 또 다른 지점이다. 미국인들은 자신들의 혈세와 정부 차입금이 불법 이민자들에 대한 지원금과 당연히 일해야 할 사람들에 대한 복지혜택에 쓰인다고 믿고 싶어 한다. 물론 그런 경우가 종종 있지만, 그렇게 지출되는 예산은 다 합쳐봐야 연방 예산 규모에 비하면 극히 작다. 현재 연방 예산의 가장 많은 몫은 사회보장제도Social Security와 노인의료보장제도Medicare를 통해 노령인구에게 들어가는 보조금이다. 2017년 이 계정에 대한 예산은 1조 6,000억 달러가 책정됐다. 미국에서 태어난 백인 대다수는 자신들이 힘들게 자립적으로 사는 반면 소수자와 이민자들은 안락하고 편안한 삶을 누리고 있다고 믿고 싶어 한다. 그러나 보조금의 1, 2위를 차지하는 사회보장제도와 노인의료보장제도는 주로 미국 태생의 백인들에게 돌아간다. 세 번째로 큰 보조금 제도인 저소득층의료보장제도Medicaid는 약 5,450억 달러로 주로 빈곤층과 이민자들을 지원하지만, 미국 태생의 백인들이 주로 이용하는 노인요양시설 입소비도 대준다. 빈곤층에게만 배타적으로 지급되는 복지 예산 규모는 너무나 미미해서 대다수 미국인들에게 지급되는 복지 예산에 비하면 아무것도 아니다.

사회보장제도가 단순히 수혜자들이 저축한 돈을 되돌려주는 것이라면 상상만 해도 즐겁겠지만, 상상은 상상일 뿐이다. 오늘날 전형적인 사회보장제도 수혜자들은 본인들이 낸 돈에 이자를 합친 금액의 두 배가 넘는 사회보장 수당을 받고 있다. 은퇴자들에게 그들이 저축한 돈보다 더 많이 지급하기 위해, 그해에 거둬들인 사회보장 세금 납입액의 대부분이 그해에 사회보장 수당으로 지출되고, 나머지 일부가 사회보장 보험금을 운용하는 '신탁기금Trust Fund'에 대한 연방 적자를 보전하는 데 사용된다. 연방 적자 보전을 위한 신탁기금과의 거래는 실제 자금 이동이 수반되지 않고 정부기관 간에 대차금액을 장부상으로만 조정하는 가공의 거래일 뿐이다. 오바마가 대통령으로 취임했을 당시, 사회보장국의 신탁 관리인들은 사회보장제도의 지급 불능 사태가 2037년에 닥칠 것이라고 했다. 오바마가 퇴임했을 때 지급 불능 시점은 2034년으로 앞당겨졌다. 노인의료보장제도는 지금대로 가면 2029년에 고갈되고, 사회보장제도의 장애인 기금은 2028년에 재원이 바닥난다. 사회보장제도와 노인의료보장제도의 조기 지급 불능 사태를 막으려면 모든 가계에 가구당 연간 1,400달러의 세금을 추가로 부과할 필요가 있다고 신탁 관리인들은 추산한다. 세금을 더 걷는다는 것은 실제로는 사회보장 소득세의 상한 인상과 같이 '부자들의 돈을 더 우려내는 방법'을 동원하는 것을 전제로 한다.

일하는 사람들에 대한 은퇴자들의 비율(부양 비율)이 계속 높아짐에 따라 연방 사회보장제도와 주 단위의 연금기금들, 그밖의 유사한 복지제도들은 갈수록 더 많은 자금이 필요해질 것이다. 노인의료보장제도의 비용은, 미국인들의 고령화가 진행되고 삶의 마지막 단계에서 고가의 수술적 처치가 요구됨에 따라 더욱 늘어날 가능성이 크다. 저소득층의료보장제도 비용도 가파르게 상승하고 있다. 전에는 침묵 속에 고통을 견뎠던 저소득층 수혜자들도 남들과 똑같은 수준의 치료 범위와 치료의 질을 기대하는 데다, 미국 태생의 백인들이 노인요양시설 이용료를 가족이 아니라 메디케이드가 지급하기를 기대하기 때문이다. 반세기 전에는 노인요양시설 이용료를 연방세금 납세자의 돈으로 부담하는 경우가 없었다. 그러나 2015년에 노인요양시설 거주자의 3분의 2가 메디케이드를 통해 요양비를 지급하고 있으며, 그런 수혜자의 대다수가 미국 태생이면서 빈곤층이 아닌 사람들이다.

연금과 의료서비스, 노인요양시설을 찾는 노령 인구의 증가가 인구통계학적으로 불가피하다고 예상됐다면, 사회는 당연히 진작부터 그에 대비한 저축을 해왔어야

했다. 그러나 미국인들은 내일이 오지 않을 것처럼 돈을 펑펑 써댔다. 정치를 지배하는 노인층이 스스로에게 복지혜택을 부여하고, 그 비용을 젊은이들이 갚을 것이라고 기대했다면, 이는 야박한 정도를 넘어선 처사가 아닐 수 없다.

과거 미 합동참모본부 의장을 역임하고 지금은 프린스턴대 교수로 있는 마이클 뮬런Micheal Mullen 퇴역 해군제독은 2012년 "국가부채는 미국의 국가 안보에 가장 큰 위협"이라고 말했다. 퇴역 군인인 그가 이런 견해를 밝힌다고 해서 본인에게 이득이 될 것은 없다. 아무도 국가부채 문제에 대처하기를 원치 않는다는 사실 자체가 이런 주제에 직면해야 한다는 것을 역설적으로 말해준다. 특히 미래에 새로운 대규모 지출이 예정되어 있다면 더욱 그렇다.

이번 장에서 강조한 대로 국가부채가 미국 경제와 몇몇 서구 경제에

가장 우려할 만한 문제임을 감안한다면, 미래에 대규모 신규 지출이야 말로 국가가 가장 피해야 할 일처럼 보일지 모르겠다. 그러나 장래에 대규모 신규 지출은 피할 수 없을 것 같고, 다만 그것이 미국과 유럽 사회에서 이미 가장 많은 보조금을 받고 있는 집단인 노인층을 위한 새로운 지출은 아닐지 모른다. 현재의 국가부채를 줄여야 할 이유는, 가까운 장래에 '보편적 기본소득Universal Basic Income' 제도가 도입될 가능성이 크기 때문이다. 이 개념은 나중에 자세하게 다룰 것이다. 여기서 중요한 것은, 머지않은 장래의 경제 성장과 사회정의가 모두 소득 보장, 특히 앞으로 노동가치가 계속 떨어질 것으로 보이는 저학력 계층에 대한 소득 보장이 어떤 형태로든 이루어지느냐에 좌우될지 모른다는 것이다. 보편적 기본소득은 미국과 몇몇 유럽 국가들을 더 자유롭고 더 공정한 삶의 터전으로 만들 수 있을 것이다. 그러나 이러한 개혁에는 대가가 따른다. 우선 그 첫걸음은 국가부채라는 현존하는 괴물을 처단하는 것이다.

이 장을 요약하면 '누구도 경제를
통제하지 않는다'는 것이다.
아무도 통제하지 않기 때문에
서구 경제는 일반적으로
알려진 것보다 건강한 모습이고,
장담할 수는 없지만 아마 앞으로도
그런 상태가 지속될 것이다.
다만 그 과정에서 경제적 불안이
그치지 않을 것만은
확실히 보장할 수 있다.
그렇다면 범죄나 전쟁이 우리를
휩쓴다면 어떻게 될 것인가?

IT'S BETTER THAN IT LOOKS

우리는 생각만큼
나쁘지 않다

5

폭력은 왜 줄어들고 있는가?

범죄와 전쟁이 만연하다는 주장을 퍼뜨리는 사람들

2017년 1월 세계보건기구WHO는 19세기 프랑스의 철학자 프레데릭 바스티아Frederic Bastiat(1801~1850)의 마음을 사로잡았을 법한 장문의 자료를 발표했다. 바스티아는 〈보이는 것과 보이지 않는 것〉이라는 논문을 통해 독자들에게 이미 일어난 일과 일어나지 않은 일에 대해 찬찬히 생각해볼 것을 촉구했다. WHO의 연구보고서는 통계자료를 얻을 수 있었던 최근 몇 년간 (바스티아가 태어났던 해의 프랑스 전체 인구보다 많은) 5,450만 명이 사망했는데, 심장질환과 뇌졸중, 호흡기 질환 등이 중요한 상위 사망 원인이었음을 보여줬다.

바스티아가 이 보고서를 보았다면, 폐결핵이 전체 사망 원인 가운데 아홉 번째로 떨어졌다는 사실에 주목했을 것이다(바스티아는 1850년 49세의 나이에 폐결핵으로 사망했다). 이는 확실히 바스티아에게 발전의 징후로 보였을 것이다. 과거 수세기 동안 폐결핵은 부동의 사망 원인 1위를 차지했었다. 바스티아는 또한 오늘날 상위 세 가지 사망 원인들이 노령과 관련됐다는 점을 알아차렸을 것이다. 21세기의 사람들은 일단 감염성 질환으로 죽지 않기 때문에, 고령으로 인한 만성질환으로 사망할 때까지 오래 산다. 21세기 이전에는 감염성 질환이 최대의 사망 원인이었다.

바스티아는 이 연구에서 드러난 것을 충분히 살펴본 후에 여기서 보이지 않는 것에 의해 망연자실할 만큼 크게 놀랐을 것이다. 그는 "폭력이 세계 10대 사망 원인에 끼지도 못한다니!"라고 외쳤을지 모른다. 우리 조상들은 태곳적부터 곤봉과 창을 만들었기 때문에 인류는 끊임없이 살인과 전쟁에 시달려왔다. 오늘날 살인과 전쟁은 사망 원인의 상위권에 이름을 올리지도 못한다. 이것이 상당한 인구 압박을 받고 있으며 수많은 총기를 보유한 오늘날의 세계에서 일어나고 있는 현상이다.

그러나 폭력은 하락 추세에 있다고 인식되지 않는다. 전국적인 뉴스에 비친 세상의 모습은 도처에서 아수라장이 벌어지고 있다는 인상이다. 지역 뉴스 프로그램은 살인과 화재, 강도, 납치 등만을 집중 보도함으로써 살아가는 데 이런 폭력적인 요소들 이외에 다른 것은 없는 것처럼 보이게 한다. 인터넷상의 뉴미디어 플랫폼들은 사회의 발전상보다 범죄에 더 크게 반응한다. 평론가들은 지구의 종말이 다가오고 있다고 말한다. 런던 태생의 국제문제 전문가인 로저 코언Roger Cohen은

2014년 "사람들이 세계가 처한 상황에 대해 이처럼 불안감을 느낀 적이 없었다"며 나치의 공포 통치 동안에도 이렇지는 않았다고 말했다. 지도층이 만들어내는 세계에 대한 인상은 파괴 행위가 도처에서 일어난다는 것이다. 헨리 키신저Henry Kissinger는 "세상이 혼돈 속에 있다"고 말했다. 정치권의 후보들은 폭력이 과거 유례가 없는 수준이라고 말한다. 트럼프는 종종 "범죄의 파도가 밀려들고 있다"면서 미국의 도시들을 흡사 '생지옥'인 것처럼 묘사했다.

트럼프는 누가 뭐래도 '미디어 대통령'이다. 그는, 작가 일레인 고드프리Elaine Godfrey가 맞는다면, 백악관에서 하루에 5시간씩 TV를 보는데 집착하고, 소셜미디어에 집요하게 글을 올려 다른 사람들에게 자신을 맞춰간다. 텔레비전에 나오는 가상의 세계에서는 범죄가 갈수록 악화되고 있다. 여기서는 선량한 시민들이 문을 걸어잠근 집안에서도 안전해 보이지 않는다. 노인들은 젊은이들보다 TV를 더 많이 보고, 범죄가 증가한다는 잘못된 인상을 그대로 받아들인다. 그리고 노인층은 투표 참가율이 젊은이보다 더 높다. 이 때문에 도시가 지옥처럼 위험하다고 주장하는 정치인들이 노인층의 표를 더 많이 받게 된다.

그런데 노인들은 대부분의 경우 지난 4반세기 동안 일어난 도시 회생의 현장을 직접 경험하지 못했다. 젊은 사람들은 현재 미국의 도시들이 안전하다고 인식하지만, 이들의 투표 참가율은 노인층보다 낮다. 버락 오바마는 2016년 4월 시카고대학 법학 전문대학원 학생들에게 한 강연에서 "범죄에 대해 지나칠 정도로 단호한 모습을 보였다고 해

서 유권자들로부터 배척된 후보는 없다"고 말했다. 교외와 시골지역
에 사는 나이 든 백인 유권자들에게 도심 지역은 악몽 같다고 말하는
것은 인종을 언급하지 않고도 인종적 편견에 호소하는 한 가지 방법이
다. 실제로 트럼프는 선거운동 기간 동안 "여러분은 가게에 가다가도
총에 맞을 수 있을 만큼 우리나라의 도심 지역은 재앙 수준"이라고 말
했다. 기꺼이 투표하지 않은 것에 대해 스스로를 자책할 수밖에 없는
소수자와 젊은 층은 교외 지역, 특히 교외의 노인층에 대해 선거 유세
중에 나온 정치적 주장을 그대로 받아들일 수밖에 없다. 그 결과 미국
의 선거운동은 범죄를 강조하는 데 중점을 두게 되고 빈곤 퇴치 같은
이슈는 가볍게 취급한다.

　TV 방송도 같은 노선을 택한다. TV 뉴스는 노인층 시청자를 겨냥
하고, 범죄 보도 같은 암울한 뉴스는 쉽게 겁먹는 노인들을 TV 앞에
붙잡아놓는다. TV의 오락 분야도 역시 폭력을 앞세운다. 2015~2016
년 중 미국 TV의 황금시간대 프로그램 중 상위권을 살펴보면 범죄물
이 10개, 리얼리티 프로그램이 6개, NFL(미식축구)이 4개였고, 여타 다
른 모든 프로그램이 5개를 차지했다. 정형화된 경찰 드라마는 중산층
인물들의 살인 빈도를 극단적으로 과장한다. 경찰 드라마에서 설정하
는 상황은 터무니없이 황당하다. 예컨대 미니스커트를 입은 젊은 여성
이 어두운 골목을 홀로 걸어간다는 식이다. 경찰 드라마의 황당한 스
토리는 선혈이 낭자한 장면을 노골적으로 묘사하는 것으로 이어지고,
이런 장면이 각 가정에 고화질로 생생하게 노출된다. 비록 범죄 드라

마들이 허구라고 분류되기는 하지만, 과장된 폭력이 난무하는 이런 드라마들이 확산되는 것은 폭력적인 범법자들이 활개치고 다닌다는 믿음을 키운다.

역사적 추세는 상당히 다르다. 범죄는 금주령 기간 동안 증가했다가 그후 감소한 뒤, 1960년경부터 다시 늘어나 1990년대 초에 정점에 이른 이후 쭉 감소해왔다. 뉴욕시를 포함한 몇몇 도시에서는 범죄가 기록적으로 낮은 수준으로 줄어들었다. 1990년에 뉴욕시에서는 2,245명이 살해당했다. 하루에 약 6건의 살인사건이 일어난 셈이다. 2016년에 뉴욕시의 살인사건은 하루에 한 건이 채 안 되는 335건으로 줄어들었다.

FBI미 연방수사국의 자료에 따르면, 살인 사건의 급증세는 1993년이 정점이었다. 그 시점 이후 총기에 의한 살인은 2014년과 2015년에 소폭 증가한 것을 감안하더라도 49퍼센트가 감소했다. 살인사건이 정점에 이른 1993년 이래 모든 형태의 폭력 범죄가 거의 30퍼센트나 줄었다. 연방법무통계국의 보고서에 따르면, 1993년 이후 폭행과 절도, 강간, 강도 등의 강력범죄가 거의 매년 감소했다. 총기 살인이 감소한 원인의 일부는 응급 외상대응 시스템의 개선에 따라 많은 사람들이 목숨을 건진 덕분이다. 병원의 응급실과 응급 구조대원들은 꾸준히 더 나은 성과를 내고 있다. 2017년 미국 현충일에 시카고에서는 46명이 총에 맞았다(이는 충분히 놀랄 만한 수치다). 이 가운데 41명이 살았다. 전반적으로 총격 사건은 1993년 이래 거의 75퍼센트가 감소했다. 폭력 범죄는 또한 세계 대부분의 지역에서 감소하고 있다. 그러나 끔찍한 예외도 있다. 브라질의 살인 사건 발생률은 미국의 7배에 이른다.

살인이라는 재앙에 대해 얼마나 진전이 있었는지는 살인의 희생자가 될 가능성이 얼마나 되는지를 보면 쉽게 알 수 있다. 범죄가 증가하던 시기인 1990년에 뉴욕시의 거주자 가운데 3,500명당 한 명이 살해됐다. 2016년에 뉴욕시의 살인 발생률은 2만 4,000명당 한 명꼴이었다 (여기서는 모수가 클수록 진전이 있었다는 뜻이다).

장기적 관점에서 보면, 1900년에 미국인 1만 7,000명당 한 명이 살해됐으나, 1990년에 전국의 살인 발생률은 금주령 기간의 살인 발생률과 거의 비슷한 미국인 1만 명당 한 명까지 치솟았다. 1990년 이래 미국의 살인 발생률은 거의 매년 떨어져 2015년에는 2만 1,000명당 1명으로 낮아졌다. 이러한 통계는, 우리의 집단적 향수에 의해 사람들이 거리를 걸어도 안전했다고 여겨지는 19세기보다 오늘날이 살인 발생률이 더 낮다는 사실을 반영한다. 오늘날 살인은 질병통제센터CDC 통계상으로 10대 사망 원인에서 밀려났을 뿐만 아니라, 패혈증과 폐렴에 이어 17번째 사망 원인으로 순위가 떨어졌다.

그러나 일반적인 미국인들은 살인이 만연하고 있다고 믿는 반면, 병원 종사자들만이 패혈증을 더 걱정하고 있다. 여론 조사기관인 갤럽은 수십 년에 걸쳐 폭력 범죄가 늘어나거나 줄어들고 있는지에 대한 미국인들의 여론을 조사했다. 2016년 대선 이전 15년 동안 대다수의 미국인들은 범죄가 증가한다고 답했다. 이러한 잘못된 인식은 트럼프가 취임한 이후에도 계속됐다. 퓨 리서치센터는 2017년 여론조사를 통해 미국인의 70퍼센트가 범죄가 증가한다고 생각하고 있음을 밝혀냈다. 미국의 선거가 노인층의 투표로 결정되는 한, 최근 수 년간 도심에 산 적이 없고 TV의 과장된 범죄 관련 프로그램을 하루에 몇 시간씩 시청하는 노인층이, 거리 폭력이 통제 불능의 상태라는 대중적 믿음의 중심을 형성할지도 모른다.

전쟁 역시 통제 불능으로 치닫고 있을까? 이 또한 평론가들과 정치인들이 심어준 잘못된 인식이다.

4세기 전에 토머스 홉스Thomas Hobbes는 지도자들이 대중들로 하여금 전쟁이 임박했다고 믿기를 원했다고 했다. 그러면 사람들이 더 많은 권력을 지도자들에게 위임할 거라는 게 그 이유다. 다양하게 변형된 이런 견해는 홉스 시대 이래 계속 언급돼왔다. 에이브러햄 링컨과 프랭클린 루스벨트는 위대한 대통령이지만, 국익을 위해 필요치 않았을 가능성이 크거나 최소한 그들이 든 이유만으로는 필요치 않은, 엄청난 권력을 스스로 요구하는 구실로 전쟁을 이용했다. 존 애덤스와 존 타일러, 제임스 포크, 윌리엄 매킨리, 우드로 윌슨, 린든 존슨, 리처드 닉슨, 로널드 레이건, 조지 W. 부시, 버락 오바마에 이르기까지 많은 미국 대통령들이 전쟁이나 전쟁의 가능성을 법이나 의회를 넘어서는 수단으로 동원했다. 자유민주주의 체제의 국가들을 포함해 많은 나라의 지도자들이 자신들에게 예외적인 권한을 부여하거나 책임에서 벗어나기 위한 이유로 전쟁 또는 전쟁의 가능성을 끌어다 댄다. 2001년 9월

11일 뉴욕시와 워싱턴 D.C.에 대한 테러 공격 이후 아프가니스탄 정부에 대한 군사적 대응은 핵심적이었다. 그러나 초헌법적 조치들까지 정말로 필요했을까? 9·11사건에 아무런 역할을 하지 않은 이라크에 대한 도청과 감시 그리고 침공이 정말로 필요했는가? 그러나 아들 부시 대통령은 다른 정부기관의 심리나 검토를 받지 않는 특별 권한을 요구했다. 전쟁이 더 악화될 것이란 가정은, 더 많은 권한을 추구하거나 부패와 무능, 정실 인사 등으로부터 대중의 관심을 돌리려는 지도자들에게 유용한 수단이다.

범죄와 마찬가지로 전쟁도 감소 추세에 있다. 남수단이나 시리아의 참혹한 장면들은 예외적이다. 스웨덴 웁살라대학의 '분쟁자료 프로그램Conflict Data Program'은 지난 25년간 전쟁의 빈도와 강도, 피해 규모가 지속적으로 감소해왔음을 밝혀냈다. 지난 25년간 약 200만 명이 모든 형태의 조직적인 전투로 인해 사망했다. 조직적인 전투에는 국가 대 국가의 무력 충돌과, 테러리스트와 군벌에 의한 비국가적 폭력, 그리고 웁살라대학이 '일방적 공격'이라고 지칭하는 무력한 사람들에 대한 무장조직의 탄압 행위 등이 모두 포함된다. 최근 25년간 200만 명의 죽음은 끔찍한 일이지만, 20세기에는 100년간 1억 6,000만 명이 전쟁으로 인해 목숨을 잃었다. 그렇다면 최근 4반세기에 전쟁으로 인한 사망자는 20세기의 5퍼센트의 비율로 발생한 셈이다.

인구 증가를 감안해서 오늘날 1960년만큼 전쟁으로 인한 사망자가 발생한다고 가정하면, 2015년에 약 40만 명이 전장에서 목숨을 잃었을 것이다. 그러나 실제로는 그해에 전쟁과 관련된 사망자는 약 10만 명이었다. 이러한 숫자도 여전히 끔찍할 정도로 많은 것이기에 아무도 이것을 성공 스토리라고 생각할 수는 없겠지만, 전쟁과 관련한 인명 손실이 줄어드는 올바른 방향으로 진전이 있었음을 반영하는 것만은 분명하다. 2015년의 전쟁 사망자 통계치는 전 세계적으로 7만 명당한 명꼴로 전투로 인해 죽는다는 것과 같다. 여기에는 전투 과정에서 직접적으로 사망한 군인이나 민간인 희생자와 함께 전투로 인한 금수조치와 물자 부족 때문에 간접적으로 사망한 사람들도 포함된다. 최근 몇 년간의 사망자 통계도 이와 거의 비슷하다. 인구 7만 명당 한 명의 전쟁 사망자는 인류 역사상 가장 적은 숫자다. 2015년에 전쟁으로 인해 죽을 확률이 7만분의 1이라는 것은 그해에 자동차나 버스 사고로 죽을 확률보다 낮다는 얘기다. 현세대에서 도로가 군대보다더 위험해졌다는 것은 과장이 아니다.

그러나 정치권과 대중의 인식은 무엇이 사실인가보다 사람들이 무엇을 믿는가에 맞춰져 있다. 예를 들어 미국 선거에서 민주당은 공화당이 환경 훼손을 원한다고 주장하고, 공화당은 민주당이 군사력 약화를 원한다고 주장한다. 두 가지 주장 가운데 어느 쪽도 사실이 아니지만, 사람들은 두 가지 주장을 모두 믿기 때문에 잘못된 주장은 끝없이 반복된다. 사실보다 사람들이 믿는 것이 더 중요하기 때문에, 범죄와 전쟁이 만연하고 있다는 주장을 널리 퍼뜨리는 것은 정치 지도자들이 선거에서 더 많은 득표를 하고, 많은 사람들이 다른 무엇보다도 간절히 원하는 권력과 돈을 얻도록 하는 한 가지 수단이 된다.

범죄 발생률의 놀라운 감소, 그 이유는?

그런데 폭력은 왜 더 악화하지 않을까? 오바마 대통령은 시카고대학 강연에서 "누구도 범죄가 놀라울 만큼 감소하고 있는 것을 충분히 설명할 수 없다"고 말했다. 이는 법 집행 기관들과 학계 범죄학자들의 공통된 인식이다.

시카고대학에서 오바마 대통령은 최고의 법학도들이 제기하는 날카로운 질문에 답하면서 범죄와 반테러, 전투에 관한 공공정책에 대해 광범위하고 구체적으로 설명했다. 오바마는 이런 문제에 대해 솔직하게 답했으나, 정치적 반대세력을 비난하기보다는 공공정책을 주로 분석했기 때문에 대부분의 언론은 이 행사를 무시했다. 공공정책만큼 언론을 따분하게 하는 것은 없다. 만일 오바마가 누군가를 욕했다면, 모든 뉴스 방송이 이 기사로 뉴스를 시작했을 것이고 페이스북은 이를 증폭시켰을 것이다. 전통적인 뉴스미디어와 소셜미디어가 모두 조리 있는 담론보다 주먹을 휘두르는 기사를 선호함으로써 그해 말 선거에서 모욕적인 언사에 능한 트럼프 후보에게 무대를 마련해줬다.

오바마 대통령은 "누구도 범죄 발생률의 놀라운 감소를 충분히 설명할 수 없다"고 했다. 애초에 범죄의 증가가 크랙 코카인(값싼 마약류)의 범람에 기인했을는지 모른다. 그런 마약 사용자들이 마약에 더 의존하게 되면서 포악하고 충동적으로 변하기 때문이다. 어쩌면 범죄 증가의 원인이 따지고 보면 느슨한 권총 규제 때문인 것으로 귀결될지도 모른다. 산탄총이나 장총에 의한 범죄는 적다. 범행 도구는 주로 칼이나 권총이다. 권총은 범죄자의 은닉된 무기로 사용되거나 사법기관에서 휴대무기로 쓰인다(군인들은 휴대무기를 별로 좋아하지 않는다. 그보다는 추가 탄창이 더 유용하기 때문이다).

어쩌면 복지제도의 미비 때문에 범죄가 늘어났을 수도 있다. 복지 지원을 받지 못한 빈곤 가정에서는 아버지들이 가정을 등지게 되고, 소년들은 동네의 마약상 이외에는 본받을 만한 성인 남성이 없어진다. 성장기에 아버지의 존재를 경험하지 못한 젊은 남성들은 다른 유형의 남성들보다 폭력적 행동을 저지를 가능성이 크다. 또한 포춘 500대 기업들이 광고하는 영화와 TV에서 살인과 강간 등이 지나치게 미화된 탓에 범죄가 늘어났을지도 모른다(영화 제작자들은 관객들이 쉽게 영향을 받는다는 이유로 흡연 장면을 중단했지만, 스타 출연자들의 총기 휴대 장면을 포함해 폭력을 미화하는 장면은 늘렸다. 그 결과 할리우드가 장려한 그대로 흡연은 줄었지만 총격 사건은 증가했다). 부유한 자유주의자들은 아마 범죄자들을 탓할지 모르겠다. 어쩌면 그저 사람들이 더 사악해졌는지도 모른다.

범죄의 증가에 대응해 경찰당국은 새로운 전술을 채용하기 시작했다. 이 가운데 전통적인 순찰 방식 대신 범죄 패턴에 기초해 경찰관을 배치하는 시스템인 컴프스탯CompStat이 있다. 뉴욕과 다른 여러 도시들은 은닉 무기 규제를 강화하는 쪽으로 경찰력의 중점을 전환했다. 그러자 거리의 불량배들은 총기 휴대를 주저하게 됐다. 주민 발의 투표 결과에 따라, 미국 최대의 주인 캘리포니아는 삼진아웃제에 더해 범죄 판결에서 형량을 대폭 강화했고, 많은 주들이 이를 따라했다. 캘리포니아 주의회는 폭력 범죄에 대한 최소 의무형량법을 제정했고, 역시 많은 주들이 이를 뒤따랐으며, 폭력 범죄는 주 관할하에 놓이게 됐다. 일련의 대법원 판결에 의해 대부분의 채증 금지 조치가 종료됐고, 오늘날 검사들은 90퍼센트 이상의 범죄 혐의자에 대해 기소 또는 유죄 인정을 받아내고 있다.

빌 클린턴 대통령은 1994년 범법 행위에 대한 연방정부의 권한을 확대하고, 경찰력을 증강하며, 형량을 높이고, 더 많은 범죄에 대해 사형을 적용하는 내용의 법안을 지지했다. DNA 식별과 휴대폰 추적을 포함한 새로운 기술의 도입으로 범법자들의 검거 확률이 높아졌다. 그 결과 더 많은 사람들, 특히 소수집단의 남성들이 교도소로 보내져 더 오랫동안 사회와 격리됐다. 1970년에 미국인 500명당 한 명이 교도소에 수감됐다. 클린턴의 범죄 법안이 통과된 날 200명당 한 명이 수감됐다. 2008년에는 125명당 한 명의 미국인이 수감됨으로써 세계 최고의 수감률을 기록했다.

더 엄격해진 법과 더 많은 수감자 수는 범죄율 하락에 대한 손쉬운 설명처럼 보일지 모른다. 전 뉴욕시 경찰국장 레이먼드 켈리Raymond Kelly는 범죄 소탕 기간에 뉴욕 경찰이 채용한 검문검색 방식으로 약 7,000명의 흑인과 히스패닉의 목숨을 구했다고 주장했다. 검문검색을 통해 적발된 불법무기의 압수 덕분에 줄어든 뉴욕시의 살인 건수가 그 정도 된다는 것이다. 2016년 빌 클린턴이 자신의 1994년 범죄 법안을 옹호하자 흑인 인권단체의 활동가들이 야유를 퍼부었다. 클린턴은 (흑인들이 백인보다 범죄에 의해 살해당할 가능성이 훨씬 크기 때문에) 그 법안의 가장 큰 효과는 흑인들의 생명을 구한 것이었다는 지적으로 맞받았다. 살인 범죄를 줄이기 위한 조치들이 모두 가혹한 것은 아니었다. 범죄 보도 전문기자인 조지프 골드스타인Joseph Goldstein은, 뉴저지의 완고한 도시 캠든Camden에서는 경찰관이 범죄 피해자와 함께 범죄 혐의자도 보호하도록 하는 치안활동의 '히포크라테스 정신'에 의해 살인 사건이 3분의 1가량 감소했음을 지적했다.

그러나 경찰 업무 방식을 바꾸지 않은 도시에서도 새로운 방식을 도입한 도시와 거의 같은 비율로 범죄가 감소했다. 면적과 인구가 캠든과 거의 같지만 전혀 다른 치안활동 방식을 채택한 도시에서도 범죄가 줄어들었다. 캐나다는 법규가 상대적으로 느슨하고 수감 비율이 900명당 한 명에 불과한데도 범죄는 미국과 거의 같은 비율로 감소했다. 뉴욕시에서 범죄 발생이 계속 감소함에 따라, 2013년 이래 뉴욕 경찰에 의한 노상검문도 85퍼센트가 줄어들었다. 살인사건 발생률은 법규나 형량의 강도 및 경찰의 대응방식과 관계없이 (전부는 아니지만) 전 세계적으로 감소하고 있다. 과테말라와 온두라스, 멕시코, 그밖의 몇몇 나라에서는 살인이 오히려 증가하고 있다. 그러나 얼마 전까지만 해도 폭력이 난무하던 엘살바도르와 니카라과를 포함한 대부분의 국가에서 살인의 발생 빈도가 줄어들고 있다.

범죄가 줄어든 보다 근본적인 이유

범죄가 줄어든 근본적인 이유가 상품에 포함됐거나 공해로 배출되는 납 성분이 감소했기 때문은 아닐까? 납은 IQ 하락과 충동조절능력 상실과 연관된 강한 독성물질이다. 납 성분이 포함된 페인트는 벽에서 벗겨질 수도 있고, 어린이들이 먹을 수도 있다. 1920년대부터 납은 옥탄가를 높이기 위해 휘발유에 섞여지기 시작했다. 2차 세계대전 이후 소비자들의 휘발유 사용량이 급증하면서 대기 중에 포함된 납 성분의 수준이 높아졌다. 물론 대부분의 어린 아이들은 벗겨진 페인트를 먹지 않겠지만, 모든 사람은 숨을 쉬어야 하기 때문에 대기 중의 납에 노출될 위험이 상존한다. 1960년대를 경과하면서 대부분의 국가에서 대기 중의 납 함량이 높아졌다. 납이 포함된 공기 속에서 태어난 아이는 10대가 됐을 때 폭력적인 범죄를 저지를 가능성이 크다.

1976년 미국은 납 함유 휘발유를 필요로 하는 신차의 판매를 금지했다. 1978년에 납 성분이 포함된 페인트를 금지했고, 1995년에는 납 함유 휘발유를 금지했다. 대기 중의 납 수준도 상당히 떨어졌다. 깨끗한 공기 속에서 태어난 아이들이 십대가 됐을 때, 폭력적 범죄를 저지를 가능성은 그 전 세대보다 낮았다. 거의 비슷한 시기에 유럽연합과 대부분의 나라들이 연료와 페인트, 그밖의 많은 산업용 응용 제품에서 납 사용을 금지했다. 거의 모든 경우에 범죄 발생률 하락이 뒤따랐다. 이 글을 쓰는 시점까지 납에 노출될 위험이 큰 제품이 팔리는 곳은 알제리와 이란, 이라크, 미얀마, 북한, 예멘 등이다. 오늘날 미국과 유럽의 주거용 건물은 대부분 납 성분이 포함된 페인트를 전혀 쓰지 않았다. 다만 서부 볼티모어 지역은 예외다. 납이 함유된 페인트가 칠해진 주거용 건물들이 아직 철거되지 않았다. 서부 볼티모어 지역의 범죄 발생률은 미국 평균보다 높다.

만일 납이 폭력성 범죄 증가의 주범이라면, 납의 제거는 개혁의 성과를 보여주는 1호 증거물이다. 과거 내연기관을 정상적으로 작동하기 위해서는 납이 함유된 연료가 필요했다. 오늘날은 그렇지 않다. 뛰어난 연료 화학처리기술과 개선된 엔진 설계, 정유 공법의 향상 등에 힘입어 납 없이도 내연기관은 더 잘 작동한다. 이러한 투자의 효과는 비용을 훨씬 능가한다.

폭력성 범죄가 전반적으로 감소하고 있지만 어떤 곳에서는 끈질기게 남아 있다. 2016년 시카고에서는 로스앤젤레스와 뉴욕을 합친 것보다도 많은 살인사건이 발생했다. 그해 시카고에서는 762건의 살인사건이 일어났는데, 이는 훨씬 큰 도시인 뉴욕시에서 발생한 살인사건의 두 배를 넘는다. 뉴욕시의 브루클린은 인구가 시카고와 거의 같고, 인종과 소득 구성도 거의 같다. 그러나 브루클린은 폭력이 난무하는 지역에서 평온한 지역으로 변모한 반면, 시카고는 2016년 살인사건 발생률이 브루클린의 4배에 달했다. 뉴욕시의 각 구borough들은 주민 1인당 경찰관 수가 시카고보다 많다. 또한 시카고 시경계에서 차로 얼마 걸리지 않는 거리에 있는 인디애나에서는 권총을 손쉽게 구할 수 있다. 반면에 뉴욕주에서는 강력한 신원조사제도 덕분에 총기를 구매하려고 시도하는 대부분의 범법자들을 검거한다. 이와 함께 주변에 손쉽게 권총을 구할 수 있는 지하시장이 없다. 아마 많이 언급되는 것으로는, 뉴욕 경찰NYPD이 경관 채용과 훈련, 인종적 다양성 면에서 높은 기준으로 명성을 떨치는 반면, 시카고는 이런 항목 가운데 어떤 것에서도 탁월하다는 평가를 받지 못한다는 점을 들 수 있다. 이는 경찰 인력의 채용과 훈련, 다양성의 기준을 높이는 것 같은 확연한 개혁조치가 범죄를 줄인다는 것을 시사한다.

시카고에서 대부분의 살인사건은 조직폭력단갱과 관련되는데, 전체 살인사건의 3분의 1이 몇몇 구역에서 집중적으로 일어난다. 갱들이 우글거리는 동네에 치안활동의 질마저 떨어진다면 그야말로 최악의 독성 조합이 아닐 수 없다. 2016년 시카고 경찰들은 비무장인 17세 흑인 소년이 경찰관에 의해 등 뒤에서 총격을 받고 죽는 광경을 담은 필름을 시카고 경찰CPD과 시당국이 조직적으로 은폐했다는 사실을 시인하지 않을 수 없었다. 그후 CPD는 기본적으로 백인 남성과 소수인종 남성을 같은 빈도로 검문할 것을 의무화하는 협약에 서명했다. 그러나 경찰행정 분석가인 헤더 맥도널드Heather McDonald가 지적한 바와 같이, 쿡 카운티의 살인 혐의자 가운데 77퍼센트가 흑인이기 때문에 경찰은 백인 남성보다 흑인 남성을 더 많이 검문할 수밖에 없다. 경찰당국의 수준이 낮고 실적이 미흡하면 인종차별을 의심받게 되고, 공공의 안녕을 보장하는 일을 더욱 복잡하게 만든다.

범죄를 감시하는 또 다른 눈, 휴대폰

범죄 감소의 한 가지 놀라운 요인은 아마 휴대폰일 것이다. 최근까지 범죄나 화재 또는 상해가 발생했을 때, 목격자들은 정신없이 허둥대며 근처의 공중전화를 찾거나 집 안에 전화해줄 사람이 있기를 바라며 가까운 집의 문을 두드려야 했다. 오늘날에 그런 범죄나 사고가 일어나면 가장 가까운 순찰차가 30초 이내에 그 사실을 알게 된다. 1990년대 이후 범죄 발생률의 하락은 거의 보편적인 현상이다. 같은 시기에 이처럼 보편화된 것이 이것 말고 또 무엇이 있을까? 오늘날 대다수의 사람들이 긴급 신고전화(미국의 경우 911이나 999)에 즉각 접촉할 수 있는 기기를 휴대하고 다닌다. 이로 인해 이제는 범죄자들의 검거나 구금이 쉬워졌고, 사법 처리를 위해 증언할 수 있는 사람들에게 둘러싸였다는 사실을 알게 됨에 따라 범죄를 단념할 가능성이 커졌다.

지난 10년간 동영상 촬영이 가능한 스마트폰의 보급이 확산됨에 따라 경찰 업무에 대한 인식이 바뀌었다. 수 세대에 걸쳐 검은 피부의 미국인들은 경찰이 자신들을 보호해주지 않거나 자신들을 너무 가혹하게 다룬다고 말해왔다. 조지타운대학의 법학교수 폴 버틀러Paul Butler는 "연방정부와 주정부가 백인들의 흑인에 대한 폭력에 눈감은 데 대한 대응의 일환으로 흑인 인권단체 NAACP가 1909년에 설립됐다"고 썼다. 1954년 〈뉴욕타임스〉 1면에는 남부뿐만 아니라 미국 전역에서 경찰이 흑인들을 일상적으로 학대한다는 기사가 실렸다. 그러나 대개는 사법기관의 흑인 학대를 입증할 증거가 거의 없었다. 이제는 사실상 모든 사람이 비디오 카메라를 휴대하고 다니기 때문에 경찰의 가혹행위에 대한 영상 증거를 확보하기가 어렵지 않다. 2014년 에릭 가너라는 흑인은 비무장 상태로 경찰에 의해 목 졸려 죽었다. 2015년에는 월터 스콧이라는 비무장 흑인이 등 뒤에서 쏜 경찰의 총격으로 사망했다. 이러한 잔학 행위를 담은 영상 증거는 몇몇 사람들, 특히 살인의 증가세가 고조된 이후에 태어난 사람들로 하여금 살인 감소의 원인이 납 성분 제거와 같은 긍정적인 개혁이 아니라 경찰의 가혹행위 때문이라고 생각하게 했다.

정당화될 수 없는 사법기관에 의한 총격은 단 한 건조차도 도덕적 모욕이자 법 위반 행위다. 그러나 휴대전화로 촬영한 동영상들은 경찰의 총격이 만연했다는 인상을 주지만, 통계 수치를 보면 얘기가 전혀 다르다. 40년 전에 NYPD뉴욕경찰국의 경관들은 1년에 약 90명에게 총격을 가해 사망에 이르게 했다. 범죄가 기승을 부리던 25년 전에는 1년에 약 30명이 뉴욕 경찰의 총격으로 사망했다. 수집 가능한 최신 자료인 2015년 통계를 보면, 그해에 뉴욕시 경찰관들의 총격으로 사망한 사람은 8명이었다. 시카고를 포함한 대부분의 미국 도시에서 경찰관에 의한 범죄 혐의자 사망은 장기적으로 감소 추세에 있다(댈러스와 필라

델피아 경찰은 시카고 경찰보다 범인을 사살할 가능성이 더 큰데, 왜 그런지는 이 주제에 대한 복잡한 난제의 하나다).

미국의 연방정부와 주정부 그리고 지방의 사법기관들에 의한 총격에 관해서는 통일된 데이터베이스가 없다. 2016년 〈워싱턴 포스트〉지는 기자들에게 경찰에 의해 행해졌거나, 경찰에 대해 행사된 치명적인 무력 사용에 관한 정보를 수집토록 했다. 〈워싱턴 포스트〉지는 2016년에 963명의 미국인이 경찰과 대치하는 과정에서 사망했음을 밝혀냈다. 그 대부분인 88퍼센트가 무기를 휘두르다 경찰에 의해 사살됐다. 5퍼센트는 비무장 상태에서 사살된 것으로 확인됐는데, 이는 법적 기준이나 해당 사법기관의 윤리적인 기준에서 총격이 정당화될 수 없다. 나머지 7퍼센트의 경우는 상황이 애매했다.

이 자료에 따르면, 2016년에 48명의 무고한 미국인이 경찰의 총격에 의해 사망했다는 계산이 나온다. 이 정도 숫자의 무고한 미국인이 희생된 것은 매우 심각한 문제지만, 그렇다고 경찰에 의한 무차별 총격이 만연했다고 볼 정도는 아니다. 그해 비무장 미국인이 사법 경찰관에 의해 살해될 확률은 650만분의 1로서, 경찰에 의한 정당화될 수 없는 사망 확률은 상업용 민간항공기의 추락으로 인한 사망 확률과 같은 수준이다. 또한 2016년에 전국 90만 명의 사법경찰관 가운데 64명이 임무 수행 중 총격을 받아 사망했는데, 이는 경찰관이 민간인에 의해 살해될 확률이 1만 4,000분의 1이라는 얘기다. 따라서 이 결과를 종합해보면, 2016년에 경찰이 치안활동 중에 살해당할 가능성이 무고한 민간인이 나쁜 경찰에 의해 살해당할 확률보다 15배나 높은 것으로 나타난다. 이러한 결과는, 무고한 사람들이 통제 불능의 경찰에 의해 여기저기서 무차별 총격을 받아 쓰러지고 있다고 생각하는 많은 미국인들의 인식과는 거리가 멀다.

처벌 가능성 높이면 범죄 발생 억제된다

보편화된 휴대폰 카메라가 경찰의 부당 행위가 만연하고 있다는 인식을 확산시키던 시기와 거의 같은 시기에, 공화당 대통령들이 임명한 연방판사들을 포함한 많은 사람들이 미국의 선고 형량과 구금의 기준이 과도하게 높다고 말하기 시작했다. 특히 형량과 구금 기준이 항변 능력이 없는 사람들에 의해 저질러지는 길거리 마약 판매와 같은 범죄에 대해서는 가혹한 반면, 특권층에 의해 저질러지는 화이트 칼라 범죄에 대해서는 관대하다는 것이다. 2012년 캘리포니아에서는 주민투표를 통해 주법으로 규정한 3진아웃 제도를 완화했다. 유권자들이 처벌이 너무 나갔다는 결론을 내린 것이다. 2015년 대법원은 최소 의무형량 선고의 몇 가지 요소에 대해 위헌이라는 판결을 내렸다. 일리노이주의 보수적인 공화당 주지사인 브루스 라우너Bruce Rauner를 포함한 보수적 지식인과 정치인들은 형량 단축과 함께, 석방된 전과자의 재취업 금지 추정의 중단과 가석방 및 보석 기준의 완화를 옹호하기 시작했다.

오늘날 미국인은 60명당 한 명꼴로 가석방 또는 다른 형태의 법적 보호관찰을 받고 있는데, 이는 세계에서 가장 높은 비율이다. 보석금 제도는 갈수록 범죄로 아직 기소되지 않은 사람의 삶을 파괴하는 제도로 인식되고 있다. 보석을 신청할 수 없는 가난한 사람이나 노동 계층인 사람은, 법 절차상 '무죄' 판결이 내려지기 전에 이미 직업을 잃거나 가족을 잃을지도 모른다. 그때 가서 뒤늦게 무죄 판결을 받아봐야 작은 위안밖에 되지 않는다. 입법기관들은, 최소 의무형량제가 적용되는 상황에서는 피의자에 대한 검사의 구형량이 범죄 증거에 대한 배심원의 평가보다 더 중요하다는 인식이 확산됨에 따라, 판사의 재량권을 강화하는 방향으로 서둘러 관련 법규를 개정하기 위해 움직이고 있다. 길라드 에델만 Gilad Edelman 은 2016년 "입법기관은 법률을 제정하고, 경찰은 범인을 체포하지만, 피의자에게 어떤 형량을 구형할지는 검사가 결정한다"고 지적했는데 (많은 경우 판사나 배심원이 바꿀 수 없는) 구형량이 판결을 규정한다. 검사는 항변 능력이 없는 사람에게 온갖 모호한 혐의를 누적적으로 적용해 중형에 처할 수도 있다(미국에는 일반 시민이 상식적인 방법으로는 있는지조차 알 수 없는 30만 개의 법률이 있다). 검사는 또한 인맥이 좋은 사람에게는 심각한 혐의는 기각하는 대신 사소한 위반에 대한 유죄 인정을 허용할 수도 있다.

범죄학 연구 결과는, 체포와 처벌 가능성을 높이는 것이 처벌의 강도를 높이는 것보다 범죄 발생을 억제하는 데 효과적임을 일관되게 보여준다. 이는, 어떤 사람이 "내가 이 가게에서 강도짓을 벌이면 잡혀서 감옥에 갈 것"이라고 믿는 것이 "내가 이 가게를 털면 감옥에서 수십 년을 보낼 가능성은 극히 작다"고 믿는 것보다 범죄 예방에 낫다는 것이다. 도덕적·종교적으로 사형제도를 반대하는 강력한 주장이 나온 데 이어, 사형제의 범죄 억제 효과가 효과적인 경찰의 치안활동에 의한 범죄 억제에 비해 미미하다는 현실적인 주장이 제기되고 있다. 즉, 어떤 사람이 "내가 살인을 저지르면, 잡혀서 나머지 생을 감옥에서 보내게 될 것"이고 믿는 것이 "내가 살인을 저지르더라도 사형실에서 생을 마감할 가능성은 극히 작을 것"이란 믿음보다 살인 예방에 효과적이란 주장이다.

잠재적인 범죄자들이 점점 더 법의 심판을 피하지 못할 것이라고 믿게 된 것이 결국 범죄 감소의 첫 번째 이유일는지 모른다. 폐쇄회로 카메라와 휴대폰 추적, DNA 감식, 그밖의 기술 발전으로 인해 범법자들이 체포되어 기소될 확률이 더 높아졌다. 만일 처벌의 확실성이 높아졌다면, 처벌의 강도를 완화하고 재활 노력을 배가할 수 있을 것이다. 2015년에 중량급 보수주의 인사인 찰스 코치와 데이비드 코치 Charles and David Koch조차 형기 단축과 구금 축소, 재활 강화 등을 더 선호한다고 말했다. 범죄를 억제하기 위한 개혁 조치들은 대부분 이미 시행되고 있다. 지금 필요한 것은 범죄자들의 교정을 도와주는 개혁이다.

대중적으로 과장된 테러의 위험

테러는 오늘날 사회를 심히 골치 아프게 하는 범죄 형태다. 애석하게도 이런 죄악은 새로운 것이 아니다. 1970년대 중에 극좌 광신도들에 의해 저질러진 폭탄 테러는 오늘날 지하드 광신도들의 테러 공격만큼이나 유럽과 미국에서 흔하게 일어났다. 2015년과 2016년 프랑스에서 지하드 증오 집단이 자행한 공격을 포함하더라도, 최근 프랑스 거주자가 테러 공격을 당할 확률은 1970년대와 1980년대보다 낮았다. 테러가 의도하는 효과의 일부는, (객관적으로 사실이 아님에도 불구하고) 무고한 사람들이 급작스럽게 살해당하는 일이 도처에서 일어나고 있다는 인식을 만들어내는 것이다.

오늘날의 테러는 주로 미국과 유럽 밖에서 일어난다. 그렇다고 해서 테러가 괜찮다는 것은 아니지만, 이는 적어도 미국과 유럽이 지하드 증오 집단의 폭력에 포위됐다는 뉴스미디어와 소셜미디어의 인식이 허위임을 보여준다. 2015년 1월부터 2016년 여름까지 전 세계적으로 2만 8,700명이 테러 공격으로 목숨을 잃었는데, 테러 희생자의 98퍼센트가 아프리카와 아프가니스탄, 중동, 파키스탄에서 발생했다.

끔찍한 9·11 테러 공격 이후 이 글을 쓰는 시점까지 미국에서 123명이 테러리스트에 의해 살해됐다. 같은 기간 동안 미국에서 850명이 벼락에 맞아 사망했다. 미국인은 테러 범죄보다 낙뢰로 인한 감전으로 사망할 확률이 7배나 높은 셈이다. 사회 정의를 옹호하는 니컬러스 크리스토프 Nicholas Kristof는 9·11 이래 1만 6,000명의 미국 여성이 남편에 의해 살해됐다고 밝혔다(부인에게 살해된 소수의 남성도 있다). 그렇다면 미국의 남편들은 테러리스트보다 130배나 더 치명적인 셈이다. 9·11테러로 인한 사망자를 포함시키더라도, 미국의 남편들은 테러리스트보다 5배나 더 치명적이다. 9·11 테러를 포함시키기 위해 2000년 통계부터 따져보면, 미국에서 약 53만 명이 교통사고로 사망했고, 3,000명이 국내 테러로 죽었다. 이는 미국인들이 자동차 사고로 죽을 확률이 테러로 인해 죽을 확률보다 127배나 높다는 것이다.

물론 우리는 자동차나 배우자를 선택할 수 있는 반면, 테러는 우리가 선택할 수 없는 사람에 의해 저질러진다. 가족이 쓰는 자동차처럼 익숙한 것보다 우리가 통제할 수 없는 것을 더 두려워한다는 것은 어느 정도 납득할 만하다. 테러는 악마적 의도를 마음속에 가지고 있는 반면, 벼락과 같은 자연적 위협은 아무런 목적 없이 일어나고, 대부분의 교통사고는 우연히 일어난다.

그러나 위험으로서의 테러는 대중적으로 과장되게 이해되고 있다. 뉴스미디어와 소셜미디어는 자신들에 대한 관심을 끌기 위해 테러를 강조하고, 정치인들도 마찬가지다. 9·11 이후 얼마 지나지 않았을 때, 당시 뉴욕시장이었던 루디 줄리아니Rudy Giuliani는 조만간 미국에서 9·11 테러와 같은 규모의 테러로 수천 명의 대규모 사상자가 발생하는 참사가 벌어질 것이 확실하다고 말했다. 그의 발언은 거의 아쉬운 기색이 역력하다. 만일 9·11 테러와 같은 규모의 추가 공격이 있었다면 줄리아니 같은 사람들은 더 많은 권력과 명성, 돈을 갖게 됐을 것이다. 토머스 홉스는 아마 이 말을 이해했을 것이다.

강력한 보안체제 구축의 효과

전쟁은 공직자들이 더 많은 권한을 획득하게 하는 데 기여하고, 테러가 도처에 만연한 것처럼 가장하는 것은 공직자들이 현재 누리는 개인적 보신 행위를 정당화함으로써 평범한 방식으로 공직자들에게 도움이 된다. 내가 1980년 미 의사당 근처에 살고 있을 때, 의원들의 방을 방문하기 위해 의사당으로 쉽게 걸어들어갈 수 있었다. 많은 사람들이 의사당 앞 넓은 계단을 운동 삼아 뛰어 올라갔고, 계단에 앉아 도시락을 먹기도 했다.

9·11 테러 이후 미 의사당은 요새 같은 방어물로 둘러쳐져 있고, 일상적인 출입은 금지됐다. 몇몇 주청사와 시청은 요새화됐고, 많은 연방정부, 주정부 및 지방정부 소속 건물들이 세심하게 보호되고 있다. 표면적으로 이러한 조치들은 테러리스트들을 막기 위한 것으로 돼 있다. 그러나 주된 효과는 보통 사람들의 접근을 막음으로써 의원과 관리들이 로비스트와 홍보 담당자, 기부자들과만 배타적으로 소통할 수 있게 됐다. 21세기에 들어선 이후 늘어난 정치적 분노의 일부는 보통 사람들과 통치 계층 사이를 갈라놓은 장벽에 원인이 있음이 확실하다.

9·11 테러 이후 미국과 유럽에서 보안체제를 구축함으로써 많은 생명을 구했을지 모른다. 새롭게 경비와 감시를 강화하고 금속탐지기와

방호장벽을 설치하지 않았으면 무슨 일이 벌어졌을지 알 수는 없다. 또한 이러한 조치들이 거리의 범죄 감소와 같은 환영할 만한 부수효과를 가졌을지도 모른다. 오하이오 주립대학의 정치학자 존 무엘러John Mueller는 9·11 테러 이후 미국에서 테러에 대비한 보안 강화에 1조 달러를 지출한 것으로 추산했다. 그런데 이러한 비용의 대부분은 보통 사람들보다는 정부 내부자들에게 혜택이 돌아갔다. 《미국의 극비사항Top Secret America》의 저자 다나 프리스트Dana Priest는 9·11 테러 이후 정보기관과 관련 인력의 확대에 추가로 2조 원이 들어갔다고 믿는다(그녀는 미국에서 비밀업무를 수행하는 정부 직원 또는 계약직 종사자가 85만 4,000명에 이를 것으로 추산한다).

테러범이 노리는 진짜 목표

〈뉴 리퍼블릭The New Republic〉지는 2010년에 아래와 같은 기사를 실었다.

미국 대통령은 현재 안보 자문을 위해 국방부장관과 국무부장관, 국가정보국장, 국가안보보좌관, 중앙정보국CIA, 국가안보위원회NSC, 대통령정보자문위원회, 국가안보국NSA, 국방정보국DIA, 육·해·공군 및 해병대와 해안경비대의 독립된 정보지휘부, 국가대테러센터, 연방수사국FBI 정보처, 국무부정보조사국, 국가정찰국NRO, 국가지리정보국NGA 등을 두고 있다. 재무부조차도 테러 및 금융정보국을 갖고 있다.

버지니아 스프링필드에 소재한 국가지리정보국NGA : National Geospatial-Intellegence Agency의 신청사는 미국에서 세 번째로 큰 정부기관 건물이다. 대부분의 유권자들은 이런 기관이 무엇을 하는지는 물론이고 존재한다는 것조차 알지 못한다(NGA는 사유지를 포함한 미국 전역의 초정밀 지형도를 만들고, '구글 어스Google Earth'가 무료로 제공하는 것과 매우 유사한 항공사진과 위성사진을 많은 비용을 들여 제작한다). 9·11 테러 이후 미국에서 안보와 정보 분야에 투자된 것으로 추정되는 3조 달러는 같은 기간 GDP의 약 1.5퍼센트에 해당한다. 이 1.5퍼센트를 미국 GDP에 추가한다면 경제 성장률을 침체에서 호황으로 끌어올릴 것이다.

미 합동참모본부 의장을 역임한 퇴역 육군장성으로 현재 듀크대 교수인 마틴 뎀프시Martin Dempsey는 2016년 테러를 극복할 수 있는 복원력이 물리적인 보안 강화보다 중요하다고 말했다(여기서 복원력이란 테러에도 불구하고 서구식 생활방식을 포기하지 않는 사회의 대응 능력을 말한다). 흐느껴 우는 희생자들을 끝없이 반복해서 보여주고, 점멸하는 붉은색의 '테러 경보' 자막을 계속 내보내는 주류 미디어의 테러에 대한 반응이야말로, 노스캐롤라이나대학의 터키 태생 사회학자인 자이넵 투펙치Zeynep Tupekci가 쓴 것처럼, "문자 그대로 테러리스트들이 의도하는 목표"다. 2017년 5월 영국 맨체스터의 한 팝 콘서트에서 지하드 증오 집단에 의한 자살폭탄 테러로 많은 어린이들이 사망한 후, BBC TV는 피를 흘리며 테러 현장에서 빠져나오는 희생자들을 하루 종일 반복해서 보여줬고, 미국 방송사들은 뉴스 앵커와 제작팀들을 맨체스터로 급파해 다음날 저녁 뉴스를 테러 공격 현장에서 생방송으로 진행했는데, 온통 비명을 지르는 군중들의 모습만을 여러 각도로 보여 줬다. 서구에서는 테러 공격에 대비한 물리적 보안만을 크게 강조 하는 반면 복원력에는 크게 중점을 두지 않는다. 테러 공격 이후의 복원력은 진행자가 선정적인 화면을 보여줄 게 아니라 명백한 사 실을 바탕으로 앞으로의 대응 방안을 제시하는 것이다. 공황 상태 에 빠진 군중의 이미지를 보여주는 식의 감성적인 접근은 광신적 인 테러범들에게 다시 공격을 해달라고 간청하는 것이나 다름없 다. 아마도 대중적 반응과 길거리 범죄 사이에는 별 상관관계가 없을 지 모르지만, 테러에 대한 과도한 대중적 반응은 바로 테러범들이 의 도하는 목표다. 그보다는 복원력을 보여주는 것이 올바른 대응이다.

거의 모든 형태의 범죄가 일제히 줄어든 이유를 명확하게 설명해주 기를 바라는 강력한 요구가 있다. 특히 범죄의 감소를 하나의 요인과 관련된 이야기로 설명할 수 있다면 금상첨화일 것이다. 그러나 (오바마 대통령이 말한 것처럼) 누구도 범죄 발생률의 놀라운 하락을 제대로 설명할 수 없을는지 모른다. 이 장을 마치면서 소개되겠지만, 인지과학자 스티 븐 핀커Steven Pinker가 궁극적인 설명을 제시하기 전까지는 이 같은 불만 스런 결론으로 만족해야 할 것 같다.

이와는 대조적으로 전쟁이 줄어드는 이유는 비교적 간단하다.

전쟁은 분명 감소하고 있다

암허스트에 소재한 매사추세츠대학의 연구자인 조슈아 골드스타인 Joshua Goldstein은 수년에 걸쳐 전쟁이 줄어드는 것을 상세히 기록함으로써 기존의 상식에 거스르는 연구를 해왔다. 그의 연구에 따르면, 1953년 한국전쟁 휴전 이후 강대국 간의 직접적인 전투가 한 번도 없었으며, 1991년 소련 해체 이후 강대국을 대리한 전투도 없었다. 특히 골드스타인은 전쟁의 보이지 않는 측면, 즉 일어나지 않은 전쟁에 대해서도 기록했다.

2차 세계대전의 종전 이래 원자 무기는 한 번도 사용된 적이 없었다. 마지막 대규모 해상 전투는 1944년에 일어났고, 마지막 대규모 공중전은 1972년에 일어났다. 1980년 이후에는 해상 전투가 전혀 일어나지 않았으며, 주로 미국에 의한 폭격은 계속됐지만, 몇 건의 간단한 접촉을 제외하고는 본격적인 공중전은 없었다. 2017년 시리아 상공에서 벌어진 잠시 동안의 접전이 21세기 최초의 공중전이었다.

1990년대 초 이후 탱크를 동원한 대규모 지상전은 한 번도 없었다. 이른바 '비국가 주체들nonstate actors'이 계속해서 폭력에 의한 공포를 야기하고 있지만, 공군력의 지원을 받고 탱크와 야포를 동원한 정규군 간의 대규모 전투는 이제 거의 사라졌다. 전 세계적으로 장갑차와 대포, 폭격기를 동원한 정규군 간의 전투가 일반적이었던 1914년 1차 세계대전부터 1991년 걸프전까지의 기간에 비하면 엄청난 변화가 아닐 수 없다. 그리고 2차 세계대전 이후의 냉전은 결국 열전으로 비화되지 않았다. 이는 일어나지 않은 일이기 때문에 대체로 당연한 것처럼 여겨지지만, 실은 작지 않은 성과다.

군비 증강은 위험한 신호다. 두 차례의 세계대전과 폴란드-소련 전쟁, 한국전쟁과 베트남 전쟁, 아랍의 이스라엘 공격, 그리고 서구에는 거의 알려지지 않은 두 개의 파괴적인 분쟁, 즉 이란-이라크 간 무력충돌과 중국-캄보디아-베트남 간의 삼각 전쟁 등에 앞서 대대적인 군비 증강이 이루어졌다. 최근 수십 년 동안은 수세기에 걸쳐 계속된 군비 경쟁이 서서히 잦아드는 것처럼 보이면서 군비 증강은 예외적인 일이 됐다. 이 문제를 추적해온 스톡홀름 국제평화조사연구소SIPRI는 1988년 이래 세계 1인당 군사비 지출액이 28퍼센트 감소했다고 보고했다. 오늘날 거의 모든 국가가 국방비에 GDP의 2퍼센트 미만을 충당하고 있다. 1980년대까지 세계 평균은 GDP의 3.4퍼센트였다. 2016년에 미국인들은 미국 정부가 지출한 국방 예산(6,100억 달러)보다 더 많은 돈(7,800억 달러)을 외식비용으로 썼다. 모든 나라가 가족과의 외식을 대포 구입보다 더 중요하다고 생각하기만 한다면 얼마나 좋겠는가!

범죄와 전쟁은 (발달된 통신기술에 의해) 실제는 감소하고 있음에도 흡사 도처에 만연한 것처럼 비친다는 공통점이 있다. 1974년에 최초의 소형 뉴스 카메라가 로스앤젤레스에서 사용되기 시작했다. 그때까지 텔레비전 방송을 하려면 정교한 유선망을 깔아야 했다. 이는 폭력이나 재난 현장의 실시간 이미지를 전달하는 경우가 별로 없었다는 것을 의미한다. 오늘날 텔레비전 방송은 세계 어디든지 전투가 벌어지는 곳에서 실시간 이미지를 전송할 수 있고, 수억 명의 사람들이 단 몇 초 만에 생생한 현장 이미지를 세계 어디에서든지 접속할 수 있는 소셜미디어에 올릴 수 있는 초소형 비디오 녹화기(휴대폰)를 가지고 다닌다. 이런 보도의 민주화는 여러 가지로 사회에 유익한 기여를 하지만, 긍정적인 면보다 부정적인 면을 더 강조하는 부작용도 있다.

저명한 역사학자인 바버라 터치먼Barbara Tuchman은 1989년 사망하기 얼마 전에 "오늘날 뉴스를 보면 온통 파업과 범죄, 전력난, 수도관 파열, 열차 운행 지연, 학교 폐쇄, 노상강도가 난무하고 마약 중독자, 신나치주의자와 강간범들이 들끓는 세상과 마주쳐야 할 것 같은 생각이 든다"면서, "한 번 방송에 보도된 문제 사안의 심각성은 5배에서 10배까지 부풀려진다"고 썼다. 접시 안테나를 갖춘 한 세대 전의 방송 차량보다 성능이 우수한 작고 값싼 스마트폰의 보급과 인터넷의 보편화가 도래하기도 전에 터치먼은 이런 지적을 했다. 그녀가 살아서 오늘날 이런 광경을 본다면 어떻게 생각할까?

끔찍한 장면의 실시간 영상이 급속히 확산되면서, 사회가 오랫동안 군사적 접전 없이 잘 유지되고 있는데도 흡사 참혹한 전투가 확대되고 있는 것 같은 인상을 준다. 2016년에 콜롬비아는 반군과 52년에 걸친 내전을 종식하는 (쉽지 않은) 협정에 도달했다. 그러나 이 놀라운 순간은 거의 아무런 주목을 받지 못한 채 지나갔다. 당시 서반구(남북아메리카)에서는 콜롬비아 내전을 제외하고는 어떠한 전쟁도 없었다. 후안 마누엘 산토스 콜롬비아 대통령은 그해에 "많은 사람들이 전시 상황이라고 믿는 것과는 달리, 우리는 6명 가운데 5명이 무력 분쟁이 대체로 혹은 전혀 없는 지역에서 살고 있다"고 말했다.

전쟁이 그치고 평화가 지속될 거라는 믿음의 근거

전쟁의 빈도 및 강도의 감소와 1인당 군비 지출의 축소가 진행된 기간은 불과 4반세기밖에 지나지 않았기 때문에 근본적인 변화를 대변한다고 보기에는 충분치 않다. 전반적인 평화의 시기가 4반세기 동안 지속된 적은 과거에도 있었고, 강대국 간의 접전이 더 이상 없을 것이란 희망을 가진 적도 있었다. 그러나 몇 가지 지표들은 전쟁의 추이가 긍정적인 방향을 향하고 있음을 시사한다.

한 가지는 식민주의가 종식되기 전에 마지막 숨을 쉬고 있다는 점이다. 식민주의는 도덕적으로 잘못됐을 뿐만 아니라 폭력적인 분쟁을 야기한다. 오늘날 과거의 식민지들은 거의 모두 독립했고, 이는 전쟁을 완화하는 효과가 있다. 식민지 쟁탈전으로 한 세기 이상 전쟁의 참화에 시달렸던 아시아를 생각해보자. 중국과 인도네시아 그리고 몇몇 동남아시아 국가에서는 영국과 프랑스, 독일, 일본, 러시아, 미국 등 열강에 의한 식민 억압통치와 침략 및 재침략 등 식민지 쟁탈전이 계속됐다. 오늘날 아시아는 한반도의 비무장지대를 제외하고는 대체로 무력 분쟁에서 자유롭다(한반도 또한 최근 북미정상회담으로 평화의 무드가 조성되고 있다_역자). 무엇이 달라졌을까? 아시아에서 식민주의가 종식됐다는 점이 다르다. 남중국해를 포함한 몇몇 지역에서 긴장은 남아 있다. 그러나 그 정도의 긴장 상태가 공습보다는 훨씬 낫다.

오늘날 세계 인구의 6분의 1이 나이지리아에서부터 사하라사막 이남지역과 중동지역을 거쳐 아프가니스탄과 파키스탄에 이르는 띠 모양의 지역과 발칸반도 남동부에서 아직도 전쟁에 시달리며 살고 있다. 이들 지역은 식민주의가 종식되지 않았거나, 식민주의의 사생아인 봉건주의가 여전히 잔존하는 곳이다. 이들 지역은 또한 선진화된 군사력(크림반도와 시리아, 우크라이나에서의 러시아와 중동 전역에서의 미국, 시리아와 이라크에서의 터키)이, 의도가 무엇이든 간에 사태를 악화시키는 곳이다.

중동과 북아프리카의 마그레브 지역(모로코, 알제리, 튀니지에 걸친 지역)은 한 세기에 걸쳐 미국과 영국, 프랑스, 오스만 터키, 러시아 등이 번갈아 개입하는 바람에 끊임없이 반복되는 식민주의적 폭력에 휘말리고 있다. 이처럼 반복되는 식민주의적 폭력이 벌어지고 있는 지역 가운데 대표적인 곳이 1990년 이래 2차 세계대전 때 추축국들에게 쓰였던 화력과 같은 규모의 폭발력을 가진 폭탄과 포탄, 로켓 포탄이 퍼부어진 이라크다. 그러나 미국의 지도자들은 유서 깊은 '비옥한 초승달 지역the Fertile Crescent(메소포타미아 문명의 발상지인 티그리스 강과 유프라테스 강 유역의 고대 농업지대)'에서 문명사회가 발달하지 못하는 이유를 도무지 이해하지 못하고, 가늠하지조차 못한다.

끊임없는 외부의 군사적 개입은 중동과 마그레브 지역이 경제와 교육, 민주화의 측면에서 현대화의 길로 들어서지 못하도록 막아왔다. 만일 1차 세계대전의 승전국들이 전쟁의 말미에 중동지역을 마음대로 분할해 전리품으로 나눠 갖기로 결정한 이래 외국 군대가 이 지역에서 활개친 것과 같이, 한 세기 전에 강대국들이 미국 북동부지역을 폭격하고 해병대를 보내 점령했다면 어땠을지를 상상해보라. 미국이 중동지역과 같은 정도로 끊임없는 공격에 시달렸다면 오늘날 뉴욕과 보스턴, 워싱턴 D.C.의 풍경은 제대로 된 학교나 법원, 병원도 없고 변변한 일자리도 없이 달 표면처럼 삭막했을 것이다. 갱들이 폐허를 배회하며 너무나 가난해 도망가지도 못하는 불쌍한 사람들을 약탈할 것이다. 갱들은 자신들의 약탈 행위를 정당화하기 위해 설익은 이데올로기를 내뱉을지도 모른다. 잔해만 남은 뉴욕시를 통치하는 도적들은 이름만 다를 뿐 오늘날의 ISIS와 유사할 것이다.

외국 세력의 퇴각(또는 철수)은 젊은 미국이 발전하는 데 핵심적 요인이었다. 미국인들이 중동은 과거 미국이 이룬 것 같은 자치정부로 이행할 수 없다고 생각하는 것은 가부장적 발상일 뿐만이 아니다. 그러한 발상은, 이라크에 천문학적인 인명과 재원을 쏟아부은 후에 미국인들이 확인했듯이, 중동을 위한 미국의 '멋진 종합 구상'이 전혀 작동하지 않을 만큼 헛된 것이었다.

역사는 해외 열강이 떠나기 전에는 어떤 문명사회도 뿌리내릴 수 없음을 보여준다. 중국과 프랑스, 일본, 미국이 한 세기 동안 베트남을 장악하려고 시도했다. 그러나 강압과 뇌물 등 열강의 온갖 시도에도 불구하고 누구도 베트남의 지배권을 얻지 못했고, 베트남 또한 문명사회가 발달하지 못했다. 베트남에서 문명사회가 제대로 발전한 것은 식민 종주국들이 떠난 이후였다. 미국은 베트남에서 마지막으로 손을 뗀 나라다. 두 세대 후에 베트남은 경제적으로 번영하면서 대외적으로는 우호적인 국가가 됐고, 국내 정치는 민주화의 길로 들어섰다.

2차 세계대전은 정복 전쟁의 어리석음을 여실히 보여줬다. 베트남의 사례는 무력으로 정치적 문제를 풀 수 있다는 생각이 얼마나 어리석은지를 가르쳐줬다. 이제는 이러한 교훈을 중동과 마그레브 지역에도 적용할 때다. 만일 강대국들이 단지 이들 지역에 대한 개입을 중단하기만 해도 이들 지역의 폭력은 감소 추세로 들어설 것이다. 군사적 표적 좌표를 다시 잡는 것은 해결책이 아니다.

제한된 정부가 평화를 가져온다

전쟁이 만연하던 몇 세대 전만 해도 대부분의 국가들은 제한적인 헌법에 기초한 정부를 갖지 못했다. 오늘날에는 대부분의 국가가 (물론 질적 수준은 다르지만) 헌법을 갖고 있고, 그러한 나라들은 대체로 경제적으로 번영하는 가운데 무력충돌은 감소했다. 예일대의 역사학자인 티모시 스나이더Timothy Snyder는 "미국이 자주 범하는 실수는 자유를 국가 권위의 부재 상태라고 생각하는 것"이라고 지적했다. 국가의 권위가 헌법에 의해 제한되는 한, 정부의 존재는 사회적으로 유익하고 자유를 증진시킨다. 개인의 권리와 국경은 보호하되 대외적으로 침략을 추구하지 못하도록 법적으로 제한된 정부를 가진 현대 국가들은 평화롭고 번영하는 나라들이다. 안정된 정부가 없거나 법치가 아닌 사람에 의해 통치되는 나라들은 항상 세계적으로 불행한 곳이었고, 지금도 그렇다.

헨리 데이비드 소로우Henry David Thoreau의 좌우명인 "가장 적게 통치하는 정부가 가장 좋은 정부다"라는 말은 미국의 정치적 미신에서 '무정부 상태를 바라는 것'이란 오해를 받고 있다. 그가 바란 것은 명확하게 표명됨과 동시에 권력자의 명령에 의해 무시되지 않는 법의 지배를 받는, 제한된 정부였다. 폴란드의 작가 스타니슬라브 렘Stanislave Lem은 멈출 방법을 몰라 끊임없이 싸움을 벌이는 곳을 지칭하는 '전쟁권warsphere, 戰爭圈'이란 개념을 도입했다. 나이지리아로부터 중동을 거쳐 파키스탄에 이르는 현대의 전쟁권에 속하는 나라들을 보면 헌법에 의해 제한되는 안정된 정부가 없다. 사람이 아니라 법치에 의해 권리와 보호를 누리는 미국인과 유럽인, 그밖의 문명국의 국민들은 '정부 자체가 문제 되는 것이 아니고, 오히려 적절히 제한되기만 하면 정부가 해결책일 수 있다'는 것을 명심해야 한다.

민주주의의 확산이 전쟁을 줄인다

지난 한 세기 동안 독재체제와 민주체제가 전쟁으로 치달았을 때마다 민주체제가 승리했다. 전쟁이 줄어들기 시작한 것은 민주주의가 확산되던 시기와 거의 일치한다. 물론 두 가지 현상이 같은 시기에 일어났다는 사실이 인과관계를 성립시키는 것은 아니다. 그러나 민주주의의 확산과 전쟁의 축소라는 쌍둥이 현상이 아무런 관계가 없다고 하기에는 너무나 공교롭다. 자유시장과 자유언론을 포함하는 민주주의의 확산은 전쟁을 줄인다.

가족의 규모는 거의 모든 국가에서 한 세기 이상 감소세를 보였고, 이는 어쩌면 전쟁의 퇴조와 관련될지도 모른다(전 세계 젊은이들의 수가 워낙 많기 때문에, 평균 출산율이 떨어지더라도 적어도 몇십 년 동안은 세계 인구가 계속 늘어날 것이 거의 확실하다). 1800년에 영국 여성은 한 사람당 7명의 자녀를 출산했는데, 이때는 영국이 치른 수많은 전쟁과 무력에 의한 영토 점령에 대중의 반대가 거의 없었다. 영국은 고갈될 것 같지 않았던 인력을 바탕으로 끊임없이 전쟁을 벌였다. 1900년에 영국 여성의 출산율은 3명으로 떨어졌고, 1차 세계대전 참전을 위한 징병제는 논란이 됐다. 남자 아이가 많은 가정은 전투로 한 명을 잃을 수 있었다. 그러나 소규모 가족의 부모들은 이를 전혀 다르게 받아들일 것이다.

오늘날 서구 국가에서 여성의 평균 출산율은 2명 미만이다. 부모들에게 자녀는 점점 더 귀한 존재가 됐다. 부모들 입장에선, 어떤 독선적인 지도자가 비난을 모면하기 위해 벌이는 의미 없는 전쟁에 자녀들을 내보내고 싶지 않을 것이다. 전쟁권 국가에서는 여성 1인당 출산율이 여전히 높다. 중앙아프리카와 중동, 파키스탄 등 전쟁권 지역에서 가족 구성원의 수가 줄어들면 전쟁도 줄어들 것이다.

핵 억지력은 전쟁을 완화시키지만 인류의 운명을 건 명백한 도박의 위험을 안고 있다. 두 차례의 세계대전과 그 이전의 많은 무력분쟁의 발화 지점이었던 유럽은 핵폭탄이 등장한 이래 평화가 유지되고 있다. 핵무기라는 최후의 무기가 최근 유럽의 우호관계를 설명하기에 충분한 원인이라고 생각할지도 모르겠다. 그러나 대부분의 유럽 국가들은 핵무기를 보유하지 않았고, 따라서 핵무기에 의한 궁극적인 보복의 위험을 무릅쓰지 않고도 이웃 나라를 침략할 수 있다.

러시아를 유럽의 일부로 분류하지 않는다면, 지난 반세기 동안 유럽 국가 간의 유일한 무력충돌은 1999년 북대서양조약기구NATO의 베오그라드 폭격뿐이었다. 이 공습작전은 코소보에서 세르비아군의 무고한 인명 살육(웁살라대학의 용어로는 '일방적 싸움')을 중단시키기 위한 것이었다. 1999년의 군사작전은 기독교도가 다수인 국가들이 기독교도로부터 박해받는 이슬람교도의 생명을 구하기 위한 노력이었다. 그러나 이 사실은 이슬람 세계에서 제대로 언급되지 않는 것 같다. 어쨌든 1999년의 무력충돌은 유럽에서 핵무기 보유 국가들이 참여한 재래식 전투가 전면적인 핵무기 대치상황으로 비화하지 않고도 일어날 수 있음을 보여줬다. 유럽에서 재래식 군사 충돌이 가능하지만 실제로는 거의 일어나지 않는다는 사실은, 조슈아 골드스타인이 썼듯이, "전쟁을 억제하는 전쟁"에서 이길 수 있다는 희망적인 징후로 볼 수 있다.

전쟁과 1인당 군비 지출의 감소가 그다지 주목을 받지 못하는 것은 우리 시대의 이해할 수 없는 특징이다. 미래의 역사학자들에게 정말로 이해가 안 되는 우리 시대의 특성은 인류의 종말을 부를 수 있는 치명적인 무기의 감소가 그다지 관심을 끌지 못한다는 사실일 것이다. 맨해튼 프로젝트Manhattan Project에 참여했던 전문가들이 설립한 미국핵과학자협회지the Bulletin of Atomic Scientists는 1986년이 핵탄두가 가장 많았던 시기라고 추산한다. 당시 핵탄두 수는 6만 4,449개로 그 대부분을 미국과 소련이 보유했다. 이 정도의 핵탄두는 인류 문명과 인간 자체를 절멸시키기에 충분한 양이었다. 이 핵폭탄의 대부분이 폭발했다면 핵가을 효과nuclear-autumn effect(핵 폭발로 인한 파급 효과)에 의해 대규모 멸종 사태가 야기됐을 것이다. 2016년 현재 핵탄두는 1만 215개로 줄었다. 1994년 최초의 전략무기감축협정START이 발효된 이래, 미국과 러시아의 핵무기 생산시설은 상대편 감독관의 참관하에 핵폭탄을 해체하고 부품을 녹여 없애는 역공정을 수행해왔다.

이러한 전략무기 감축 실적은 불과 한 세대 만에 지구 종말의 위협을 85퍼센트나 줄였다는 것을 의미한다. 미 상원에서 71 : 26으로 비준된 최근의 전략무기감축협정은 전 세계에서 약 4,000기의 핵탄두를 추가로 감축할 것을 의무화하고 있다. 이렇게 되면 종말적 위협이 한 세대 전의 6퍼센트 수준으로 줄어들게 된다. 현 세대의 전 생애를 통틀어 이보다 더 중요한 사안은 별로 없을 것이다. 그러나 뉴스미디어와 소셜미디어, 정치인과 지식인들은 핵 위협 감소의 의미를 하찮게 취급한다. 핵무기에 의한 지구 종말의 위협이 일어나지 않아 눈에 보이지 않기 때문이다.

버락 오바마 대통령은 2009년 체코의 프라하에서 가진 연설에서 '핵 무기 없는 세상'을 주창했다. 과연 핵무기 없는 세상은 좋은 것일까? 강대국들이 각각 소규모로 핵무기를 보유하면 (핵 억지력에 의해) 또 다른 세계대전의 가능성이 줄어들 것이라고 추론하는 것은 크게 어렵지 않다. 이성적인 지도자라면 (보복 공격으로) 자국을 지구상에서 사라지게 만들지도 모르는 위험을 감수하면서 핵 선제공격 명령을 내리지는 않을 것이다. 정작 걱정스런 일은 조악한 소형 핵무기가 어떤 미치광이의 손에 들어가거나, 상대적으로 제한된 국지적 핵 교전이 지구 전체에 핵가을의 재앙을 불러오는 것이다. 이런 정도의 위험이 골칫거리라면, 과거 언제 터질지 모르는 6만 4,449기의 핵폭탄이 존재하던 시절에 지구가 직면했던 엄청난 위협이 오늘날 대폭 줄어들었다는 사실이 갖는 의미를 다시 보게 될 것이다.

전쟁 감소와 국제기구 출범의 상관관계

정치적 우파가 그토록 혐오하는 국제기구들도 전쟁이 감소하는 데 기여했을 수 있다. 2016년 영국은 국민투표로 유럽연합 탈퇴를 선택했다. 유럽연합은 관료적 보신주의와 한심한 법령들로 악명이 높다. 유럽연합은, 달걀은 반드시 무게 단위로 판매해야 하고 개수 단위로 팔아서는 안 된다는 한심한 규정을 발표하기도 했다. 그러나 1957년 (당시에는 다른 이름이었지만) 유럽연합의 창립 이래 1999년의 베오그라드 폭격이 유럽 국가 간의 유일한 무력분쟁이었다. 1957년 이전 몇 세기 동안, 유럽국가 간에 전쟁을 벌인 시기가 전쟁이 없던 시기보다 많았다. 이후 단 한 차례의 가벼운 전투 외에는 이렇다 할 무력분쟁이 없는 채로 60년이 흘렀고, 그 전투마저도 전승국이 영토나 배상금을 요구하지 않았다. 유럽연합이 출범한 것과 유럽이 전쟁권에서 벗어난 것 사이에는 분명히 어떤 연관성이 있을 것이다. 우리의 후손들은 오늘날의 유럽이 유럽연합을 당연한 것으로 받아들인다고 경솔하게 판단할지도 모른다.

세계보건기구WHO와 세계은행WB, 세계무역기구WTO, 국제이민기구IOM, 경제협력개발기구OECD, 국제통화기금IMF, 국제적십자사와 국제적신월사, 응급구호조직인 '국경없는 의사회', 빈곤퇴치 운동을 벌이는 월드비전World Vision 등의 국제기구들이 전쟁이 감소한 것과 같은 시기에 새로이 출범됐거나 확대됐다. 여기에도 분명히 무언가 연관성이 있을 것이다. 국제연합UN의 비대한 관료조직과 전시성 행태는 조롱받아 마땅하다. 미국인들은 유엔에 가장 많은 자금을 대고 조직을 지탱해주고도 의례적으로 비난을 받아왔다는 점에서 불평을 할 만하다. 그러나 강대국 간의 무력충돌이 거의 없었던 시기가 유엔이 존재한 시기와 일치한다는 점은 눈여겨볼 필요가 있다. 그것이 그저 요행이나 우연일 수는 없기 때문이다.

전직 국방부 관리인 로사 브룩스Rosa Brooks는 "오늘날 군사 강국들은 자신들의 목적 달성을 위해 공공연히 무력을 사용하는 데 있어 유엔

창설 이전의 시대보다 훨씬 자유롭지 못하다"고 썼다. 유엔이 창설되기 전에는, 다른 나라를 침공한 나라에 대해 반발하는 세력은 오직 피침략국의 동맹국들뿐이었다. 이제 이웃 나라의 정복(예컨대 1990년 이라크의 쿠웨이트 침공)은 모든 나라의 반발을 살 것이다. 프랭클린 루스벨트의 유엔에 대한 비전은 인류의 사전에서 '세계대전'이란 단어를 없애는 것이었다. 루스벨트가 순진한 것이 아니었다. 그는 폭력을 완전히 없애는 것이 먼 미래의 꿈이라는 것을 모르지 않았다. 그러나 세계전쟁의 근절은 현재 이룰 수 있는 현실적인 목표가 될 수 있다. 유엔이 창설되기 전 4반세기 동안 세계대전이 두 번 일어났다. 유엔이 창설된 이래 75년간 세계대전은 한 번도 일어나지 않았다.

시간이 감에 따라 거의 모든 상품의 질이 향상된다. 스테레오 음향 기기와 오리털 점퍼, 수제맥주 등 사실상 모든 것이 전보다 품질이 낫다. 외교의 수준 역시 향상되고 있다. 과거에는 분쟁을 해소하기 위한 것처럼 보였던 많은 외교적 합의가 더 많은 전쟁의 빌미를 제공했다. 1887년 독일과 러시아 사이에 체결된 재보장조약the Reinsurance Treaty은 평화를 보장하기 위한 것이었으나, 실제로는 1차 세계대전의 발발에 기여한 결과를 낳았다. 베르사유 조약과 그 후속조치인 로카르노 조약 등은 2차 세계대전을 촉발시킨 대재앙의 동의어가 되었다. 양대 세계대전 사이의 기간 동안 이들 조약은 강대국 군비 지출의 대부분을 차지했던 해군력 경쟁을 종식하고, 독일의 라인란트 지역 군사화를 금지하는 것처럼 보였다. 전자에 관한 조약은 영국에 의해 폐기됐고, 후자는 프랑스에 의해 무시됐다. 그 결과 이들 조약의 서명은 오명을 남기고 말았다. 과거의 다른 많은 조약들도 조약이 쓰인 종이 값만도 못했다. 그 가운데 대표적인 것이 전쟁의 불법화를 선언한 켈로그-브리앙 협정Kellogg-Briand Pact이다. 이런 식이라면 아마도 상스러운 언행이나 우기雨期 역시 금지되었어야 했다.

그러나 시간이 감에 따라 외교의 질도 향상된다. 미국과 러시아연방은 24년 동안 전략무기감축협정을 준수해오고 있다. 이 협정은 양측 모두에게 역사상 가장 강력하고 값비싼 무기의 대부분을 포기할 것을 요구한다. 비스마르크(1815~1898, 독일의 철혈재상)나 메테르니히(1773~1859, 오스트리아 재상)에게 각국의 왕과 황제들로 하여금 자신들의 최고의 무기를 포기하도록 설득할 것을 제의한다고 상상해보라. 비스마르크와 메테르니히는 아마 코웃음을 쳤을 것이다. 그러나 미국과 러시아의 외교관들은 자국의 지도자들로 하여금 칼을 녹여 쟁기로 바꾸도록 (이 경우엔 핵연료봉을 민간 발전용 원자로에만 쓸 수 있도록) 설득했다. 인공위성 정찰 기술과 그밖의 전자정보 기술의 발전으로 인해 각국은 협정 상대방의 위반 행위를 쉽게 알 수 있게 됐다. 그 결과 협정 위반 행위는 현저히 줄었다. 국제적 중재협상이 충분한 정보를 가진 노련한 외교관들에 의해 이루어지면서 각종 협약의 질이 높아짐에 따라 협약을 준수할 가능성도 커졌다(외교관들은 국제적 협상이 제대로 이루어지지 않은 것이 두 차례의 세계대전을 초래했다는 것을 뼈저리게 인식하고 있다).

물론 충분한 검토와 논의를 거친 조약도 실패할 수 있고 부당하게 이용될 수 있다. 버락 오바마가 퇴임하자, 러시아는 지상 발사 크루즈 미사일을 제한하는 협약의 몇 가지 조항들을 교묘하게 회피했다. 대체로 외교의 질이 향상되고, 그 배후에 다자간 국제기구들이 버티고 서 있게 되자, 각국은 분쟁이 국제문제로 비화하기 전에 해소해야 할 유인誘引이 커졌다(대부분의 정부들은 유엔 회원국들에게 일일이 전화를 걸기보다는 상대방 정부와 직접 교섭할 것이다). 1960년대에 도입된 위성 정찰의 해상도가 1990년대 들어 크게 개선됨에 따라, 위반국들이 책임을 면하기가 거의 불가능하도록 각종 협약에는 '신뢰하되 검증한다'는 조항이 추가되었다.

각종 협약의 유효성이 증가하고 있다는 증거는 그런 협약이 없는 경우를 보면 어느 정도 알 수 있다. 일반에 거의 알려지지 않은 '독일에 대한 최종 합의 협정'이 1990년 체결되기 전까지 2차 세계대전은 외교적 기준으로 종결되지 않았다. 모스크바에 모인 각국 외교관들이 서명한 이 협정에 의해 동·서독의 통일이 허용됐고, 미국과 영국, 소련, 프랑스 등 4강에 의해 독일에 부과된 요구조건이 해제됐으며, 새로운 통일독일을 경찰국가가 아닌 자유민주주의 국가로 탄생시켰다. 이로써 냉전의 긴장은 완화됐고, 유럽의 번영은 제고됐으며, 소련 독재체제의 종식이 시작됐다. 1990년 독일에 관한 협정이 체결된 이후, 러시아인들은 "우리가 정복한 나라는 자유를 얻었는데 우리는 왜 자유가 없느냐"고 반문했다. 공식적으로 2차 세계대전을 종결하는 협정의 부재는 냉전의 긴장과 위험에서 거의 주목받지 못한 중요한 요소였다. 일단 협정이 체결되자 모든 당사국들의 (외교적) 여건이 개선됐고 냉전은 수 그러들었다.

이와는 대조적으로 한국전쟁은 외교적 기준으로는 아직 끝나지 않았다. 평화협정은 체결되지 않았고, 분쟁 해결이 아니라 전투 중지로 귀결된 휴전 상태가 지속되고 있다. 북한은, 그 썩어빠진 세습 독재자들이 (휴전 상태를 근거로) 아직 전쟁 중임을 대중들에게 끊임없이 주입함으로써 빈곤한 궁핍한 독재체제를 유지하고 있다. 한반도에는 평화협정, 즉 최근에 일반적으로 이해되는 것보다 훨씬 가치 있는 것으로 입증된 공식적 종전협정 문서가 필요하다(최근 한반도에 역사적인 전환이 일어나고 있다. 2018년 4월 27일 남북정상회담에 이어 6월 12일 역사상 최초로 북미정상회담을 개최해 비핵화를 포함한 한반도의 평화체제 구축에 합의했다_역자).

해전을 종식시킨 미군의 독보적 해군력

기원전부터 진주만 공격에 이르기까지, 강대국들은 지상에서와 마찬가지로 해상에서도 경쟁해왔다. 카르타고와 로마, 트로이는 지중해에서 수시로 싸웠다. 대함대는 바다를 누비면서 다른 함대를 공격해 전리품을 획득하고 영유권을 주장했다. 범선의 시대에도 전함들은 전 세계를 횡단했다. 16세기 초 중국과 포르투갈의 해군은 지금의 홍콩 인근에서 여러 차례 충돌했다. 수천 년 동안 많은 나라들이 해군력을 확충하는 데 막대한 재원을 퍼부었지만, 그러한 투자의 대부분은 결국 바다에 가라앉고 말았다.

현대에 들어서서도 아르헨티나와 브라질, 영국, 칠레, 프랑스, 독일, 일본, 러시아 그리고 미국 등이 전함 건조에 막대한 자금을 지출했다. 영국과 독일 간의 해군력 경쟁은 두 차례 세계대전을 촉발하는 데 일조했다. 2차 세계대전의 일부였던 태평양전쟁은, 부분적으로 미국이 1940년 태평양 함대를 캘리포니아에서 도쿄와 가까운 하와이로 전진 배치하기로 결정했기 때문에, 그리고 또 부분적으로는 일본이 (사후에 모든 것이 오류로 밝혀진) 앨프레드 사이어 메이헌Alfred Thayer Mahan(1840~1914, 미 해군제독, 해군사학자)의 해양 이론에 따라 생존을 건 도박을 벌였기 때문에 시작됐다. 수세기에 걸친 낭비적인 해군력 경쟁은 1944년 10월 레이테 만Leyte Gulf(필리핀 근해) 해전을 정점으로 막을 내렸다. 이 해전에서 양측은 367척의 전함과 1,800대의 항공기를 동원해 서로에게 포격과 폭격, 어뢰 공격을 퍼부었고, 함포 포탄의 무게는 개당 최고 3,000파운드(약 1,360kg)에 달했다.

그로부터 해군력 경쟁은 멈췄다. 본격적인 해전 또한 그쳤다. 그후 바다는 거의 75년 동안 잠잠했는데, 이는 대양 항해가 시작된 이래 해상에서 유혈 충돌이 없이 지난 가장 긴 기간이다.

1982년 포클랜드 분쟁 중에 아르헨티나와 영국의 함선 간에 약간의 충돌이 있었고, 1980년대 중반 이란과 이라크 함선 간에 유조선을 둘러싼 실랑이가 있었지만, 강대국의 해군력 경쟁이 멈춘 것과 함께 대규모 해전도 더 이상 일어나지 않았다. 마지막으로 대규모 해전이 벌어졌을 때는 인도가 아직 독립국가가 아니었고, 반도체를 이용한 트랜지스터는 발명되지 않았으며, 미국 프로야구 다저스 팀이 브루클린에서 경기를 했던 시절이었다. 세기를 넘어 계속된 강대국의 해군력 경쟁은 최종 스코어 10:0으로 끝났다. 이는 미국이 보유한 항공모함 전단의 수(10)와 나머지 모든 국가가 보유한 항모 전단의 수(0)를 비교한 것이다.

2차 세계대전으로 추축국의 전함들은 바다에 수장됐다. 그후 소련은 항구로 귀환하기만을 열망하는 고물 선박들을 가지고 해상 주도권을 잡으려 애썼다. 그러나 1960년경 이후 미국 해군이 대양에서의 주도권헤게모니을 행사해왔다. '헤게모니'란 말은 정치학에서 (항상 바람직하지 않은 것으로 상정되는) 나쁜 평판을 받는다. 이 경우 미국 해군의 압도적인 규모와 화력, 경쟁력은 지구상에서 전쟁을 몰아내는 데 크게 기여했다.

반세기 동안 어떤 국가도 미국의 해상 지배권에 도전할 엄두조차 내지 못했다. 완전 전자화되고 스텔스 기능을 갖춘 미국의 순양함들은 워낙 최첨단 기술로 앞서가는 바람에(미국 순양함은 그 강력한 화력 때문에 '바다의 무기고'란 별명을 갖고 있다), 어떤 국가도 이런 유형의 전함을 실험적으로조차 만들지 못하고 있다. 장거리 전폭기를 탑재하고, 유도미사일을 장착한 구축함과 핵잠수함의 호위를 받는 핵추진 항공모함으로 구성된 미국의 초대형 항모 전단은, 막대한 건조 비용은 말할 것도 없이 너무나 강력한 전력을 보유하고 있어서 어떤 국가도 이와 유사한 항모 전단을 구축할 시도조차 못하고 있다(미국은 이러한 해상 주도권을 유지하기 위한 비용으로 2017년에만 1,550억 달러를 지출했다). 중국과 러시아는 초대형 핵추진 항공모함을 보유하지 않고 있으며, 현재 건조 중인 핵추진 항공모함도 없다. 중국이 2015년 배치하기 시작한 소규모 갑판의 디젤추진 항공모함은 연안지역 순시에는 적합하겠지만 대양에서의 작전을 수행하기는 어렵다. 반면에 미국 해군이 구축하는 해군력은 모두가 수평선 너머까지 항해하는 것을 의도하고 있다.

미국 해군은 본토에서 멀리 떨어져 작전을 수행하기 때문에 많은 사람들이 그 규모와 전력을 실감하지 못한다. 육군 병사들은 독립기념일 퍼레이드에서 행진을 할 수 있고, 공군 전투기들은 슈퍼볼 경기 전에 축하 비행을 할 수 있다. 그러나 해군의 전함들은 바다에 나가야 볼 수 있다. 다른 나라에 사는 사람들도 대부분 미국 해군력을 제대로 알기 어렵다. 지구 반대편에 주둔한 군사력에 대해 진지하게 생각해야 할 다급한 이유는 없다.

미국 해군력의 주도권하에서도 해적 행위는 여전히 일어나고 있다. 그러나 강대국들이 상선을 나포하는 일은 지난 3세대 동안 없었다. 값진 상품을 가득 실은 화물선들이 전함에 의해 나포될 걱정 없이 세계 어디든 자유롭게 항해할 수 있다는 것은 세계 무역이 도약하게 된 보이지 않는 원동력이다. 세계 무역은 거의 모든 사람들에게 혜택을 주고, 동시에 전쟁을 감소시킨다. 미국 해군이 대양을 지배함으로써 역사적으로 계속된 분쟁의 원인이 해소되고 오늘날 우리 시대의 번영이 가능해졌다.

오바마 대통령은 2009년 미 육군사관학교에서 가진 연설에서, 미국은 영토 획득이나 자원 확보를 위해 미국이 가진 힘을 사용하지 않는다고 천명했다. 미국의 힘은 그 대신 미국 지도자들이 전 세계에 최선이라고 믿는 것을 추구하기 위해 쓰인다. 이러한 믿음이 틀렸을 수도 있고, 심하면 비극적인 결과를 빚을 수도 있을 것이다. 그러나 역사적으로 이처럼 압도적인 무력을 보유한 나라가 그 무력을 정복이나 부의 획득에 사용하지 않도록 스스로 억제한 경우가 있었는가? 이는 해양에 관한 보이지 않는 질문이다. 해전이 더 이상 일어나지 않기 때문에 이런 질문도 제기되지 않는 것이다.

경제적 연관성이 전쟁의 위험을 줄인다

오늘날의 여러 가지 추이들은 노먼 에인절Norman Angell이 옳았다는 것을 시사한다. 1872년 영국에서 태어난 에인절은 1913년 현대 국가들의 경제적 상호 연관성이 전쟁을 무익하고 역효과를 내도록 한다는 내용의 소책자를 발간했다. 그런데 1년 후에 1차 세계대전이 발발했고, 에인절은 거짓 예언자라는 조롱을 받았다.

그러나 그는 전쟁이 끝날 것이라고 말하지 않았다. 1차 세계대전은 정복 전쟁이었다. 전쟁을 선동한 독일과 오스트리아-헝가리 제국, 오토만 제국 등은 약탈과 영토 점유, 살육을 원했다. 그러나 전쟁의 결과는 스스로를 해친 꼴이었다. 독일은 굶어 죽을 정도로 쪼그라들어 외국에 점령됐고, 두 제국은 해체되어 바람과 함께 사라졌다. 전쟁은 참으로 무익한 것이었다. 2차 세계대전을 일으킨 독일과 일본 역시 약탈과 영토 점유, 살육을 원했다. 그러나 결과적으로 이들 역시 스스로에게 해를 입혔다. 수백만 명의 국민이 목숨을 잃었고, 도시와 산업은 폭격으로 폐허가 됐다. 전쟁이 의도했던 결과 대신 오히려 역효과를 낳은 셈이다. 2차 세계대전 종전 이후 각국의 지도자들은 전쟁이 무익할 뿐더러 역효과를 낳는다는 것을 이해한 것처럼 보인다. 에인절은 옳았다. 세상이 그의 분석을 받아들이는 데 그가 예상한 것보다 시간이 더 오래 걸렸을 뿐이다.

에인절은, 대략 20세기로 접어들기까지 각국은 영토와 자원을 획득함으로써 국부를 증진시켰다고 주장했다. 확실히 영국은 전 세계에 걸쳐 영토와 사람을 무력으로 점령함으로써 부유해졌다. 에인절은 이어서, 일단 산업화 시대가 시작된 이후에 각국은 군사적 공격보다 제조와 경작, 교역을 확대하는 편이 부의 증진이라는 관점에서 더 나은 성과를 거둘 수 있었다고 분석했다. 그에게 이러한 변화를 설명할 수 있는 것은 경제학이었다. 과거 정복전쟁에 필요했던 인력과 재원은 약탈물로 보상받을 수 있었다. 이제는 같은 규모의 투자라면 상거래를 통한 수익이 훨씬 더 크다. 이러한 경제적 전환으로 인해 전쟁은 무익해졌고, 역효과를 낳았다. 다만 자위를 위한 전쟁의 경우는 예외적으로 맞서 싸우는 것 외에 선택의 여지가 없다. 대략 지난 75년간 인구 증가의 압력이 커지고 무기 획득이 손쉬워졌음에도 불구하고 정복 전쟁이 거의 중단됐다는 것은 우리가 보는 그대로다.

오하이오 주립대의 무엘러는 소련 체제의 해체를 통찰력 있게 예견한 1989년의 저서 《종말론의 후퇴Retreat of Doomsday》에서 에인절의 분석을 적극 옹호했다. 무엘러는, 소련 독재체제가 강대국 간의 전쟁이라는 낡은 개념을 중심으로 구축됐다고 지적하고, "이제는 전쟁을 전제로 조직된 어떤 사회도 더 이상 지속될 수 없다"고 말했다. 그의 주장은 시간이 흘렀어도 지금까지 여전히 유효하다. 무엘러는 "전쟁을 통해 서로를 정복하려는 국가들은 인간 본성의 불가피한 결과가 아니라, 단지 하나의 발상, 그것도 '결투'처럼 아주 나쁜 발상의 결과일 뿐"이라고 강조했다.

에인절이 극찬한 경제적 연관성은 시간이 갈수록 더 깊게 자리 잡게 된다. 유럽연합의 전신인 유럽경제공동체EEC는 처음에 철강 공동시장으로 출범했다. EEC는, 오랫동안 전쟁을 벌여온 유럽 국가들에게 총구 너머로 상대방을 노려보는 대신 함께 일할 인센티브를 줌으로써, 유럽 국가들에게 협력하는 방법을 배우도록 했다. 물론 그 전에도 유럽 국가 간의 교역은 있었다. 그러나 징벌적인 관세와 무역장벽 때문에 무역은 경제의 핵심요소가 될 수 없었다. 독일이 촉발한 1차 세계대전 이전에, 독일의 수출은 GDP의 20퍼센트 미만이었다. 그 시절의 융커(독일의 귀족, 영주)들은 다른 나라가 가진 것을 빼앗는 것이 합법적인 무역보다 유망하다고 스스로에게 다짐했을지 모른다. 세계은행에 따르면, 오늘날 독일 GDP의 47퍼센트는 재화와 서비스의 수출이 차지한다. 이처럼 높은 교역 비율로 인해 현대 독일 사회는, 에인절이 꿈꿨던 그대로 상호 연계성이 높아지고 평화롭게 됐다.

하버드대학의 정치학자 그레이엄 앨리슨Graham Allison은, 떠오르는 강자(그의 비유에서는 아테네)는 불가피하게 기존의 지배적인 강자(스파르타)와 충돌하게 된다는 명제를 표현하기 위해 '투키디데스 함정Thucydides Trap'이란 문구를 창안했다. 떠오르는 신흥 강자인 중국은 오늘날 기존의 지배적인 강자인 미국과 충돌하는 투키디데스 함정에 들어서는 것 같다. 그러나 스파르타와 아테네는 경제적 연관성이 거의 없었던 반면, 역사상 두 경제대국이 중국과 미국만큼 경제적으로 밀접하게 얽힌 적은 없었다.

미국 중서부 북부지역의 공장 노동자들은 중국과의 교역으로 인해 자신들이 얼마나 불이익을 당했는지에 대해 불만을 토로한다. 그들의 불만에는 나름대로 일리가 있다. 그러나 교역은 수많은 사람들을 빈곤에서 벗어나게 했을 뿐만 아니라, 미국과 중국이 전쟁으로 치닫는 재앙을 피할 수 있게 했을지 모른다. 미국과 중국이 전쟁에 돌입할 경우 양측의 경제를 폐허로 만들지 않는 시나리오는 없다.

노먼 에인절이라면 중국이 이미 이러한 결론에 도달했고 투키디데스 함정을 피하기로 결심했을 것이라고 주장했을 것이다. 미 항공우주국NASA의 국제우주정거장을 제외했을 때, 역사상 가장 값비싼 공학적 시도는 중국의 남북 수로를 연결하는 남수북조南水北調 프로젝트다. 이는 중국 담수 부족 문제를 해결하기 위해 900억 달러를 들여 초대형 송수관을 건설하는 사업이다. 운하와 수문, 펌프로 구축되는 이 장대한 송수 시스템은 미국의 압도적인 공군력에 의해 불과 몇 시간 내에 아무 쓸모가 없어질 수 있다. 중국 지도자들은 미국과의 전쟁이 일어나지 않을 것이라고 믿었기 때문에 이 사업을 승인했을 것이다. 미국 지도자들 역시 그렇게 믿어야 한다.

토지 확보를 위한 전쟁은 이제 필요치 않다

우리는 과연 경제 강국들이 전쟁에서 벗어났다고 믿을 수 있을까? 전통 경제학에서 이에 대해 가장 앞서서 답을 내놓은 사람은 1772년 영국 런던에서 태어난 데이비드 리카도David Ricardo였다. 그는 기본적으로 부는 토지에 대한 지배권이라고 주장했다. 그리고 인구가 계속 늘어나는 데 비해 토지 면적은 그렇지 않기 때문에 세상이 잘못될지 모른다고 우려했다. 고수확 농법이 발전하기 전에 살았던 리카도는 늘어나는 인구를 먹여 살리기 위한 방법은 더 많은 땅을 개간하는 길뿐이라고 가정했다. 그는 유럽 귀족들의 부와 특권이 토지에 기초하고 있다는 것을 알았고, 전쟁이 토지 확보 또는 해로 접근권을 둘러싸고 일어난다는 것을 알았다. 귀족들은 토지를 소유하고 지대를 착취했으며, 스스로는 아무런 가치 있는 일을 하지 않으면서 그 토지를 후손들에게 물려줬다. '유한 계급idle rich'이나 '지주 집안landed family', '지주 계급landed gentry'이란 말은 몇 세기 동안이나 유럽과 아시아 경제의 기초가 된 이런 시스템을 반영한 것이다.

리카도 시대의 유럽에서 보통 사람들이 토지를 소유하는 것은 거의 불가능에 가까웠고, 이로 인해 계층 상승은 극도로 제약됐다(이것이 바로 귀족 계층이 원하는 사회의 작동 방식이었다). 미국인들은 자신의 조상이 정치적·종교적 자유를 찾아 신세계로 왔다고 생각하고 싶어 한다. 많은 사람들이 그랬지만, 또 다른 많은 사람들은 자신의 땅을 소유하고, 그럼으로써 부를 이룰 기회를 찾아 왔다. 《에덴의 동쪽》을 다시 인용하자면, 캘리포니아에 도착한 백인 정착민에 대해 스타인벡은 다음과 같이 묘사했다. "많은 사람들이 땅을 가졌다는 이유로 위대한 가문이 되고, 계속해서 그 지위를 유지하는 봉건 유럽에 대한 다양한 기억을 갖고 있었다." 그래서 그들은 자신들도 넓은 땅에 소유권을 확보할 수 있는 곳에 도착할 때까지 계속 서쪽으로 움직여 갔다.

미국 독립혁명 이전의 시기에 영국은, 매년 귀족의 수는 늘어나는 반면, 이들을 지주로 만들어줄 토지의 공급은 고정된 상황에 직면했다. 보통 사람들과 마찬가지로 귀족들에게도 해답은 신세계뿐이었다. 내가 사는 메릴랜드주의 여러 카운티들의 지명은 그곳에 토지를 하사받은 영국 귀족들의 이름을 따서 지어졌다. 이 가운데 캘버트 카운티는 역사적으로 볼티모어 경으로 알려진 세실 캘버트의 이름을 따왔고, 앤 아룬델 카운티는 그의 부인인 볼티모어 남작부인의 이름을 따서 지어졌다. 이러한 토지의 하사는 사실상 부를 하사하는 것이었다. 토지를 지배하는 것이 부자가 되는 주요 통로였기 때문이다.

유럽 이주민들과 미국 원주민들은 토지에 대한 개념을 두고 충돌했다. 미국 원주민들은 토지의 사적 소유권이란 개념을 알지 못했기 때문이다. 미국 헌법을 공부하고 이를 동경했던 체로키 인디언 부족의 지도자 세쾨이아는 한 가지를 제외하고는 모든 면에서 미국의 건국 문서를 그대로 따르는 체로키 헌법을 제안했다. 유일하게 다른 조항은 개인이 아니라 오직 부족만이 토지를 소유할 수 있다는 것을 명기한 것이다. 물론 오래지 않아 정착민과 원주민 간에 싸움이 벌어졌고, 그 원인은 대부분 땅을 둘러싼 것이었다.

땅은 부를 의미했기 때문에 군벌과 왕, 황제와 차르, 황제들은 이런 형태의 약탈을 위해 전쟁을 벌였다. 땅을 차지하기 위한 끊이지 않는 싸움은 19세기와 21세기 초반을 관통하는 특징적 양상이었다. 몇 가지 예를 들어보자. 1884년 중국의 청나라와 프랑스 간의 통킹 전쟁은 북베트남 지역의 지배권을 누가 차지하느냐를 두고 벌어졌다. 1차 세계대전으로 이어진 발칸 전쟁 역시 이 지역의 영토에 관한 분쟁이었다. 1차 세계대전을 통해 독일과 프랑스는 동아프리카와 알자스-로렌 지역의 지배권을 놓고 치열하게 싸웠다. 오스트리아는 보유 토지를 확대하기 위해 1864년 멕시코 점령을 시도했다. 영국이 남아프리카에서 보어인들을 잔혹하게 탄압했던 이유도 주로 땅 때문이었다. 일본과 러시아는 중국 연안지역의 토지를 누가 차지하느냐를 두고 1904년 전쟁에 돌입했다. 그밖에 20세기 들어서 토지를 둘러싸고 전쟁을 벌인 나라들은 (알파벳 순으로) 알제리, 아르메니아, 호주, 오스트리아, 방글라데시, 보스니아, 캐나다, 크로아티아, 체코공화국, 이집트, 영국, 프랑스, 그루지야, 독일, 그리스, 헝가리, 인도, 이스라엘, 리투아니아, 마케도니아, 모로코, 뉴질랜드, 파키스탄, 팔레스타인, 폴란드, 러시아, 세르비아, 슬로바키아, 스페인, 시리아, 터키, 우크라이나, 미국 등이다.

2차 세계대전 발발과 함께 영토 획득은 나치 독일의 폴란드와 우크라이나 침공의 목표로 공공연히 내세워졌다. 예일대학의 스나이더는 "히틀러는 존재하는 것 자체가 토지와 자연의 부를 차지하기 위한 투쟁이라고 생각했다"고 썼다. 1차 세계대전의 마지막 해에 연합국의 해상 봉쇄로 식량 운송이 막히는 바람에 동맹국들에서 기아 사태가 벌어졌다. 그런데 독일은 스스로 식량을 생산할 만큼 토지가 충분하지 않았다. 작물 생산을 증대시킬 유일한 수단이 토지 보유라고 믿었던 히틀러는 늘어나는 독일 인구를 위한 식량 생산에 더 많은 땅이 필요했다. 히틀러는 "나는 누구도 우리를 지난 전쟁(1차 세계대전)에서처럼 굶주리게 할 수 없도록 하기 위해 동부지역(폴란드와 우크라이나)이 필요하다"고 말했다. 그는 2차 세계대전 전에 행한 연설에서 독일의 인구밀도가 미국의 13배라는 점을 지적하면서 미국의 광활한 영토를 부러워했다. 그는, 미국은 자국민을 먹여 살리기에 충분한 토지를 갖고 있는 반면 독일은 그렇지 못하다고 주장했다. 이러한 사고는 동유럽 지역의 영토 획득을 합리화했다. 독일의 동유럽 진출은 나치 집권 이전부터 독일 지도자들의 목표였다.

20세기 중반 이후 녹색혁명은 더 적은 경지에서 더 많은 작물을 생산하는 것이 가능케 했고, 이어서 지적재산권 혁명은 자연 자원 없이도 부를 축적할 수 있게 했다. 그 결과 전쟁은 줄어들었다. 오늘날 독일의 인구는 나치 시대보다 20퍼센트 더 많지만, 독일인들은 다음 끼니를 어디서 구할지 걱정하지 않고 이웃 나라들을 넘보지도 않는다.

요즘 세대에서는 생산물을 구입하는 편이 정복을 통해 생산물을 확보하는 것보다 더 싸졌다. 오늘날 토지를 보유하는 것은 부에 이르는 여러 경로 중의 하나일 뿐이고, 그것도 창업 회사에 투자하는 것에 비하면 훨씬 더 길고 구불구불한 길이다. 비옥한 토지에 대한 수요는 항상 있겠지만, 희소성의 법칙은 식량 공급에는 더 이상 적용되지 않게 됐고, 앞으로도 그럴 일은 없을 것 같다. 서로를 경계의 눈초리로 바라보는 나라들은 이제 경제적으로 마음껏 경쟁하되, 해외 투자를 위해서는 외환 보유 계정을 이용해 전 세계에서 주식과 부동산을 구입할 수 있다. 오늘날의 세상에서는 각종 상품이 아무런 제약 없이 대양을 통해 자유롭게 이동하고, 자본이 (대개의 경우) 완벽하게 국경을 넘나들 수 있다.

2003년 미국이 이라크를 침공한 정확한 이유는 여전히 명확하지 않다. 다만 이 전쟁이 정복을 위한 전쟁이 아니라는 점만은 확실하다. 왜냐하면 이라크 내의 모든 석유를 구입하는 편이 이 따분한 나라를 무력으로 점령하는 것보다 비용이 훨씬 덜 들었을 것이기 때문이다. 이

제는 전 세계적으로 필요한 것을 구매하는 편이 침략을 통해 얻는 것
보다 값싸고 훨씬 실용적이다. 그래서 전쟁이 줄어들었다.

이 대목에서, 전쟁의 빈도와 강도가 완화되고, 국가적 규모의 부를
정복이 아니라 생산을 통해서 취득하게 되는 등의 긍정적인 추세가 나
타난 것이 겨우 4반세기에 불과하다는 점을 상기할 필요가 있다. 이 정
도의 기간은 역사의 기준으로는 그리 길지 않은 시간이다. 미래에 어
떤 끔찍한 운명의 역전이 일어날지도 모른다. 핵 보유국들 가운데 한
나라가 중대한 실수를 저지를 수도 있다. 그러나 당분간은 인구가 늘
어남에도 불구하고 모든 형태의 폭력이 적어도 완만하게나마 (일부는 급
속하게) 줄어드는 세상에서 살게 될 것으로 보인다. 이러한 추세적 변화
는 마이클 토마셀로Michael Tomasello와 스티븐 핀커의 이론에 주목하도
록 한다.

사회는 도덕적으로 보다 각성된 방향으로 이동한다

토마셀로는 듀크대학과 라이프치히의 막스플랑크 연구소에서 사회
적 인지認知 문제를 연구한다. 그의 연구는 인간이 동료 인간에 대해 무
감각한 것처럼 인식됨에도 불구하고, 사람들은 이타적으로 행동할 만
한 인센티브를 가지고 있다는 사실을 밝혀냈다. 이러한 기제는 사회
발전에 도움이 될 뿐만 아니라, 개인적으로도 더욱 발전할 수 있는 기
회를 넓혀준다. 토마셀로의 2009년 논문 〈우리는 왜 협력하는가Why

We Cooperate〉는 '더 나은 사람이 되어야 할 이기적인 이유Selfish Reasons to Become a Better Person'란 제목을 붙이는 편이 나았을 것 같다. 그의 연구에 따르면, 어린아이들은 자연스럽게 서로를 돕는다. 나중에 어른이 되면서 세상은 이들이 스스로에게 초점을 맞추도록 훈련시킨다. 우리가 협력하려는 경향의 자연적 본성에서 벗어나게 된 이유는 무엇일까? 토마셀로가 구현한 학설은, 세상이 영원히 투쟁하도록 운명지어진 것은 아니라는 것이다. 즉, 여러 계층과 다양한 문화권 출신의 사람들이 조화를 이룰 수 있고, 적어도 모든 사안을 두고 다투기를 멈출 수 있다는 것이다.

자연계에 대한 잘못된 인식도 이와 비슷하다. 사람들은 자연이 모두가 모두와 죽도록 싸우는 전장이라고 가정한다. 우리는 양을 잡아먹는 늑대의 행태를 본떠서 국정운영과 사업, 연애에 적용한다. 그러나 자연에서 항상 포식자가 먹잇감을 쫓는 것만은 아니다. 많은 종류의 생물이 상호 의존적이거나 적어도 서로 간섭하지 않는다. 사탕단풍은 자신이 필요한 양보다 많은 지하수를 끌어올리기 위해 뿌리를 깊게 내린다. 그리곤 주변 토양에 물을 방출함으로써 뿌리가 짧은 골든로드(쥐나물의 일종) 같은 식물이 가까이에 살 수 있도록 한다. 설탕단풍 주변의 골든로드는 주변의 토양이 유실되지 않도록 붙잡아두는 역할을 한다. 이러한 공생관계의 사례는 많다. '적자생존'은 '자연이 강자가 약자를 죽이기를 기대한다'는 뜻으로 잘못 이해되고 있다. 여기서 '적자'가 실제 의미하는 바는 '번성할 수 있도록 가장 잘 적응한 생물'이다. 이런 의미에서 협력은 날카로운 발톱만큼이나 강력한 생존의 무기일 수 있다.

토마셀로처럼 심리학자인 핀커는 하버드대학에서 인지이론을 연구한다. 그는 더 큰 주제를 제시한다. 우리가 점진적으로 도구의 품질을 개선하듯이, 도덕성도 점진적으로 향상된다는 것이다. 해가 감에 따라 더 많은 사람들이 폭력이나 전쟁이 도덕적으로 잘못됐다는 것을 깨닫는다.

핀커는, "소련이 유럽을 공격하지 않고도 냉전이 종식됐다는 것은 역사상 가장 빛나는 순간의 하나일 것"이라고 말했다. 냉전이 열전으로 비화하지 않았기 때문에 이러한 성과는 보이지 않는 것의 범주에 속하지만, (전쟁이) 일어나지 않았다는 측면은 충분히 되새겨봐야 할 대목이다. 핀커는 이어서, "사람들은 어떤 사안을 한 가지 스토리로 이해하려는 욕구가 강해서 범죄의 감소나 전쟁의 축소를 그대로 받아들이기 어렵다. 왜냐하면 전문가들은 어떤 경우에도 이러한 성과에 대해 한 가지 원인에 의한 단일한 스토리를 만들어낼 수 없기 때문이다. 물론 또 다른 세계대전이 일어났을 수도 있었지만, 내게는 문명 간의 근본적인 충돌은 보이지 않는다. 그리고 갈등이 축적되지도 않았다"고 강조했다.

'에너지 보존의 법칙'은 폐쇄된 시스템 안에서 에너지의 형태는 바뀔 수 있지만 양은 변하지 않는다는 것이다. 대략 지난 반세기 전까지 인류 사회는 갈등이 보존된 것처럼 행동해왔다. 즉, 분쟁이나 전쟁의 형태와 지역은 달라졌을지 모르지만, 사악한 의지의 총량은 똑같은 수준을 유지한 것처럼 보인다. 핀커는 그렇지 않다고 생각한다. 핀커는 "도덕성의 제고에는 어느 정도의 방향성이 있어, 사회는 도덕적으로 보다 각성된 방향으로 이동한다"고 말했다. "동정심은 부차적인 감정으로 경시되었지만, 보다 덜 폭력적인 미래를 위한 핵심적인 요소다. 동정심은 다른 사람이 고통받는다는 사실을 이해하는 데 기초하고 있다. 이런 종류의 이해는 가족이나 소규모 집단에서는 오랫동안 존재했지만, 더 큰 공동체나 나아가 국가와 인류 전체로 확대될 수 있다."

오늘날 정치인들과 평론가들은 정체성이 다른 집단 사이를 갈라놓는 데 집착하고 있다. 핀커는 이를 일시적으로 부풀려진 지나가는 유행으로 본다. 정치 지도자들과 연예인들, 뉴스미디어가 전 세계적으로 연결된 새로운 세상에서 자신들이 설 자리를 찾지 못했기 때문에 이러한 행태를 보인다는 것이다. "통신이 더욱 발달하고, 여행이 더욱 값싸고 쉬워짐에 따라, 사람들은 동정심의 범위를 확대할 것이다. 우리는 해악을 저지를 경우 잡혀서 처벌받을 것이 겁나서 서로에게 더 다정해지는 것은 아니다. 남에게 해를 끼치는 것은 단순히 '나쁜 일'이라는 인식을 앞으로 더 많은 사람들이 받아들이게 될 것이다."

이러한 견해는 과도하게 낙관적으로 보일지 모르고, 낙관주의는 순진한 것으로 비친다. 악몽과도 같은 최악의 시나리오를 상상하기는 너무나 쉽다. 북한의 미사일에 대항하기 위해 일본이 재무장하고, 아프리카의 내전이 격화하며, 인도와 파키스탄이 '제한적인' 핵전쟁에 돌입하고, 미국이 막 태동하는 중국 함대를 무력으로 귀항시키며, 종교적 광신도의 손에 원자폭탄이 들어가는 것 등이다. 핀커가 옳다 하더라도, 우리가 인류의 도덕성이 증진됐다고 확신하기까지는 몇 세대가 걸릴지 모른다. 그러나 세계가 이러한 윤리적인 견해를 받아들인다면, 우리의 자유의지로 스스로에게 부과한 반폭력의 규칙은 법원이나 경찰 또는 군대에 의해 부과된 어떤 규칙보다도 강력한 힘을 발휘할 것이다.

범죄와 전쟁이 감소하는
이유를 논한 5장의 요약은
불운을 부르지 않기 위해
잠정적으로 말해둬야 할 것 같다.
'인류는 결국 현명해지기 시작했다.'
그러나 우리 스스로의 기술이
우리가 실패하는
원인이 된다면 어떨까?

IT'S BETTER THAN IT LOOKS

6

기술은
왜 점점 더 안전해질까?

칼 세이건 vs. 울리히 벡, 낙관과 비관 사이

많은 사람들이 1996년 사망한 코넬대학의 천체물리학자 칼 세이건 Carl Sagan 을 기억한다. 그는 당대에 미국에서 가장 잘 알려진 석학이었다. 세이건은, 탐사체를 태양계 너머로 나아가게 한 인류 최초의 시도인 보이저 프로젝트Voyager Project의 설계를 도운 것을 포함해 생전에 많은 업적을 이뤘다. 보이저 1호가 태양계를 벗어나 먼 우주를 향해 떠났을 때, 세이건은 미 항공우주국NASA을 설득해 보이저 1호의 탐사 카메라를 지구 쪽으로 돌리도록 했다. 그 결과가, 아마도 과학 연대기상 가장 놀라운 사진으로 꼽힐 만한 '창백한 푸른 점'이다. 37억 마일(약 59억 킬로미터) 떨어진 곳에서 바라본 지구는, 이례적으로 (그리고 지금까지는 유일하게) 탄소와 질소로 구성된 대기권 때문에 푸르스름하게 보이는 희미한 점이다. 산소는 반응성이 매우 높아서 산소화된 대기는 아마도 생성

작용(지구의 경우는 생명)이 발생한 곳에서만 발견될 것이다.

한번은 세이건과 그의 동료들이 멀리 떨어진 외계인들이 지구와 접촉할 수 있도록 전파망원경을 이용한 방송 메시지를 송출했다. 그는 이것이 멋진 일이라고 믿었다. 별 사이를 여행할 수 있을 만큼 고도화된 문명이라면 공격성을 넘어설 정도로 성숙됐을 것이라고 생각한 것이다. 세이건은 기후변화와 핵 위협을 걱정했지만 인류의 미래에 대해서는 대체로 낙관적이었다. 인류의 모험이 이제 겨우 시작됐다고 생각했기 때문이다. 인류의 원대한 모험이 시작된 1996년 이후에도 많은 별들이 발견되었다. 그가 아직 살아 있다면, 더 많은 별들이 생성되고 있다고 말했을 것이다.

코넬대학의 천문학자가 기술에 대한 낙관론을 제시한 것과 거의 비슷한 시기에 뮌헨대학의 사회학자인 울리히 벡Ulrich Beck은 똑같은 주제에 대해 비관적인 경고를 발함으로써 유럽에서 세이건과 비슷한 대중적 명성을 얻었다. 그는 기술이 갈수록 훨씬 더 위험해질 것이며, 불가피하게 위험을 증대시키고, 개인적 특성과 어쩌면 생명까지도 말살할지 모른다는 주장을 설파했다. 벡은, 기술이 각종 기계와 전자장비, 화학물질을 이용해 권력을 확대하려는 기업과 정부의 욕망에 포획됐다고 주장했다. 그는 '(기술적) 진보'라는 말이 모든 인간적인 것의 적이라고 생각했다. 과학과 공학은, 설사 철학자들에 의해 통제된다 해도 여전히 인류에게 위협이 된다는 것이다. 벡이 계속 강조하는 논점은, 위험이 돈과 마찬가지로 불평등하게 배분된다는 것이다. 즉, 빈곤층과 노동계층이 부유층보다 (기술 발전에 따른 위험으로 인해) 해를 입을 가능성이 훨씬 크다는 것이다. 벡은 2014년 사망하기 직전에, 거의 70년 동안 유럽인 간의 대규모 학살이 없었다는 사실을 언급함으로써 약간 고무적인 태도를 보였다.

몇십 년 전만 해도 기술에 대한 벡의 견해가 세이건의 입장보다 옳은 것으로 입증될 가능성이 더 컸다. 산업 생산은 도시를 스모그로 질식시켰고 물을 오염시켰다. 식품은 발음하기조차 어려운 인공합성물로 가득 찼고, 독성물질이 주변 환경에 누출되거나 의도적으로 버려졌다. 병원은 선천적 기형을 유발하는 고선량 엑스레이 기계를 갖췄다. 어린이용 잠옷은 발암물질인 염소화합물 TRIS로 처리됐다. 도보여행과 승마는 순식간에 가속해서 무슨 목표든 돌진하는 2톤짜리 추진체(자동차)로 대체됐다. 20세기 초에 지상에서 최고 속도는 시속 66마일(106km)이었다. 오늘날 10대들은 음악을 듣거나 문자메시지를 보내면서 이 속도보다 빠르게 차를 모는 경우가 다반사다. 그리고 수백만 명이 비행기를 이용하면서 이제는 하늘조차 어지러울 정도로 붐빈다. 작물은 살충제와 제초제, 살진균제로 범벅이 됐다. 주택가 상공으로는 좋든 싫든 상관없이 저공비행하는 항공기가 살충제를 뿌려댄다.

이는 단지 민간인의 생활상일 뿐이다. 위험이 핵심적인 요소인 군사적인 측면에서 기술은 지속적으로 더욱 파괴적인 쪽으로 진화했다. 전투기는 더욱 빨라졌고, 탱크의 화력은 더욱 강력해졌으며, 폭격기는 더 먼 거리에 더 무거운 폭탄을 싣고 갈 수 있게 됐다. 개인이 보유한 총기도 저강도로 근거리에서 단발로 발사하는 권총에서 시속 2,000마일로 총알이 날아가는 대형 탄창의 반자동식 기관총으로 바뀌었다. 기술은 점점 더 위험해질 수밖에 없는 것처럼 보인다. 말이 끄는 쟁기와 대장 간으로 이루어진 작은 시골마을의 생활방식으로 돌아가는 것만이 우리를 구원해줄 것이란 생각이 들 정도다.

그러나 현세대에서 기술은 거의 모든 면에서 더 안전해지고 더 깨끗해졌다. 보통 사람들이 마주치는 가장 큰 기술적 위협인 자동차부터 실제로 기술이 어떻게 발전했는지 살펴보자.

자동차는 갈수록 안전해지고 있다

전 세계적으로 자동차 사고는 전쟁보다 매년 12배 많은 인명을 앗아간다. 이 통계는 최근 두 가지 측면의 변화를 보여준다. 전쟁으로 인한 사망자 수는 줄어든 반면, 전 세계적으로 승용차와 픽업트럭, SUV의 보유 대수가 급증하면서 교통사고 사망에 노출될 위험이 커졌다. 자동차가 최대 사망 원인이 될 정도로 각국은 이 자기 발전형 병원체를 경쟁적으로 생산하고 있다.

자동차에 의한 피해의 대부분은 (교통사고로 인한 사망자 외에 매년 5,000만 명의 부상자를 포함해서) 낙후된 도로 여건과 표지판 없는 교차로 때문에 사고 발생 가능성이 높은 개발도상국에서 일어난다. 개도국에서는 사람들이 안전장치가 없는 낡고 오래된 자동차를 함부로 운전하는 바람에 교통사고의 위험이 훨씬 높아진다. 같은 거리를 운행했을 때 알제리와 도미니카, 감비아, 태국의 교통사고 사망률은 (자동차 속도가 빠르기로 유명한) 이탈리아보다 5배 높고, 인도가 네덜란드보다 4배 높으며, 요르단이 미국과 캐나다보다 3배 높다.

안전운전은 자제력을 요구한다. 개발도상국 국민들 가운데 많은 사람이 자동차를 소유하게 된 것은 겨우 한 세대밖에 되지 않는다. 많은 사람에게 자동차를 갖는다는 것은 자신의 힘을 실감하게 된 최초의 경험이다. 그런데 많은 이들이 그 힘을 제대로 조절하지 못하고, 사회 또한 자발적인 자제력이 모든 사람에게 득이 된다는 서구 시민사회의 보편적 인식을 확립하지 못했다. 예컨대 인도와 파키스탄에서는 전조등을 깜박이는 것이 '먼저 가라'는 뜻이 아니라 '당신에게 한 치라도 양보하느니 나와 내 가족이 무의미하게 죽어도 좋다'는 것을 의미한다. 대체로 개발도상국의 도로는 서구에서보다 더 위험하고, 사고가 일어났을 때도 구급차가 빨리 오지 않는다. 라고스와 상파울루, 서울같이 빠르게 성장하는 도시들은 교통정체가 심해서 종종 구급차가 사고 현장에 도착하지 못하는 경우도 있다.

그렇다면 교통사고로 인한 사망이 기술이나 문화의 탓일까? 만일 이 말이 기술로 인해 자동차와 트럭이 대량으로 생산됐기 때문이라는 의미라면, 기술이 바로 범인이다. 전 세계의 자동차 생산량은 1950년 800만 대에서 1971년에 2,500만 대, 2014년에는 6,800만 대로 늘었다. 2014년에 생산된 자동차와 트럭은 1950년의 9배에 이른다. 이 기간 동안 세계 인구가 세 배로 늘었다는 점을 감안하면 인구 대비 자동차의 비율이 큰 폭으로 높아졌음을 알 수 있다(2014년에 전 세계에서 만들어진 자전거는 1950년의 10배에 달한다). 최근 몇 년 동안 중국은 미국보다 많은 자동차를 생산했다. 한 세대 전에 중국에서는 당 간부들만 승용차를 탈 수 있었다. 오늘날 중국의 여러 도시들은 보통 사람들이 타고 다니는 자동차로 극심한 교통체증을 겪고 있는데, 이 때문에 일부 기술자들이 정체된 차량들 위로 가교를 설치해 버스를 운행하는 방안을 강구하고 있을 정도다.

만일 어딘가 다른 곳으로 이동하고 싶다는 현대인의 욕구가 일종의 문화적 현상이라면, 기술이 아니라 문화가 교통사고로 인한 사망의 주범이다. 오늘날 세계 대부분의 지역에서는 A지점에서 B지점으로 갔다가 다시 A지점으로 돌아오는 데 많은 시간을 허비한다. 부부 간에 "도대체 우리가 무얼 하느라 그 많은 세월을 보냈을까"라고 서로에게 묻는 경우가 있다. "우리는 그 많은 세월을 주로 차 속에서 보냈지"라는 답이 갈수록 늘어나게 될 것 같다.

그러나 승용차와 트럭, 버스 자체는 꾸준히 더 안전해지고 있다. 1968년까지 미국에서는 자동차에 안전벨트 설치가 요구되지 않았다. 안전벨트 사용은 그후 몇 년이 지나도록 의무화되지 않았다. 임상역학자인 데브라 데이비스 Devra Davis는 1980년 무렵까지 자동차 회사들이 허리에 매는 안전벨트보다 훨씬 효과적인 어깨걸이형 안전벨트를 추가하는 데 얼마나 저항했는지, 그후에 에어백을 추가하는 데 또 얼마나 반대했는지를 소상하게 기록했다. 자동차 메이커들은 오랫동안 연비가 '영업 비밀'이라며 공개하기를 거부했다. 데이비스에 따르면, 생존률은 자동차 광고에서 금기시된 주제였고, 교통사고는 사람에 의한 실수나 안전장치의 결여 때문이 아니라 신의 행위로 간주됐다.

이러한 관행은 바뀌었다. 오늘날 북미지역과 서유럽에서 팔리는 모든 승용차와 대부분의 픽업트럭은 ABSAntilock Brake System와 에어백, 그리고 소비자에게는 보이지 않는 여러 안전장치를 갖추고 있다. 차체와 프레임은, 과거 교통사고 사망의 주요 원인이었던 운전대 축의 차내 진입 없이 충격을 흡수하도록 재설계됐다. 구매자의 눈에 띄지는 않지만, 대부분의 승용차와 트럭에 장착된 안전장치는 원래 전투 헬리콥터용으로 개발된 프리텐셔너pretensioner다. 가속도계가 차량 충돌 시 급격한 감속을 감지하면, 이 장치가 운전자나 탑승객의 안전벨트를 조여서 급격하게 몸이 요동치는 것을 방지한다. 프리텐셔너가 에어백보다 값싸고 간단한데다 에어백처럼 폭발할 위험도 없어서 에어백을 무용지물로 만들었다는 몇몇 연구도 있다.

요즘은 많은 승용차들이 보조카메라와 사각지대 감지장치, 차로 이탈과 전복을 막기 위한 미끄럼 제어장치와 주행 안정화 제어장치, 소형 레이더가 속도를 줄이지 않으면 차량이나 보행자와 충돌할 것으로 감지했을 경우 작동되는 자동 긴급 브레이크 등을 내장하고 있다. 다른 신기술들이 보였던 특성과 마찬가지로, 레이더도 처음에는 생소하고 값비쌌지만, 지금은 저비용으로 많은 소비재에 장착되고 있다. 또

많은 신차들은 충돌로 손상된 차량이 똑바로 주행하도록 하는 충돌후 안전 시스템을 갖추고 있다(사고가 난 차량이 한쪽으로 기울어진 채 다가오는 차량을 향해 돌진하면 가벼운 접촉사고가 치명적인 사망사고로 바뀔 수 있다). 이와 함께 차량에 탑재된 스마트폰을 이용해 신속하게 사고 신고를 할 수도 있다. 유럽연합의 신차들은 모서리 주변을 비추는 헤드라이트를 장착하고 있는데, 이는 미국에서도 2018년부터 도입될 예정이다. 여기다 운전자가 조는지 여부를 감지하는 센서와 마주오는 차량의 운전자를 눈부시게 하지 않으면서 상향등을 상시로 켤 수 있는 화소형pixel-beam 전조등이 개발 중에 있다. 현재 시험 단계에 있는 V2V Vehicle to Vehicle라는 차량 간 소통장치는 승용차나 트럭들이 자신의 위치와 속도 등의 정보를 주변의 승용차나 트럭에 내장된 컴퓨터에 전달할 수 있도록 하는 것이다.

기술로 인한 위험에 대한 벡의 가정 가운데 하나는 규제가 그런 위험을 해소하는 해독제가 되지 못한다는 것이다. 돈 많은 기업들이 규제 과정을 포섭할 것이라는 이유에서다. 과거 안전벨트와 배기가스 규제 반대를 위한 로비에 돈을 아끼지 않았던 자동차 회사들의 경우에는 이 말이 맞다. 폭스바겐은 이른바 청정 디젤엔진을 내세워 규제 시험을 통과한 후 실제로는 일상적으로 대기를 오염시키는 식으로 배기가스 규정에 대해 정부를 속이려고 했다. 그러나 이러한 기만적 술책은 이 회사의 사기행각이 적발되어 200억 달러의 벌금이 부과되고, 시장을 잃음에 따라 부메랑이 되고 말았다. 오늘날 많은 자동차 회사들은 오히려 규제 당국을 앞서가려고 노력한다. 레이더가 장착된 자동 제동장치는 자동차 회사들에 의해 자발적으로 개발됐고, 요란한 선전 없이 등장했다. 내 아내의 2015년식 혼다 자동차는 그다지 고급차가 아닌데도 자동 제동장치가 달려 있다. 도요타는 2018년까지 레이더가 부착된 자동 제동장치를 중저가 차를 포함한 자사의 모든 자동차에 장착할 계획이다. 다른 자동차 회사들도 2021년까지는 이 장치를 달겠다고 말한다.

1994년 미국에 도입된 정부의 자동차 안전에 관한 순위별 별표등급제는 자동차 판매 방식을 바꾼 분수령이었다. 버지니아공대의 공학교수인 스테판 듀마Stefan Duma는 "(당시) 자동차 제조사들은 충돌 안전도에 관한 순위별 별표등급제가 전혀 작동하지 않을 것이라고 말했다"고 한다. "이는 완전히 틀린 것으로 드러났다. 별표등급제는 소비자에게 명확하고 간단한 방식으로 자동차의 안전성을 전달한다. 등급제는 자동차 제조사로 하여금 기술적인 개선 방법을 재고하도록 유도하고, 소비자에게 선전할 만한 안전도 별 다섯 개 취득을 목표로 삼게 했다. 그 결과 자동차 운전은 전보다 덜 위험해졌다."

미국에서 교통사고 사망자 수는 (운행 거리당 사망자와 총 사망자 모두) 지난 두 세대 동안 지속적으로 감소해왔다. 1973년 5만 2,000명으로 정점을 기록했던 고속도로 사망자는 2016년 3만 9,000명으로 줄었다. 1973년부터 2016년까지 고속도로 사망자가 인구 증가 및 운행 거리 증가와 같은 비율로 늘었다면 2016년에 15만 명이 고속도로 교통사고로 목숨을 잃었을 것이다. 이는 실제 사망자 수의 네 배에 달한다. 바꿔 말하면, 오늘날 미국에서 자동차 운전의 위험성은 1973년의 4분의 1로 줄어든 셈이다.

교통사고 사망률은 여전히 너무 높고, 부상률 역시 마찬가지다. 대략 연간 400만 명이 도로에서 부상을 입는다. 이전 장에서 의학의 발달을 감안하면 불구자의 수가 줄어야 마땅함에도 불구하고 장애수당을 받는 미국인이 늘어나는 수수께끼에 관해 언급한 적이 있다. 자동차의 안전성이 향상되고 응급치료 시스템이 개선됨에 따라 과거에는 사망했을 교통사고 피해자가 목숨을 건지게 된 것도 한 가지 이유가 될 수 있을 것이다. 이들이 장애인으로 병원에서 나오는 것이다. 이들의 개인적인 고통과 경제적 손해는 그다지 주목받지 못하는 것 같다.

음주운전은 감소하고 있으나 부주의한 운전은 증가하고 있다. 2013년에 운전 중 문자메시지를 보내다 사망한 미국의 10대 운전자 수가 음주운전으로 인한 사망자보다 많았다. 국립 고속도로교통안전국은 적어도 고속도로 충돌 사고의 90퍼센트가 장애가 있는 운전자들과 관련됐으며, 갈수록 휴대전화나 차내의 전자기기로 인한 장애가 늘어나고 있음을 밝혀냈다. 2015년에 미국에서는 휴대폰으로 인한 운전 부주의 사고로 3,500명이 사망하고 40만 명이 부상을 당했다. 만일 테러 공격으로 3,500명의 미국인이 죽고 40만 명이 부상을 당했다면 온 나라가 전면적인 보복을 요구했을 것이다. 그러나 서서히 완만하게 늘어나는 휴대폰과 관련된 사상자는 미국인의 집단적인 무관심 속에 묻히고 말았다. 관심을 끌 만한 한 가지 살벌한 사건이 아니기 때문이다.

몇몇 연구 결과에 따르면, 차에 내장된 음향 시스템을 통해 작동되는 스마트폰이 손에 들고 쓰는 휴대폰만큼 위험한 것으로 나타났다. 휴대폰을 들고 귀에 대지 않더라도 통화 내용 자체가 운전자의 주의를 흐트린다는 것이다. 스테이트팜 보험사가 2016년 실시한 설문조사에 따르면, 운전자의 36퍼센트가 운전 중에 문자메시지를 주고받았음을 인정했다. 이는 보험사에 운전자들이 스스로 시인한 숫자다. 많은 신차들이 대시보드에 텔레비전에 상응하는 영상기기를 내장하고 있다. 이 기기들로 뮤직비디오 영상을 재생하는 것은 물론, 어떤 경우는 영화도 볼 수 있다. 자동차 회사들은 이런 장치를 (정보와 오락이 결합된) '인포테인먼트infotainment 시스템'이라고 부르는데, 이 용어를 내부의 마케팅 제안서에 쓰는 게 아니라 소비자에게 판매를 권유할 때 활용한다.

이것이 교통사고 사망자가 더 줄어들지 않는 원인이라는 것에는 별다른 의문이 남지 않는다. 자동차 메이커들과 규제 당국은 ABS와 같은 안전장치를 자동차에 장착함으로써 사회를 더 안전하게 만들었지만, 양자 모두 스마트폰에 대해서는 '모르쇠'의 입장을 취하고 있다. 새로 출고되는 승용차와 픽업트럭의 대부분은 스마트폰을 대시보드의 전자장치에 통합시킴으로써 부주의한 운전을 조장하고 있다. 어떤 신차들은 문자메시지를 큰 소리로 읽어주기도 한다. 이 경우 운전자는 답신 문자를 말로 할 수 있다. 애플의 '카플레이Carplay'나 구글의 '안드로이드 오토Android Auto'를 채용한 승용차와 픽업트럭에서는 운전자가 운전 중에 대시보드의 터치스크린을 이용해 문자를 입력할 수 있도록 돼 있다. 이런 미친 짓은, 자동차 회사들이 운전 중 대시보드의 인포테인먼트 장치 사용으로 인한 사망에 대해 손해배상 소송에서 패하기 시작하고서야 멈출 것이다.

충격흡수형 프레임의 도입과 같이 물리적 안전성을 높이는 데 헌신적인 모습을 보인 자동차 메이커들이 (아무리 구매자들이 스마트폰을 열렬히 좋아하고, 스마트폰이 자동차에 연결되기를 원한다고 해도) 전자기기로 인한 위험에는 왜 그토록 무감각한지는 수수께끼다. 정부 당국이 운전 중 문자메시지로 인한 비극을 막는 데 실패했다는 것은 또 다른 문제다. 규제 당국과 입법기구들이 운전 중 문자메시지를 막기 위한 아무런 조치도 취하지 않은 반면, 정부는 한 가지 전자 사양에 대해 개입하고 있다. 요즘 나오는 승용차와 트럭들의 대시보드에 내장된 GPS 시스템은 전방에 있는 과속 단속 카메라에 대해 사전 경고를 발할 수 있지만, 실제로 그렇게 하지는 않는다. 단속 카메라에 대한 경고 기능을 원하는 운전자들은 자동차 메이커와 아무 관계가 없는 판매상으로부터 가민Garmin과 같은 부가 장치를 따로 구입해야 한다. 단속 카메라의 공식적인 목적은 운전자들로 하여금 속도를 늦추도록 하는 것이니만큼, 대시보드에 내장된 GPS의 경고 기능은 허용할 만한 것 같다. 운전자들이 경고를 보고 속도를 늦출 것이기 때문이다. 그러나 그렇게 되면 지방정부들은 과속 딱지 수입을 잃게 된다. 결국 지방정부 수입을 위협하는 내장형 단속 카메라 경고 기능은 허용되지 않는 반면, 수많은 목숨을 위험에 빠뜨리는 내장형 문자메시지 기능은 허용되고 있다. 그럼에도 불구하고 운전은 전보다 훨씬 안전해졌다.

높은 연비로 공해물질 배출 최소화

자동차들은 안전해짐과 동시에 갈수록 깨끗해지고 연비도 좋아졌다. 울리히 벡은, 기계가 위험을 키우고 자원을 낭비함으로써 (기술자들과 기업 경영자들의 명백한 목표인) 권력을 가질 수 있을 것이라고 가정했다. 그러나 이 가정은 틀린 것으로 판명됐다. 오늘날 출시되는 전형적인 신차의 엔진은 1970년대에 비해 높은 연비에 훨씬 더 높은 출력을 내고, 훨씬 적은 공해물질을 배출한다. 적극적인 스모그 저감 운동과 대기정화법Clean Air Act 덕분에, 캘리포니아는 차량 공해를 줄이는 데 있어서 선두주자가 됐다. 뉴잉글랜드의 여러 주들이 캘리포니아의 규정에 상응하는 조치를 취함에 따라 미국의 자동차 시장은 공해를 줄이는 방향으로 바뀌고 있다. 2017년에 미국에서 판매된 신차의 단 1퍼센트만이 배기가스가 전혀 없는 전기차였는데, 캘리포니아의 대기자원위원회Air Resources Board는 2025년까지 캘리포니아에서 판매되는 신차의 15퍼센트는 반드시 배기가스 제로(0)로 할 것을 의무화했다. 여기에 다른 주들이 동참할 경우, 2025년에 미국에서 팔리는 모든 자동차의 15퍼센트가 배기가스 제로일 가능성이 커졌다. 포르쉐는 캘리포니아의 요구조건보다 한 발 더 나아가, 2025년에 캘리포니아에서 판매하는 차의 50퍼센트를 전기차로 하겠다고 말했다. 만일 벡이 미국 진보정치의 선두주자인 캘리포니아에 살았다면 규제 당국의 권력에 대해 다른 견해를 가졌을 것 같다.

(전 세계 자동차 문화의 수도격인 미국에서) 자동차에 의한 석유 소비는 충분치는 않지만 꾸준히 감소하고 있다. 2015년에 미국 정부는 미국 내 자동차의 평균 연비가 갤런당 34.5마일(리터당 약 14.7km)이라고 밝혔다. 2015년 파리 온실가스 협약에서 버락 오바마 전대통령은 갤런당 34.5마일이라는 놀라운 연비에 대해 자랑스러워했다. 미국 환경보호청EPA은 물론, 자동차의 주 미시간 출신 하원의원 존 코니어John Conyer를 포함한 의원들도 파리에서의 자화자찬에 합세했다. 미시간대학의 연구원 마이클 시바크Michael Civak는 2015년에 미국에서 팔린 신차(승용차)의 평균 연비는 갤런당 25마일이고, 승용차와 픽업트럭, SUV를 포함하는 전체 자동차의 평균 연비는 갤런당 17.9마일이라고 밝혔다. 사실 이것만으로도 명백한 진전이다. 한 세대 전에 미국에서 팔린 승용차의 평균 연비는 갤런당 14마일이었고, 전체 자동차의 평균 연비는 갤런당 10마일에 불과했다. 그러나 시바크의 조사 결과는 정부가 주장한 수치와 현격한 차이가 있다. 오바마가 자랑한 거짓 성과는 실제 달성한 성과의 거의 두 배에 달한다.

과거 석유 수입이 국가적인 걱정거리였고 디트로이트에서 생산된 자동차의 연비가 형편없었을 때, 미 의회는 두 가지 목표를 가진 규제 체제를 만들었다. 긍정적인 목표는 자동차 메이커를 압박해 연비를 높이는 것이었고, 해로운 목표는 실제보다 부풀린 성과에 대한 정치적 변명거리를 만드는 것이었다. 미국산 신차의 공식 연비가 갤런당 34.5마일이었던 2015년에 자동차 전시장을 방문한 구매자는 전국 평균 연비를 가진 차량 모델을 단 하나도 찾기 어려웠을 것이다.

미국의 연료 절약 규제체제는 처음부터 이해하기 어렵게 만들어졌고, 실제로 그 목적을 달성했다. 2011년 오바마 대통령은 자동차 회사 최고경영진들을 백악관으로 불러 2025년식 모델부터 전체 평균 연비를 갤런당 54.5마일로 한다는 데 합의했다. 만일 이 정도 수준의 연비가 실제 달성된다면 석유 수요가 줄어들면서 국제 유가가 폭락할 것이다. 그러나 2015년 신차의 실제 연비가 갤런당 17.9마일이었으므로, 2025년에 갤런당 54.5마일의 연비를 달성하려면 10년 안에 210퍼센트의 연비 향상이 필요할 것이다. 이전 40년 동안 연비가 약 80퍼센트 향상됐음을 감안하면 이런 목표는 그림의 떡일 뿐이다.

시바크의 연구 결과에 따르면, 2025년에 갤런당 54.5마일이라는 엉터리 정치적 연비 목표는 실제로는 신차 기준으로 갤런당 약 36마일로 바꿔야 할 것이다. 이 목표가 달성된다면, 그 정도의 평균 연비만으로도 미국 내 석유 사용을 대폭 줄이게 되는 한편, 미국 내 온실가스 배출량을 10퍼센트가량 감축할 수 있다(자동차의 경우, 이산화탄소 발생량은 화석연료 연소량에 비례한다).

연비의 대폭 향상은 또한 소비자들에게는 연료 구입비를 절감해준다. 2017년 피아트-크라이슬러는 '퍼시피카Pacifica'라는 플러그인 하이브리드plug-in hybrid 동력장치를 장착한 미니밴을 공개했다(플러그인 하이브리드란 재충전이 가능한 전기엔진과 화석연료를 사용하는 내연기관이 결합된 동력장치로서, 적은 연료로도 장거리 운행을 가능케 한다). 이 차는 빠르고, 차내 공간이 넓으며, 상상할 수 있는 모든 편의기능과 안전장치를 갖추고도 갤런당 84마일(리터당 약 35.7km)을 달린다. 퍼시피카의 가격은 4만 5,000달러로 대부분의 중저가 차보다 훨씬 비싸지만, 피아트-크라이슬러 사는 이 가격으로도 팔 때마다 손실을 본다. 신형 퍼시피카는 본질적으로 2025년 연비 목표의 해답이 되지 못한다. 그러나 이런 차가 있다는 것은 크고, 빠르며, 연비까지 좋은 차가 기술적으로 가능하다는 것을 보여준다. 높은 연비에 안락하고 안전한 차의 등장은 사회적으로 환영할 만한 일이다. 특히 이른바 '자동차 사용량 지표motorization(자동차 보급 대수와 운행 거리를 결합한 지표)'가 정점에 도달한 뒤 점차 하락할 것이라는 시바크의 분석이 맞다면, 높은 연비의 자동차 도입은 사회적으로 더욱 유익할 것이다.

에너지 효율화를 위한 노력들

자동차뿐만이 아니다. 항공기와 선박, 기관차, 가전제품, 사무실 조명 시스템, 산업용 장비, 공장 설비, 발전 설비 등 거의 모든 것들이 에너지 효율적으로 바뀌고 있다.

미국과 유럽연합의 가전제품 제조사들은 1970년대 초 정부가 냉장고에 대해 효율성 기준을 적용하기 시작하자 강력하게 반발했다. 자동차 메이커들이 자동차에 환경기준을 부과하면 차 값이 크게 오를 것이라고 주장했던 것처럼, 가전제품 제조사들도 냉장고에 대해 똑같은 주장을 폈다. 미국 에너지부의 통계에 따르면, 2010년에 팔린 대표적인 신형 냉장고의 전력 소비량은 1970년 모델의 40퍼센트에 불과했지만, 용량은 두 배로 커졌고 값은 3분의 1로 떨어졌다. 에너지 다소비형 냉장고들이 효율적인 모델로 점차 교체되면서 전기료 부담도 줄어들었다. 1987년부터 2011년까지 감소한 전력 수요 덕분에 (그렇지 않았으면 건설됐을) 31기의 대형 발전소를 새로 지을 필요가 없어졌다. 그만큼 전기료 부담도 줄어든 셈이다.

2차 세계대전 후 가장 영향력 있는 주요 저작물 가운데 하나가 1976년 〈포린 어페어스 Foreign Affairs〉 지에 실린 애모리 로빈스 Amory Rovins의 논문이다. 로빈스는 이 논문에서 미국의 전력망은 회복할 수 없을 정도로 과부하가 걸려 있다고 경고했다. 국가 차원의 전력 수요는 BTU(영국 열량 단위)의 쿼드quad(1,000조)로 측정된다. 1976년 분석에서 나타난 추세가 21세기까지 이어진다고 가정하고 전력 수요를 추정해보면, 2011년까지 미국은 매년 235쿼드의 전력이 필요하다. 2011년 실제 전력 사용량은 98쿼드였다. 효율화 기술 덕분에 냉장고를 포함한 전기 기구의 크기와 품질이 향상됐음에도 훨씬 더 적은 양의 에너지만이 필요해졌다. 1975년 제럴드 포드 대통령은 2000년까지 200기의 신규 핵 발전용 원자로가 건설될 필요가 있다고 말했다. 그러나 그 기간 중에 19기의 원자로만 건설됐고, 오늘날 전력은 공급과잉 상태다. 에너지 사용이 갈수록 낭비적으로 될 것이라는 발상은, 실제로는 정반대의 결과가 나타났음에도 불구하고 여전히 대중적 사고를 지배하고 있다. 부정적인 입장을 취하는 것이 사람들이 믿고 싶어 하는 것이기 때문이다. 2001년 딕 체이니 부통령은, 미국이 2021년까지 1,300기의 발전소를 추가로 건설하지 않으면 미국 전역에서 지속적인 순환 정전이 불가피할 것이라고 선언했다. 2018년 현재 극소수의 신규 발전소만이 체이니의 선언에 따라 개설됐고, 전력은 공급과잉이다.

첨단기술에 의한 에너지 효율화 방안들이 많은데, 이는 부분적으로 시장의 힘에 의해 장려됐기 때문이다. 최근에 대양을 오가는 컨테이너 화물선들은 전광판 크기의 연과 급수탑 모양의 회전자가 결합한 형태의 '돛'을 추가했다. 이로 인해 연료가 절감됐다. 자동차 메이커들 역시 새로운 에너지 효율화 방안을 강구 중이다. 포드 자동차는 새로운 알루미늄 소재로 강판을 대체함으로써 무게를 줄인 픽업트럭을 개발했다. 항공기들은 주로 알루미늄으로 만들어지는데, 이는 알루미늄이 철보다 가벼워서 엔진에 부하를 덜 주기 때문이다. 그러나 알루미늄은 날 필요가 없는 자동차에 쓰기에는 너무 비싸다고 여겨져왔다. 포드 자동차는 감당할 만한 가격에 알루미늄을 합금하는 방법을 찾았다. 그 결과 미국에서 가장 잘 팔리는 픽업트럭인 이 회사의 신형 F-150 모델은 강판 위주의 이전 모델에 비해 약 20퍼센트의 연료 절감 효과를 거됐다. 다른 자동차 회사들도 저렴한 알루미늄과 무게가 덜 나가는 새로운 형태의 창유리를 연구하고 있다.

수십 년 동안 승용차와 소형 트럭들은 12볼트 전기 시스템을 써왔다. 최근에는 엔진이 아니라 배터리로 에어컨과 히터를 가동함으로써 연료 소비를 줄이는 48볼트 전기 시스템이 개발되고 있다. 석유를 전기로 대체하는 전기자동차도 활용 범위와 실용성 면에서 계속 향상되고 있다. 전기차에 쓰이는 전기는 화석연료를 사용하지 않는 신재생 에너지원에 의한 청정 발전이나 핵 발전에 의존하도록 하는 것이 이상적이다. 그럴 경우 페르시아 만의 독재정권들을 지원하는 결과도 피하고 온실가스 배출도 없을 것이기 때문이다.

자동차 메이커들이 거론하고 싶지 않은 석유 소비 감축을 위한 한 가지 방안은 마력을 줄이는 것이다. 오늘날 내연 엔진은 과거에 비해 훨씬 효율적이다. 그러나 그렇게 얻어진 효율성의 대부분은 연료 절감이 아니라 마력 수와 회전력(토크)을 높이는 데 쓰여졌다. 1980년에 미국에서 판매된 신차의 평균 마력 수는 110마력이었다. 2015년 평균은 245마력으로 높아졌다. 내연기관 엔진의 효율성 척도는 리터당 대체 출력이다. 1982년형 포드 머스탱 GT는 리터당 32마력의 출력을 내는 8기통 엔진을 채용했다. 요즘의 머스탱은 리터당 135마력의 출력을 내는 터보차지(출력강화장치) 4기통 엔진을 장착하고 있다. 최신형 머스탱 모델은 1982년형에 비해 효율성이 4배나 높아진 셈이다. 이런 기술 발전은 엉뚱하게도 터무니없이 높은 출력의 자동차가 일반화되는 결과를 낳았다. 미국의 납세자들은 제너럴 모터스를 구제했는데, 이 회사는 그 보답으로 무려 650마력의 캐딜락 CTS-V를 만들었다. 그러나 이 차는 사회적으로 무책임할 만큼 출력이 과도한 부자들의 장난감일 뿐이다.

미국에서 운전 중 분노 행동은 약 20년 전에 사회적 문제가 됐다. 이 시기는 평범한 일반 승용차들이 드래그 레이스drag-race(단거리 가속 경주)를 할 수 있을 만큼 충분한 능력을 갖게 됐을 무렵이다. 전기차는 여러 가지 바람직한 기능을 갖고 있지만 드래그 레이스를 재미없게 만들지도 모른다. 승용차와 트럭에서 회전력(토크)은 최초에 관성을 극복하고 가속하는 힘을 말하고, 마력은 속도를 높이는 힘이다. 전기차는 회전력(토크)이 좋기 때문에 출발선에서 정말로 빠르게 치고 나갈 수 있다. 2018년형 포르쉐 파나메라Panamera 하이브리드는 정지 상태에서 시속 60마일까지의 도달 시간이 3초에 불과한 반면, 1964년의 인기 차종인 폰티악 GTO는 7초다. 운전 환경이 더 악화되기 전에 휘발유 엔진의 마력을 제한하는 것과 함께 전기차의 출력도 규제해야 할 것이다.

연비를 높이거나 (전기차의 경우) 배터리 수명을 늘리기 위해 출력을 줄이는 방식으로 자동차의 성능을 조정하면 (직접적으로는 자동차 자체의, 간접적으로는 발전소에서) 온실가스를 줄이게 될 것이다. 이와 함께 운전 중 분노 행동의 온상이 되고 있는 도로 생태계를 순화하는 부수 효과도 거둘 수 있을 것이다. 자동차 메이커들은 출력에 대해 '군비 경쟁'의 상황에 처해 있다. 경쟁사가 가속력을 추가하면 따라가지 않을 수 없기 때문이다. 만일 의회가 엔진 출력을 제한하면 승용차와 픽업트럭, SUV들은 더욱 안전해지고 환경 면에서 깨끗해지는 한편 운전은 덜 난폭해질 것이다. 어떤 이들은 "내가 고출력의 차를 사고 싶다면, 누구도 내가 어떤 차를 사야 한다고 강요할 수 없다"고 생각할 수 있다. 그러나 적어도 미국의 도로에 관한 한 이것은 사실이 아니다(사설 자동차 경기장은 다른 문제다). 법원은 누차 공공도로에서 허용되는 것은 안전과 환경적 영향, 공공 광장에 대한 효과를 감안하여 규제될 수 있다고 판결했다. 그러나 미국인들이 과다 출력의 차량에 일종의 정당성이 있다고 믿고 싶어 한다는 사실이 교통사고 사망과 석유 소비, 운전 중 스트레스를 줄이는 데 걸림돌이 되고 있다.

자율주행차가 가져올 많은 변화들

만일 사람들이 보다 합리적인 자동차를 거부한다면, 사람을 배제시켜보자. 그리 오래지 않아 자율주행차가 등장할 가능성이 크다. 컴퓨터로 작동되는 자동차는 사고를 줄일 것이다. 컴퓨터는 졸음운전을 하지도 않을 것이고, 다른 컴퓨터를 방해하지도 않을 것이다. 또한 교통체증을 줄일 것이다. 만일 차들이 일정한 속도로 운행하고, 몇 초 빨리 가려고 차선을 바꾸거나 앞지르기를 하지 않으면 교통 흐름이 원활해질 것이다. MIT 연구진의 연구에 따르면, 완전 자율주행 시스템이 도입되면 교통체증이 80퍼센트 줄어들 것으로 분석됐다. 그렇게 되면 맨해튼 터널에서도 교통 흐름이 자유롭게 이루어질 것이다.

자율주행차가 보편화되면, 교외에 거주하면서 차 3대를 가진 가족은 자동차를 1대로 줄일 수 있을 것이다(현재 미국 전체 가구의 3분의 1은 적어도 3대 이상의 자동차를 보유하고 있다). 이 경우 자율주행차는 가족 구성원이 필요한 곳이면 어디든지 데려다주고 다시 데려올 것이다. 직장과 학교, 여가를 위한 목적지에는 출입구 옆에 주차장이 필요하지 않을 것이다. 자율주행차들은 '주인'을 내려준 뒤 멀리 떨어진 주차 시설에 가서 대기하다가, 주인이 부르면 다시 태우러 올 것이다. 친구들끼리는 각자 차를 한 대씩 보유하는 대신 공유 자율주행차를 공동으로 구입할 것이다. 자동차를 공유하는 그룹의 구성원들은 차 구입비와 보험료를 아낄 수 있고, 그 결과로 생활수준이 향상될 것이다. 속도 제한을 위반할 이유가 없는 자율주행차는 엄청난 출력을 가져봐야 아무런 소용이 없기 때문에, 마력 수를 높이려는 자동차 회사들의 '군비 경쟁'은 종식될 것이다(규정 속도로 운행하는 자율주행차는 어떤 사람들에게는 만족을 주겠지만, 어떤 사람들에게는 답답하게 느껴질 것이다).

자동차 메이커들은 자율주행차 설계에 첨단기술을 도입하기 위해 캘리포니아 실리콘 밸리 주변에 연구소를 개설하고 있다. 포드 자동차는 2021년까지 공동 소유용으로 설계된 (운전대가 없는) 완전 자율주행차를 시판할 수 있을 것으로 예상한다. 이것이 포춘 500대 기업인 포드 자동차의 마케팅 전략이 아니라면, 1960년대 히피들의 공동생활 방식에 딱 맞는 자동차일 것 같다. 자동차가 컴퓨터 제어를 통해 더 안전해지고, 공동 소유를 통해 구입 부담이 줄어들고, 석유 소비 절감을 통해 더 깨끗해지고, 러시아워 교통체증의 해소를 통해 도시 생활의 스트레스를 덜게 된다면 굳이 자동차 문화에서 벗어나지 않아도 될 것이다. 자동차 문화는 앞으로 수십 년 또는 수세기 동안 유지될 것이다. 태양이 폭발하지만 않는다면 말이다.

컴퓨터가 제어하는 자동차는 일상생활에 편리함을 주고 비용과 스트레스를 줄여주는 대신 운전하는 재미를 앗아갈 것이다. 아마 미래의 괴팍한 노인들은 온 가족이 교통체증에 걸려 차 안에서 함께 시간을 보내던 '좋았던 옛 시절'을 그리워할지도 모르겠다. 그러나 자동차에게 어디로 갈 것인지만 말하면 되는 세상이 되면 노인들은 더욱 활동적이 될 것이다. 반면에 자동차 사고로 목숨을 잃은 10대들을 추모하는 도로변의 십자가는 점차 과거 속으로 사라질 것이다. 컴퓨터 제어 자동차는 오늘날 자연사가 아닌 죽음 가운데 최악인 교통사고 사망자를 확실히 줄일 것이다. 자동차는 우리들 대부분이 생각하는 것보다 훨씬 위험하다. 우리의 후손들은 "할머니, 할머니는 예전에 직접 운전을 했어요? 그거 끔찍하게 위험하지 않았나요?"라고 물을 것이다. 물론 위험하다.

컴퓨터가 움직이는 자동차와 SUV, 픽업트럭들은 아무리 욕을 하고 대시보드를 두드려도 차의 속도를 높일 수 없다는 것 이외에 몇 가지 부정적인 측면들이 있다. 이런 차들은 운행한 장소와 시간을 정교하게 기록할 것이다. 정부는 그런 기록을 엿보지 않을 것이라고 주장하지만,

결국은 그럴 것이다. 오작동은 같은 모델의 차량을 소유하거나 공유하는 사람들에 대한 테러의 원인이 될 수 있을 것이다. 우리는 모두 운전할 때 우리의 운전 능력에 대해 확신을 갖고 있다(미국인의 83퍼센트가 자신이 평균 이상의 운전 실력을 갖고 있다고 답했다). 오늘날 우리는 교통사고가 나는 소리를 들으면, 그 원인이 어떤 바보 같은 운전자의 부주의 때문이라고 생각한다. 컴퓨터가 제어하는 자동차의 사고를 떠올리기는 거의 불가능할 것이다. 컴퓨터로 작동하는 자동차를 해킹할 수 있다면, 자동차를 도심형 정밀유도 무기로 만들 수 있을 것이다. 자동차의 암호 보안수준을 아무리 높여도 그 가능성을 완전히 배제할 수는 없다. 미래의 자율주행차에 정말로 운전대와 페달은 없고 탑승자용 좌석만 있다면, GPS(지구 위치 파악 시스템)의 신호를 무력화시키는 사이버 공격으로 사회가 마비될 것이다.

버스와 트럭 역시 컴퓨터로 운행될 것이다. 장거리 트럭 운전자들은 종종 과로와 졸음운전을 한다. 이 때문에 트럭 충돌로 인한 사망자가 비행기 충돌에 의한 사망자보다 훨씬 많고, 최근 다른 형태의 (자연사가 아닌) 비정상적 사망률이 모두 완화되고 있음에도 불구하고 트럭에 의한 사망률은 높아지고 있다. 대부분의 가정에서 자율주행차의 가장 큰 이점은 편리성일 것이다. 운송회사의 경우, 자율주행차는 임금과 복지비, 직장 내 소송 등을 감가상각이 가능한 자본비용으로 대체할 것이다. 메르세데스-벤츠의 트럭 부문은 이미 독일 도로에서 운행할 수 있는 자율주행 트럭의 원형 모델을 보유하고 있다. 장거리 트럭을 '달리는 노동 착취 작업장'이라고 비웃는 노동경제학자들은 운전자들이 더 적은 시간을 운전하고 더 높은 임금을 받기를 바란다. 그러나 트럭 운전자들이 얻게 될 것은 장거리 운전이라는 직업 자체의 소멸이다.

택시나 우버Uber, 트럭, 버스 등을 모는 운전기사들은 일자리를 잃을 것이다. 각 가정이 차를 여러 대 갖지 않고 한 대 또는 반 대만 소유하게 됨에 따라 자동차 판매 영업소는 갈수록 적어질 것이고, 자동차 영업사원과 정비공들도 일자리를 잃게 될 것이다. 그밖의 많은 변화와 자리 바꿈이 일어날 것이다. 입법부가 운송 기술의 변화를 불법화할 수 있다고 생각하지 않는 한 이런 미래는 결국 실현될 것이다. 자동차가 더 안전해지고, 더 깨끗해지며, 더 편리해지는 한편, 대학 졸업장이 없는 사람들은 갈수록 일자리가 줄어드는 미래 말이다.

조종사 없는 자율운항 비행기가 등장할까?

비행은 항공 전문가들이 예상했던 것보다 훨씬 더 안전해지고 있다. 민간항공기 추락 사고는 1972년 정점에 도달한 후 꾸준히 줄어들고 있다. 2013년에 전 세계적으로 462명이 비행기 추락 사고로 사망했는데, 이는 폭풍우 속에 비행하는 것이 맑은 날 공원에서 자전거를 타는 것보다 덜 위험하다는 얘기다. 주요 항공사들의 정기 항공편에 탑승 도중 사망할 확률은 약 2000만 분의 1로 줄어들었는데, 이는 자동차 탑승 중 사망 확률 600만 분의 1에 비해 훨씬 적은 수치다.

비행기 운항은 전자장비가 개선되고, 엔진의 신뢰성이 높아졌으며, 기상과 기류에 대한 지식이 축적된 데 힘입어 안전성이 높아지고 있다. 예컨대 윈드 시어wind shear(풍속과 풍향이 갑자기 바뀌는 돌풍)에 직면했을 때의 표준적인 탈출 기동법은, 기상학자들이 이러한 기상 현상 내부의 움직임을 기록한 자료를 지도로 개발함으로써 개선됐다. 그 결과 윈드 시어로 인한 항공기 사고가 줄어들었다. 항공기 사고로 인한 사망률이 낮아지고는 있지만, 조종사의 실수로 인한 추락 사고 발생 가능성이 기계적 결함에 의한 것보다 여전히 세 배나 높다. 이에 따라 항공업계에서 항공기 운항관리에 컴퓨터 사용을 확대하는 방향으로 변화가 일어나고 있음은 조종사 노조원이 아니더라도 쉽게 알 수 있는 일이다.

어쩌면 항공업계도 자율운항 비행기 쪽으로 가고 있을지도 모른다. 계기비행 면허를 가진 조종사이자 비행에 관한 책을 두 권이나 쓴 저자인 저명한 저널리스트 제임스 팰로우스James Fallows는 완전 자동화된 항공기가 곧바로 완전 자율주행 자동차의 뒤를 따를 것으로 믿는다. 조종실 인력에 대한 비용도 들지 않고, 이들이 비행장에 도착하기를 기다릴 필요도 없는 자동운항 소형 제트기가 개발되면, 오늘날 스마트폰으로 부르면 달려오는 '리프트Lyft(미국의 주문형 콜택시 앱)'처럼 편리하고 저렴한 항공택시의 등장도 가능할 것이다. 아마도 "나는 조종사가 없는 비행기에는 절대 타지 않겠다"고 생각하는 사람도 있을 것이다. 그러나 미래 세대는 한 치의 망설임도 없이 자율운항 비행기에 탑승할 것이다. 러시아에서 망명한 세계 최고의 체스 고수인 개리 카스파로프Gary Kasparov는 2017년에, 과거에는 사람들이 조작자가 없는 엘리베이터에는 타지 않으려 했다고 말했다.

기술과 과학의 발달로 산업재해, 화재 사망 위험 감소

기술과 과학, 공학과 관련된 거의 모든 것들이 더욱 안전해지고 있다. 블루칼라에서 화이트칼라로의 직업 이동과 미국 직업안전위생국 OSHA의 설립, 공장과 창고 구조와 건설 장비의 개선 등으로 미국의 작업 현장 사망률이 크게 낮아졌다. 1970년에는 정규직 근로자 4,800명당 한 명이 작업장에서 사망했다. 산업재해 사망률은 해마다 떨어져서 2016년에는 2만 9,600명당 한 명꼴까지 낮아졌다. 오늘날 업무 중 사망 위험은 1970년의 6분의 1로 줄어들었다.

화재와 화재로 인한 사망자도 장기적으로 감소하고 있다. 1977년에 미국에서 110만 개의 건축물에서 화재가 발생해 6,505명의 목숨을 앗아갔다. 화재 발생 건수와 화재로 인한 사망자 수 모두 거의 매년 줄어들어 2015년에는 50만 1,500건의 화재가 발생해 2,685명이 화재로 사망했다. 절대적 기준으로 화재는 55퍼센트, 화재 사망자는 59퍼센트가 감소한 셈이다. 이 기간 중에 건물 수의 증가와 인구 증가를 함께 감안하면, 이러한 감소세는 훨씬 더 놀라운 결과다. 내장형 스프링클러와 난연성 건축 소재, 본전을 뽑고도 남은 기술 발전의 결과인 저렴한 화재감지기 덕분에 이제 화재로 인해 죽는 일은 드물어졌다.

오늘날 도시지역의 소방서는 응급구호기구에 가깝다. 2001년 9·11 테러 현장에서 뉴욕 소방당국FDNY이 보인 영웅적인 활약 때문에 정치인들은 FDNY 모자를 쓰고 소방관들과 함께 선거운동을 하고 싶어 한다. 2004년 대선에 출마한 존 케리는 종종 제복을 입은 소방관을 옆에 대동하고 나타나 전국적으로 소방 조직을 확대하겠다는 자신의 구상을 자랑했다. 그러나 실제로는 소방관이 더 필요한 게 아니라 덜 필요하다. 소방관도 앞으로 일자리가 줄어들게 될 분야다. 다만 인구 고령화에 따라 소방서의 응급구호 기능을 담당하는 응급구조사EMT: emergency medical technician의 일자리는 늘어날 것이다.

더 효과적이고 덜 치명적인 첨단 무기들

사형제에 반대하는 사람들은 (나도 그중의 한 사람이지만) 사형 집행에 쓰이는 약물이 '안전하고 효과적인' 법적 기준을 충족해야 한다는 얘기를 들으면 얼굴을 찡그린다. 사람을 죽일 목적의 물질이 어떻게 '안전한 것'으로 분류될 수 있단 말인가? 이는 한 가지 모순적인 역설로 우리를 이끈다. '현대의 첨단기술 무기들은 점차 더 효과적이면서 동시에 덜 치명적으로 바뀌고 있다.'

19세기 약실 장전식 대포의 개발로부터, 1차 세계대전 참호전에서의 지축을 뒤흔드는 집중 포격과, 도시 전체를 초토화시키는 2차 세계대전에서의 공중 폭격을 거쳐, 간담이 서늘해지는 1991년 걸프전에서의 '강철 비steel rain' 로켓포탄의 등장에 이르기까지, 전장의 전투는 더 빠른 포탄과 더 무거운 폭탄으로 얼마나 더 넓은 지역을 파괴하느냐의 문제였다.

1996년에 국무부의 무기통제 분석가로 일하던 경제학자 루스 시바드Ruth Sivard는 20세기에 일어난 주요 전쟁에서 11메가톤 분량의 폭약이 폭발한 것으로 추산했다. 이는 히로시마에 투하된 원자폭탄의 약 100배에 이르는 폭발력이다. 11메가톤의 폭발로 독일과 일본의 도심 대부분이 파괴됐고, 불가리아와 캄보디아, 중국, 영국, 헝가리, 이란, 이라크, 이탈리아, 남북한, 말레이시아, 미얀마, 네덜란드, 북아프리카, 폴란드, 루마니아, 러시아, 시칠리아, 우크라이나, 베트남, 유고슬라비아 등지에 심각한 손상을 입혔으며, 약 4,000만 명의 민간인이 목숨을 잃었다.

20세기에 쓰인 폭탄과 포탄의 대부분은 목표물을 빗나갔기 때문에 전투원보다 민간인이 죽을 가능성이 더 컸고, 무기고보다 학교나 병원이 파괴될 가능성이 더 컸다. 걸프전 당시 미국과 영국이 이라크에 가한 공습에는 2차 세계대전 때의 항공기보다 훨씬 빠른 제트기들이 동원됐으나 결과는 별로 다르지 않았다. 1991년에 투하된 폭탄의 대부분은 (500~2,000파운드, 약 227~907kg 정도로) 크기가 크고 정밀유도장치가 없는 '멍텅구리 폭탄Dumb Bomb'으로 목표물을 빗나가는 바람에 군사적 효과는 제한적이었던 반면 엄청난 참화와 민간인 사상자를 낳았다.

21세기로 접어들기 직전에 위성 위치파악 시스템GPS을 활용한 유도장치가 완성되자 전쟁의 전제가 바뀌었다. 상대적으로 크기가 작으면서 정밀한 유도기능을 갖춘 폭탄이 최선의 무기가 됐다. 1998년 세계가 빌 클린턴의 탄핵 스캔들에 주목하고 있을 때, 미국 전폭기들이 새로운 GPS 유도탄을 사용해 이라크의 핵무기 시설을 공격했다. 폭탄들은 목표한 곳을 정확히 타격했다. 5년 후 미국이 표면적으로는 사담 후세인의 핵무기 개발 프로그램을 중단시킨다는 명목으로 이라크를 침공했지만, 그런 개발 프로그램은 발견되지 않았다. 사찰단은 1998년의 작전이 이라크의 대량 살상무기 시설은 완전히 날려버렸지만 민간인 사상자는 거의 발생하지 않았음을 확인했다. 백악관의 오랜 꿈이었던 '정밀 타격'이 실제로 이루어졌던 것이다.

미 국방부의 용어로는 JDAM으로 불리는 GPS 유도탄이 1998년 첫선을 보인 후 공습은 대량 파괴를 초래하는 대규모 폭탄 투하에서 상대적으로 가벼운 폭탄을 상대적으로 적게 투하하는 방식으로 바뀌었다. 대형 폭탄이 표준이었을 때는 넓은 폭발 반경으로 정확성 결여를 상쇄했다. 일단 폭탄이 목표한 곳을 정확히 타격할 수 있게 되자, 무기 기획자들은 소형 폭탄이 더 요구된다는 사실을 깨닫게 됐다. 오늘날 미 공군 제트기들이 탑재하는 기본 폭탄은 GPS 유도장치와 250파운드의 탄두를 가졌다. 이는 2차 세계대전과 한국전쟁, 베트남전쟁, 걸프전쟁 등에서 쓰인 기본 폭탄보다 (크기와 폭발 반경 모두)

작다. 상대적으로 작은 이 신형 폭탄들은 타격한 곳에는 치명적이지만 근처의 다른 곳에는 전혀 피해를 주지 않는다.

리처드 닉슨 행정부 시절, 미국이 캄보디아에 대형 재래식 폭탄을 사용했을 때 50만 명으로 추정되는 민간인이 목숨을 잃었다. 미국이 2003년 이라크 침공에서 소형 유도탄을 사용했을 때, 민간인 사상자 합계는 (버락 오바마가 2016년 말한 바에 따르면) '수만 명'에 그쳤다. 이 정도 사상자 수도 여전히 끔찍한 수준이지만, 과거의 유사한 공습에 비하면 훨씬 적은 숫자다. MIT의 정치학자 존 터먼John Tirman이 썼듯이, 미국인들은 9·11에 무고한 시민들이 목숨을 잃은 것에 대해서는 당연히 분노하지만, 그에 따른 미국의 보복 작전으로 숨진 무고한 생명들은 어쩐 일인지 중요하지 않다는 듯이 행동한다. 미 국방부는 2017년 이라크 모술의 인구 밀집지역에 대한 미국의 공습으로 적어도 105명의 민간인이 사망했음을 인정했다. 그 공습의 목표는 두 명의 ISIS 저격수들이었다. 두 명의 전투원을 죽이기 위한 작전에서 많은 민간인들이 목숨을 잃은 사실은 일반적인 논쟁거리가 되지 않은 것은 물론, 미국 신문들의 1면 기삿거리도 되지 못했다. 이라크가 미국 도시에 폭탄을 투하해 미국인 105명이 죽었다면 미국 전체가 들썩였을 것이다.

현재 미국과 그밖의 다른 나라 군대가 채용하고 있는 작고 정교한 무기들은 적어도 민간인들의 죽음은 줄여주었다. 만일 이런 선택이 (광범위한 파괴와 정밀 타격 가운데) 차악次惡의 선택이라면 여러분은 무엇을 선택하겠는가? 1982년 이스라엘은 대형 재래식 폭탄을 사용한 공습 지원을 받아 레바논을 침공했다. 2006년 이스라엘은 작은 탄두를 가진 GPS 유도탄을 사용하는 공중 타격 지원을 받아 같은 지역을 침공했다. 이러한 행동의 윤리에 대해 무엇을 생각하든, 1982년 대형 폭탄을 동원한 침공으로 약 1만 명의 레바논 민간인이 사망한 반면, 2006년 소형 폭탄으로 인한 민간인 사망자는 약 1,000명에 그쳤다. 1918년 프랑스의 르아멜이란 마을을 차지하기 위한 전투에서 단 두 시간 만에 약 3,000명의 미국인과 호주인, 영국인, 독일인 전투원들이 죽었다. 서방의 아프간전쟁 참전 이후 2018년은 이 끝없는 전쟁이 2차 포에니전쟁 기간을 넘어선 해로 기록될 것이다. 르아멜과 거의 같은 크기의 아프간 마을 상긴을 둘러싸고 벌어진 10여 년에 걸친 전투에서 아프간인과 미국인, 영국인, 파키스탄인 전투원 약 800명이 사망했다. 그 차이는 전투의 격렬함이 아니었다. 1918년에는 양측이 모두 목표를 겨냥하지 않고 쏘는 이른바 '간접 화력'을 채용하는 바람에 엉뚱한 목표를 타격하거나 대규모 폭발을 초래했던 반면, 한 세기가 지난 아프가니스탄 전투에서는 양측 모두 정밀 무기를 채용했다는 점이다.

무기 기술자들이 호크hawk 기능(Homing All the Way to Kill : 끝까지 목표물을 추적 유도해서 타격하는 기능)이라고 부르는 장치를 장착한 현대 미사일들은 레이더와 레이저, 영상 전송기, GPS, 디지털 지형 추적기 등을 활용해 목표물을 정확히 타격한다. 이로 인해 더 적은 폭발로 소기의 목적을 달성하도록 미사일을 개선하는 작업이 진전되고 있다. 2차 세계대전 중 영국 폭격기들이 헬리골란트 섬의 독일 요새를 공습했을 때

5,000톤의 재래식 비유도 폭탄이 투하됐다. 2017년 미국이 대략 헬리골란트 요새 규모의 시리아 공군기지에 초정밀 크루즈 미사일을 발사했을 때, 2차 세계대전 당시 5,000톤의 폭탄과 같은 효과를 거두는 데 불과 30톤의 폭발물이면 충분했다.

어떤 현대 무기들은 여전히 크기가 크다. 2017년 미국은 아프가니스탄에서 2차 세계대전 이후 실전에 사용된 어떤 폭탄보다도 큰 폭탄을 투하했다. 그러나 일반적인 추세는 덜 파괴적인 무기 쪽으로 가고 있다. 1999년 미국은 세르비아에서 이른바 '연성폭탄soft bomb'을 도입했다. 이 폭탄은 폭발이나 충격 없이도 전력망을 마비시키는 흑연 필라멘트 구름을 흩뿌린다. 만일 적들이 이 연성폭탄 공습에 항복하면 전력은 즉각 회복될 수 있다.

미국이 테러리스트라고 믿는 인물을 공격하는 데 드론(무인 항공기)을 사용하는 사례가 늘어나자, 여러 가지 도덕적·법적 문제가 제기됐다. 드론 조작자가 발사 단추를 누르면 어떤 일이 벌어질 것인가? 미 공군이 중동지역에서 운용하는 드론의 대부분은 탄두 무게가 18~28파운드(약 8~9kg) 정도인 초정밀 AGM-114 유도탄을 발사한다. 이 정도의 폭발력으로는 차량 한 대나 건물의 일부를 파괴할 수 있을 뿐, 건물 전체를 파괴할 수는 없다. 그래서 대개는 '부수적 피해'가 거의 없다. 아프가니스탄 점령 초기에, 미국 관리들은 소련에 대항하기 위해 설계된 무기들이 너무 많은 것을 파괴한다는 사실을 깨달았다. 그 결과 나온 것이 2008년 처음 실전 배치된 상대적으로 소형인 정밀유도 미사일 AGM-176이다. 이 미사일은 부수적 피해가 전혀 없는 13파운드(약 6kg)짜리 탄두를 탑재한다.

버락 오바마는 시카고대학 강연에서, 미국이 가난하고 무력한 나라에서 사람을 죽이기 위해 드론을 사용할 권리가 있다고 주장하는 것은 도덕적으로 문제가 있지 않느냐는 질문을 받았다. 그는, 처음으로 드론 사용을 지휘한 (아들) 조지 부시 대통령이 같은 질문을 회피한 것처럼 이 질문에 답하지 않았다. 오바마는 대신, 앞으로도 미국의 공습이 계속될 것이므로 개발될 수 있는 무기 가운데 가장 파괴력이 적은 무기가 사용돼야 할 것이라고 말했다.

무기 감축을 위한 각국의 노력들

현대의 군사력은 상대적으로 작은 유도 폭탄으로 대형 재래식 폭탄을 대체하는 것 이상으로 여러 면에서 덜 위험해지고 있다. 미국은 1940년대에 수만 대의 중무장 폭격기를 보유했으나 지금은 모두 합쳐 약 200대의 폭격기만을 보유하고 있다. 이는 과거 추축국들과 캄보디아, 북베트남을 대상으로 벌인 것 같은 무자비한 공중 폭격을 수행할 만한 전력이 아니다. 러시아와 중국은 단지 소수의 전략 폭격기를 가지고 있을 뿐이다. 프랑스와 독일, 영국은 전략 폭격기를 보유하고 있지 않다. 오늘날에는 정밀유도탄을 발사할 수 있는 전투기 몇 대만으로도 2차 세계대전 당시의 대규모 폭격기 편대보다 더 효과적으로 타당한 군사적 목표에는 예리한 위협을 가하되, 민간인에 대한 위협은 줄일 수 있다. 더 작은 폭탄을 더 적게 사용하기 때문이다. 남아 있는 폭격기들도 이제는 더 이상 핵탄두를 싣고 대기하지 않는다. 미국의 B-1 초음속 폭격기는 재래식 폭탄만 탑재하도록 개조됐다.

각국 해군이 보유한 전함들도 과거보다 수가 줄어들었고, 민간인이 있는 지상 목표에는 거의 위협을 주지 않는다. 세계 주요국의 군대들은 과거보다 적은 수의 야포를 보유하고 있으며, 전반적인 군사력 면에서는 제트 전폭기가 주목을 받는 한편, 지상에서는 기관포와 곡사포가 전투의 기본 수단이 됐다. 2차 세계대전 기간 중에 크림반도의 세바스토폴에는 대포에 의해 약 6,000만 파운드(약 2만 7,000톤)의 폭탄이 퍼부어졌다. 오늘날 어떤 군대도 그런 식의 대규모 포격을 할 수 없을 것이다. 그 대신 미국과 러시아가 채택하고 있는 위성 유도탄이, 적군 방향에 있는 것이면 무엇이든 파괴하는 2차 세계대전 당시의 대포보다 군사적 목표를 타격하는 데 훨씬 효과적이다.

대부분의 국가들이 화학무기를 금지하는 1993년 협약을 비준했다. 2016년 현재 전 세계 화학무기 비축량의 93퍼센트가 소각됐다. 2017년 시리아에서의 사린가스 사용이 국제적인 비난을 받은 한 가지 이유는 각국 정부가 이미 그런 무기를 포기했기 때문이다.

미국과 러시아연방은 도시 하나를 파괴할 정도의 1메가톤 또는 그 이상의 폭발력을 가진 핵폭탄의 대부분을 해체하고 용해했다. 1메가톤(TNT, 100만 톤 분량의 폭발력)의 핵폭탄은 히로시마에 투하된 원자폭탄의 약 50배에 이르는 폭발력을 갖는다. 냉전이 최고조에 달했을 때는 1메가톤 이상의 무시무시한 핵폭탄 수백 기가 전 세계 주요 도시를 겨냥하고 있었다. 미국의 최신형 핵폭탄 B61-12는 히로시마 원자탄보다 약간 큰 폭발력을 갖는다. 미국의 B61-12와 그보다 폭발력이 약간 작은 러시아의 동급 핵폭탄들은 도시를 공격 목표로 겨냥하지 않는다. 1994년 영국과 러시아, 미국 등 3국은 최근에 만들어진 핵탄두 미사일에서 목표 좌표를 제거하기로 합의했다. 핵미사일이 적을 타격할 수 있도록 하려면 좌표를 입력해야 하는데, 그 사이 잠시 멈춰서 냉정하게 생각할 시간 여유를 갖자는 것이다. 2010년 국방장관 로버트 게이츠는 3국 정부들의 추가 합의사항을 공개했다. 그것은 초기 형태의 유도장치가 장착된 오래된 핵미사일들이 공해를 겨냥하도록 좌표를 조정한다는 것이다. 그러면 실수로 핵미사일이 발사되더라도 공해상에 떨어지게 됨으로써 우발적인 핵전쟁을 예방할 수 있다.

미국과학협회의 연구에 따르면, 미국과 소련은 1990년 현재 수천 기의 핵탄두를 전함과 잠수함에 배치하고 있었는데, 각 함정의 지휘관들이 개별적으로 발사 결정을 내릴 가능성이 있었다. 오늘날 미국이 보유한 핵무기 탑재 함정은 오하이오급 잠수함들뿐인데, 이들 오하이오급 잠수함들의 출항 빈도는 사상 최저 수준이고, 러시아의 동급 잠수함들은 항구를 거의 떠나지 않는다.

오하이오급 전략 미사일 탑재 잠수함은 인류가 만든 가장 위험한 기계다. 한번은 미국이 한 기당 14개의 핵탄두를 가진 24기의 탄도

미사일로 무장한 이 종말론적 핵 잠수함 18척을 동시에 출항시킨 적이 있다. 이 잠수함 한 척이 가진 파괴력만으로도 한 나라를 지구상에서 소멸시키기에 충분하고, 이 수중 함대에 탑재된 핵무기의 파괴력은 인류를 절멸시키기에 충분한 양이다. 오늘날 몇 척의 오하이오급 잠수함은 탑재 무기를 핵무기에서 재래식 무기로 전환했다. 앞으로 오하이오급 잠수함 함대 전체가 컬럼비아급 잠수함으로 대체될 계획인데, 컬럼비아급 잠수함 함대는 많아야 12척으로 구성될 예정이고, 각 잠수함에는 24기가 아니라 16기의 핵미사일이 탑재된다. 더 적은 핵미사일을 탑재한 더 적은 수의 전략 잠수함 함대로 완전히 전환될 경우, 미국의 '궁극적 무기' 비축량은 대략 60퍼센트가 줄어드는 셈이다.

러시아는 2012년에 마지막 오하이오급 핵미사일 잠수함을 퇴역시켰다. 러시아의 컬럼비아급 잠수함은 많아야 8척으로 구성될 예정인데, 그렇게 되면 러시아의 '궁극적 무기' 비축량은 70퍼센트가 감소하는 셈이다. 전 세계의 군사력은 여전히 끔찍한 참화를 불러올 수 있는 능력을 갖고 있다. 그러나 전반적인 추세는 핵무기의 감축과 재래식 무기의 파괴력 완화 쪽으로 가고 있다.

"효율성이 대세를 이룰 것"

록펠러대학의 연구자인 제시 오수벨은 1980년 생활수준이 향상됨에도 불구하고 자원 소비는 줄어들 것으로 예측함으로써 학계의 명성을 얻었다. 당시 그의 예측은 허황돼 보였다. 지금은 생활수준이 향상되더라도 자원 소비가 줄어들 수 있다는 것이 정설로 확립됐다. UCLA의 연구에 따르면, 에너지 절감형으로 건물을 설계하면 로스앤젤레스 지역의 전력 소비를 약 20퍼센트가량 낮추는 것으로 나타났다. 로스앤젤레스에 더 많은 사람들이 살면서도 생활수준을 높이면서 스모그는 줄일 수 있는 이유다. 맨해튼에 인접한 이스트 리버의 한 섬에 건설 중인 코넬대학교의 증축 캠퍼스는 태양광 패널과 지열 설비를 통해 전기를 자체 생산할 예정이다. 이는 아직까진 비용이 많이 드는 대안이지만, 이런 건축물을 통해 에너지를 활용하는 경험이 쌓이면 앞으로는 가격도 떨어질 것이다. 과거에 오수벨이 옳았기 때문에, 지금 그의 예측은 어떤지 다시 물어봤다.

그는 "대체적으로 말하면, 효율성이 대세를 이룰 것"이라고 말한다. "1인당 무기물과 금속, 종이, 물 사용량은 1970년대 혹은 1980년대에 정점에 도달한 뒤 계속 감소해왔는데, 이는 소비 둔화로 가격이 하락하는 가운데 기술이 자연에 해를 덜 끼치는 결과로 나타났다. 다음 세대는 건물이 더 튼튼해지고 불에 잘 타지 않으면서도, 건축 소재의 무게는 더 가벼워지고, 가격은 더 싸지며, 자원은 덜 사용하게 되는 것을 목격하게 될 것이다. 화학 전지는 성능이 크게 향상될 것이다. 여기다 각종 전자기기의 전력 요구량이 줄어들 가능성이 크기 때문에 필요한 배터리 용량도 줄어들 것이다. 해상의 소음 공해가 중요한 이슈로 인식될 것이다. 바다는 '관리'라는 면에서 육지에 비해 100년은 뒤처져 있다. 불법 어로와 그밖의 해양 자원 남용에 대한 규제와 함께 대규모 '해양 공원'이 설치되어야 한다. 해양 규제는, 해안경비대보다 훨씬 넓은 범위를 감시할 수 있는 드론을 활용하면 효율적으로 집행할 수 있을 것이다."

"농업의 효율성이 크게 향상됨에 따라 우리에게 필요한 양에 비해 너무 많은 열량과 단백질이 생산되고 있다. 부유한 국가들은 식량을 25퍼센트 정도 줄이는 것이 나을 것이다. 수확량이 최고 수준인 경작지는 이미 수확 한계점에 근접하고 있을지 모르지만, 평균적인 수확을 내는 농지는 앞으로 수확량을 훨씬 많이 늘릴 수 있을 것이다. 낭비를 줄이고 분배를 개선하는 일이 생산량을 증대시키는 것보다 더 중요하다. 우리는 그동안 인구 증가에 너무나 신속하게 잘 대처해왔기 때문에, 앞으로 전 세계 인구가 90억 명이나 100억 명에서 멈춘다면 별 문제가 없을 것이다. 물론 세계 인구가 200억 명이라면 얘기가 달라지겠지만 말이다."

"자동차 공유제는 예상보다 훨씬 큰 영향을 미칠 것이다. 미국에는 2억 대의 승용차와 SUV, 픽업트럭이 있는데, 이 자동차들은 각각 하루에 평균 1시간씩 운행되고 나머지 23시간 동안은 주차돼 있다. 만일 이 자동차들을 하루에 2시간씩 운행한다면 지금의 절반 정도의 자동차만 필요할 것이다. 비행기를 비행장에 계류시켜놓는 것보다 조금이라도 더 운항해서 수입을 늘리는 것이 비용을 줄이는 길이다. 이런 기본적인 원리가 지상의 자동차에게도 적용되고 있다. 현재 에너지를 동력으로 전환시키는 면에서 승용차의 에너지 효율은 약 30퍼센트 정도다. 조만간 이 효율이 50퍼센트에 도달하고, 필요한 차량의 수는 절반으로 줄어들 것이다. 그러면 자원 수요는 줄어들고, 생활수준은 향상되며, 도시 생활은 덜 번잡해질 것이다."

오수벨은 앞으로 도시 생활에 많은 변화가 있을 것으로 생각한다. 시골에서 도시로의 이주는 가속화할 것이고, 그 결과 대부분의 사람들이 더 많은 교육을 받고, 더 관용적으로 되고, 다른 사람들과 어울리는 데 익숙해질 것이다. 다른 사람과 잘 어울려 지내는 것은 아마도 도시 생활의 큰 미덕이 될 것이다.

오수벨은 2016년 글래스고대학에서 가진 강연에서, 인류가 고대로부터 하루 평균 70분 정도를 움직여왔음을 입증하는 일련의 슬라이드를 보여줬다. 걷든지, 말이나 마차를 타든지, 전차나 승용차를 타든지 간에 우리는 하루에 70분 동안 어딘가를 배회한다는 것이다. 오수벨은 "우리가 매일 일정 시간 동안 주변 영역을 탐색한다는 것은 인류가 수만 년의 진화를 통해 얻은 무언가 뿌리 깊은 최적화의 결과"라고 말한다. (자동운항 제트기와 자기부상 열차, 그리고 극한의 속도를 내게 될 '하이퍼루프' 방식의 고속철에 이르기까지) 교통수단이 갈수록 빨라짐에 따라, 사람들은 여전히 하루에 70분을 배회하겠지만 그 범위는 점점 더 넓어질 것이다. 그는 "유럽에서는 1950년 이래 이동수단의 속도가 세 배로 빨라짐에 따라 사람들의 개인적 활동 범위가 10배로 확대됐다"면서 "이러한 현상은 전 세계적으로 일어날 것이며, 사람들의 이동은 더욱 안전해질 것"이라고 말한다.

기술이 더 위험해지지 않는 대신
갈수록 더 안전해지는 이유를 다룬
이 장의 논의를 요약하면,
진보적 이념(규제)과
보수적 이념(시장의 힘),
군사적 필요(대규모 폭발력을 대체한
정밀유도 무기), 그리고
산업의 실용적 필요(자원과
연료 사용 절감을 통한 제품 가치의 증대)가
결합된 결과로 기술이
안전해졌다는 것이다.
인류는 사물을 효율화하는 데 능하다.
기술의 효율성을 증대함으로써
우리는 더 안전해지는 한편,
자연을 덜 위협하게 될 것이다.
그러나 독재자들이 득세한다면
더 안전해진 세상은
어떻게 될 것인가?

IT'S BETTER THAN IT LOOKS

7

독재자들은
왜 승리하지 못할까?

민주주의와 독재체제, 최후의 승자는?

1940년 여름의 상황을 한번 그려보자. 나치의 어둠이 유럽을 뒤덮고, 일본 제국주의의 어둠이 아시아 전역에 내려앉았다. 15개국을 아우르는 광대한 소련연방은 자국민을 굶기고 반체제 인사들을 즉결 처형하는 경찰국가 체제의 압제하에 놓여 있었다. 중국은 (공산주의의 특징인) 정부가 자초한 궁핍에 시달리면서 동시에 세 방면에서 전쟁을 치르느라 온 나라가 찢겨져 있었다. 중남미와 스페인은 발작적 분노가 특징인 하찮은 군부 압제자들의 손아귀에 사로잡혀 툭하면 반정부 인사와 학자들이 실종되고 있었다. 폴란드와 우크라이나, 발틱 국가들은 나치와 소련 공산주의자들로부터 동시에 억압을 받았다. 인도와 인도네시아, 그밖의 동남아 국가들과 아프리카의 대부분은 식민주의로 착취당하고 있었다.

산업 규모의 무기와 새롭게 개발된 대중선동 기법으로 뒷받침된 파시즘과 공산주의는 극복하기가 불가능해 보였다. 인권을 전혀 허용하지 않고, 정부에 반대하는 사람은 누구든 고문하는 파시즘과 공산주의 체제하에서 어떻게 혁명이 가능하겠는가? 민주주의는 여전히 지구상의 겨우 몇 곳(호주와 캐나다, 미국, 영국)에서만 빛을 발하고 있었다. 그나마 영국이 일부 귀족계층의 사적인 이익을 위해 인도를 잔혹하게 복속시킨 것을 감안하면 영국의 민주주의도 미약한 것이었다. 상황이 갈수록 암담해지자 프랭클린 루스벨트는 윈스턴 처칠에게 영국 왕립함대로 하여금 운이 다한 고국을 버리고 서쪽으로 항해해와서 북아메리카를 인간 자유의 마지막 보루로 만드는 데 협력할 것을 제안했다.

이제 오늘날의 세계를 한번 그려보자. 독일과 일본에서 파시즘의 형체는 완전히 파괴됐다. 러시아에서 공산주의의 사상 감시체제도 과거에는 상상할 수 없었던 내부의 운동에 의해 패배해 거의 사라졌다. 인도가 독립해 사상 최대의 민주주의 체제를 구현하면서 제국주의도 거의 사라졌다. 다당제 선거를 채택하는 나라가 그렇지 않은 나라보다 많아졌다. 표현의 자유는 비록 단속적이기는 하지만 전 세계적으로 확대됐다. 온갖 정치적 문제들이 여전히 남아 있고, 앞으로 더 많은 문제들이 생길 것이다. 그러나 독재자들은 결국 승리하지 못했다. 반면에 미국은 많은 실패에도 불구하고, '개인이 국가보다 더 중요하다'는 계몽주의의 핵심적 이상을 채택해 세계에서 가장 강하고 번영하는 나라가 됐다.

독재체제는 여러 가지 형태가 있지만 모두 부도덕하고 냉혹하다. 민주주의도 여러 가지 형태가 있는데 모두 혼란스럽고 모호하다. 그러나 1940년 이후 이 두 사상이 충돌했을 때, 민주주의가 완승을 거두거나 아니면 적어도 교착상태로 끝났다. 기술의 발전으로 독재자들의 권력이 더 강해지지는 않았다. 오히려 중동과 북한 등 끈질긴 독재국가를 제외한 모든 곳에서 기술 발전에 따른 자유로운 정보의 유통으로 권력이 보통 사람들 편으로 넘어갔다. 최근 스탠포드대학의 래리 다이아몬드 교수가 민주주의의 후퇴라고 지적한 현상이 중국과 러시아, 태국, 터키 등지에서 벌어졌지만, 대체로 민주체제가 독재체제보다 우위를 보이고 있다.

1980년대 초 젊은 학자였던 다이아몬드 교수는 (당시에는 소수 의견이었던) 민주주의가 독재체제를 완전히 패퇴시키기 직전이라는 예측을 내놨다. 당시 그의 견해는 비상식적인 것으로 보였다. 공산주의는 바위처럼 단단해서 결코 무너지지 않을 것처럼 보였고, 군사정권은 너무나 견고해서 변화가 불가능한 것으로 간주됐다. 로널드 레이건 정부의 유엔주재 대사로 보수강경파의 총애를 받았던 진 커크패트릭은 미국이 권위주의 정부들에게 굽혀야 할지도 모르며, 이들 국가에서 민주주의를 꿈꾸는 것은 순진한 생각이라고 주장했다. 그러나 다이아몬드는 서구의 대부분이 간과했던 사건인 '카네이션 혁명'에 매료됐다. 1974년 포르투갈은 독재체제에서 민주체제로 평화롭게 전환했고, 아프리카와 아시아의 식민지에 독립을 허용했다. 다이아몬드는 소련이 아니라 포르투갈이 선도적 지표라고 생각했다. 그가 옳았다.

그로부터 몇 년이 지나지 않아 철의 장막이 무너졌고, 대부분의 바르샤바 조약 국가들이 자유선거 체제로 전환했다. 인도네시아와 한국, 스페인, 그리스, 남아프리카, 중남미 국가의 대부분이 민주화됐고, 대부분의 경우 독재자들로부터 선출된 공직자들로 권력이 평화롭게 이양됐다. 옥스퍼드대학교의 맥스 로저Max Roser는 오늘날 인류의 55퍼센트가 자유선거에 의한 민주주의 체제하에 살고 있다고 추산했다. 이비율은 과거 왕이나 황제들에게는 상상할 수 없는 것처럼 보였을 것이다. 대부분의 자유로운 사회는 자유민주주의Liberal Democracy를 성취했다. 여기서 자유liberal는 미국 건국의 설계자들이 말한 용어 그대로의 뜻이다. 즉, 인권과 종교적 자유를 폭넓게 보장하고 사유재산권을 보호한다는 의미다.

다이아몬드는 "오늘날 우리 세대가 경험하고 있는 민주주의의 발전과 같은 것을 이전에는 전혀 찾아볼 수 없었다"고 말한다. 그가 이런 상황이 오리라고 예견할 수 있었던 이유는 무엇일까? "한 세대 전에는 가난한 사람들을 자유에 관심이 없다고 치부해버리는 경향이 있었다. 내가 1980년 아프리카에서 학생들을 가르쳤을 때 여행을 많이 했다. 전세계를 여행하면서 가난한 사람들이 얼마나 간절히 자유를 열망하는지를 목격하고 큰 충격을 받았다. 자유는 부자들만을 위한 사치가 아니라 중국과 쿠바, 그리고 전 세계 모든 곳에서 모든 사람들이 진정으로 원하는 것이다. 오늘날 여론조사 결과를 보면, 중동지역의 아랍인들이 독재체제를 민주체제로 교체하기를 간절히 바라고 있다는 것이 드러난다."

자유선거를 치르는 곳이 늘어나면 군사 쿠데타는 줄어든다. 센트럴 플로리다대학의 조너선 파월Jonathan powell과 켄터키대학의 클레이튼 타인Clayton Thyne이 쿠데타를 연구했는데, 1950년부터 1990년까지 세계 어느 곳에선가 군부가 권력을 장악하는 일이 한 해 평균 10건씩 일어난 것으로 집계했다. 1990년 이후 연평균 쿠데타 발생 건수는 3건으로 줄었다. 아프리카와 라틴아메리카에서 민주주의에 대한 열망과 점증하는 번영은 쿠데타를 일으키기 어렵게 만들었다.

우리는 민주주의가 도덕적으로 우월하기 때문에 승리한다고 생각하려 한다. 이상적인 세상에서는, 대의제 정부의 도덕적 우월성이 이런 문제를 전적으로 좌우할지 모른다. 그러나 1940년 이후 실제 세계에서 가장 중요한 관건은 민주주의가 독재체제보다 경제나 전쟁에서도 더 낫다는 점이다.

"우리가 너희를 압도할 것이다!"

가까운 과거도 한없이 멀게 보일 수 있다. 불과 두 세대 전만 해도 서구의 지식인들은 "우리가 너희들을 압도할 것"이라는 니키타 흐루시초프의 허풍을 믿었다. 공산주의 체제하의 노동계층이 생산력 면에서 서구를 능가함으로써 자유시장 경제체제를 경제적으로 압도하겠다는 것이었다. 역사적 결정론이 이런 결과를 강요하지는 않았을까? 공산주의 체제는 산업생산을 중심으로 정교하게 조직된 반면, 계몽적인 자유시장 경제시스템은 개인의 행복이란 애매한 개념을 중심으로 허술하게 조직된 것은 아니었던가? 미국인 최초로 노벨경제학상을 수상한 폴 사무엘슨 Paul Samuelson 은 1961년 소련 경제가 늦어도 1980년대까지는 미국 경제를 앞지를 것이라고 예측했다. 저명한 미국의 경제학자로서 사무엘슨의 라이벌이었던 존 케네스 갤브레이스 John Kenneth Galbraith 는 비슷한 시기에 엄청난 규모의 비인격적 공장들로 구성된 새롭게 진화한 '기술구조 technostructure'가 미국식 기업가들을 휩쓸어낼 것이라고 말하기 시작했다. 엄청난 규모의 비인격적 공장들이야말로 공산주의가 잘하는 것이 아니었던가?

소비에트 경제는 80년대는 물론 그후로도 영원히 미국 경제를 앞지르지 못했다. 소련이 1989년 붕괴했을 때 미국 경제의 규모는 소련 경제의 두 배였다. 오늘날 미국의 GDP는 러시아연방의 14배에 이른다. 미국의 생산력은 중국과 러시아를 합친 것보다도 훨씬 더 크다. 오늘날 미국의 1인당 생산성은 러시아나 중국의 1인당 생산성의 7배에 달한다. 이 정도면 "우리가 너희를 압도할 것"이라고 할 만하다.

고대 그리스인들이 동전을 두드려 만든 이래 돈은 항상 중요한 것이었다. 오늘날에도 시간이 갈수록 돈은 더욱 중요해지고 있다. 부를 창출하는 데 있어 민주주의 체제가 갖는 장점은 정부 시스템의 다른 특성에 비해 갈수록 중요해지고 있다. 대부분의 경우 땅을 정복하는 것보다 돈을 주고 물건을 구입하는 편이 값싸고 효과적이기 때문에 땅은 이제 더 이상 부의 창출에 핵심적인 요소가 되지 못하고 있다. 그 결과 자연자원과 막대한 인력의 역할이 줄어드는 것과 함께 자본(돈)의 유입이 자유 사회에 유리하게 작용하고 있다.

자유 사회가 부상한 또 다른 이유는 소란스런 시장경제가 (서구 사회를 불안정하게 만드는 요인이 되기도 하지만) 창의성에 대해 보상을 준다는 점이다. 반면에 권위주의 체제는 창의성에 대해 벌을 준다. 시카고에 소재한 일리노이대학의 경제사학자인 디어드리 맥클로스키Deirdre McCloskey는 "자유로워진(해방된) 사람들은 창의적이다"라고 썼다. 반면에 독재체제나 공산주의, 봉건주의에 의해 억압된 사람들은 자신들의 창의력을 표현하지 못한다. 러시아는 오랫동안 최고 수준의 과학자들을 배출했는데, 특히 여성들에 대한 교육에 초점을 맞춤으로써 다른 나라보다 두 배나 많은 창의적인 아이디어를 얻을 수 있었다. 그러나 나중에 러시아연방이 된 소련은 자신들이 강점을 보인 레이저와 컴퓨터, 항공, 로켓 분야의 새로운 아이디어들을 상업화시키는 데 성공하지 못했다. 권위주의 체제에서 새로운 아이디어는 기회가 아니라 위협으로 간주된다. 이미 존재하는 것을 통제하는 것이야말로 과거에 초점을 맞추는 독재체제의 목표다. 미래에 나타날 것을 창안하는 것은 논의하지 말아야 할 주제다.

20세기 대부분을 통틀어 토지와 노동, 부존자원은 경제적 생산의 가장 중요한 요소였다. 20세기가 끝나가면서 자본과 정보, 지적 재산이 더욱 중요해졌다. 서구의 통제되지 않는 자유분방한 시스템은 (그 자체의 불안정성으로 인해 스스로 강해짐으로써) 이런 변화에 적응할 수 있었지만, 엄숙하고 억제된 독재체제는 그러지 못했다. 오늘날 세계는 교환수단으로 달러화와 유로화, 엔화를 원하고, 아마 약간의 디지털 통화를 원할지 모른다. 그러나 은하계 전체에서 루블화를 교환수단으로 원하는 사람은 없을 것이다.

이란은 상당히 강한 국가인 것처럼 언급되지만, 이란 경제는 완전히 재앙 수준이다. 임금을 못 받는 근로자가 많은 데다, 식료품 한 봉지 사는 간단한 거래에도 1만 토만(이란의 화폐단위)이 필요할 정도로 인플레가 심하다. 이는 (극도의 인플레로 몰락한) 바이마르공화국이 하버드경영대학원의 사례 연구에서 성공 스토리로 보일 만큼의 하이퍼인플레이션 hyperinflation(초인플레이션)이다. 2017년 애플의 시가 총액은 8,000억 달러였고, 러시아연방의 연간 GDP는 1조 3,000억 달러였다. 미국의 기업 하나의 가치가 러시아란 국가가 1년 동안 생산한 가치와 맞먹는 셈이다. 이런 경제적 우위가 시간이 갈수록 더욱 높아짐에 따라 민주주의 체제는 독재체제와의 경제적 격차를 더 벌리고 있다.

1961년에 방영됐던 유명한 드라마 〈뉘른베르크 재판〉에서 법정에 선 나치를 연기한 버트 랭카스터는 스펜서 트레이시가 분한 재판장에게 "독일이 민주체제였을 때 우리는 아무것도 가지지 못했다. 독일이 독재체제가 되자 원하는 모든 것을 가졌다"고 말했다. 실제 뉘른베르크 재판에서의 증언과 거의 유사한 이 발언은 한 세기 전에는 맞는 말이었을 상황을 압축적으로 보여줬다. 사람들은 왕정을 독재체제로 대체하는 것이 국익에 봉사하는 길이라고 믿었을 수 있다. 당시에는 독재체제가 대의제 민주정부보다 사람들이 원하는 것을 준다는 측면에서 더 나았을 수 있었기 때문이다. 이것이 과거에는 사실이었을지라도 이제는 더 이상 그렇지 않다.

민주체제가 독재체제보다 더 생산적인 이유

민주주의 체제에서 사상의 자유는 교육면의 우위를 가져다준다. 세계적으로 우수한 대부분의 대학교는 미국에 있고, 몇 개는 유럽과 일본에 있다. 그밖의 나라들의 대학교를 다 합쳐도 미국이나 영국의 상위권 대학교 한 곳에 견주기 어렵다. 해가 갈수록 대학의 중요성은 커지는 반면 광물 매장량과 목축업의 중요성은 줄어들고 있다.

20세기에 접어들 무렵, 민주주의 국가들은 보편적 공교육을 지향하는 운동을 수용함으로써 국력을 강화했다. 처음에 이런 움직임의 선두주자였던 독일은 각급 학교와 대학교에서 사상을 통제함으로써 스스로 발전을 가로막았다. 전후 시대의 초기에 미국은 많은 돈을 들여 대학 교육을 확대했고, 제대군인원호법GI Bill과 캘리포니아의 공립대학 시스템 및 콜로라도, 일리노이, 미시간, 노스캐롤라이나, 펜실베이니아, 텍사스, 버몬트, 버지니아, 워싱턴, 위스콘신주의 주립대학 등을 통해 일반인들의 대학 진학을 지원했다. 같은 기간 동안 좌우의 독재국가들은 많은 대학을 폐쇄했다. 2006년 미시간 주립대학의 존 밀러가 이끄는 연구진은 교육과 경제적 산출이 거의 1 대 1의 상관관계를 갖고 있음을 보여줬다. 즉, 교육이 개선될수록 GDP가 늘어난다는 것이다.

독재국가들은 자유롭게 사고하게 하는 교육을 하지 못한다. 독재자들은 자유로운 사고라는 개념 자체를 반대하기 때문이다. 이 점에서 권위주의 국가과 민주주의 국가와의 격차는 더욱 벌어질 수밖에 없다. 만일 우수한 대학이 있고 불안정하지만 풍요로운 나라와, 우수한 비밀경찰과 풍부한 화석연료가 있고 내년에도 올해와 같을 것이 확실한 나라 중 어느 곳에서도 살 수 있다면, 어떤 나라의 여권을 선택하겠는가? 조지타운대학의 스티븐 래들릿Steven Radelet은 독재자가 없는 개도국들은 고등교육기관을 향상시키기 위해 노력하는 반면, 독재자가 통치하는 개도국들은 교육받은 대중을 원치 않는다고 지적했다. 이런 차이가 독재국가들이 민주국가에 비해 후진적이고 취약한 이유다.

민주체제가 독재체제보다 더 생산적인 또 다른 이유는, 보통 사람들의 낭비적인 활동이 더 적다는 점이다. 법치가 제대로 작동하는 민주국가는 시민들이 정치를 무시하고도 자신들의 삶을 영위할 수 있도록 한다. 모든 독재체제는 시민들로 하여금 국가와 독재자의 비이성적인 말에 전적으로 주의를 기울이도록 끊임없는 복종을 요구한다. 선거공약이나 납득하기 어려운 보좌진 인선 때문에 도널드 트럼프의 당선이 우려를 낳는 것이 아니다. 그가 미국인들로 하여금 정치에 대해 불안해하고 그의 종잡을 수 없는 기분 변화를 걱정하게 함으로써, 개인의 행복 추구와 가정 및 일에 전념하지 못하게 만들기 때문에 우려스러운 것이다.

한 세대 전, 중국 지도자들은 자유 기업이 국가 통제보다 번영에 유리하다는 것을 마지못해 인정했다. 그후 중국의 경제 성장은 그들이 올바른 선택을 했다는 점을 입증한다. 오늘날 중국은 마지못해 미국의 대학들이 중국의 대학들보다 대체로 우수하다는 것을 인정한다. 중국의 엘리트들은 자녀들이 실질적인 교육을 받도록 미국 대학에 보내기 시작했다. 그렇다면 밤이 낮이 되듯이 중국에 민주주의가 실현될까? 중국 정부가 최근 검열을 재개한 것을 보면 중국 지도자들이 아직은 권력을 유지하는 것을 인민에게 권력을 양보하는 것보다 더 중요하게 생각하고 있음을 알 수 있다.

2016년 미국의 시사지 〈애틀랜틱The Atlantic〉은 중국이 "반체제 인사들을 용납하지 않기로 함으로써 크게 후퇴했다"는 기사를 실었다. 중국이 경제적 자유를 허용하면서 정치적 자유는 허용하지 않는 현재의 어정쩡한 혼합물의 수렁에서 벗어나 민주국가가 된다면 훨씬 더 강한 나라가 될 것이다. 소련 해체를 관장했던 미하일 고르바초프는 2016년 "러시아의 다음 행보는 먼 미래가 아니라 지금 당장 민주주의 체제로 전환하는 것이어야 한다"고 말했다. 우리는 고르바초프가 도덕적인 이유로 이 발언을 했다고 생각하고 싶다. 어쩌면 그가 경제 통계를 보고 있었을 수도 있다.

민주체제는 전쟁에서도 독재체제를 압도한다

1914년에 발발한 1차 세계대전은 독일과 불가리아, 오토만 제국 및 오스트리아-헝가리 제국 등 전제국가들이 러시아와 세르비아 등 군주제 국가를 와일드카드로 가지고 영국과 프랑스 제3공화국, 캐나다, 미국, 호주, 이탈리아, 일본 등 민주국가들과 맞붙은 전쟁이었다. 1차 세계대전은 모든 면에서 구제불능으로 추악했기 때문에 오늘날 정치학에서 거의 연구되지 않는다. 그러나 이 끔찍한 충돌에서도 민주체제가 분명한 격차를 두고 압도했다. 1차 세계대전이 더 이상의 전쟁이 없는 최종적인 전쟁으로 판명되지 않은 채 끝나자 미국에서는 씁쓸한 아쉬움이 남았다. 1차 세계대전에서 입증된 것은, 약하고 제멋대로인 것으로 간주되던 자유사회가 절대 무너질 것 같지 않았던 독재체제를 패퇴시킬 수 있다는 것이었다. 20세기 초반 민주체제가 독재체제와 싸워 승리함에 따라 사회적으로 새로운 생각이 싹텄다. 사람들은 승자를 추앙한다는 것이다.

1940년에 정부에 대한 두 가지 철학은 다시 전쟁에 돌입했다. 이번에는 모든 것을 건 싸움이었다. 이번에도 민주주의가 이전의 세계대전에서보다 훨씬 큰 차이로 승리했다. 1차 세계대전을 일으킨 세력은 손상을 입었지만 살아남았다. 그러나 2차 세계대전을 일으킨 나라들은 완전히 재가 되었다. 이탈리아와 일본이 1차 세계대전에서 민주주의 세력으로 싸웠을 때는 이득을 얻었지만, 2차 세계대전에서 독재체제 편에 서서 싸웠을 때는 완패하고 말았다는 점을 상기해보라. 독재체제였던 독일과 일본은 완전히 파괴됐다. 2차 세계대전 이후 이들은 자유민주국가가 되었고 두 나라 모두 번영했다. 세습독재를 공산주의 독재체제로 대체한 러시아(당시 소련)는 2차 세계대전에서도 (개전 초에 어느 편에도 서지 않은) 와일드카드였다. 러시아는 전쟁이 끝난 후에도 독재체제를 유지함으로써 불행하고 궁핍한 사회로 남았다(소련의 부패한 지도층은 민주주의 체제에서 일어나는 긍정적인 일들을 의도적으로 무시했다).

군사적 관점에서 2차 세계대전의 교훈은 민주주의 국가들이 독재국가들보다 전쟁에서도 상당히 우월하다는 점이다. 미 육군참모총장이었던 조지 마셜George Marshall은 1944년 "우리는 이 끔찍한 전쟁이 끝나기 전에, 성조기가 한편으로는 자유의 상징이자 다른 한편으로는 적을 압도하는 힘의 상징으로 전 세계에 인식되도록 할 것을 다짐한다"고 말했다. 많은 사람들은 2차 세계대전이 그 어떤 독재의 상징보다 자유의 상징이 우월하다는 것을 보여줬다고 알고 있다. 그러나 민주주의 진영이 '압도적인 무력'을 보유한 가운데 종결됐다는 사실은 덜 알려져 있지만 반드시 알아둬야 할 점이다.

아마도 민주국가의 군인들은 자신들이 싸우는 목적을 확신하기 때문에 잘 싸우는 반면, 독재국가의 군인들은 강요에 의해 마지못해 싸우는지도 모른다. 군사학자들은 모든 군인들이 국가적 대의 때문이 아니라 생존 욕구와 용기의 과시, 전우의 보호를 위해 싸운다고 결론짓는 경향이 있다. 이런 의미에서라면 병사들이 싸우는 동기는 대체로 비슷한 것 같다. 2차 세계대전에서 독일군과 소련군은 모두 끔찍한 정부 아래에서도 용감하게 싸웠다.

물질적 생산은 또 다른 문제다. 이 점에서 민주체제는 독재체제보다 의심의 여지 없이 우월하다. 역사학자 제이 위니크Jay Winik가 썼듯이 2차 세계대전 동안 "미국은 200만 대의 트럭과 30만 대의 항공기, 10만대 이상의 탱크, 8만 7,000척의 전함, 5,000척의 화물선, 2,000만 정 이상의 소총·기관총·권총, 4,400만 발의 실탄을 생산했는데, 이는 매달 파나마 운하를 두 개씩 건설하는 것과 맞먹는 생산량이었다." 노르망디 상륙 당일 아침, 미국은 12시간 동안 완전한 어둠 속에 파도가 일렁이는 112마일의 해협 너머로 보스턴과 볼티모어의 인구를 합친 것과 맞먹는 병력을 이동시켰다. 이와 함께 10만 통의 검과 6,200파운드의 사탕을 포함해 헤아릴 수 없을 만큼 많은 양의 군수품과 의약품을 수송했다.

'팬서Panther'라고 불리는 독일의 탱크는 미국의 '셔먼Sherman' 탱크보다 우수한, 2차 세계대전 최고의 장갑차량이었다. 독일은 6,000대의 팬서 탱크를 생산할 수 있었는데, 가까운 거리에도 연료인 휘발유를 공급하는 데 애를 먹었다. 미국은 4만 9,000대의 셔먼 탱크를 생산했는데, 이 탱크들은 본국으로부터 수천 마일 떨어져 있어도 연료통이 늘 가득 찼다. 2차 세계대전 기간 동안 미국은 항공기와 선박, 탱크, 대전차 무기, 야포, 레이더, 보병 무기, 바주카포 등 모든 전쟁물자 생산에서 독일과 일본을 3배에서 10배까지 능가했다. 미국은 또한 이 기간 중에 어떤 나라도 시도하기조차 어려웠던 '맨해튼 프로젝트(원자폭탄 개발 프로젝트)'를 수행했다. 동시에 소련의 붉은 군대가 사용한 군수물자의 상당 부분을 공급했고, (연합국만이 대량으로 생산할 수 있었던) 중폭격기 제조에 필요한 사상 유례가 없는 양의 알루미늄을 공급하기 위해, 알루미늄 제련에 필요한 전력을 생산할 수 있도록 그랜드 쿨리 댐을 건설했다. 이와 함께 연료를 유럽의 전장으로 보내기 위해 당시 세계 최장의 송유관 2개를 동부 해안지역까지 설치했고, 미국을 제외한 나머지 모든 나라를 다 합친 것보다 많은 항공유를 생산할 수 있는 정유시설을 건설했다. 2차 세계대전 마지막 해에 괌에 주둔한 미군기지는 하루에 12만 배럴의 항공유를 공급받았는데, 이때 일본군 전체의 하루 항공유 공급량은 2만 1,000배럴로 떨어졌었고, 그나마 연료의 질이 낮아 전투 중에 엔진 이상이 자주 발생했다.

일본 군국주의 함대는 자국 영해에서조차 태평양을 건너온 민주체제 해군의 화력에 압도됐다. 단 한 명의 추축국 병사도 미국 땅을 밟지 못했고, 단 한 대의 추축국 항공기도 미국(본토) 영공에 들어서지 못했다. 반면에 미국과 영국은 340만 톤의 폭탄을 추축국 영토에 투하했고, 450만 명의 병력이 1만 7,000대의 탱크와 2만 8,000대의 항공기, 6만 5,000문의 야포, 약 100만 대의 트럭과 지프의 지원을 받아 독일에 진주했다.

혹자는 2차 대전 중 민주체제가 독재체제에 비해 그토록 생산력이 높았던 이유가, 미국의 공장과 정유시설들이 바다로 둘러싸여 보호받은 반면 독재국가들의 인프라는 공습으로 파괴됐기 때문일지 모른다는 의구심을 갖는다. 그러나 공습이 없었더라도 민주체제의 생산력은 독재체제를 훨씬 능가했다. 일본에 대한 전략적 폭격은 1944년 여름까지는 시작되지 않았다. 진주만 공격으로부터 그해 여름까지 미국의 조선소들은 (2차 대전 당시 가장 중요한 선박이었던) 함대급 항공모함을 17척이나 건조한 반면, 일본의 조선소들은 6척의 항모만을 만들었을 뿐이다. 같은 기간 동안 미국은 거의 100척의 호위함을 진수한 반면, 일본은 12척을 만들었을 뿐이다. 군사 전문가인 대니얼 예긴Daniel Yergin은 1926년 일본이 국민의 참정권을 박탈하고 군국주의 체제를 택했을 때 일본의 고위층은 자유주의와 자본주의 그리고 민주주의를 나약함과 방종의 근원이라며 거부했다. 그러나 일본은 훨씬 효율적으로 항공모함을 건조할 능력을 가진 바로 그 나약하고 방만한 체제에 의해 초토화됐다.

자유로운 사회는 발명과 창의성을 장려하고 육성하는 데 장점을 가진 반면에, 폐쇄된 사회는 발명과 창의성의 싹을 자른다. 역설적이게도, 자유로운 사회가 폐쇄 사회보다 조직화의 측면에서도 더 낫다. 2차 세계대전이 시작됐을 때, 독일과 일본은 다양한 항공기와 장갑차량을 생산하는 분산된 제조 시스템에 의존했다. 이렇게 생산된 항공기와 장갑차량들은 각 모델별로 특화된 부품이 필요했기 때문에 유지보수가 어려웠고, 통일성이 거의 없어서 공장 직원들을 훈련시키기도 힘들었다. 역사학자 리처드 오버리Richard Overy는 《연합국의 승리 요인Why the Allies Won》이란 책에서, 독일 공군이 425종의 항공기를 보유한 반면 미 공군은 15종의 항공기 모델만을 가졌던 것이 전쟁의 승패를 가른 요인 중의 하나였다고 지적했다. 19세기에 널리 알려진 이른바 '미국적 제조방식'은 교환 가능한 부품으로 물건을 대량으로 만들어내기 위해 기계와 공구를 표준화하는 데 초점을 맞췄다. 2차 세계대전이 발발할 무렵까지 민주주의 국가들은 이러한 방식으로 전환했다. 독일은 1943년에서야 미국식 제조공법을 채택했으나 그때는 너무 늦었다. 일본은 전쟁이 끝난 후까지도 표준화된 제조방식을 채택하지 않았다.

노스웨스턴대학의 역사학자 마이클 셰리Michael Sherry는 1987년 "파시스트 전체주의는 중앙집중화 면에서 연합국에 훨씬 못 미쳤다"라고 썼다. 어떤 것도 완벽하지는 않지만, 대부분의 경우 민주국가의 시민들은 자발적으로 스스로를 규율하기 때문에 조직화나 팀워크가 잘 이루어진다. 자유시장경제는 가장 효율적인 것이면 무엇이든 보상하는데, 전쟁에서 가장 효율적인 방식의 토대는 중앙집중화다. 공산주의 정부와 남미의 군부독재 정부들은 중앙집중화에 유리할 것처럼 보이지만, 실제로는 제조업 생산을 위한 중앙집중화 면에서 자유 사회에 뒤처진다.

민주주의는 독재보다 윤리적 우위를 갖는다. 여기에 더해 부를 축적하거나 전장에서 이기는 데 강점을 갖는다고 해서 나쁠 것은 없다.

민주주의에 덧붙여진 수치스런 오점

민주주의도 윤리적인 측면에서 여러 가지 흠결이 많다. 미국에서는 노예제와 그에 뒤이은 짐 크로 법Jim Crow laws(노예제 폐지 후 등장해 1965년까지 유지된 인종분리 법령들), 북미 원주민에 대한 잔혹 행위와 협정 파기 등을 들 수 있다. 영국과 스페인, 포르투갈, 네덜란드 등은 노예무역에 가담했었고, 영국과 프랑스, 스페인, 포르투갈, 벨기에, 네덜란드는 식민지 압제에 참여했다. 다른 민주국가들도 심각한 악행을 많이 저질렀다.

여기서 걱정되는 것은 민주주의에 덧붙여진 수치스런 오점이다. 오늘날 미국인들은, 노예제는 13차 수정헌법에 의해 시정된 과거의 도덕적 잔학 행위이고, 인종분리 정책은 인권운동과 약자 우대 조치에 의해 해소된 과거의 정치적 학대 행위라고 생각하기 쉽다. 작가 타네히시 코츠 Ta-Nehisi Coates는 노예제와 인종분리제가 인종차별적인 윤리 문제인 동시에 경제적 제도였으며, 그러한 역사적 유산이 시정되려면 아직 멀었다고 지적했다. 코츠는 2017년 "미국의 빈민가는 수십 년에 걸친 사회정책적 결정의 직접적인 귀결"이라며 "그러한 사회정책적 결정에는 부동산 구획도에 빈민가를 표시하도록 하거나, 검사들의 권한을 확대하거나, 교도소 예산을 늘리는 것 등이 포함된다"고 썼다. 1968년까지 계속된 부동산 구획 표시는 연방주택청FHA이 비밀리에 했을 만큼 수치스런 일이었으나, 흑인들로부터 백인들에게 순자산을 이전시키는 수단이 된 FHA의 공식적인 정책이었다.

민주주의 국가들의 환상적일 만큼 생산적인 산출은, 부분적으로 아프리카 흑인 노예와 북미 원주민 노예, 억압된 아프리카인과 아시아인, 인도인과 그밖의 여러 인종 출신의 계약노동자들이 자신들을 해방시켜준다고 약속한 정부의 부를 창출하기 위해 본인들의 의사에 반해서 일했기 때문에 가능했다. 역사는 수수께끼의 연속이다. 그중에서도 20세기의 독재체제를 중단하기 위해 민주국가들이 동원한 경제적 힘이 세계적으로는 도움이 됐지만, 사람들의 자유를 부정하는 잘못을 저질러 좌절을 겪는 것은 수수께끼가 아닐 수 없다. 그렇다고 해서 민주주의가 오늘날 택할 수 있는 가장 나은 사회체제라고 생각하지 않을 필요는 없다. 오히려 민주주의 국가에서조차 착취의 후유증은 우리 주변에 오래 남는다는 사실을 상기하는 편이 좋을 것이다.

독재체제가 이길 가능성은 없다

독재체제가 전쟁이나 경제면에서 민주체제를 이길 가능성은 없다. 또 그 점에 대해서는 영화나 대중음악 혹은 피자 배달에서도 마찬가지다. 독재체제는 민주체제와 직접 맞붙기보다는 민주체제를 잠식함으로써 이득을 볼 수는 있을 것이다.

역사적으로 주도적인 국가들의 대부분은 외부적 요인에 대응하는 과정에서 몰락한 것이 아니라 내부로부터 붕괴했다. 소련이 내부로부터 붕괴했을 때 아직 젊었던 러시아의 지도자들은 이 점을 잘 알고 있다. 도널드 트럼프가 취임하기 직전에, 물러나는 국가정보국장이었던 퇴역 공군중장 제임스 클래퍼James Clapper는 "2016년 미국 대선에 영향을 미치려던 러시아의 시도는 미국이 주도하는 자유민주주의 질서를 잠식하려는 러시아의 오랜 열망이 드러낸 가장 최근의 사례"라고 말했다. 이 책을 쓰는 시점에, 러시아가 2016년 미국 대선에 어느 정도 영향을 주었는지는 명확하지 않다. 그러나 그러겠다는 러시아의 욕구는 명확하다.

월스트리트의 투기꾼들은 공매도를 시도한다. 오늘날 러시아와 그 밖의 권위주의 정권들은 민주주의를 공매도하려 한다. 러시아는 공정한 싸움으로는 민주체제를 결코 이기지 못할 것이다. 그러나 독재체제는 루머를 퍼트려 시민들로 하여금 자유선거의 정당성에 의문을 갖게 하고 민주체제가 무너지는 것처럼 보이게 만듦으로써 표현의 자유와 인권을 수호하는 정부를 공매도할 수 있다. 기업이 곧 무너질 것처럼 보이도록 루머를 흘리는 것은 주식시장에서 흔히 쓰이는 공매도 수법이다. 그래서 주가가 폭락하면 공매도 세력은 이득을 본다. 전체주의 정부들은 미국의 '주가(국제적 평판)'가 폭락해서 미국의 자산을 헐값에 낚아챌 수 있기를 바란다. 만일 러시아가 트럼프의 백악관 입성을 도왔다면, 그것이 미국에 미치는 영향은 (전혀 준비되지 않았고, 정신없는 행동으로 나라를 혼란에 빠뜨리는 허세 많고 무능한 대통령을 백악관에 앉힘으로써) 공매도 세력이 추구하는 것과 정확히 일치한다.

민주주의를 가로막는 두 가지, 인터넷과 부정부패

민주주의가 확대된 최근의 기간 동안 두 가지 상쇄 요인이 대두됐다. 하나는 인터넷이다. 처음에 인터넷 접속은 독재자들의 골칫거리였다. 조지 오웰George Orwell은 그의 소설 《1984년》에 나오는 반이상향dystopia 인 오세아니아에서 시민들이 무슨 일이 일어나는지 알지 못하도록 전자기기를 사용할 것으로 생각했다. 인터넷이 확산되던 초기에 전자기기들은 오웰이 생각하던 바와는 정반대로 작용했다. 사람들도 인터넷을 통해 무슨 일이 일어나는지 쉽게 알게 된 것이다. 독재자들은 즉각 반응하기 시작했다. 예컨대 중국은 지방지 기자들이 부패 문제를 보도하지 못하도록 방화벽을 강화했고, 터키는 시민들이 아르메니아 기독교도에 대한 터키의 인종청소에 관련된 정보에 접근하지 못하도록 위키피디아 접속을 봉쇄했다. 그러나 인터넷에 대한 규제가 전혀 없는 서구에서조차 인터넷 확산의 두 번째 단계에서 인터넷이 민주주의를 좀먹는 효과가 나타나고 있다.

두 번째 상쇄 요인은, 자유선거를 치르거나 적어도 자유시장경제를 허용하는 나라에서 빠르게 증가하는 경제적 풍요로 인해 훔치고 싶은 충동을 불러일으키는 선물 보따리가 생겼다는 점이다. 미 해병대 출신으로 학자가 됐다가 나중에 빌 클린턴 행정부에서 백악관 고위 관리를 지낸 윌리엄 갤스턴William Galston은 2016년 "결정적인 관건은 엘리트들이 자신들의 사익을 도모하기 위해 통치하느냐, 아니면 공공선을 위해 통치하느냐의 선택"이라고 썼다. 성공적인 사회에서는 엘리트들이 공익을 위해 통치하지만, 부패가 만연한 사회에서는 모두가 사적 이익을 챙기느라 바쁘다.

"가난한 사람이 도둑질을 하면 감옥에 가지만, 부자가 도둑질을 하면 정부의 장관이 된다." 이는 루이스 이냐시오 룰라 다 실바가 한 말인데, 이 말은 정작 본인이 새겨뒀어야 했다. 그는 막상 브라질 대통령이 되자 부패에 관한 추잡한 기록 가운데 아마도 최악이 될 부패 스캔들에 연루돼, 대통령이 되기 전과 전혀 다르게 보였다. 2017년까지 룰라는 공적자금을 횡령한 죄목으로 징역형을 받았다. 또 다른 브라질 대통령은 착복 혐의로 탄핵됐고, 수십 명의 시장들이 뇌물 수수로 감옥에 갔다.

브라질의 FBI 격인 수사당국은, 이 나라의 끔찍한 교통체증을 피해 헬리콥터를 타고 다니는 이른바 '브라질식 백만장자'들의 집에 수색영장을 집행했다. 브라질 최대의 건설회사 최고경영자인 마르셀로 오데브레히트Marcelo Odebrecht는 정부 관리에게 뇌물을 공여한 혐의로 징역 19년형에 처해졌다(그는 브라질에서 3억 5,000만 달러를 뇌물로 지급했고, 노동자의 천국이라는 베네수엘라에서 1억 달러의 뇌물을 공여했다고 시인했다). 공공자금의 횡령은 이제 축구를 대신해 브라질의 국민적 스포츠가 됐다. 브라질은 주석과 콩, 설탕 등 원자재에 대한 의존도가 가장 높은 대규모 경제국이다. 그런데 원자재 거래는 도둑질하기에 좋은 대상이다. 원자재 의존도가 높은 산유국인 러시아와 페르시아 만 주변의 독재국가들에서 불법행위가 만연한 이유다. 브라질이 스캔들로 시끄러운 가운데 마법학교 같은 이름의 투명성부 장관과 함께 이 부처의 고위 관리인 파비아노 실베이라Fabiano Silveira가 부패 은폐 혐의로 체포된 뒤 사임했다. 그의 임무는 부패를 파헤치는 일이었다.

미국 법무부는 브라질에서의 뇌물 사건을 수사하다가 여러 다른 연루자들과 함께 롤스로이스를 적발하는 데 성공했다. 롤스로이스는 브라질에서 만들어지는 엠브리어 제트기에 탑재되는 항공기 엔진을 공급하는데, 브라질과 다른 남미 국가에서의 뇌물 공여 혐의로 8억 달러의 벌금이 부과됐다. FBI는 실제 이름이 부패정치자산 회수 계획 Kleptocracy Asset Recovery Initiative인 부서를 설립했는데, 이 부서는 외국 정부가 불법적으로 훔쳐 미국 내 계좌에 숨겨둔 30억 달러를 동결했다.

몇 년 전에 적어도 10억 달러를 횡령한 혐의로 말레이시아 수상이 체포됐는데, 그는 이 돈이 선거 후원금이라고 주장했으나 실은 납세자들의 돈이었다. 방글라데시의 중앙은행장은 이 나라의 국고 자금 8,100만 달러가 뉴욕의 한 계좌에서 사라진 뒤 사임했다. 아르헨티나의 한 고위 정부 관리는 퇴임 직후 체포됐는데, 체포 당시 그는 돈가방을 수도원 담 너머로 던졌다. 그곳에서는 훔친 돈도 면죄부를 받을 것이라고 생각했는지 모른다. 전 우즈베키스탄 대통령의 딸인 굴나라 카리모바는 취직한 적이 없었는데도 약 8억 3,000만 달러를 보유한 것으로 밝혀졌다. 우크라이나의 전 수상 파블로 라자렌코는 유일한 소득이 공무원 봉급이었는데 은행에 적어도 2억 5,000만 달러를 갖고 있었다. 콩고민주공화국 대통령이었던 조셉 칼리바는 공공자금으로부터 적어도 9,500만 달러를 빼돌린 것으로 여겨진다.

최근에는 미국의 아프간 재건 기금에서 1,150억 달러를 빼돌린 부패 스캔들이 아프가니스탄을 강타했다. 공적 자금의 횡령과 공공사업에서의 리베이트 행위가 앙골라와 호주, 캄보디아, 중국, 이집트, 이스라엘, 멕시코, 남아프리카공화국, 스페인, 우간다에서 일어났거나 최근에 드러났다. 루마니아의 부패 구조는 특히 기발하다. 정부가 공직자의 절도 행위를 면책하는 법을 제정한 것이다. 이 정도면 보스 트위드Boss Tweed(19세기 뉴욕에서 활동한 부패 정치인 윌리엄 매기어 트위드William Magear Tweed의 별명)도 감명을 받았을 것이다.

한국에서도 최근 대통령이 납세자의 돈을 횡령한 혐의로 탄핵됐고, 이 나라 최대의 재벌인 삼성그룹의 총수가 같은 사건에 연루돼 수감됐었다. 이란의 핵무기 개발 프로그램을 억제하는 2015년 협정에는 미국이 미국 내 계좌에 수십 년째 동결된 이란의 예금 약 4억 달러를 반환하는 내용이 포함됐다. 이란은 이 반환자금을 수표나 전신 송금이 아니라 달러화나 유로화 지폐로 받기를 원했다. 상자 8개 분량의 현금 뭉치를 테헤란으로 실어나르기 위해 대형 군용 수송기가 동원됐다. 이란 정부 관리들은 왜 전자 송금 대신 소액권 지폐를 요구했을까? 그래야 디지털 흔적을 남기지 않고 이 눈 먼 돈을 훔칠 수 있었기 때문이다.

카네기 국제평화재단의 연구원인 밀란 배이슈나브Milan Vaishnav는 인도의 전형적인 주의원 또는 연방의원의 순자산이 임기 동안 세 배로 불어났음을 밝혀냈다. 이것이 정당한 방법으로 벌어들인 수입이 아니라는 것은 쉽게 알 만하다. 마찬가지로 힐러리 클린턴은 과거에 자신의 재산이 갑자기 늘어난 것에 대해 시치미를 뗐다. 2015년에 공개된 파나마 페이퍼스(파나마의 조세 피난처에 은닉된 역외 비자금에 관한 비밀 자료_역주)는 중국과 아이슬란드, 러시아, 사우디아라비아의 정부 관리들이 그들이 횡령한 공공자금을 은닉하기 위해 가공의 유령회사를 이용하고 있음을 보여줬다. 오늘날 러시아를 '눈 덮인 나이지리아'로 비유하는 것은 (러시아의 부패가 나이지리아보다 심하다는 점에서) 나이지리아에 대한 모독이자 눈에 대한 모욕이기도 하다.

2017년 프랑스의 수상이었던 프랑수아 피용François Fillon은 자신의 부인과 자녀를 공직자 급여 대상자 명단에 올려놓았음이 드러났다. 프랑스에서는 엽관제(정권을 획득한 정당이 관직을 나눠 갖는 것_역주)가 합법적으로 허용되기 때문에 가족을 공직에 임명하는 것 자체가 문제는 아니다. 문제는 피용이 아무런 일을 하지 않고도 봉급을 받는 비상근직의 급여 대상자 명부에 자신의 가족을 올려놓았다는 점이다. 프랑스의 극우파 마린 르펜Marine Le Pen은 가짜 지출 계정을 제출하거나 그밖의 여러 가지 교묘한 수법을 동원하는 방법으로 유럽 의회를 사취해 2017년 프랑스 대선의 선거운동 자금을 조달했다. 부유한 탈세범의 적발 임무를 맡은 프랑스의 고위 관리는 세금을 회피하기 위해 자신의 자산을 역외에 숨긴 혐의로 징역 3년형에 처해졌다(프랑스와 그리스, 그밖의 유럽 여러 나라의 상류층은 버젓이 탈세를 저지른다).

초당파적 싱크탱크인 세계금융청렴성기구the Global Financial Integrity

는 2004년부터 2013년까지 10년 동안 세계 GDP의 약 2퍼센트에 해당하는 약 7조 8,000억 달러의 공공자금을 정부 관리들이 빼돌렸을 것으로 추산했다. 다이아몬드는 "부자가 될 수 있는 기회를 포함해서 일생 동안 가질 수 있는 기회의 대부분이 국가에 의해 통제되는 상황에서, 정치인들로 하여금 민주주의적 경기규칙을 준수하도록 하기는 어렵다"고 썼다. 다행히 자유세계의 선도국가인 미국은 그 정도까지 추락하지는 않았다.

뇌물과 횡령, 민주주의의 정당성을 훼손하는 검은 그림자

리처드 닉슨 대통령이 범죄를 저지르고 이를 은폐했기 때문에 사임할 수밖에 없었다는 것은 모두가 알고 있다. 그러나 닉슨 행정부의 부통령이었던 스피로 애그뉴 Spiro Agnew가 부패 범죄를 저질러 사임했다는 사실은 그다지 알려지지 않았다. 그는 약 75만 달러를 뇌물로 받았다. 이 미국의 부통령은 뇌물을 소득으로 신고하지 않았다는 이유로 탈세 혐의로 기소됐다.

닉슨은 혐의가 드러났을 때 적어도 "인정한다"고 말할 정도의 자존심은 가지고 있었다(사실 많은 지도자들은 범죄가 발각됐을 때도 이 말을 하기를 거부한다). 많은 연방정부와 주정부, 지방정부의 관리들이 재직 중에 저지른 범죄로 체포되면서 닉슨의 뒤를 따르고 있다. 국제적으로 앞서 언급한 부패 행위가 일어나고 있던 기간 동안, 미국 내에서도 앨라배마와 캘리포니아, 조지아, 일리노이, 메릴랜드, 매사추세츠, 미시간, 뉴욕 (뉴욕주와 뉴욕시 모두), 워싱턴 D.C. 등지에서 공공자금 횡령 사건이 일어났다. 푸에르토리코는 정부가 운용한 채권에 대해 730억 달러를 체납했는데, 운용 수익의 일부가 불가사의하게 사라졌다. 디트로이트 시장은 주 예산을 착복한 혐의로 징역 28년형을 받았다. 뉴올리언스 시장은 허리케인 카트리나 같은 폭풍에 대비하기 위한 돈을 횡령한 혐의로 10년의 징역형을 받았다.

볼티모어 시장은 가난한 사람들에게 나눠주기 위한 기프트카드를 훔쳐 개인적으로 사용했다(그녀는 사임하는 조건으로 징역형을 면해 연간 8만 3,000달러의 연금을 유지할 수 있었다. 결국 이 볼티모어 시장은 부패로 보상을 받은 셈이다). 펜실베이니아의 주정부 관리는 뇌물수수 혐의로 기소됐다. 이 관리는 정부 관리들의 리베이트와 사기 행위를 기소하는 지방검사였다. 미국의 수도 워싱턴 D.C.에서는 최근 여러 명의 시의원들이 부패 혐의로 기소됐는데, 그중 한 명은 자신이 공직에 출마한 목적이라고 자랑하던 청소년 체육기금을 횡령했다. 워싱턴 D.C. 바로 옆에 있는 프린스 조지 카운티의 최고책임자는 리베이트를 받아서 수감됐다. FBI가 그의 집 문 앞에서 수색영장을 제시하자, 그의 부인은 8만 달러의 현금 뭉치를 옷 속에 쑤셔넣으려 했다.

뉴욕에서는 주 회계감독관인 앨런 헤비시Alan Hevesi가 150만 달러를 뇌물로 받아 징역형을 받았다. 주 회계감독관의 역할은 공공자금을 지키는 일이다. 뉴욕 주의회 의장은 리베이트를 요구하다가 징역 12년형에 처해졌다(이 글을 쓰는 시점에 이 사건은 항소심이 진행 중이었다). 뉴욕주 유티카Utica시는 1,000개의 일자리를 만든다는 명목으로 5억 8,500만 달러의 지원금을 주정부로부터 받았다. 일자리 한 개당 58만 5,000달러의 보조금은 과도한 공적 투자가 아닐 수 없었다. 결과적으로 남은 것이라곤 이 자금이 사라진 뒤 뇌물수수와 입찰담합 혐의로 연루자들을 기소한 검사들의 일자리뿐이었다. 뉴욕시의 한 관리는 공공자금을 자신의 개인적인 식사 대금으로 쓴 사실을 시인했다. 브루클린의 지방검사인 그의 임무는 공공자금의 유용 행위를 적발해 기소하는 것이었다.

최근 여덟 명의 주지사 가운데 네 명이 감옥에 간 일리노이에서는 공공자금 횡령을 막는 것이 임무인 주 회계감사관이 부패 혐의로 기소됐다. 이 사건은 이 글을 쓰는 시점에는 아직 재판에 회부되지는 않았다. 검사들은 지출 계정에서 빠진 24만 7,000달러가 '자동차 수리비'로 계상됐다고 주장했다. 시카고 공립학교 시스템의 전 교육감은 2,000만 달러를 수의계약으로 돌려준 대가로 리베이트를 받은 혐의로 4년 징역형을 받았다. 시카고의 한 관리는 신호위반 단속 카메라를 운영하는 업체가 계약을 따도록 영향력을 행사하고 뇌물을 받은 혐의로 10년 징역형에 처해졌다. 카메라 바로 옆에 설치된 신호등은 노란 불이 단 2초만 보이도록 조정돼 있어 신중한 운전자들도 신호위반 딱지를 피할 수 없었다. 이 사례는 납세자들을 등쳐서 신호위반 과태료 수입을 올릴 목적으로 거래를 하고 그 대가로 리베이트를 챙긴 수법으로, 2중으로 부정행위를 저지른 셈이다.

캘리포니아와 뉴욕에서는 은퇴한 주정부 직원들을 위한 연금기금을 운용하는 관리자들이 뇌물수수 혐의로 기소됐다. 연금기금은 개별 연금 가입자들이 연금기금의 장부에 무슨 일이 일어나는지 알 길이 없기 때문에 오랫동안 조직범죄의 선호 대상이 돼왔다. 오늘날 연금기금을 노리는 조직범죄의 손길이 주정부에까지 뻗치고 있다. 캘리포니아 상원의원 릴랜드 이Leland Yee는 2015년 공갈 혐의에 대해 유죄를 인정한 뒤 수감됐다. 이 의원은 샌프란시스코에 엄격한 총기규제법이 제정되도록 해서 총기류 부족 현상이 일어나도록 한 후 총기 불법 수입에 관여했다.

연방 차원에서는, 2016년 오랫동안 하원의원을 역임한 차카 파타 Chaka Fattah 의원이 자신이 운영하던 자선기금의 돈을 횡령한 것을 포함한 부패 혐의로 징역 10년형을 받았다. 많은 유명인들과 정치인들이 자신들의 개인적 취미활동 자금을 조달하거나, 보통 사람들이 자기 호주머니에서 지불하는 일상적인 지출에 대해 세금 감면을 받기 위해 차량을 제공하도록 할 목적으로, 자선기금이나 공익재단을 설립해 기부금을 모금한다. 대통령 후보 힐러리 클린턴과 전직 대통령 빌 클린턴은 자신들의 자부심을 과시하기 위해 설립한 재단에 약 1억 5,600만 달러의 기부금을 모집했다. 기부금 중 일부는 대정부 청탁을 들어주거나 국무부 출입 자격을 얻어주는 대가로 주어진 것으로 보인다(AP통신은 대가성을 입증하는 데 성공하지는 못했지만, 후보자에게 기업 기부금을 허용한 연방대법원의 '시민 연합the citizens united' 사건 판결에 관해, 후보자에 대한 상당한 규모의 자금

이전은 부득이 일종의 접근권을 매입한 것으로 볼 수 있으므로 대가성을 입증할 필요가 없다는 힐러리 클린턴의 선언을 이끌어냈다). 19세기 독일의 사회학자 막스 베버Max Weber는, 정부는 폭력을 사용할 독점적 권력을 추구한다는 명제를 제시했다. 만일 21세기에 베버가 살았다면, 정부 관리들은 다른 사람의 호주머니를 털 수 있는 독점적 권력을 추구한다고 했을 것이다.

인디애나대학의 존 마이크셀John Mikesell 교수는 정부가 발주하는 건설공사 계약에서 빚어지는 부패로 인해 납세자들의 혈세가 1인당 연간 1,300달러씩 낭비된다고 추산한다. 이스탄불 태생의 MIT 경제학자 대런 아시모글루Daron Acemoglu는 정부의 부패가 대표성이 없는 엘리트들에게 과도한 권한을 부여하고 그밖의 사람들을 차단하고 있다고 썼다. 민주주의 국가에서 후보자들이 선심성 공약을 남발하게 되면, 이들이 당선된 후 자신에게 유리하게 지위를 이용할 것이고, 결국 민주주의 체제는 놀랍게도 조직범죄처럼 보이게 될지도 모른다. 카네기 재단의 연구원 배이슈나브는 인도에서 자유에 대한 가장 큰 위협은 주정부와 지방정부의 공직에 출마하는 후보들이 대놓고 자신들을 조직폭력배라고 선전하는 것이라고 주장한다. 인도의 유권자들이 악명 높은 인도의 경직된 관료주의에 맞서 뭐라도 이루려면 폭력배 같은 인물이 필요하다고 생각하기 때문이다(인도는 워낙 큰 나라이기 때문에 그곳에서 진행되는 민주주의 실험은 미국에서 벌어지는 사건들보다 훨씬 더 중요하다).

정부 관리들에 의해 저질러지는 횡령은 납세자의 돈을 낭비하는 것 이상의 폐해를 낳는다. 더 심각한 문제는 관리들의 횡령이 민주주의의 정당성을 훼손한다는 점이다. 로마제국의 가장 큰 적은 말을 타고 초원을 건너온 훈족이 아니라 내부의 부패였다. 이를 뒤집어보면, 싱가포르가 왜 비슷한 지리적 조건과 자원, 인구를 가진 주변 국가들보다 더 풍요로운지를 알 수 있다. 싱가포르 정부가 민주적인 동시에 부패하지 않았기 때문이다.

인터넷을 통해 손쉽게 정보를 얻을 수 있게 됨에 따라 정부의 부패 가능성이 통제가 되지 않을 정도로 커지고 있다는 인상을 줄 수도 있다. 그러나 실제로 나타난 결과는 오래된 (부패) 관행까지도 이제는 (인터넷을 통해) 드러나고 있다는 것이다. 만일 이것이 사실이라면 건전한 발전이 아닐 수 없다. 그러나 인터넷을 발전시킨 디지털 기술과 경제적 요인이 신문과 지방의 뉴스 방송에는 해를 끼치고 있다. 인터넷에 의해 타격을 입은 지역 언론들이 시청과 주정부에 대한 취재와 보도를 줄임에 따라 다시 부패가 확대될 길이 열렸다. 근본적인 상황이 무엇이든 간에, 거리의 범죄에 대해서는 하늘을 찌를 듯이 비난하는 후보들이 정치적 범죄에 대해서는 처벌받기를 원치 않는다는 것은 의심의 여지가 없다.

독재체제의 통치 근간

과거 권위주의 정권과 군주제 국가들은 일부러 피통치자들의 동의나 지지를 얻은 것처럼 보이려고 가장하지 않았다. 1차 세계대전 이후 민주적 제도에 대한 요구가 늘어나자 몇몇 나라들은 승자가 사전에 확실히 정해진 가짜 선거를 치르기 시작했다. 이런 선거에서 당선된 독재자는 나중에 "거봐, 사람들이 나를 선택했어"라고 말하곤 했다. 히틀러 치하의 독일과 스탈린 치하의 소련, 모택동 치하의 중국이 그랬다. 이들은 각각 12년과 30년, 31년씩 재임했다. 이들은 인민들이 그만큼 자신들을 선호했다고 강변했다. 오늘날에는 범죄조직의 수괴 같은 독재자들이 쿠바와 북한을 반세기 이상 통치하고 있다. 가짜 선거 방식은 이 기간 중에도 아프리카와 소련, 그밖의 지역에서 지속됐다. 무아마르 카다피는 2011년 사망하기까지 42년간 리비아에서 조폭 두목 같은 통치자였다. 오마르 토리호스Omar Torrijos는 1968년부터 1981년까지 파나마의 독재자로 군림하면서 스스로 '최고 지도자'란 칭호를 부여했다. 피델 카스트로는 2016년 사망하기까지 57년간 쿠바를 통치하면서 가짜 선거를 통해 자신이 대중의 지지를 받는 것처럼 가장할 수 있었다. 야히아 자메Yahya Jammeh는 1994년 쿠데타를 통해 감비아의 조폭 수괴가 되어 2016년까지 집권했다. 감비아 국민들은 제대로 된 진짜 선거를 요구했고, 선거를 통해 그를 내쫓았다. 자메는, 서아프리카 국제연합군이 감비아 국경에 집결해 강제로 추방하겠다고 위협할 때까지 권좌에서 물러나기를 거부했다. 그는 재임 중에 약탈한 공공자금으로 취득한 수천만 달러에 달하는 보석과 그림을 가지고 떠났다. 하페즈 알아사드는 30년간 조폭식으로 시리아를 통치했다. 2000년 그의 사망을 계기로 내전이 벌어졌는데, 누가 새로운 독재자가 되느냐를 두고 싸움을 벌이고 있다. 그의 선거운동 방식은 정적을 체포하는 것이었다.

25년간 국제 순회특파원으로 활동한 스콧 앤더슨Scott Anderson은 2016년 자신의 경험을 담은 회고록을 썼다. 이 책에서 그는 "2011년까지 이집트 인구의 대략 75퍼센트를 차지하는 41세 미만의 젊은이들은 국가 수반을 단 두 사람밖에 알지 못했고, 같은 연령대의 시리아인들은 평생을 아사드 가문의 부자 세습 통치하에 살았다"고 썼다. 앤더슨은 범죄 가문과 가짜 선거가 시리아 독재체제에서 통치의 근간임을 발견했다. 이런 통치 방식은 다른 나라에서도 쓰였는데, 특히 아프리카와 중동지역에서 두드러졌다. 그런데 이 두 가지 독재체제의 핵심 요소는 뚜렷한 경제침체를 부르는 확실한 방법이다.

자유선거로 선출된 정직한 지도자는 어떤 사회에서나 최상의 선택이다. 미국을 포함한 자유민주주의 국가들이 '정직성'이란 대목에서 갖는 어려움은 단순한 불안감을 넘어선다. 만일 공화당이 '유권자 기만voter fraud(투표나 개표 과정에서의 부정행위)'을 탓하거나, 민주당이 '유권자 억압voter suppression(투표 참여를 억제하거나 방해하는 행위)'을 탓한다면 제발 동조하지 말기 바란다. 유권자 기만과 유권자 억압은 현대정치에서 건강부회하기 위해 동원하는 대표적인 소재로서, 말하자면 네스호의 괴물 같은 것이다. 선거에서 이런 부정행위가 있다고 주장하지만 항상 목격자가 도착하기 전에 사라지고 말기 때문이다. 유권자 기만과 유권자 억압은 보안관 선거나 카운티 의원 선거 등 지방선거에서 투표율에 영향을 줄 수 있을지 모르지만, 각종 연구결과는 전국 단위 선거에는 거의 영향을 주지 않음을 일관되게 보여준다. 공화당은 유권자 기만을 주장하고 민주당은 유권자 탄압을 외치지만, 실은 양측 모두 대중들이 자기편 후보나 정책을 좋아하지 않는다는 사실에 직면하지 않기 위해 내세우는 구실에 불과하다. 이제는 탓할 대상을 바꿔야 한다.

1940년을 저점으로 많은 나라들이 권위주의 체제에서 민주 체제로 전환했다는 사실은 언젠가는 모든 국가가 이러한 체제 전환을 이루게 될 것이란 희망을 갖게 한다. 아프리카와 중국, 중동, 파키스탄, 그리고 그밖의 지역에서 시민들은 자유선거와 표현의 자유를 원한다. 이들 국가의 정부는 이 두 가지 권리를 회피하려고 애쓴다. 지난 한 세기 동안 자유를 열망하는 사람들은 미국을 모범 사례로 선망해왔다. 이러한 기대는 앞으로도 계속될 것인가?

민주주의를 후퇴시키는 지도자

래리 다이아몬드는 "민주주의 후퇴가 가장 우려되는 대목은 미국을 포함한 서구에서 민주주의의 효과와 에너지, 그리고 민주주의에 대한 확신이 떨어지는 것"이라고 말한다. "미국에서 민주주의가 정직한 통치라는 과제에 대처할 수 있을 만큼 충분히 작동하지 않는다는 느낌이 점점 커지고 있다. 전 세계를 여행하다 보면, 세계 각국의 사람들이 미국에서 벌어지는 일에 엄청난 관심을 기울이는 것을 본다. 이들이 미국에서 편견이 심한 재벌이 성공하는 것을 목격한다면, 세계의 독재자들에게는 큰 격려가 될 것이다."

다이아몬드는 거리의 선동가가 아니다. 그의 사무실은 스탠포드대 후버 연구소에 있다. 후버 연구소는 진보적 성향인 하버드대학의 케네디 정책대학원에 대해 우파적 대안을 제시하는 대체로 보수적인 공공정책 연구센터다. 그런 연구소에 있는 그가 2016년 미국 대선의 승자를 '편향적인 재벌'로 여기는 것이다. 민주주의의 옹호자들은 트럼프가 선택됐다는 사실을 받아들여야만 한다. 자유선거가 좋은 지도자를 낳는다는 보장은 없는 것이다. 그러나 선택된 사람들은 높은 기준에 부합해야 할 책임이 있다. 퇴역 해병대 장성인 제임스 매티스James Mattis는 국방장관이 되기 전에 "미국은 두 가지 근본적인 힘을 갖고 있다. 하나는 상대를 위협하는 힘이고, 다른 하나는 영감을 주고 격려하는 힘"이라고 말했다. 두 가지 힘 가운데 영감과 격려의 힘이 더 바람직하고 효과적이다. 그 힘은 미국과 미국의 대통령이 존경할 만한 모범이 될 때만 제대로 발휘된다.

도널드 트럼프는 카메라에 대고 뻔뻔스럽게 거짓말을 하는 것이 정상인 TV쇼 프로그램을 진행한 경력을 가지고 정계에 진출했다. 영화나 연극 작품에서는 가공의 이야기나 허구적인 발언도, 그것이 가공과 허구라는 점이 청중들에게 제시되는 한 얼마든지 좋은 평가를 받을 수 있다. 레이건 대통령 역시 영화계 경력을 가지고 정치에 입문했다. 그러나 레이건은 대선에 출마하기에 앞서 캘리포니아 주지사를 역임했고, 공공정책을 광범위하게 공부했다. 그가 1980년 선거운동을 벌였을 무렵에는 이미 정치가statesman가 돼 있었다. 트럼프는 대선에 출마하기 전에는 어떤 공직도 맡은 적이 없고, 단 1분도 공공정책에 관해 공부한 적이 없었다. 그리고 자신의 역할이 흡사 배우처럼 대사를 전달하는 데 있다고 여기는 단계에서 미합중국의 키를 잡았다.

공직에 나서는 사람들은 전에도 거짓말을 일삼았고 앞으로도 그럴 것이다. 트럼프의 경우, 백악관에 입성한 후에도 끊임없이 거짓말을 했고, 이는 전 세계의 독재자들을 고무하는 결과를 빚고 있다. 트럼프가 자신과 러시아와의 연계를 조사하지 못하게 하기 위해 FBI 국장인 제임스 코미James Comey를 해임하고 그에게 발설하지 말라고 공개적으로 경고했을 때, 전 세계의 독재자들은 동의한다는 뜻으로 고개를 끄덕였다. 미국의 지도자가 민주주의의 기본 원칙을 비웃는 마당에 미국이 어떻게 다른 나라에게 민주적 대의정치를 설교할 수 있겠는가?

1787년 제정된 미국 헌법과 1789년 프랑스 혁명의 승리를 계승한 법적 기본 틀에 기초한 민주적 원칙은 독재자들을 동경하지 못하도록 정교하게 설계되었다. 이 헌법적 기준은 미국의 45대 대통령이 무슨 짓을 하든 결국은 승리할 것이다. 그러나 트럼프가 6,300만 명의 유권자들로 하여금 미국이 끔찍한 상황에 처해 있고 기존의 통치제도를 무너뜨려야 한다고 믿게 할 만큼 교묘하게 거짓말하는 재주를 가졌다는 점은 불안하기 짝이 없는 일이다. 특히 미국이 전에 없이 최고의 상태에 있고, 미국의 민주주의 제도가 때로는 삐걱거리고 비용이 많이 들지만 그 어떤 나라의 제도보다 성공적인 것으로 평가받는데도 트럼프의 거짓말이 통한다는 사실은 충격적이다(전 세계 200개 나라들이 미국처럼 되기를 열망하고 있다). 또한 트럼프가, 미국이 민주주의를 고취하기를 기대하는 세계인들 앞에서 미국 스스로가 정신을 못 차리고 혼돈에 빠진 모습으로 비쳐지게 한다는 사실은 당혹스럽기 짝이 없다. 트럼프 행정부의 이런 문제들은 트럼프가 역사의 쓰레기통에 던져진 후에도 오랫동안 미국의 오점으로 남을 것이다.

젊은이들이여, 투표권을 적극 행사하라

지난 대선의 한 가지 긍정적인 효과는 아마도 젊은이들에게 앞으로는 투표에 적극적으로 참가해야겠다는 생각을 갖도록 한 것일지 모른다. 2016년 선거에서 노인층의 투표 참가율은 71퍼센트였고, 29세 이하 연령층의 투표 참가율은 46퍼센트였다. 젊은 층은 노인층보다 투표소에 가기가 훨씬 쉬웠지만, 실제 투표소에 더 많이 간 것은 노인층이었다. 젊은 층은 투표에 참여하지 않음으로써 노인들로 하여금 추가로 보조금을 요구하고 그 청구서를 후대에 넘기도록 했다. 세월이 흐른 뒤, 지금의 젊은이들은 다른 사람들의 빚더미에 올라앉아 자신들의 실수를 후회하게 될 것이다.

2016년 대선에서 상위 3인의 주자(도널드 트럼프, 힐러리 클린턴, 버니 샌더스)는 모두 사회보장연금의 수혜자들이었다. 그해에 상원과 하원, 대법원 구성원들은 평균 연령과 중앙 연령이 모두 역대 최고령이었다. 미국 정치가 교착상태에 빠진 이유 중 하나는 고령의 지도자들이 수십 년이나 뒤떨어진 철 지난 논쟁을 재연했기 때문이다. 흡사 고교 동창생들의 재회 모임에서 그 옛날 고교 시절 누구와 졸업파티에 갔어야 했느냐를 두고 논쟁을 벌이는 것 같다. 젊은이들이 공직에 출마하고, 젊은 유권자들이 투표에 적극적으로 참여할 수 있도록 새로운 발상의 전환이 필요하다. 대통령이 나이가 많을 필요도 없고 시대에 뒤떨어질 필요도 없다. 존 케네디는 대통령에 취임했을 때 43세였고, 버락 오바마는 48세였으며, 프랭클린 루스벨트는 51세였고, 아들 조지 부시는 55세였다. 젊은이들이 적극적으로 투표권을 행사하지 않으면 앞으로도 2016년 대선처럼 나이 많고 시대에 뒤떨어진 지도자들만 양산하게 될 것이다.

독재자들이 득세할 수 없는 이유를
논한 이번 장을 요약하면,
민주주의 체제가 경제나 전쟁에서
모두 독재체제보다 우월하다는
것이다. 민주체제는 당근과 채찍을
동시에 사용할 수 있기 때문이다.
또한 민주체제가 독재체제보다
도덕적으로 우월하다는 것은 괜찮은
덤이다. 그러나 민주주의 체제는
내부의 부패와 정실 문제를
시정할 필요가 있다. 2차 세계대전
이후의 자유를 향한 움직임이
역전되지 말란 법은 없다.
민주주의 체제는 우리가 살고 싶은
더 나은 세상을 위한
최상의 정부 형태다.
그러나 더 나은 세상이 그저 멀리
떨어진 꿈은 아닐까?

IT'S BETTER THAN IT LOOKS

PART 3

더 나은 세상은
생각보다 가까이에 있다

8

비관론은 어떻게
인기를 끌게 됐을까?

미국과 유럽의 몰락을 그린 작품들

이 책의 집필을 준비하면서 나는 불편한 책 한 권을 읽었다. 매우 수준 높은 관찰자인 저자는 미국 사회가 걷잡을 수 없이 추락하고 있다고 경고했다. 그는 국제무역의 확대로 일자리가 사라지고, 정신을 잃을 정도로 급속한 변화가 일어나며, 통신의 발달은 변화를 더욱 가속화시키고, 인종, 남녀 문제, 성性 문제에 대한 새로운 풍조가 소중한 전통을 뒤엎고 있으며, 구舊유럽은 탈진하여 쓰러졌고, 중국이 세계를 집어삼킬 것이라고 썼다. 여기다 최악인 것은 미국의 교육 시스템이 뒤처질 수밖에 없다는 것이다. 미국의 학교들은 수학과 과학, 기술에 미흡하기 때문에 청소년들에게 세계화된 환경에서 알아야 할 것들을 제대로 가르치지 못한다는 것이다.

두 번째 신경이 거슬리는 또 다른 책을 읽었다. 이 책은, 이상한 종교에 집착하는 검은 피부의 난민의 파도가 미국과 서유럽에 밀려들고 있다고 경고했다. 국경을 폐쇄하고 높은 장벽을 세우지 않으면 유럽계 후손인 백인들은 몇십 년 안에 지구상에서 사라질 수 있다는 것이다.

세 번째 껄끄러운 책이 나의 관심을 끌었다. 이 책은 앵글로 색슨 문명이 최후의 국면인 '겨울철'에 들어섰다며, 개발도상국들의 높은 출산율과 호전성에 의해 흡수되는 것이 불가피하다고 주장했다. 계몽주의는 바람직한 생각이긴 하지만 끝장날 운명이라는 것이었다.

나는 이런 음울한 이야기에서 벗어나 위안을 얻기 위해 극장을 찾았다. 미국 드라마 가운데 가장 잘 만들어졌다는 연극 한 편을 보았는데, 범죄가 도심을 지옥처럼 만든 가운데 12명의 남자들이 나라를 망치는 불법 이민자들에 대해 논란을 벌이는 내용이다. 나는 브로드웨이 건너편의 또 다른 극장을 찾아 퓰리처상 드라마 부문 1등을 수상한 작품을 봤다. 이 연극의 주제는 불법 이민자들이 어떻게 미국을 분열시키는지에 관한 것이었다.

혹시 영화는 내 기분을 바꿔줄지도 모른다는 생각으로 최고의 흥행작 한 편을 봤다. 그 영화에서 할리우드의 스타는 "이 나라는 원래 끝내주게 좋은 나라였는데 도대체 뭐가 잘못됐는지 도무지 이해할 수가 없다"고 외쳤다. 내 기분을 끌어올려줄 마지막 기대는 노래와 춤, 가장 널리 알려진 유명한 뮤지컬을 관람했다. 이 뮤지컬은 외부인들이 몰려들어와 모든 것을 망가뜨리고, 특히 가장 소중한 꿈인 젊은이의 사랑조차도 파괴한다는 내용이었다.

집으로 돌아와 미국의 몇 안 되는 노벨문학상 수상자 중 한 사람이 쓴 소설을 읽었다. 이 소설은 미국이 대기업의 탐욕과 정부의 부패, 학계의 표절, 그리고 불법 이민자들에 대한 무대응으로 인해 무너지는 마지막 하락의 단계에 들어섰다는 내용을 담고 있었다.

위에 언급한 모든 작품은 55년에서 100년 전 사이의 것들이다. 이 작품들의 내용대로라면 미국과 유럽은 지금쯤 망했어야 한다.

첫 번째 책은 1918년에 출간된 《헨리 애덤스의 교육The Education of Henry Adams》이란 책이다. 존 애덤스 대통령의 손자인 헨리 애덤스는 넉넉한 재산과 풍부한 인맥을 가지고 혜택받은 삶을 살았다. 그는 많은 유명인사들 가운데 현대 지질학의 중심 인물인 찰스 다윈Charles Darwin 과 찰스 라이엘Charles Lyell을 알고 지냈다. 이 책의 저자는 미국이 반드시 망한다고 확신한 나머지 자신이 죽기 전에는 이 책의 원고를 출판사에 넘기지 말라는 지침을 남겼다. 서구 사회의 몰락이 임박했다는 자신의 예측이 대중의 지지를 받는 비극적 상황을 맞이하고 싶지 않았기 때문이다.

두 번째 책은 매디슨 그랜트Madison Grant가 1916년 출간한 《위대한 인종의 소멸The Passing of the Great Race》이란 책이다. 그랜트는 정부 주도의 우생학 정책을 시행하는 것이 미국과 유럽이 존속하도록 할 수 있는 최후의, 그리고 절실한 기회라고 주장했다. 세 번째 책은 1918년부터 1923년까지 여러 권으로 출간된 오스왈드 스펭글러Oswald Spengler의 《서구의 몰락The Decline of the West》이다. 스펭글러는 미국과 유럽이 과거 바빌론과 고대 이집트처럼 역사적으로 폐기되기 직전이라고 주장했다. 자유의 시대는 지나갔기 때문에 굳이 자유세계를 지키려고 애쓸 것 없다는 것이다.

첫 번째 연극은 처음에는 연극으로 공연됐다가 1957년 헨리 폰다 주연의 영화로 유명해진 레지널드 로즈Reginald Rose의 〈12인의 성난 사람들Twelve Angry Men〉이다. 이 작품에서 각자의 번호로만 등장하는 12명의 배심원들은 불법 이민이 미국에 미치는 영향과 불심 검문이 공공의 안전을 위한 것인지 아니면 인종차별인지에 대해 토론한다. 두 번째 연극은 아서 밀러Arthur Miller와 마릴린 먼로가 결혼하기 직전인 1955년 초연된 밀러의 〈다리에서 바라본 광경A View from the Bridge〉이다. 이 연극의 주인공이 미국을 망치고 있다고 믿는 불법 이민자들은 시리아나 예멘 출신이 아니라 이탈리아에서 온 이민자들이었다.

영화는 아폴로 11호가 달에 착륙했을 때 개봉된 잭 니콜슨 출연의 〈이지 라이더Easy Rider〉다. 뮤지컬은 1957년 브로드웨이에서 초연된 〈웨스트사이드 스토리Westside Story〉다. 뮤지컬에서 제트파 갱단은 샤크파 갱단을 뉴욕시에서 몰아내고 싶어 한다. 제트파의 조직원들은 샤크파를 미국에 침입한 외국인으로 간주한다. 그러나 샤크파는 1917년부터 미국령이 된 푸에르토리코 출신의 미국 시민이었다. 위에서 언급한 소설은 1951년 출간된 존 스타인벡의 《불만의 겨울The winter of Our Discontent》이다. 학생들은 대공황기 노동계층의 비참한 삶을 미국 사회의 폐단으로 묘사한 스타인벡의 《분노의 포도 Grapes of Wrath》를 알고 있다. 《불만의 겨울》에서는 전후 화이트칼라의 삶을 미국의 폐단으로 제시한다.

미국이 과학에서 뒤처진다는 헨리 애덤스의 주장에 대해 살펴보자. 노벨 물리학상과 화학상, 의학상이 생긴 이래 이 분야의 미국 출신 수상자 수는 그 다음 많은 수상자를 배출한 5개국 출신 수상자를 다 합친 것보다도 많다. (도널드 트럼프의 2016년 선거운동에서 주요 화두 가운데 하나였던) "이민자들이 쏟아져 들어온다"는 주장도 확인해보자. 1946년 미국에서 이민자는 1,000만 명이었다. 오늘날 이민자는 3,900만 명이 됐고, 미국은 과거 어느 때보다도 더 부유해지고, 더 강해지고, 더 공정해지고, 더 자유로워졌다. 1946년을 기준 연도로 삼은 이유는 트럼프가 이민자의 손자로 태어난 해였기 때문이다.

위에서 언급한 작품들을 아우르는 수십 년 동안 소득과 건강, 자유, 교육의 수준은 꾸준히 향상됐고 차별과 빈곤, 공해는 확연히 줄어들었다. 작가와 예술가들이 미국이 산산조각 날 것이라고 생각한 기간 동안 미국은 객관적으로 모든 면에서 역사상 가장 성공적인 나라가 됐다. 구유럽 역시 그다지 나쁘지 않다. 수백만 명이 미국과 유럽에 들어오고 싶어 하고, 그곳에 사는 사람들은 누구도 떠나기를 원치 않는다. 그러나 미국인과 유럽인들은 계속해서 자신들의 사회가 몰락하고 있다고 믿는다.

오랜 전통이 된 과장된 비관론

미국은 자원과 지정학적 위치 면에서 천혜의 혜택을 받았음에도 불구하고 그들이 갖고 있는 극도의 비관론은 오래된 전통이다. 1639년 매사추세츠 만 식민지Massachusetts Bay Colony에서 태어난 인크리스 매더 Increase Mather는 북미가 이미 쇠락하고 있다고 한탄하는 글을 썼다. 몰락이 임박했다는 그의 열정적인 설교는 당시에 상당히 인기를 끌었다. 전 콜로라도 상원의원 개리 하트Gary Hart는 미국 역사에서 등장하는 비관론에 관해 "(미국 2대 대통령) 존 애덤스가 이민 규제법안을 지지했을 때, 토머스 제퍼슨은 미국이 파멸할 것이라고 확신했다"는 사례를 제시했다(존 애덤스는 1798년 이민규제법에 서명했다).

그후로도 수십 년간, 약간의 퇴보 정도로 생각하면 될 일도 엄청난 재앙인 듯 과장해서 표현하는 사례가 많았다. 1957년 소련이 유인 우주선 스푸트니크 호를 우주 궤도에 성공적으로 발사하자 CBS 뉴스는 '국가 비상사태'라고 선언했고, 당시 미국의 선도적인 인쇄 매체였던 〈라이프〉 지는 소련이 국제역학에서 미국을 추월하게 됐다고 보도했다.

〈애틀랜틱〉 지의 1994년 커버 스토리였던 "다가오는 무정부 상태The Coming Anarchy" 제하의 기사는, 서구 경제권과 정부들이 제대로 작동하지 않는 가운데 개도국들이 종말론적 폭력의 소용돌이에 빠져들고 있다며, 세계가 근본적으로 파국으로 치닫고 있다고 선언했다. 누구나 전망이 틀릴 수 있다(이 점에서는 나도 전망이 틀린 경험이 있다). 그러나 〈애틀랜틱〉지는 세계 최고의 잡지이고, 기고자인 로버트 카플란Robert Kaplan은 노련한 집필자다. 그런데 이 잡지와 기고자는 모두 비관론의 가능한 해석 가운데 가장 극단적인 해석을 택했다. 당시 대통령이었던 빌 클린턴은 백악관에서 이 기사를 극찬했다. 만일 이 잡지가 "다가오는 점진적 발전The Comming Gradual Improvement"이라는 제하의 커버 스토리처럼 대체로 긍정적인 전망 기사를 내놨다면, 기사의 분석 자체는 옳았겠지만 급격한 몰락을 우려하는 당시의 정서는 놓쳤을 것이다.

미국의 쇠락에 대한 도널드 트럼프의 명청한 발언들은 걱정스럽다. 미국의 몰락에 대한 한심한 발언들은 역사적으로 계속돼온 것인 데다, 이러한 발언이 공화당뿐만 아니라 민주당에서도 나올 가능성이 크다는 점을 새겨보라. 스푸트니크 호 발사 이후 곧 대통령이 될 린든 존슨은 상원 회의장에 출석해 행한 연설에서 소련이 외계에서 지구의 기후를 통제하려는 비밀 계획을 갖고 있다고 주장했다. 2012년 버락 오바마 행정부의 국가정보위원회는 2030년까지 중국의 GDP가 미국을 추월하면서 미국이 더 이상 초강대국의 지위를 유지하지 못할 것이란 보고서를 냈다. 이 비관적인 전망이 맞으려면 중국은 겨우 12년 내에 GDP를 두 배로 늘려야 한다. 이는 물리적으로 불가능하다(중국 경제는 GDP와는 다른 기준인 구매력 면에서는 미국과 견줄 만하다). 중국이 2030년에 미국의 군사력에 도전하는 것은 어림없는 일이다.

지식인들은 비관론 이외의 다른 견해는 모두 지나친 낙관론으로 경시되는 풍조 때문에 비관론을 수용하는 것 같다. 현대 미국학계에서,

미국이 인류에게 긍정적인 영향을 주었다는 생각은 거의 금기에 가까운 발상이다. 데이비드 브룩스David Brooks는 2017년 "수십 년 전부터 많은 사람들이 (특히 대학에서) 서구 문명에 대한 서술에서 믿음을 잃었다"면서 "오늘날 학생들은 서구 문명이 반동적 억압의 역사라고 배운다"고 썼다. 사실 미국의 역사는 소수자에 대한 폭력으로 가득 찼다. 그러나 서구 문명이 없었다면, 오늘날 서구 문명을 비난하는 학자들이 대학에서 안락한 지위를 누리지 못했을 것이다. 훨씬 더 중요한 것은 지금의 세계가 더 나은 곳이 되겠느냐는 것이다.

정부기관의 연구소들은 더 많은 예산을 정당화하기 위해 비관적 예측으로 기운다. 정치적 이해 집단들은 재원을 조달하기 위해 비관론에 기댄다. 번영은 기부할 수 있는 재원을 창출함과 동시에 더 많은 기부금을 얻어내려는 특화된 불만 계층도 만들어낸다. 조지 W. 부시의 대통령 재임 기간은 부유한 자유주의자들에게 기부금을 요청하는 사람들에게는 황금기였다. 오바마 재임기는 기부자 명단이 보수 쪽에 치우친 기부 요청 단체들에게 더없이 행복한 시기였다. 트럼프의 대통령 재임 기간은 TV 뉴스 시청률을 올리고 싶은 방송사와 판매 부수를 늘리려는 신문사, 심야 토크쇼를 진행하는 코미디언, 그리고 온갖 종류의 기부금 모금 단체에게 하늘이 내려준 기회였다. 만일 트럼프가 정직하고 합리적인 인물이라면 기부금 모금 단체들은 매우 서운할 것이다.

누가 가장 과장된 경보음을 울리는지를 경쟁적으로 찾다 보니 비관론이 더욱 빠르게 확산된다. 버니 샌더스는 대선 후보 기간 중 "미국 정부가 단 1퍼센트를 위해 봉사한다"고 말했다. 샌더스는, 상위 소득자들로부터 자본이득세를 거둬 저소득층을 지원하는 이른바 오바마케어(소득이전 프로그램)가 상원을 통과한 지 얼마 되지 않은 시점에 이런 주장을 폈다. 미 의회 예산국은 이 제도의 시행 첫 10년 동안에만 13조 달러가 부유층으로부터 저소득 노동계층으로 재분배될 것으로 추정했다. 샌더스는 나아가 "오늘날 우리나라는 전례가 없는 일련의 위기에 직면하고 있다"고 말했다. 이 말은 어떤 기준으로도 사실이 아니지만 청중들이 듣고 싶어 하는 말이다.

나는 무작위로 2016년 6월을 골라 〈뉴욕타임스〉에 '위기'란 단어가 얼마나 등장하는지를 추적해봤다(인용문처럼 불가피하게 이 단어를 사용해야 하는 경우는 제외했다). 〈뉴욕타임스〉는 2016년 6월에 '위기'란 단어를 914번 사용했다. 하루에 30번씩 이 단어를 사용한 셈이다. 세계에서 가장 영향력 있는 신문에게 거의 모든 사건이 사상 유례가 없는 위기였던 것이다.

부풀려진 부정적 주장에 의해 영향을 받는 것이 미국만도 아니고, 우리 시대에만 두드러진 현상도 아니다. 2400년 전 플라톤은 젊은 시절의 잘 정돈된 세계가 금방 나빠질 것이라고 생각했다. 만일 플라톤이 도널드 트럼프의 유세 현장에 참석했다면 "모든 것이 악화일로에 있다"는 트럼프의 발언을 듣고 점잖게 고개를 끄덕였을 것이다.

비관론은 유전자와 노령화의 산물?

플라톤은 왜 모든 것이 악화된다고 생각했을까? 첫 번째 이유는 조직화된 사회에서 살아남은 다른 모든 사람들처럼 이 플라톤 학파의 창시자도 먼 과거의 조심성 많은 조상의 후손이기 때문이다. 자연선택은 태평한 사람보다 경계심 많은 사람을 선호했다. 우리의 몸은 위험에 처하면 아드레날린을 발산한다. 스트레스 호르몬인 코르티솔이 서서히 흘러나와 불확실성이 해소될 때까지 온 몸의 감각과 근육의 반응 속도를 끌어올린다. 역사상 많은 불확실성이 있었고 앞으로 더 많은 불확실성이 대두될 것이다. 먼 옛날부터 아드레날린과 코르티솔의 분비가 원활했던 사람들은 그렇지 않은 다른 사람들보다 종족 번식에 유리했다. 유전자가 숙명은 아니지만 우리에 대해 많은 것을 알려준다. 비관론에 관해 유전자가 알려주는 것은 우리가 비관적인 의식구조와 스트레스가 쌓인 혈액 성분을 가진 조상의 후손이라는 점이다. 아마도 그래서 우리가 더 나아졌는지도 모른다. 버트런드 러셀 Bertrand Russell은 "당신이 불평을 더 할수록 신은 당신을 더 오래 살게 할 것"이라고 말했다. 그러나 자연선택으로 인해 사람들의 걱정이 많아진다면, 그와 함께 부정적인 세계관도 나타난다.

두 번째 고려할 점은 과거와 현재 그리고 미래의 모든 다른 사람들과 마찬가지로 플라톤도 점점 늙어갔다는 것이다. 심리학자와 철학자들은 성서에 나오는 에덴동산 이야기가 유소년에서 성년으로 이행하는 과정을 비유한 것이라고 지적한다. (모두는 아니지만) 대부분의 어린이들은 자신들에게 필요한 것을 모두 제공해주는 자애로운 부모에 의해 잘 정돈된 세상을 보게 된다. 시간이 감에 따라 부모들이 자녀에 대한 보살핌을 중단하면서 어린 시절의 무한 보장이란 안정감을 상실한다. 유아적인 호기심은 실망과 배신감, 충족되지 않은 욕구로 대체된다. 어린 시절에는 헤아릴 수 없이 많은 시간이 앞에 놓여 있다. 중년이 되면 그 시간이 확연히 줄어든다. 노화는 저주가 아니다. 많은 노인들은 젊은 시절의 열정적인 기대 못지않게 만족스런 행복감과 지혜를 얻는다. 그러나 모든 사람은 나이를 먹어감에 따라 어쩔 수 없이 비관적인 사고방식을 갖게 된다. 중년 이후부터는 인간이 경험할 수 있는 모든 조건이 퇴락하는 것으로 보인다.

이런 사고방식을 우리 사회에 투영해보았다. 현재 미국과 유럽연합의 인구 구조는 노령화 쪽으로 이행하고 있다. 그 결과는 이들 사회에 반영된 비관주의다. 대부분의 것들이 대부분의 사람들에게 더 나아지고 있음에도 불구하고, 이들 사회의 노령화되는 구성원들은 다가오는 인생의 종점을 의식할 수밖에 없다.

다수의 피해자 의식에 휩쓸린 백인들

쇠퇴에 대한 두려움은 수세기 동안 각종 집회의 구호가 돼왔다. 여러 시기의 많은 문화권에서, 많은 사람들이 알 수 없는 힘에 의해 '좋았던 옛 시절'로 돌아가자는 당연하고도 간절한 소망을 잃어버렸다고 느껴

왔다. 트럼프가 2016년 선거운동에서 공공연히 떠들었던 "나는 옛 시절을 사랑한다"는 말은 과거에는 모든 것이 더 나았다는 모호한 (사실은 틀린) 믿음에 호소한 것이다. 실제로 벌어지는 일의 대부분은 알 수 없는 힘에 이끌린 것이 아니라, 대개는 삶을 향상시키지만 스트레스를 주고, 불안하게 하며, 예측할 수 없는 불가피한 변화에 의해 일어난다.

사람들은 나이 드는 것을 멈출 수 없다는 말이 듣기 싫은 것만큼이나 변화를 멈출 수 없다거나 멈추지 말아야 한다는 말을 듣고 싶어 하지 않는다. 대신 사람들은 자신들이 과거에 가졌던 것을 빼앗겼고 부당하게 취급당했다는 말을 듣고 싶어 한다. 달콤했던 젊은 시절은 누구에게나 항상 사라지게 돼 있다. 정치에서 '좋았던 옛 시절' 주장은 이런 상실감을 전체 사회에 적용하려는 의도다. 사회는 우리가 젊었을 때보다 더 좋아졌는데도 말이다. 미국인들이 이미 비관론에 경도돼 있지 않았다면, 도널드 트럼프는 미국이 몰락하고 있다고 유권자들을 설득하지 못했을 것이다. (미국이 그 어느 때보다 나아졌음에도 유권자들은 완전한 실패라고 인식하는) 인지부조화의 조건은 트럼프와 상관없는 이유 때문에 형성됐다. 같은 의미에서 2016년 브렉시트 Brexit(영국의 유럽연합 탈퇴) 국민투표 날 (영국의 상황이 과거 어느 때보다도 좋음에도 불구하고 유권자들은 최악이라고 믿는) 영국의 인지부조화 조건은 영국 수상이나 의회와 무관한 이유로 형성됐다.

비관론의 한 가지 특징이 2016년 두 나라에서 똑같이 나타났다. 다수의 피해자 의식 majority victimhood이라는 새로운 개념이다. 약 한 세대

전에 미국과 영국에서, 대학 및 공립학교들과 함께 국가 지도자들이 과거의 유산 가운데 수치스러운 것들을 인정하기 시작했다. 미국 역사의 오점에는 노예제와 인종분리, 흑인에 대한 경찰의 학대 등이 포함됐다. 여기에는 또 북미 원주민과 아시아인에 대한 학대(1882년의 중국인 배제법은 거의 주목받지 못하는 어두운 대목이다)와, 2차 세계대전 말까지 유태인 난민에 대한 입국 거부(이는 프랭클린 루스벨트의 끔찍한 실수였다), 여성과 동성애자에 대한 차별 등이 있다.

영국의 역사적 오점에는 노예 거래와 제국주의, 식민지에서 이윤을 위해 수백만 명을 살해한 사실 등이 포함됐다. 영국은 이와 함께 가난한 사람과 동성애자를 투옥했고, 유태인들이 히틀러로부터 도망치도록 돕지 않았으며, 아일랜드를 억압했다. 미국과 영국의 이러한 악행들은 역사에서 제외됐었다. 한 세대 전에 미국과 영국의 지도자들이 마침내 두 나라의 위대한 역사 이면에 감춰졌던 부끄러운 과거사를 인정하기 시작했다. 당연히 그랬어야 할 일이었지만, 공립학교와 대학에서도 사회적으로 부끄러운 과거사에 중점을 두어 가르치게 됐다.

고통을 받았던 집단들이 그에 대해 인정받아야 한다는 것이 언제부터인가 그러한 인정 자체가 추구해야 할 목표라는 인식으로 변질됐다. 소수자들은 그들의 고통에 대해 인정을 받으려는 명백한 이유를 갖고 있다. 그런데 다수가 스스로 부당한 대우를 받았다고 느낀다면 어떻게 될 것인가? 미국과 영국의 (그리고 몇몇 다른 나라들의) 백인 다수 집단은, 조지 윌George Will(미국의 보수적 정치평론가)의 인상적인 문구에서처럼 '탐나는 피해자 지위'를 열망하기 시작했다.

액면 그대로 보면, 누군가가 피해자 자격을 탐낸다는 것은 불합리해 보일 수 있다. 그러나 피해자로 인식되는 것이 이득이 된다면, 이런 지위를 열망하는 데에는 논리적 타당성이 있을 수 있다. 어쨌든 학교에서는 사회가 부유하지 않은 모든 사람을 학대한다고 가르쳤고, 그렇다면 부유하지 않은 사람이 대부분인 백인들도 피해자로 보이지 말아야 할 이유가 없지 않겠는가? 학교와 고용주들은 차별시정 우대제도affirmative action를 통해 특정 집단에 특혜를 주고 있다. 그렇다면 백인들도 특혜를 받지 말아야 할 이유가 없지 않은가?

아마도 최초의 흑인 대통령이 취임함으로써 미국의 백인들은 처음으로 스스로가 부당한 취급을 받는 위치에 있다고 생각하기 시작한 것 같다. 백인 다수층의 손에 들어간 피해자란 개념은 강력한 효과를 발휘한 것으로 나타났다. 미국과 영국에서는 백인이 다른 인종을 모두 합친 것보다 많기 때문이다. 2016년에 백인 다수층이 던진 메시지는 "당신들이 피해자라면, 우리도 피해자로서 게임을 할 수 있다"는 것이었을지 모른다. 트럼프가 백인 유권자들의 관심을 끌게 된 것은, 각종 특혜가 소수자들에게 주어지고 있는 상황에서 백인들이 부당하게 이용당하고 있다고 대놓고 말한 첫 번째 주요 후보자였기 때문이다. 트럼프는 유세장에 나온 청중들에게 "내가 여러분의 목소리"라고 말했다. 자신이 백인들의 불만의 목소리를 대변한다는 것이다. 트럼프가 끊임없이 반복한 '불공정하다'와 '부정하다'는 말은 정치 자문가들이 '개 호각 dog whistle'이라고 부르는 (백인 유권자들의 무의식적인 반응을 촉발시키는) 암시적 신호였다. 백인 유권자들로 하여금 피해의식과 인종적 불만이란 단어를 직접 언급하지 않고도 스스로에게 적용하도록 고무하는 수법이다.

백인들의 피해의식이 옳은지 여부는 중요하지 않다. 중요한 것은 많은 유권자들이 그렇다고 믿는다는 것이다. 미국과 영국의 백인들도 많은 어려움을 겪었다. 특히 전투에 참여하지 않은 사람들의 자유를 지키기 위한 전쟁에서 많은 희생을 치렀다. 그러나 백인들이 얼마나 심한 어려움을 겪었든지 상관없이 적어도 사회가 그동안 자신들과 같은 사람들(백인)을 1인자로 배출했다고 말할 수 있었다. 그런데 미국과 영국의 백인들은 갈수록 사회가 자신들에게 유리하게 구성되지 않는다고 인식하게 됐다. 흑인과 다른 소수 인종들은 오랫동안 사회구조가 자신들에게 불리하게 형성됐음을 알고 있었고, 그런 구조에 저항하면서도 그에 적응해서 살아가는 법을 터득했다. 피해자 지위를 가진 다수자로서 2016년 미국과 영국의 투표에서 사상 최대의 표를 차지한 백인들에게 이런 정서는 새롭고 낯설다.

여러분들은 "모두가 피해자일 수는 없다"고 생각할지 모른다. 그러나 모든 사람이 자신을 피해자로 볼 수는 있다. 우리는 잘생긴 외모를 가졌거나, 돈이 많거나, 혹은 둘 다를 가진 사람들도 자기연민에 빠질 수 있다는 것을 안다. 만일 모두가 피해자라면, 피해의 원인을 제공한 누군가 또는 무엇인가를 탓해야 할 것이다. 여기서 트럼프와 브렉시트를 넘어서는 더 큰 문제가 제기된다.

'연방정부 때리기'는 가장 효과적인 사기 수법

1950년대 로널드 레이건이 영화계에서 정치권으로 옮겨갈 무렵, 그는 미국 전역을 여행하면서 당원들을 격려했고, 제너럴 일렉트릭GE의 공장과 사무실을 방문해 강연했다. 그의 강연 제목은 '위축되는 자유'였다. 이 시기는 오늘날 주류의 집단적 추억 속에 '좋았던 옛 시절'로 각인된 때였으나 레이건은 상실과 악화를 경고했다. 숨 막히는 사회적 억압과 낮은 생활수준, 흑인과 여성, 동성애자들에 대한 차별이 있었던 1950년대는 어떤 기준에서도 '좋았던 옛 시절'은 아니었다. 자유가 위축되지도 않았다. 오히려 인권과 투표권 관련법의 제정과 함께 자유는 극적으로 확대되기 시작했다. 명문대학에 여성의 입학이 허용됐고, 펜타곤 보고서 사건에 대한 법원의 판결로 뉴스 보도는 완전 자유화됐으며, 기디언Gideon 사건의 판결을 통해 법원은 범죄 혐의로 기소된 저소득층은 반드시 국선 변호인의 조력을 받도록 했고, 그밖의 여러 부문에서도 자유가 확대됐다. 그러나 레이건은 청중들에게 자유를 빼앗기고 있다고 말했고, 청중들은 따뜻한 박수로 공감을 표했다.

　최고의 레이건 전기 작가는 캘리포니아의 공화당원으로 여러 가지 면에서 40대 미국 대통령을 잘 이해했던 루 캐넌Lou Cannon이다. 캐넌은, 레이건이 1950년대 전국을 여행하면서 장래에 백악관을 향해 비상할 때 취할 정치노선을 개발하고 있었는데, 이때 그는 사람들이 좋아하지 않는 것이면 무엇이든, 혹은 인생에서 잘못된 일이면 무엇이든 간에 무조건 연방정부를 탓하고 싶어 한다는 것을 발견했다고 썼다. 그들은 가족이나 친구 혹은 공동체를 탓하고 싶어 하지 않았으며, 자립과 자조의 미국적 정신에도 불구하고 사람들은 전혀 스스로를 탓하고 싶어 하지 않았다. 워싱턴의 연방정부는 완벽한 희생양이 되었다. 대통령을 꿈꾸던 레이건은 멀리 떨어져 있고, 무언가 은밀하며, 끊임없이 몸집을 불리는 워싱턴의 연방정부를 비난하면 청중들이 호응할 것이란 사실을 발견했다. 그래서 레이건은, 당시의 정치 성향은 친노조적이고 미-멕시코 국경 개방을 지지하는 중도좌파였으나, 그때부터 연방정부를 무차별적으로 공격하기 시작했고, 그의 인기는 치솟았다.

레이건이 반연방정부적 세계관을 갖게 되면서 미국의 정치 담론에서 연방정부 비난이 하나의 기조를 형성했다. 이런 풍조 속에서 연방정부 때리기는 많은 정치인과 로비스트들이 겉으로는 경멸하는 척하면서도 수지맞는 자리를 얻기 위해 취하는 수단이 됐다. 연방정부에 대한 의례적인 비난은 레이건과 (아들) 조지 부시, 트럼프가 대통령으로 선출되는 데 크게 기여했다. 2017년까지 백악관의 트럼프와 마이크 펜스 부통령, 하원의장(폴 라이언), 상원 공화당 원내총무(미치 맥코넬), 백악관 비서실장(린스 프리버스), 많은 하원의원들, 그리고 두 명의 대법관(새무엘 알리토와 클레어런스 토머스) 등이 연방정부를 끊임없이 비난함으로써 워싱턴에 따뜻한 자리를 차지했다. 알 샤프턴(미국의 인권운동가, 목사)은 언젠가 "인생은 본질적으로 사기"라고 했는데, 그는 자신이 무얼 말하는지 잘 알고 있었다. 지난 반세기에 걸쳐, 연방정부 탓하기는 미국 정치에서 가장 효과적인 사기 수법이었다.

연방정부를 탓하는 것이 자기홍보 전술인지 아니면 진정한 철학적 입장인지에 상관없이, 정치권과 언론계에서 자리를 탐내는 사람들은 이 나라가 쇠락하고 있다는 연관된 환상을 유권자들이 믿도록 설득했다. 최근 수십 년간 여론조사 결과를 보면, 미국인들은 연방정부를 지속적으로 저평가하고, 국내나 국제정치 무대에서 중요한 사안들은 경시해온 반면, 자신들이 직접 눈으로 볼 수 있는 지역공동체나 학교는 질서가 정연하다고 생각하는 것으로 나타났다. 갤럽 여론조사에 따르면, 한 세대 또는 그 이전부터 미국인들은 대기업과 의회, 법원, 건강보험제도, 언론, 공립학교, 종교단체 등을 신뢰하지 않는 것으로 나타났다. 이들 기관과 제도들은 모두 더 나아졌을 수 있는데도, 모두가 정말로 나빠진 것일까? 미국인들은 자신들이 거의 접촉하지 않는 국가기관이나 제도는 심하게 병들었다고 생각하는 반면, 자신들이 개인적으로 알고 지내는 성직자나 의사, 교사, 행정직원, 지방 공무원, 사업가들은 좋아한다고 말한다.

연방기구들은 간소화할 필요가 있고, 이들 정부기구가 부과한 규제들 중에는 한심한 것들이 있다. 그러나 미국은 세계에서 가장 강력하고 가장 부유한 나라이며, 과학과 산업, 예술 분야의 창의성 면에서 세계 최고 국가다. 한 마디로 전 세계 모든 나라가 부러워하는 나라다. 과연 워싱턴의 연방정부와, 연방정부가 강제하는 각종 법령들이 이런 미국의 실체와 아무 관련이 없을까? 과연 워싱턴의 연방정부가 다 썩었는데도 불구하고 이런 성공의 결과들은 그저 우연히 이루어진 것일까? 트럼프의 주장대로 미국의 수도 워싱턴이 부정과 무능에 사로잡혔다면, 과연 어떻게 미국이 그토록 큰 성공을 거둘 수 있었을까?

미국 정치권의 많은 사람들이 연방정부는 정부 재정을 낭비하는 반면 주정부와 지방정부들은 그렇지 않다고 믿는다. 미국에서 주정부 및 지방정부 예산의 약 40퍼센트가 지방에서 조달되는 것처럼 보이지만 실은 연방정부의 국가 부채를 통해 나온다. 워싱턴의 연방정부가 차입한 재원을 주정부와 카운티, 지방정부로 넘겨주는 것이다. 그 결과 주정부와 지방정부의 재정 상태는 실제보다 훨씬 좋아 보이는 반면, 워싱턴의 연방정부 재정은 실제보다 더 나빠 보이는 회계상의 착시가 일어난다.

만일 주정부와 지방정부가 스스로 재원을 조달한다면, 주정부와 지방정부의 세금과 부채가 모두 크게 늘어나는 반면, 연방정부의 세금과 부채는 크게 줄어들 것이다. 그러면 유권자들은 주지사와 시장들을 비난하는 반면 워싱턴의 연방정부는 칭송할 것이다. 이것이 전국적인 정치인들보다 수적으로 월등히 많은 지방 정치인들이 '끔찍한 워싱턴의 연방정부' 이야기를 퍼뜨리는 데 사심이 들어가 있다는 근거다. 이들은 워싱턴의 연방정부를 비방하면서 쇠락론을 퍼뜨림으로써 자신들을 보호하는 것이다.

워싱턴의 연방정부로 하여금 차입하도록 하고 주정부와 지방정부는 재원을 스스로 조달하는 것처럼 보이게 하는 것은 두 번째 거짓 이야기로 이어진다. 워싱턴의 연방정부는 열심히 일하는 다수가 번 돈을 저소득층과 이민자들에게 퍼주고 있는데, 이런 선심성 지출이 없다면 지방자치단체들은 얼마든지 재정적으로 자립할 수 있다는 이야기다. 미국의 주정부와 시정부들은 전혀 자족적이지 않은데 회계적인 착시 효과로 그렇게 보일 뿐이다.

미국인들은 자신들이 좋아하지 않는 것이면 무엇이든 연방정부의 잘못이라고 주장함으로써 이상하게 위안을 받는 것 같다. 그것이 비용과 함께 편익을 주는 여러 가지 요소가 결합되어 상호작용을 일으킨 결과이거나, 이웃이나 지역 공동체의 잘못, 또는 그저 본인의 잘못일 수 있는데도 연방정부를 탓하는 것이다. **최악의 경우를 믿고 싶어 하는 미국인들은 커다란 사회적·기술적 진보는 흡사 하늘에서 떨어진 것처럼 당연하게 여기는 반면, 작은 실패에 대해서는 흥분해서 법석을 떤다.** 트럼프는 유세 기간 중에 워싱턴의 기득권 구조를 해체하겠다고 공언함으로써 유권자들에게는 신선한 바람처럼 보였다. 만일 트럼프가 실제로 자신의 공약대로 한다면 보통 사람들이 가장 큰 피해를 볼 공산이 매우 크다. 그러나 많은 사람들은 수많은 거짓 경보와 워싱턴을 비난하는 허풍쟁이들이 수십 년간 심어준 쇠락의 환상에 젖어 있었기 때문에 기성 체제의 해체가 좋은 일이라고 믿었다.

정부 지원을 받으려면 불만과 쇠퇴론이 필요하다

레이건은 젊은 시절 인명구조원으로 활동하던 여름철을 회상하면서, 사람들이 구조됐을 때 화를 낸다는 것을 깨닫고 깜짝 놀랐었다고 말했다. 물속에서 구조된 사람들은 감사하기는커녕 오히려 인명구조원에게 화를 냈다. 해변에 있는 모든 사람들이 자신들이 허우적거리는 것을 보았고, 스스로를 돌보지 못했다는 것을 알게 됐기 때문이다. 같은 이유로 많은 유권자들이 연방정부의 복지 프로그램의 도움을 받은 것에 대해 고마워하지 않고 오히려 짜증을 낸다. 도움이 필요하다는 것은 자신이 곤경에 처해 있다는 것을 의미하기 때문이다.

2016년 브렉시트 국민투표에서, 유럽연합 보조금의 순純 수혜 지역은 유럽연합을 탈퇴하는 데 표를 던진 반면, 유럽연합에 세금을 더 많이 낸 지역은 잔류 쪽에 투표했다. 2016년 미국 대선에서, 연방정부로부터 받는 보조금이 세금보다 많았던 주들은 대체로 트럼프에게 표를 준 반면, 연방정부에 내는 돈이 받는 것보다 많았던 주들은 트럼프에 반대하는 쪽으로 투표했다(그런데 트럼프는 연방정부 보조금의 원천을 없애겠다고 공약했다).

어떤 사람들은 이런 행동을 무관심으로 해석했다. 〈뉴요커〉 지의 시사만화는 트럼프처럼 생긴 늑대가 그려진 대형 선거 광고판 옆에서 한가롭게 풀을 뜯는 양들을 보여줬다. 이 선거 광고의 구호는 '내가 너희들을 잡아먹을 것'이었다. 그러나 2016년에 미국과 영국에서 자신들이 받는 보조금의 원천에 반대하는 투표를 한 지역이 나타난 것은 양다리를 걸치고 싶은 이들 지역의 유권자들의 욕구가 반영됐을 가능성이 가장 크다. 즉, 사람들은 정부로부터 돈을 받고 싶어 하면서도 동시에 그런 시혜성 지원금에 주먹을 휘둘러 일말의 자존심을 지키고 싶었던 것이다. 그들은 인명구조원이 자신들을 안전해지도록 돕는 것을 누구도 목격하지 않기를 바랐다.

　정부는 전시에 징집하는 경우를 제외하고는 우리 할아버지 세대의 운명에 거의 영향을 주지 않았다. 얼마를 벌어서 어디에 얼마를 쓸 것인지, 어떻게 살 것인지는 전적으로 개인과 각 개인이 가입하기로 결정한 사적 조직의 판단과 결정에 달려 있었다. 1960년대 중반 이른바 '위대한 사회the Great Society' 시기까지, 미국인들은 은퇴 연령에 도달하기 전에는 자신들의 생활에 정부의 지원을 거의 기대하지 않았다. 이제는 더 이상 그렇지 않다. 경제학 저술가인 조시 배로Josh Barrow는 1960년에 미국 GDP의 23퍼센트가 지방정부와 주정부, 연방정부를 거쳐 갔다고 지적했다. 오늘날 그 비율은 41퍼센트로 높아졌는데, 증가분의 거의 전부가 소득이전지출과 재정지원 혜택이다. 현대 유럽에서는 이 비율이 훨씬 높다. 독일에서는 정부 부문이 GDP의 44퍼센트를 차지하고, 영국에서는 48퍼센트를 차지한다. 벨기에와 덴마크, 핀란드, 스웨덴에서는 정부가 통제하는 GDP가 개인 및 민간 부문의 GDP보다 많다. GDP에서 정부가 차지하는 몫이 커짐에 따라, 유권자 사이에는 불만을 제기하는 것이 특별 예산을 배정받는 지름길이라는 인식이 확산됐다. 이는 불만을 제기할 동기를 부여하고 더 많은 쇠

퇴론을 만들어낸다. 이와 함께 개혁이 제대로 이루어지지 않을 것
이란 비관론도 확산된다.

부정적일수록 더 빨리 퍼진다

갤럽은 수십 년간 다음과 같은 내용의 질문에 대한 여론조사를 매달
정기적으로 실시했다. "당신은 일반적으로 미국에서 일어나는 일에 대
해 만족하는가, 아니면 불만인가?" 미국인의 과반수가 '만족한다'고 답
한 마지막 조사가 2004년 겨울이었다. 그 이후 다수의 응답은 계속 부
정적이었다(이 글을 쓰는 현재 161개월 연속으로 부정적인 응답이 다수였다). 최근
몇 해 동안 미국인의 평균 70퍼센트가 미국의 상황에 대해 불만이라고
답했다. 2004년 겨울에는 갤럽 조사의 측정치가 긍정에서 부정으로 선
회한 것을 넘어서는 중요한 사건이 하나 일어났다. 페이스북Facebook이
정식으로 사업을 개시한 것이다. 물론 두 가지 사건이 동시에 일어났
다는 사실만으로 인과관계가 성립되는 것은 아니다. 그러나 이 경우에
는 무언가 연관성은 있을지 모른다.

　페이스북은 디지털 기술의 기준으로 봐도 놀라운 속도로 이용자 수
를 늘려서, 미국에서 2억 명의 고정 사용자를 확보했다. 페이스북의 대
중적 인지도가 높아지면서 미국에 대한 만족도는 떨어졌다. 페이스북
은 이용자가 원하는 것이면 사실상 무엇이든 공유할 수 있는 여러 가
지 기능과 장점을 가진 플랫폼임이 입증됐고, 부정적인 것을 두드러지

게 하는 기술을 개선했다. 구텐베르크의 금속활자 인쇄기가 발명된 이래, 머릿기사를 쓰는 작가들은 자극적인 것이 관심을 끈다는 사실을 알고 있었다. 언론사들은 수세기 동안 나쁜 소식을 강조해왔다. 페이스북은 한계를 넘어설 방법을 찾았다. 생일이나 귀여운 고양이들은 페이스북이나 이와 유사한 소셜미디어에서 역할이 있다. 그러나 인종차별주의와 성차별주의, 음모론, 비탄, 추문에 대한 주장들은 기대 이상이었다.

페이스북은 새롭게 진화하는 소셜미디어의 세계를 부정적인 방향으로 이끌었다. 간단한 트위터 메시지든, 장황한 비난이든, 소셜미디어의 게시물이 빠르게 퍼져나가도록 하려면 3초 이내에 반응이 일어날 만큼 충격적인 내용이 필요하다. 끔찍한 학대행위를 암시하는 내용에 뭔지 모를 흐릿한 사진을 첨부하면 당장 '헉' 하는 반응을 유발한다. (2004년 이후 미국이 성취한) "생활수준과 교육수준, 개인의 자유, 수명이 점진적으로 향상됐다"는 사실에는 아무런 충격적 요소가 없다. 퓨 리서치센터의 국가만족도 조사는 2004년 이후 갤럽 조사와 같은 결과를 보여준다. 퓨 조사에 따르면, 정치적 주제의 경우 화를 내거나 비관적으로 언급한 페이스북 게시물이 칭찬하거나 중립적인 게시물보다 더 많은 '좋아요'와 공유를 이끌어낸 것으로 나타났다. 이런 현상은 미국에만 국한되지 않는다. 호주 캔버라대학 연구진은 광대역 인터넷이 일반화된 2007년경부터 호주인들이 (어떤 객관적인 기준으로 봐도 호주의 상황이 과거 어느 때보다 좋아졌는데도) 자신들의 나라가 쇠퇴하고 있다고 말하기 시작했음을 발견했다.

2016년 대선 때까지 트럼프는 유권자들이 주로 소셜미디어를 통해 접한, 확인되지 않은 풍문과 터무니없는 음모론을 공개적으로 지지했다. 페이스북과 그와 연관된 새로운 기업들이 등장하기 전에는, 이런 터무니없는 음모론에 대해 알기 위해서는 우중충한 지하 서점을 찾아가 누군가 자비로 출간한 지저분하고 난해한 책을 사봐야 했다. 퓨 리서치센터의 연구에 따르면, 두 세대 전에는 미국인의 75퍼센트가 정부가 정직하며 대부분의 경우 옳은 일을 한다고 믿었다. 2016년 대선 때에는 미국인의 12퍼센트만이 그런 신뢰를 가졌다. 이런 결과가 사람들이 드디어 숨겨진 진실을 보게 됐기 때문에 나타났을까? 아마 그럴 수도 있겠지만, 혹시 사람들이 확인되지 않은 풍문과 입증할 부담이 거의 없는 음모론에 둘러싸였기 때문은 아닐까? 로체스터대학의 역사학자 크리스토퍼 래시Christopher Lasch(1994년 사망)는, "현대 미국 문화에서 중요한 고려사항은 정보의 사실 여부가 아니라 그 정보가 사실처럼 들리느냐는 것"이라고 썼다. 페이스북과 이와 유사한 소셜미디어는 놀랍도록 짧은 시간 내에 '사실처럼 들리도록 할 수 있는' 화력을 배가시켰다. 동시에 미국인들의 미국에 대한 인식은 계속 내리막이다.

소셜미디어의 관심이 우울증을 유발한다

페이스북은 원래 노트북과 데스크톱 컴퓨터용으로 도입됐다. 초기에 페이스북의 목적은 참가자들이 사진이나 일상에 관한 언급을 올려 친구들이 책상에서 볼 수 있도록 하자는 것이었다(페이스북이란 말은 대학 신입생들에게 주는 동급생들의 얼굴 사진첩에서 따왔다). 최초의 아이폰은 페이스북이 등장한 후 3년 만에 출시됐다. 스마트폰이 그처럼 빠르게 성능이 향상되고 대중적으로 보편화될 것으로 예상한 사람은 거의 없었다. 작가 티모시 노아Timothy Noah가 지적했듯이, 2007년에 미국인들은 음성통화보다 문자메시지를 더 많이 보냈다. 2011년에 아이폰 판매량이 1억 대를 넘어서자, 페이스북과 다른 뉴미디어들의 초점이 책상에서 호주머니로 이동했다. 고정된 기기보다 휴대폰에서 소셜미디어 플랫폼에 접속할 가능성이 더 커졌기 때문이다.

아이폰의 등장 이후 불과 10년 만에, 달 착륙 시기에 미 항공우주국NASA의 연산 능력을 능가하는 저렴한 통신기기를 전 세계의 수많은 보통 사람들이 가지고 다니게 됐다는 것은 놀라운 기술적·경제적 성취다. 오늘날 미국인과 유럽인의 80퍼센트가 스마트폰을 갖고 있다. 전 세계 인구의 40퍼센트가 스마트폰을 갖고 있다. 페이스북의 하루 이용자 수는 약 200억 명에 이른다. 200억 명이 한 날에 신문을 사거나 우체국에 간 적이 한 번이나 있었던가?

소셜미디어 앱을 탑재한 스마트폰의 확산은 사람들과 뉴스 사이의 물리적 관계를 바꿔놓았다. 신문이나 잡지는 탁자에 놓여 있고, TV는 전용 장에 올려져 있거나 벽에 걸려 있다. 이런 매체는 사람이 걸어나가면 따라오지 못한다. 소셜미디어 용도로 스마트폰을 쓰려면 기기를 얼굴 가까이에 들고 있어야 한다. 페이스북Facebook에서 페이스Face 부분은 기대하지 않은 의미를 갖게 됐다. 페이스북을 이용하려면 물리적으로 스마트폰을 얼굴face에 가까이 대야 하기 때문이다.

영화학도와 초보 무대 연출자들은 '희극적 거리comic distance'라는 개념을 배운다. 이는 가까이 있는 것은 비극적으로 보이는 반면, 일정한 거리를 두고 하는 대화는 웃음을 유발할 가능성이 크다는 것이다. 이 때문에 시트콤은 통상 여러 사람을 한눈에 볼 수 있는 거실이나 본부처럼 넓은 세트에서 찍는다. 반면에 눈물을 자아내는 최루성 영화는 얼굴을 클로즈업해서 보여준다. 소셜미디어의 게시물을 눈에서 아주 가깝게 보면 '희극적 거리'를 둘 수 없기 때문에 비극적으로 보일 공산이 크다.

캘리포니아대학 샌디에이고 캠퍼스와 예일대학의 사회학자인 홀리 샤키아Holly Shakya와 니컬러스 크리스타키스Nicholas Christakis는 각각 2017년 미국인들의 행태에 관한 연구에서, 사람들이 페이스북을 더 오래 사용할수록 (즐거운 게시물을 볼 때조차도) 더 부정적으로 느낀다는 사실을 발견했다. 이런 효과는 부분적으로 소셜미디어에서 'FOMOFear of Missing Out(왕따)'라고 부르는 것에서 유래한 듯하다. 많은 사람들이 여러 세대에 걸쳐 'FOMO'를 경험했다. 당신은 토요일 밤 아무것도 할 게 없을 때, 다른 사람들은 모두 어딘가에서 즐거운 시간을 보내고 있을 것이라고 상상하게 된다. 페이스북과 그밖의 유사한 소셜미디어 사이트들은, 당신 마음속의 '받은 편지함'에 당신을 제외한 모두가 정말로 정말로 즐거운 시간을 보낸다는 인상을 주는 이미지들을 넘치도록 보냄으로써 FOMO 현상을 증폭시킨다. 여기서 사람들이 실제로 즐거운 시간을 보냈는지 여부는 상관없다. 사람들은 사진에 찍힐 때는 항상 웃는 표정을 짓기 때문이다.

소셜미디어를 가끔 보는 것은 친구들의 근황이나 최근의 이슈를 파악하기에 좋은 방법이다. 그러나 스마트폰 화면에 지나친 관심을 기울이는 것은 대체로 과음하는 것과 똑같은 정도의 우울증 효과를 갖는 것으로 보인다. 미국인들은 갈수록 페이스북에 과도한 관심을 기울인다. 그리고 기분이 나빠진다.

2016년 선거에 들어갈 무렵, 퓨 리서치센터는 미국인들이 국가적 현황에 관한 정보를 가장 많이 얻는 원천은 소셜미디어와 케이블 TV 뉴스라는 조사 결과를 발표했다. 이 두 매체는 끊임없이 불화와 다툼을 과장해서 보도한다. 신문과 전국적 뉴스 방송들은 비록 편견에서 자유롭지 않지만, 대부분의 경우 언론으로서의 기본적인 직업윤리와 기준은 갖고 있다. 이들은 어떤 기사와 관련하여 대립하는 양측에 공정한 입장을 취하려 하고, 각종 주장들이 확인될 수 있는지를 파악하려고 노력한다. 페이스북과 구글 등 소셜미디어와 뉴미디어 사이트의 배후에서는 컴퓨터 프로그램 혹은 사람들이 음란물과 노골적인 편견을 걸러낸다. 그러나 완전히 허구적인 기사는 당연히 걸러져야 마땅함에도, 기사에 대한 사실 확인이나 공정해지려는 노력에는 전혀 관심을 기울이지 않는다. 그 결과 사람들의 스마트폰에는 진짜인지 가짜인지 구분되지 않고 마치 정보인 것처럼 부풀려 포장된 내용이 끝없이 흘러 넘친다.

낮 시간대 TV 프로그램들이 고성과 눈물로 사람들의 주의를 끄는 것처럼, 소셜미디어에서는 터무니없는 과장과 억지로 꾸며낸 거짓말이 사람들의 이목을 끈다. 거기서 사람들이 보게 되는 것은 모든 것이 악화되는 상상의 세계다. 한 세대 전에는 사람들이 하루에 두 번 나쁜 소식을 접했다. 한 번은 조간신문이 배달됐을 때이고, 다음은 저녁뉴스 방송이 시작됐을 때였다. 우편배달부가 심각한 내용의 잡지를 우편함에 두고 가는 날에는 하루에 나쁜 소식을 세 번 접하기도 했다. 오늘날 나쁜 소식은 스마트폰과 다른 화상기기를 통해 하루종일 쉬지 않고 전해지고, 뉴스 주기는 분 단위로 측정된다. 스마트폰을 들여다볼 때마다 방금 게시된 수십 개의 마음 상하는 기사와 역겨운 주장들을 보게 된다. 그중 많은 게시물들은 검증하면 금방 드러나는 허위 기사이거나 교묘한 위작이다. 그러나 이런 걸 일일이 확인할 시간이 없다. 통계적으로 보면, 대부분의 것들이 대부분의 사람들에게 나아지고 있다. 그러나 지금 당장 당신의 스마트폰에는 온통 분통 터지는 일화들만이 (문자 그대로) 당신의 면전에 펼쳐져 있다.

즉각적 분노와 독설의 배설 창구

오늘날 전자기기를 통한 의사 표현이 양극화를 초래한다는 말을 일상적으로 듣게 됐다. 아이폰이 등장하기 전인 2006년, 정치학 교과서인 《붉은색과 푸른색의 나라 Red and Blue Nation》에는 다음과 같은 말이 나온다.

양극화처럼 보이는 것의 대부분은 실제로는 더욱 독선적으로 되어가는 사회적 양상이다. 한 세대 전에는 강한 의견을 피력하지 않는 것이 좋은 태도로 여겨졌고, 특히 정치와 종교에 관해서는 더욱 그랬다. 언론도 전문가들의 말을 인용하는 경우를 제외하고는 기사에 자체 의견을 제시하지 않았고, 의견이 담긴 사설란은 분명하게 표시해 일반 보도기사와 구분했다. 과거에는 교사들이 학생들로 하여금 위대한 작가들의 의견을 인용해서 발표하도록 했고, 가급적 본인의 관점을 표현하지 않도록 자제시켰다. 요즘은 교사들이 자신의 견해를 갖지 않은 학생들을 윽박지른다. 우리는 TV에 출연하는 평론가들이 어떤 주제에 대해서든 즉석에서 의견을 제시하기를 기대할 뿐만 아니라, 길거리의 일반인들도 어떤 주제에 대해서든 강력하게 자신의 의견을 피력하기를 기대한다.

(위의 2006년판 교과서에서 '미국의 독선화'라고 지칭한) 강하게 자신의 판단을 밝히는 표현 방식은 소셜미디어의 등장으로 어떤 의견이든 빠르고 손쉽게 퍼뜨릴 수 있게 된 때부터 유행하기 시작했다. 이런 표현 방식은 급작스럽게 폭발하는 분노의 감정을 그대로 전달하는 한편, 그 다음으론 사회가 보기보다 훨씬 더 나쁘다는 것을 암시한다. 현재 실제로 일어나고 있는 일은 급작스럽게 폭발한 독선적인 의견 표명이다. 사람들

은 남의 시선을 의식해 오랫동안 마음속에 담아두고 있던 감정을 격한 언어로 표출하고 있는 것이다.

이제 주먹을 흔드는 것은 단지 허용될 수 있는 일일 뿐만 아니라 자신의 의견을 강하게 표현하기 위해 반드시 해야 할 것으로 여겨진다. 현 세대에서 미국 사회는 더욱 개방적이고 관용적이며 차이를 존중하는 사회로 발전했다. 오늘날 다른 사람 앞에서 인종차별적 혹은 성차별적인 말을 하거나, 거리에서 누군가의 민족성이나 성적 정체성을 폄하하는 것은 부끄러운 일로 간주된다. 그러나 이와 동시에 사회는 극도로 독선적으로 변했다. 모두가 자신만의 강력한 견해를 가져야 하는 세상이 된 것이다. 미국인들은 가까운 사람끼리는 개인적으로 서로 존중하지만, 한 번도 만난 적이 없고 그저 정치권과 연예계의 멀리 떨어진 인물이거나 소셜미디어의 사용자 별명으로만 아는 사람들에 대해서는 갈수록 더 격하게 분노를 표출한다.

현대의 전자기기에 의한 소통방식이 사람들을 이미 동의하고 있는 관점에만 노출시키는 일종의 반향실echo chamber(메아리 효과를 내는 방)을 만든다는 얘기를 흔히 듣게 됐다. 이는 최근에 나타난 현상이 아니다. 우리 부모 세대에는 미국과 유럽의 대부분의 도시에서 적어도 두 개의 신문을 발행했다. 하나는 보수적이고 친기업 성향이고, 다른 하나는 진보적이고 친노동 성향이었다. 많은 사람들이 자신들이 선호하는 세계관을 가진 신문을 구독하거나 가판대에서 사 보았다. 이전 시대에 특정한 이념이나 사조를 지향하는 신문과 잡지들은 자신들의 성향을 공개했다. 공화당원이 진보 성향의 〈뉴욕 서평the New York Review of Books〉을 구독하거나, 민주당원이 보수 성향의 〈내셔널 리뷰National Review〉를 보는 일은 드물었다. 더 과거로 가서, 정치 연설이나 여름문화학교 식의 강의를 통해 어떤 사상이나 견해를 접했던 시절에는, 사람들이 자신들의 생각에 반하는 사상이나 견해보다는 이미 동의하고 있는 사상과 견해를 들으러 갔을 공산이 크다. 반향실 문제는 과거부터 죽 계속된 것이다.

페이스북 시대의 차이점은 반향실이 자동적으로 생성된다는 것이다. 소셜미디어 사이트들은 진보 성향의 사람들에게는 진보적인 내용의 게시물을 보내고, 보수주의자들에게는 보수적인 내용을 보내는 알고리즘을 사용한다. 이런 방식은 사람들이 이미 갖고 있는 '관찰자 기대observer expectations(선입견에 의해 예상하는 결과. 여기서는 자신의 성향에 부합하는 내용의 게시물)'에 더해 기계적으로 비슷한 성향의 의견을 쌓는다. 그 결과 자신이 선택한 출판물과 유통 경로를 통해 자신이 동의하는 의견을 능동적으로 선택해 접했던 이전의 정보 습득의 세계가, 자신의 성향에 맞기는 하지만 스스로 선택하지 않은 내용으로 구성된 새로운 정보 습득의 세계로 대체되고 있다. 이러한 정보 선별 작업은 시키지 않아도 배후에서 자동으로 일어나기 때문에 겉으로는 그러한 일이 벌어지지 않는 것처럼 보일 수 있다. 여기서 세상이 미쳐 돌아간다는 인상이 생긴다.

모든 정보가 재조립되는 도깨비 같은 세상

1980년대와 1990년대의 신문과 잡지들은 특정 지역이나 대도시의 특정 구역에 특화된 특별판을 만들기 위해 다양한 시도를 했다. 그러나 인쇄와 배달 비용이 이러한 노력에 걸림돌이 됐다. 소셜미디어는 그런 지출을 할 필요가 없이 모든 주제에 대해 고도로 특화된 특별판을 제공할 수 있다.

세상에는 개인이 파악할 수 없는 많은 일들이 항상 일어나고 있는데다, 소셜미디어의 알고리즘은 매우 효율적으로 그런 정보를 처리할 수 있기 때문에 페이스북 및 이와 유사한 플랫폼들은 고도로 특화된 수많은 세상을 이용자들에게 투사할 수 있다. 극우 보수주의가 날뛰는 세상, 강단 좌파가 통제 불능으로 치닫는 세상, 범죄자와 불법 이민자가 거리낌 없이 활보하는 세상, 사악한 재벌 구조가 일자리를 파괴하는 세상 등 무엇이든 가능하다. 서로 모순되는 수많은 게시물들이 매 순간에 일어나는 일에 근거해서 설득력 있게 재조립될 수 있기 때문에, 사용자들은 끊임없이 스마트폰을 확인해야 할 것 같은 강박감을 느낀다. 그래서 확인한 결과는 온통 나쁜 것들뿐이다.

오늘날의 반향실은 끊임없이 업데이트되는 편리한 전자기기를 활용한다는 점에서 과거의 관찰자 편향과 구별된다. 소셜미디어 사용자들은 대부분의 경우 다른 일을 하면서 인터넷 상의 게시물을 흘끗 스쳐보기 때문에 거기서 얻는 대부분의 정보가 피상적이다. 이 때문에 도깨비 같은 인물을 만들어내기가 더 쉬워진다. 오래 전부터 정치집단과 이익 집단들이 모금활동을 하는 데 악마 같은 인물상이 핵심적 역할을 했다. 그러나 최근까지 악마 같은 인물상을 만들어 사람들을 설득하는 일은 쉽지 않았다. 이제는 가공의 악마상을 만들어 사람들을 설득하기가 쉬워졌다. 소셜미디어의 정보 제공 알고리즘이 사실상 자동적으로 그런 인물상을 만들어내기 때문이다.

이는 소통과 관련해 '좋았던 옛 시절'을 주장하는 것이 아니다. 오늘날 기존의 주요 언론기관들의 수익은 약화됐으나 전 세계 언론사들에 대한 접근성은 높아졌고, 여기다 정부와 연구기관의 자료와 역사 자료를 손쉽게 노트북 PC로 검색할 수 있게 됐다. 이런 정보 유통 구조는 소수의 거대 미디어가 수익을 독차지하고 나머지 언론매체들은 거의 수익을 내지 못하던 과거에 비해 확실히 개선된 것이다. 만일 이들 거대 언론매체들이 실리콘 밸리의 신생 기업들에게 사회적 관심이 집중된다고 해서 화를 낸다면, 소셜미디어의 등장 여부와 관계없이 이들의 몰락은 불가피한 것이다.

페이스북과 유사한 소셜미디어들은 부정적인 게시물을 부추기고 그 결과를 스마트폰을 통해 빠르게 확산시킴으로써 미국인과 유럽인들로 하여금 스스로 미국과 유럽이 쇠퇴한다고 믿게 만들었다. 이는 브렉시트에 기여한 트위터 중독자 도널드 트럼프의 당선에 도움을 주었다. 누구도 그렇게 되도록 계획하지 않았다. 그러나 계획하지 않은 일들이 많이 일어난다.

"A로 인해 B가 발생했다"

미국에서 피해의식의 확산과 함께 사회가 쇠퇴하고 있다는 믿음이 널리 퍼지게 된 것은 법적 책임과 보상에 대한 요구가 늘어났던 시기와 대체로 일치한다. 법적 책임을 요구하는 소송은 종종 별다른 관심을 받지 못한다. 이런 소송의 근거법은 힘 있는 기업 등이 힘 없는 사람들에게 해를 입히지 못하게 하기도 했지만, 이제는 무언가 일이 잘못될 때마다 사회는 그 잘못을 탓할 대상과 조정 결과에 대한 보상을 원한다.

미국인들은 인생의 결과가 운이나 그밖의 비인격적 힘에 좌우된다고 생각하는 것을 특히 좋아하지 않는다. 미국인들은 성공은 언제나 능력과 노력에 의한 것이고, 실패는 불공정과 게으름 때문이라고 간주하려 한다. 심리학자 아모스 트버스키Amos Tversky는 인간의 두뇌가 모든 사안에 인과성을 부여하도록 짜였다고 생각했다. 즉, '아무도 통제하지 않는 가운데 여러 가지 복잡한 이유가 얽혀서 B가 일어났다'고 생각하기보다 'A로 인해 B가 발생했다'고 생각한다는 것이다. 인과성이 있다는 가정은 잘사는 사람들로 하여금 자신들이 더 많이 소유하고 더 많이 버는 이유가 다른 사람에 비해 운이 좋았기 때문이 아니라 개인적으로 그럴 자격이 있기 때문이라고 믿도록 한다. 이런 의미에서의 운은 룰렛 도박 게임에서의 운이라기보다는 유전적인 우월성을 뜻하는 경우가 많다. 똑똑하거나, 운동 능력이 좋거나, 매력적이거나, 예술적으로 뛰어난 자질을 가지고 태어난 사람들은 (이런 자질이 대개는 생물학적 우연의 결과로 부여됐음에도 불구하고) 이런 장점들이 자신들의 내적 가치를 보여준다고 생각하는 경향이 있다. 누구도 "동전 던지기에서 다섯 번 연속으로 앞면이 나왔기 때문에 내가 선택됐다"고 말하지는 않을 것이다. 많은 사람들이 "나는 지적이고/잘생기고/섹시하고/재능이 많기 때문에 선택됐다"고 스스로에게 말한다. 열심히 일할지 또는 책임 있게 행동할지 여부는 우리가 통제할 수 있다. 그러나 똑똑하거나, 잘생기거나, 재능을 가지고 태어날지 여부는 근본적으로 운에 좌우된다.

만일 많은 결과들이 비인격적이라면, 탓할 사람은 아무도 없다. 반대로 탓할 사람이나 기관이 있다면 책임을 져야 하고, 부당한 대우를 받은 사람들은 화를 내는 게 당연하다. 우리 주변에 가까이 있는 사람들은 그다지 나쁜 사람처럼 보이지 않기 때문에, 탓해야 할 사람은 우리가 잘 모르는 사람들임이 분명하다. 그래서 다른 정당이나 워싱턴 정가의 내부자들, (직접 보지는 못했지만) 미국에 쏟아져 들어온다는 위험한 불법 이민자들, 도처에 숨어 있다는 성범죄자들, 또는 다른 종교나 인종적 배경을 가진 사람들을 탓한다.

펜실베이니아대학의 에드워드 맨스필드Edward Mansfield와 다이애나 머츠Diana Mutz의 연구는, 대부분의 미국인들이 자신이 속한 정체성 집단은 열심히 일하기 때문에 정당한 대우를 받을 자격이 있다고 생각하는 반면, 다른 정체성 집단은 게을러서 보조금을 받아 살아간다고 생각하고 있음을 보여준다. 변호사이자 법학자인 필립 하워드Philip Howard는 2001년 미국인들은 항상 누군가 탓할 사람이 있다고 가정함으로써 서로를 더욱 의심하게 됐고, 항상 도둑떼의 소굴이나 그보다 더 나쁜 것을 기대한다고 지적했다. 스마트폰에 나타나는 것의 대부분은 도둑 소굴이란 관념을 강화시키는 것들이다.

개별적 일화에만 집중하면 세상이 비관적으로 다가온다

누구도 계획하진 않았지만, 오늘날 소통의 대부분을 차지하는 유사 정보들은 큰 그림을 보기보다 개별적인 일화에 더 집착하도록 한다. 일화는 사건을 개인화한다. 그리고 사람에 대한 일화를 듣는 것이 연구 기관이 주최하는 토론회에서 논의되는 연구 결과보다 언제나 더 흥미롭다. 그러나 방대한 분량의 성서 속에서 신학에 관한 어떤 주장도 입증할 만한 구절을 반드시 찾아낼 수 있는 것과 마찬가지로, 미국에 사는 3억 2,000만 명 중에는 그 무엇이라도 입증할 만한 일화를 찾아낼 수 있다.

정치인과 평론가들 그리고 소셜미디어에서 목소리 큰 사람들은 일화에 크게 의존하는데, 종종 그 일화들은 익명으로 소개된다. 개인들의 이야기도 물론 중요하지만 더 큰 추세와 균형을 맞출 필요가 있다. 주류 언론과 소셜미디어, 정치권, 학계는 갈수록 전체적인 모습보다 단일 사례가 실상을 더 잘 보여주는 것처럼 묘사한다. 그러나 실제는 그 반대다.

버락 오바마는 2011년 연두 시정연설에서 '어려움을 겪는 한 소상인'과 '경기 후퇴의 고통을 실감했다고 말한 한 여인'을 인용했다. 두 인물은 모두 편리하게도 이름이 밝혀지지 않았는데, 언론인들은 오래 전부터 아는 바와 같이, 존재하지 않는 사람들은 잘못 인용됐다고 해서 불평하거나 항의하지 않는다. 오바마가 언급한 두 사람이 실제 존재한다고 가정해보자. 정치 토론에서 제시되는 대부분의 일화들처럼 이들의 이야기도 부정적인 냄새가 풍긴다. 오바마가 "정말로 잘 지내고 있다고 말한 한 여인"을 이름을 밝히지 않고 인용하지는 않았을 것이다. 플로리다 주립대학의 심리학자 로이 바우마이스터Roy Baumeister는 청중들이 긍정적인 정보보다 부정적인 정보를 기억할 가능성이 크다는 점이 언론 보도와 정치적인 일화를 부정적인 쪽으로 왜곡시킨다는 사실을 보여줬다.

대부분의 것들이 대부분의 사람들에게 나아지고 있음에도 불구하고, 여러 가지 심각한 문제를 안고 있는 개인과 가정은 항상 있게 마련이다. 이와 함께 어딘가에는 사회로부터 지원을 받아야 할 타당한 필요성이 있는 지역이 늘 있다. 그러나 전체적인 큰 그림이 아니라 이런 특수한 사례에 집착하는 것은 배 전체가 침몰하는 것 같은 인상을 줌으로써 다음 단계의 개혁을 위한 논거를 약화시킨다.

이 책 역시 몇 가지 일화를 담고 있다. 내가 이 책의 저술 작업을 진행하면서 질병 발생률의 감소와 함께 수명 연장에 대해 청중들과 토론했을 때, 꼭 손을 들어 반대하는 사람이 있다는 것을 발견했다. 그들은 "내 친구 중에 암을 앓고 있는 사람이 있는데 어떻게 그렇게 말할 수 있느냐"고 말한다. 생활수준의 향상과 보통 사람들의 순구매력 증가에 대해 얘기하면, "그렇지만 우리 가족 중에 일자리가 없다고 말하는 실업자가 있다"는 사람이 있다. 사회가 발전하고 있다는 것을 보여주는 다른 지표들에 대해서도 항상 누군가는 손을 들고 "그러나 내가 아는 사람 중에 이러저러한 사람이 있다"고 말한다.

처음에 나는 어떤 복잡한 심리적인 이유 때문에 사람들이 좋은 뉴스를 겁낸다고 생각했다. 어쨌든 우리는 최악의 상황을 예상하도록 훈련받았고, 쉽게 실망하지 않는다. 결국 나는 개별적인 일화들이 많은 양의 사실과 똑같은 지위를 획득했다고 느끼게 됐다. 전체적인 사실이 더 중요하다는 것은 모두가 알지만 많은 양의 사실은 가늠하기가 어려운 반면 일화들은 그 자체로 설명력이 있다. 우리가 얼굴 가까이에 들고 있는 스마트폰에 계속적으로 등장하는 부정적인 일화들은 우리를 비관적인 시각을 갖도록 몰아간다. 어떤 질문들은 답이 없다. 일화에 대한 집착을 어찌할 것인가가 바로 그런 질문이다. 적어도 미국인과 유럽인들은 이런 현상이 있다는 것을 깨닫고, 사고방식이 "인스타그램에서 이 끔찍한 것을 봤으니 모든 것이 끔찍할 것임이 분명하다"는 정도로까지 떨어지지 않도록 주의해야 한다.

위기라는 말을 퍼뜨리고 싶어 하는 지도자들

소셜미디어와 케이블 TV 뉴스, 라디오 토크쇼에서 사실 확인이나 출처 언급 없이 함부로 판단하는 행태는 과장 발언이 터무니없는 정도로까지 비화되는 환경을 조성한다. 트럼프는 선거운동을 하는 동안, 미국인의 42퍼센트가 실업 상태라는 사실을 정부가 숨기고 있다고 주장했다. 이런 실업률은 노인과 영유아, 수감자들까지 포함시켰을 경우에나 나올 수 있는 수치다. 힐러리 클린턴의 지원 유세에 나선 전 검찰총장 에릭 홀더Eric Holder는 '새로운 인종차별 정책'이 미국에 횡행하고 있다고 주장했다. 그러나 그가 말한 새로운 인종차별 정책이란 것은 노스캐롤라이나에서 주로 흑인들의 활용 비율이 높았던 사전투표 기간이 17일에서 10일로 축소된 것으로 판명됐다. 한 세대 전에는 노스캐롤라이나에서 아무도 사전투표를 할 수 없었다. 이제는 사회적 약자에 대한 우대조치가 조금만 줄어도 흡사 경찰견을 데모대를 향해 달려들게 한 것만큼이나 끔찍한 일처럼 언급된다.

보수주의자들은 몇 년 동안 '오바마케어ObamaCare(오바마 대통령이 주도한 건강보험 확대 정책)를 (그것을 시행하면) 나라가 망할 것처럼 비난했다. 그러나 이 프로그램은 이전에는 포함되지 않았던 1,400만 명에게 의료보험을 확대했고, GDP에서 차지하는 의료보험의 비중 증가를 완화하는 데 기여했다. 진보 진영은 한 발 더 나아갔다. 인권운동 지도자인 앤드류 영Andrew Young은 2014년에 "세상이 이보다 더 나빴던 적이 있었느냐"고 목소리를 높였다.

터무니없는 발언은 정치권이 일용하는 양식이다. 유명한 링컨-더글러스 논쟁과 그밖에 과거의 많은 정치적 충돌에서는 과장이 엄청나게 많았다. 공동체 내의 일상적인 교류에서 가족이나 친구, 동료들에게 터무니없는 주장을 한다면 필시 면목이 없을 것이다. 그러나 요즘은 아는 사람들에게 했다면 체면 잃을 법한 말도 텔레비전이나 소셜미디어에서 공공연히 떠들면 관심과 인기를 끈다. 이는 미국인들이 자신이 속한 공동체는 괜찮은데 나라는 그렇지 않다고 말하는 왜곡된 인식의 한 측면이다. 대체로 우리 주변의 사람들은 말이 되지 않는 황당한 주장을 하지 않지만, 정치인들과 케이블 뉴스 출연자, 뉴미디어 게시물들은 그런 주장을 한다.

스마트폰이나 화상기기에 떠도는 터무니없는 말들은 일견 별다른 목적이 없어 보인다. 그러나 에밀리 배즐런Emily Bazelon이 2017년 트럼프의 파국적 발언에 대해 썼듯이, 터무니없는 말에 포위된 나라에서는 극단적인 정책도 정당화될 수 있다. 이렇게 되면 "지도자들은 더 많은 권력을 가질 수 있기 때문에 전쟁을 선호한다"는 홉스의 경고대로 정책이 결정될 수 있다. 지도자들은 국내 문제에서도 위기 또는 위기라는 인식을 좋아할지 모른다.

트럼프가 대통령에 취임하면서 한 "미국의 대학살"이란 주장은 터무니없지만 소셜미디어에는 딱 좋은 말이다. 짧고, 간결하고, 분노를 일으키고, 사실상 의미 없는 말이라는 점에서 그렇다. 트럼프는 극단적인 정책을 정당화하기 위해 유행어를 동원했다. 8년 전 오바마가 같은 자리에서 대통령 취임 선서를 했을 때, 그 역시 미국이 "포위됐다"고 선언하고 즉시 의회에 특별 권한을 요구했다. 그의 경우 민주당 이익 집단에게 8,000억 달러를 지급할 수 있는 권한을 요구했다. 공식적으로 이 자금은 경기 대침체에 대응하기 위한 것이었다. 그러나 진짜 목적은 오바마에게 더 큰 영향력을 부여하는 것이었다. 그의 보좌관들은 이 방법으로 지급된 연방 예산이 경기 침체가 끝날 때까지 경제에 아무런 영향을 주지 못했다는 사실을 알았다(몰랐다면 알았어야 했다).

연임 기간 동안 오바마는 의회와 상의하지 않고 대통령 행정명령에 서명하는 방식으로 스스로에게 더 많은 권력을 부여했다. 그러면서 기후변화가 법적 절차를 우회하는 것을 정당화했다는 주장을 펼쳤다. 8년을 더 거슬러 올라가 9·11 테러 공격 이전에 조지 W. 부시는 에너지 공급의 비상사태가 백악관에 특별 권한을 부여하는 것을 정당화시켜 준다고 주장했다. 프랭클린 루스벨트 이후 드와이트 아이젠하워를 제외하고 새로 선출된 모든 대통령들은 일종의 비상사태가 백악관에 대한 추가 권력 부여를 정당화한다고 말했다. 오늘날 소셜미디어들은 이런 주장을 증폭하고, 그럼으로써 비관적인 정서를 확산시킨다.

나치의 사례는 그 자체로 극단적이지만, 그렇다고 해서 여기서 논의하지 못할 만큼 부적당한 것은 아니다. 우리 시대의 뛰어난 역사학자 중 한 사람인 예일대의 티모시 스나이더Timothy Snyder는 히틀러가 (이 책에서 옹호하는 역동주의와 정반대인) 천변지이설catastrophism을 신봉했다고 여긴다. 스나이더는 히틀러가 새빨간 거짓말과 터무니없는 횡설수설, 유사과학, '심판의 날' 예언 등을 얼버무리면 대재앙 시기의 열광적인 정서를 유도해서 잠재적으로 과격한 행동을 이끌어낼 수 있다는 것을 깨달았다고 썼다.

수세기 동안 왕족과 독재자들은 대중들이 최악의 상황을 믿도록 함으로써 최상위층에 있는 사람들이 더 많은 권력을 갖게 되기를 원했다. 오늘날 이런 관점은 공직자와 관리들, 로비스트, 기부금 모금자, 관심을 끌려는 사람들 등으로 광범위하게 확대됐다. 만일 대중들에 대해 상황이 정말 어렵다고 믿도록 설득할 수 있다면 트럼프와 그의 보좌관들, 그리고 다음 대통령과 그의 보좌관들은 다른 대우를 받게 될 것이고, 정치 조직들은 더 많은 돈을 주무르게 될 것이다. 가장 우려되는 것은, 다른 사람들의 삶을 판정하는 자리에 앉기를 열망하는 극단주의자들이 자신들의 생각을 다른 사람들에게 강요할 근거를 갖게 되는 경우다.

배타적 편향성을 강화시키는 '동형교배'

자신이 직접 속한 공동체는 괜찮은데 나라는 위기에 처했다는 오늘날의 믿음은 종교적 예배에 참석함으로써 강화될 수 있다. 이런 현상은 2차 세계대전 이후 유럽에서 시작돼 이제는 북미에서도 나타나고 있다. 작가 피터 베이나트Peter Beinart는 '미국의 대학살' 구호를 받아들여 트럼프에 투표한 사람들 가운데 놀라울 만큼 많은 숫자가 한 가지 특징을 공유한다고 지적했다. 그들은 복음주의 기독교인을 자처하지만 교

회에 나가지는 않는다. 베이나트는 "대학 학위가 없는 백인들이 종교
적 집회에 참석하는 비율은 대학을 졸업한 사람들보다 두 배 이상 감
소했다"고 썼다. 예배에는 참석하지 않으면서 자신을 매우 종교적이
라고 생각하는 것은 종교의식에서 최악의 부분일 수 있는(나는 신의 은총
을 받았지만 다른 사람은 지옥에 떨어질 것으로 생각하는) 극단적인 자기중심주의
judgementalism로 이어질지 모른다. 이들은 종교 활동의 가장 좋은 부분인
동료의식이 전혀 없다. 교회에 나가는 사람들은 "서로를 사랑하라"는
예수님의 말씀을 항상 상기한다. 그러나 자신들은 구원받았다고 생각
하면서도 예배에는 참석하지 않는 사람들은, 막연히 끔찍한 악한이라
고 상상하지만 한 번도 개인적으로 마주친 적이 없는 다른 사람에 대
해서는 최악의 경우를 믿는 것이 더 쉽다고 여길 수 있다. 알고리즘이
생성한 화면상의 과잉 반응에 더 많이 노출되고, 어떤 종교든지 예배
에서 얻는 마음의 평온함은 덜 경험하게 되면서, 미국인들은 비관론을
받아들이는 쪽으로 조금씩 다가가고 있는지 모른다.

미국인들은 갈수록 같은 교육적·계층적 배경을 가진 사람들 사이에
서 사는 경향이 있다. 사회평론가 빌 비숍Bill Bishop이 '거주지의 동질화
the Big Sort'라고 부르는 현상이다. 결사의 자유는 인권의 하나다. 그러나
이 권리가 비관적 사고에는 어떤 영향을 미칠까? 비숍은, 미국이 진보
주의자는 다른 진보주의자만 만나고, 보수주의자는 오직 다른 보수주
의자만 만나며, 복음주의 신자는 다른 복음주의 신자만 만나는 식으로
공동체 네트워크가 형성된 지 두 세대째에 접어들었다고 주장한다. 그

는, 비슷한 생각을 가진 사람들의 공동체는 지역 상황에 대해서는 긍정적인 반면 전국적 상황에 대해서는 부정적인 경향이 있다고 전한다. 자신과 다른 생각을 가진 사람들을 만나서 교류할 기회가 거의 없어지면 가짜 뉴스 형태의 거짓 믿음이 조성될 수 있다. 진보주의자들은 보수주의자들을 적이라고 생각할 수 있고, 보수주의자들은 진보주의자들이 불안하다고 생각할 수 있으며, 복음주의자들은 무신론자들을 비난할 수 있다. 비슷한 생각과 교육적 배경을 가진 사람들로 구성된 공동체 안에 있으면, 멀리 떨어져 있고 한 번도 마주친 적이 없으며 자신과 견해가 다른 사람들을 모든 악의 근원이라고 생각하기 쉽다.

동질적인 사람들로 형성된 거주지를 선택하는 현상은 사회학자들이 동형교배homogamy라고 부르는 사회적 행태와 연관된다. 동형교배란, 갈수록 교육을 많이 받은 사람은 교육을 많이 받은 사람과 결혼하게 됨에 따라 교육을 받지 못한 사람들의 견해와 관심사로부터 고립되는 현상을 설명하기 위해 식물학으로부터 차용한 용어다. 1960년에는 미국에서 결혼한 부부의 3퍼센트만이 배우자 모두 학사 학위를 가졌다. 2010년에는 미국에서 결혼한 부부의 25퍼센트가 배우자 모두 학사 학위를 가진 것으로 나타났다. 부모가 취득한 최고 학위는 자녀들이 취득하게 될 최고 학위의 가장 유력한 선행 지표다. 따라서 배우자 모두 대학을 졸업한 부부의 자녀는 배우자 모두 고졸 학력인 부부의 자녀에 비해 대학을 졸업해서 좋은 일자리를 갖게 될 가능성이 훨씬 높다.

모두가 결사의 권리와 마찬가지로 자유롭게 결혼할 권리를 가져야 하는 것은 자명하다. 그러나 이 두 가지 권리는 사회를 다양성이 뒤섞이는 용광로에서 멀어지게 하고 점점 동질화된 집단으로 변화시키고 있는 것 또한 사실이다. 동질적인 집단은 주로 휴대폰 상의 불필요한 우려를 자아내는 쓸데없는 말을 통해서만 다른 집단을 이해한다.

동질적인 공동체의 형성과 교회 출석자의 감소, 동류 결혼 등은 각기 완전히 자발적으로 발생한 현상으로, 비관적인 인식을 두드러지게 할 수도 있지만 자유가 증진되는 지점에서 만난다. 자유는 아무리 많아도 지나치지 않지만 책임이 따를 수 있다. 1992년에 출간된《평등의 종말The End of Equality》이란 책은 우리의 논의와 관련된 일련의 전망을 내놨다. 특정한 이념으로 분류되기를 거부하는 미키 카우스Mickey Kaus가 저술한 이 책은 인종 분리와 사회적 편견의 벽이 무너지면(누가 여기에 반대할 수 있겠는가), 그동안 억압받았던 사람들이 더 이상 사회에 의해 해를 입었다고 여기지 않고 오히려 마땅히 당할 만한 일을 당했다고 간주되는 상황이 벌어질 것이라고 경고한다. 공립학교에서의 인종차별 금지 판결과 각종 인권법이 나오기 전까지 미국 사회는 흑인들의 발전을 적극적으로 가로막았다. 따라서 흑인들은 설사 인생에서 실패해도 자신의 책임으로 여기지 않았다. 그러나 일단 학교의 문이 열리자, 숙제하기를 거부하는 흑인 학생이나 자녀가 숙제를 할 수 있게 비디오 게임기를 치우지 않는 흑인 부모들은 스스로를 탓할 수밖에 없게 됐다. 대학들이 백인 노동계층 출신 학생을 기피했을 때, 미국 사회는 적극적으로 가난한 백인들의 발전을 방해했다. 그러나 일단 각 대학의 입학처가 가난한 학생들을 찾아나서게 되자, 대학에 가기 위해 열심히 노력하지 않는 백인 젊은이들은 스스로를 탓할 수밖에 없었다. 카우스는, 오늘날은 사회가 더 이상 사회적 약자와 빈곤층을 방해하지 않기 때문에 실패해도 남을 탓할 수 없고 스스로를 탓할 수밖에 없다고 주장한다.

카우스가 이런 현상을 자세히 묘사한 것은 이와 같은 사고방식에 반대하기 위해서였다. 그는 이런 사고방식이 널리 호응을 받을 것이라고 경고했다. 즉, 사람들이 문제를 가진 사회집단은 그런 문제를 갖는 게 당연하고, 실패한 사람은 실패할 만하니까 실패했다고 믿게 되는 상황을 우려했다. 트럼프가 자주 쓰는 경멸적인 단어는 '실패자loser'다. 이 미국의 45대 대통령이 말하는 것을 들어보면, 그가 한 번도 만난 적이 없는 모든 제3자는 실패자들이다. 우리는 이 단어에 대한 트럼프의 친밀감이 그의 성격적인 결함에서 비롯됐다고 생각하고 싶다. 그러나 《평등의 종말》은 1992년에 '실패자'란 단어가 과거 낙관주의와 희망에 초점이 맞춰졌던 미국인들의 어휘 목록에 주요 항목으로 진입할 것이라고 예상했다. 이제 '실패자'란 단어는, 한 번도 만난 적 없고 앞으로도 만날 일이 없는 사람들을 향해 스마트폰으로 비난과 부정적 주장을 퍼붓기 위한 값싸고 편리한 수단으로 대두됐다.

상황은 나빠질 수도, 좋아질 수도 있다

투자의 귀재 워런 버핏Warren Buffett은 2016년 "오늘날 많은 미국인들이 자신의 자녀들은 자신들만큼 잘살지 못할 것이라고 믿는다"면서 "이런 생각은 틀렸다. 오늘 미국에서 태어난 아기들은 사상 최고의 행운아들"이라고 말했다. 실제로 그 아기들이 행운아일지는 시간이 말해주겠지만, 그의 언급은 네브래스카 촌뜨기의 엉터리 철학이 아니라 심오하고 수준 높은 견해다. 일리노이대학의 경제사학자 디어드리 맥클로스키Deirdre McCloskey는 "사람들은 세상이 망할 것이란 소리를 듣고 싶어 하지만, 비관주의는 현대 세계를 이해하는 데 일관되게 형편없는 길잡이였다"고 말했다.

물론 상황이 나빠질 수 있지만, 좋아질 수도 있다. 2003년 매사추세츠는 동성결혼을 인정한 최초의 주가 됐다. 2014년까지 미국의 주 가운데 3분의 2가 동성결혼 증명서를 발급하고 있고, 2015년에는 대법원 결정으로 동성결혼이 전국적으로 합법화됐다. 동성결혼에 대해 철학적인 반대가 있을지 모르지만, 개혁에 관한 비관주의는 이 문제에 접근하는 데 형편없는 길잡이였다. 뉴욕대학의 사회학자 패트릭 샤키Patrick Sharkey가 썼듯이, "1990년대 그토록 요란하게 경보를 발했던 각종 사회병리적 현상들은 눈에 띄게 줄어들었다. 10대 출산율은 절반으로 떨어졌고, 고등학교 중퇴자 비율도 꾸준히 줄고 있으며, 살인사건 발생률은 50년 이래 최저수준이다." 비관주의는 범죄와 공해 감축, 질병 관리, 빈곤 감퇴, 식량 공급, 안전, 전쟁 억제, 민주주의 확산, 자연자원 보호 등의 문제에 대해 제대로 예측하지도, 대안을 제시하지도 못했다. 비관주의는 거의 항상 형편없는 길잡이였다. 미국인들은 여전히 미국이 쇠퇴하고 있다고 믿는다. 우리는 이 문제에 대해 이제 겨우 시작했을 뿐이다.

100년 전의 책 한 권으로 이 장을 마치고자 한다. 1918년 출간된 윌라 캐더Willa Cather의 소설 《나의 안토니아 My Antonia》에서 주인공은 상상 속의 평온했던 과거로 돌아가겠다는 열망을 내려놓는 법을 배운다. 100년 전에 캐서는, 당시의 미국인들이 현재의 삶에 감사할 줄 모르거나 앞으로의 삶이 얼마나 더 좋아질 것인지에 주목하지 못한다고 느꼈던 것이다. 그녀의 생각은 그때도 옳았고, 지금도 여전히 맞다.

9

기후변화라는
불가능한 도전

기후변화를 보는 엇갈린 시선

만일 조물주가 유머 감각을 가졌는지 의심스럽다면 북극의 빙원을 한 번 생각해보라. 인위적인 영향에 의한 지구온난화는 북극해 빙하의 용해를 가속화하고 있다. 북극해 빙하는 1980년 이래 약 28퍼센트가량 줄어들었다. 북극 빙하가 녹으면 북극점 아래에 있는 것으로 여겨지는 대규모 해저 매장 석유의 시추가 가능해질 것이다. 이는 승용차와 트럭에 쓸 수 있는 기름을 더 많이 얻게 되고, 더 많은 승용차와 트럭은 대기 중에 이산화탄소를 더 많이 배출할 것이며, 그로 인해 기후변화를 가속화하는 결과를 낳는다는 것을 의미한다.

신은, 시베리아로부터 알래스카를 거쳐 캐나다 서부 매킨지 삼각주에 이르는 영구동토 회랑인 베링기아의 온난화를 두고도 낄낄대며 웃고 있을지 모른다. 베링기아의 온난화는 포장도로처럼 딱딱한 토양을 작물이 자랄 수 있을 만큼 부드럽고 촉촉하게 바꾼다. 그러나 러시아의 연구자인 세르게이 지모프Sergey Zimov가 2006년 밝혀낸 것처럼, 베링기아에서 발견된 특이한 토양은 지구의 일반적인 삼림지역의 흙보다 더 많은 탄소를 함유하고 있다. 따라서 같은 온난화라도 영구동토를 경작이 가능한 땅으로 바꿀 수 있는 온난화는 대기 중에 탄소 축적을 가속화할 수 있다. 기후가 모든 것들을 엉망으로 만드는 방식으로 바뀌는 와중에도, 사람들은 선반에 식품이 가득 찬 가게로 차를 몰고 갈 수 있을 만큼 충분한 연료가 있으면 그만이다.

신은 또 원자력 발전에 대한 정치권의 변화에 대해서도 잠시 웃을지 모른다. 1970년대 말, 제리 브라운Jerry Brown은 핵 발전, 특히 로스앤젤레스 근교에 건설 중이던 디아블로 캐년 원자로에 반대한다는 공약에 힘입어 캘리포니아 주지사에 당선됐다. 2016년 브라운은 다시 캘리포니아 주지사가 됐는데, 이때 디아블로 캐년의 원자력 발전소는 설계 수명을 다해 폐쇄될 예정이었다. 1970년대 말에 이 핵 발전소의 개설을 막는 데 실패했던 브라운은 2016년에는 원자로의 예정된 폐쇄를 막아보려고 애썼지만 역시 실패했다. 브라운은 원자력 발전을 반대하다가 지지하는 쪽으로 입장을 바꿨다. 원자력 발전이 온실가스를 배출하지 않고도 전기를 생산하기 때문이다. 전에는 우라늄으로 전기를 만드는 데 반대하던 많은 사람들이 이제는 원자력 발전을 지지한다. 원자로는 대기로 탄소를 발산하지 않으며, 적어도 미국에서 가동 중인 원자력 발전소는 안전하게 운영되고 있다(러시아와 일본의 노후 원자로들은 다른 문제다). 북극 빙하 용해의 엇갈린 파급효과와 원자력 발전에 대한 입장의 반전은 신의 관점에서 보면 우스운 일이다. 그러나 기후변화에 관한 농담은 우리 자신에 대한 조롱이다.

기후변화에 관한 다양한 입장들

기후변화가 어떤 형태로든 일어나고 있다는 것은 반박의 여지가 없다. 2005년 미국국립과학원National Academy of Science이 발표한 '지구온난화가 일어나고 있다는 강력한 증거'는 수십 년에 걸친 대기와 해양, 육지의 온도 변화 기록에 대한 광범위한 분석에 근거한 것으로, 자연적인 변화가 (그것이 아무리 중요한 요인이라 해도) 기후변화의 유일한 원인일 가능성을 배제했다. 2014년에 미국국립과학원은 "화석연료의 연소가 인간이 기후변화를 야기하고 있다는 명백한 증거"라고 결론 내렸다. 대략 지난 10년에 걸쳐 미국과학진흥회American Association for Advancement of Science와 미국지구물리학회National Geophysics Union, 미국기상학회National Meteorological Society 등은 인간이 기후에 영향을 끼쳤다는 명백한 흔적을 찾아냈다. 이러한 기관들은 정치 성향과 무관한 애국적인 단체로, 유엔의 '기후변화에 관한 정부 간 협의체IPCC: Intergovernmental Panel on Climate Change'에 속하지 않는다. IPCC는 전면에 나서지 않으면서 효율적으로 일하고 있지만 상층부는 매우 정치적이다. 인간이 기후변화에 간여하고 있다는 논거는 IPCC나 유엔의 반미 성향의 정치적 기구에 의존

하지 않고도 설득력 있게 입증할 수 있다(유엔은 농업이나 인구 문제에 대해서
는 신뢰할 만하지만, 일부 회원국들이 미국에 온실효과 부담금을 요구하여 공정한 과학적
토론이어야 할 기후변화 논의에 재정적 이해를 개입시켰기 때문에 기후 문제에 관해서는
신뢰성이 떨어진다). 지구의 기온 변화에 인간이 개입했다는 논거는 조지
W. 부시 대통령이 관장한 '기후변화 과학 프로그램Claimate Change Science
Program'에서 설득력 있게 입증될 수 있다. 이 프로그램은 2006년 "기후
시스템에 인간이 영향을 준 명백한 증거가 있다"고 선언했다.

과학적 합의가 있다고 해서 진리를 보장하는 것은 아니다. 과학적으
로 합의한 것들은 전에도 틀린 적이 있고 앞으로도 틀릴 것이다. 1962
년에 발간된 토머스 쿤Thomas Kuhn의 책《과학 혁명의 구조 The Structure of
Science Revolution》는 '패러다임 전환paradigm shift'이란 개념을 도입한 것으
로 잘 알려져 있지만, 과학자들이 자신들의 소득을 극대화하는 것이면
무엇이든 지지할지도 모른다는 경고에 대해서는 그다지 잘 알려지지
않았다. 기후 연구자들이 종말론을 외치고 그에 맞춰 행동하면 재정
지원을 받을 가능성이 더 크다. 그러나 확실한 증거는 없지만 기후변
화에 대한 과학적 합의가 한 가지 강력한 지표인 것만은 분명하다.

기후변화에 대한 대부분의 공론은 무엇보다도 어디서 자금을 조달
하느냐와 함께 현재의 정치적 입장이 무엇이냐에 따라 이를 반영하는
극단적인 표현으로 나타난다. 에너지 장관 릭 페리Rick Perry에게 기후변
화는, 어떤 알 수 없는 이유로 모든 사람이 어둠 속에서 얼어붙기를 바
라는 일부 활동가들이 꾸며낸 "날조된 거짓 주장의 난장판"이다. 버니

샌더스에게 지구온난화는, "이미 미국과 전 세계에 엄청난 문제를 초래하고 있으며, 과감하게 행동하지 않으면 더욱 악화될 수밖에 없는 것"이다. 2016년 녹색당 대통령 후보였던 질 스타인Jill Stein에게 기후변화는, "기후 비상사태"를 선언해야 할 대상이다. 스타인이 주장하는 '기후 비상사태 선언'은 정부에 생산재와 소비재를 통제하는 절대적 권한을 부여함으로써 녹색당의 목표를 달성하겠다는 것이다. 대표적인 학계의 비관론자인 노암 촘스키Moam Chomsky에게 지구온난화는 "역사상 가장 중요한 문제이고 지금은 재앙을 향해 가속적으로 진행되는 문제"다. 언론계의 대표적인 비관론자인 폴 크루그먼Paul Krugman에게 온실가스에 대한 공화당의 정책은 "문명의 종말을 부를지 모르는" 위험한 것이다.

어떤 면에서 기후변화는 오늘날 열띤 토론을 하기에 이상적인 주제다. 기후변화에 대한 논의는 (현재의 지식으로는 과학적·경제적·정치적으로 반박이 불가능하기 때문에) 사실상 어떤 이념에 근거한 어떤 견해도 투영될 수 있는 백지 상태의 칠판이다. "내가 너보다 더 친환경적"이라고 주장하고 싶은 유혹이 많다. 할리우드와 맨해튼, 브뤼셀과 워싱턴의 엘리트들은 다른 사람들이 어떤 희생이나 어려운 결정도 하지 않으면서 지구를 파괴하고 있다며 삿대질할 수 있다. 또한 선동하고 싶은 유혹도 있다. 대통령이 된 지 얼마 지나지 않아 도널드 트럼프는 모든 정부 기관들이 '기후변화'란 용어를 쓰지 못하도록 했다. 극우파에겐 '기후변화'란 말이 '사회주의' 성향을 나타내는 표식으로 보인 모양이다.

1990년 MIT 과학 석사 학위를 가졌고 당시 (아버지) 조지 부시 대통령의 백악관 비서실장이었던 존 수누누 John Sununu는 정부기관에 '지구온난화' 대신 '기후변화'라는 용어를 사용하도록 지시했다. '기후변화'가 '지구온난화'보다 이 문제를 전체적으로 표현한다는 이유에서다. 그런데 2017년에 '기후변화'란 용어의 바로 그 정확성이 정치 선동가들에겐 부적당하게 비친 것이다.

2017년 초까지 상원 환경위원장이었던 제임스 인호프 James Inhofe 상원의원은 지구온난화를 "미국인들에게 행해진 가장 큰 사기극"이라고 불렀다. 기후변화가 (생명까지는 아니더라도) 문명을 위협한다는 명제를 받아들이지 않는 사람은 누구든 그 반대 측에게 (무작정) 반대론자'로 찍힌다. 힐러리 클린턴은 대선 유세를 하면서 "상원의 기후 반대론자들"이란 말을 내뱉었다. 누구도 기후 자체를 반대할 수 없기 때문에 '기후 반대론자'란 말은 성립할 수가 없다. 보수적 변호사인 스콧 프루잇 Scott Pruitt이 트럼프 행정부의 환경보호국장이 됐을 때, CNN과 〈USA Today〉를 포함한 주류 뉴스 매체들은 맞을 수도 있고 틀릴 수도 있는 미묘한 발언을 근거로 그를 '반대론자'라고 비난했다(그는 "미국의 발전소에서 배출되는 탄소가 우리가 보는 지구온난화의 주요 원인은 아니다"라고 말했는데, 미국의 발전소에서 배출된 대기 중 이산화탄소는 1퍼센트 미만이기 때문에, 그의 발언 중 주요 primary란 표현이 미묘한 대목이 됐다).

이 책의 앞선 장에서 지적한 바와 같이, 현대 정치에서 '과학적으로 보인다'는 말은 '우리 후원자들을 위한 안건을 뒷받침할 수 있다면 무엇이든 괜찮다'는 것을 의미하게 됐다. 힐러리 클린턴이 대선에 출마하면서 "나는 과학을 믿기 때문에" 지구온난화가 실재하는 것이 분명하다고 선언했을 때, 그녀는 실리콘 밸리의 기부자들에게 정치적 신호가 될 수 있는 발언을 한 것이다. 마찬가지로 지구온난화를 '사기'라고 부르는 것은 부유층 기부자들에 대해 일종의 정치적 신호를 보내는 것이다.

정치적 신호가 되는 말은 세대별로 다른 의미를 갖는다. 과거에 공화당은 과학에 근거한 에너지 정책과 환경 정책을 지지한 반면, 민주당은 과학적 연구를 하자는 요구를 지연전술이라고 매도했다. 오늘날 민주당원들은 (환경 문제뿐만 아니라 성적 취향 문제에 관해서도) 과학적 연구에 찬사를 보내는 반면, 공화당은 과학적 연구에 따른 결론에 귀를 막는다. 이런 두 당의 입장이 언제 다시 바뀔지 모르겠다.

과학이 반드시 옳지는 않지만, 어떤 문제에 대해서는 가용할 수 있는 최선의 지침은 된다. 현재로선 대체로 과학이 기후변화에 대한 우려를 뒷받침하는 것 같다.

기후변화에 대한 과학적 합의 세 가지

이 문제에 대한 정치적 주장과는 달리, 기후변화에 대한 연구결과 얻어진 과학적 합의가 실재하기는 하지만 합의의 내용은 매우 제한적이다. 하버드대학의 환경경제 프로그램의 책임자인 로버트 스태빈스

Robert Stavins가 설명한 것처럼, 지금까지 합의된 것은 ▶ 지구가 더워지고 있고 ▶ 적어도 온난화의 일부는 인간의 행동으로 인해 발생했으며 ▶ 앞으로의 기후변화가 좋아질 가능성은 적은 반면, 나빠질 공산이 크지만 끔찍해질 가능성은 적다는 것이다.

'지구가 더워지고 있다'는 첫 번째 합의 내용과 관련해서 미국 국립해양대기국NOAA은 최근 몇 년간 지구 기온의 중앙값이 이전 세기의 평균값보다 화씨 1.5도가량 높았다는 결론을 내렸다. 1991년 피나투보 화산 폭발 이후 몇 년간을 제외하면 최근 수십 년간 점진적인 온난화가 일어났다. 피나투보 화산의 폭발로 대기권 상부가 열을 반사하는 연기와 재로 덮이면서 온난화의 진행이 늦춰졌다. 변화하는 기후는, 봄이 지속적으로 일러지고, (폭우가 많아지고 가벼운 소나기가 줄어드는 등) 강우 패턴이 바뀌며, 몇몇 철새의 이동 패턴이 수정되고, 해양 빙하와 육지 빙하가 녹아내리는 등의 현상에서 찾아볼 수 있다(빙하 용해의 일부는 자연적으로 일어난다. 산업화가 시작됐을 때 지구는 이미 빙하기에 뒤이은 회복기에 들어섰다). 라디오 토크쇼에서는 지구온난화가 중단된 의문의 '틈' 주장이 제기되곤 한다. 그러나 NOAA는 대기 온도나 해수면 온도에 관한 통계자료에서 그 어떤 틈도 발견하지 못했다. 대기 온도와 해수면 온도는 일관되게 상승했다. NOAA와 다른 연구기관들은 나아가 기후변화가 예상보다 빠르지 않게 진행되고 있음을 발견했다. 대기와 해수면 온도는 당초의 예측보다 천천히 상승하고 있다. 해수면 상승 역시 예상보다 늦은 속도로 일어나고 있다.

통상적인 주장과는 달리, 태풍과 토네이도의 빈도나 강도 면에서 기후변화의 징후는 발견되지 않는다. 미국 대륙에서는 2006년부터 2016년까지 허리케인 활동이 거의 없는 이례적으로 잠잠한 시기가 이어졌다. 그후 2017년에 강력한 허리케인 '하비'와 '어마'가 미 대륙을 강타했다. 만일 일각에서 주장하듯 헤리케인 하비와 어마가 인위적인 기후변화의 결과라면, 그 이전에 이례적으로 길었던 무풍기간은 기후변화를 부정하는 것임에 틀림없어야 한다. NOAA의 산하 기구인 지구물리 유체역학연구소는 2017년에 "인간의 활동, 특히 지구온난화를 초래하는 온실가스 배출이 대서양의 허리케인이나 적도의 사이클론에 관측 가능한 영향을 줬다고 결론짓는 것은 성급하다"고 밝혔다. 재산손실의 추이도 기후변화를 입증하는 것은 아니다. 태풍으로 인한 재산피해가 늘어난 것은 오히려 해안가 주택과 호텔에 대한 인기가 높아지면서 연안지역의 태풍 경로에 많은 부동산이 건설된 탓이 크다.

연구결과에 따르면, 폭우 형태의 강우와 잦은 홍수가 극적으로 휘몰아치는 적도 사이클론보다 가까운 장래를 더 위협할 것으로 보인다. 지구물리 유체역학연구소는 2017년에 "21세기 말까지 인위적인 온난화로 인해 지금보다 상당히 많은 강우량을 갖는 적도 사이클론이 발생할 가능성이 크다"고 경고했다. 허리케인 하비로 인한 휴스턴의 홍수에 이어 인도 뭄바이에서 이례적으로 극심한 계절적 몬순 홍수가 발생했다. 어쩌면 단순하지만 노아의 방주와 같은 엄청난 규모의 비가 내릴지도 모른다.

인간의 행동이 관측된 기후변화와 관련됐다는 두 번째 합의점은 현대 과학의 어떤 주장 못지않게 강력하다. 기후변화가 얼마나 해로울 것인가에 대한 세 번째 합의점은 논란의 한복판에 자리 잡고 있다. 인위적으로 촉발된 지구온난화가 사회를 위험에 빠뜨릴지, 단지 가벼운 영향만 미칠지, 아니면 전체적으로 이로운 결과를 낳을지는 아직 미지수다.

지난 세기에는 지구 온도가 약간 오름으로써 경작 기간이 길어지고 에너지 수요가 둔화되는 긍정적인 결과가 나타났다(금세기에는 세계적으로 추위를 막기 위해 건물을 덥히고, 더위를 막기 위해 건물을 식힐 목적으로 더 많은 전력이 사용되고 있다. 물론 이런 에너지 소비 행태는 바뀔 수 있다). 앞으로 추가적으로 약간의 온난화가 일어나면 알래스카와 캐나다, 러시아, 스칸디나비아는 가치가 더 커질 수 있다. 지리적 우연에 의해 온난화로 혜택을 보는 고위도 동토지역은 모두 북반구에 위치한다. (태평양 바다코끼리 등) 몇몇 종은 북극 온난화로 해를 입겠지만, (북극 수염고래 등) 어떤 종은 유례없이 번성할지 모른다.

인위적인 온실가스인 이산화탄소와 자연적으로 발생하는 온실가스인 수증기 사이의 균형은 잘 알려지지 않았다. 이산화탄소는 대기압에 의해 농축되지 않는다. 그러나 수증기는 대기압에 의해 농축된다. 압축된 수증기는 물방울로 바뀌어 햇빛을 우주로 반사하는 구름을 형성한다. 이런 자연적인 순환작용이 지금까지 인간 행동에 의한 탄소 배출로 인한 온난화가 연구자들이 예측한 정도에 이르지 않은 한 가지 이유다. 그러나 이런 구름의 억제 효과가 갈수록 높아지는 온실효과를 얼마나 오랫동안 상쇄할 수 있을지는 알 길이 없다.

빙하의 용해보다 해양의 온난화가 더 치명적이다

인위적으로 배출된 탄소와 이미 대기 중에 존재하는 메탄가스, 그리고 해빙과 빙하의 용해에서 발생하는 피드백 효과로 인해 추가적인 지구의 온도 상승은 거의 확실하다. 빙하가 녹으면 햇빛을 되쏘는 눈과 얼음의 반사 표면이 빛을 흡수하는 어두운 색깔로 바뀐다.

빙하가 녹는 것보다 더 큰 영향을 미치는 해양의 온난화는 가장 우려스런 피드백일지 모른다. 지구 표면의 대부분은 대기보다 질량이 훨씬 큰 깊은 물로 덮여 있고, 질량이 큰 물질은 온도가 쉽게 변하지 않기 때문에 해양은 대기 온도의 변화 추이에 중요하다. 소빙하기로 알려진 기상 상태는 약 1300년부터 1850년까지 지속됐는데, 인위적인 온실가스 배출이 시작됐을 때도 바다는 상대적으로 시원하게 유지됐다. 1948년 아제르바이잔에서 최초로 현대적인 유정이 시추됐을 때도 시원했던 바다는 대기의 온난화에도 불구하고 큰 온도 변화를 보이지 않았다. 이는 기후변화가 예상만큼 급속히 진행되지 않은 또 다른 이유일 가능성이 크다.

일단 대기 온도의 상승이 해양의 상대적인 시원함을 넘어서게 되면, 바다는 더 이상 지구온난화를 지연시키는 역할을 하지 못하고 오히려 온난화를 증폭시킬 것이다. UC 버클리의 제키 하우스파더Zeke Hausfather가 이끄는 연구진은 2017년 해수면 온도가 상승 국면에 접어들었음을 보여줬다. 이는 온실가스 배출량이 청정기술에 의해 줄어들더라도 다가올 수십 년간은 바다가 상대적으로 따뜻해질 것임을 시사한다(상대적으로 시원한 바다의 시기는 1세기 이상 지속됐다).

기후의 미래, 정말로 위험한 상황일까?

인류의 에너지원이, 나무와 농업 부산물(스모그와 이산화탄소 기준으로 모두 오염도 매우 높음)에서 석탄(나무보다는 청정하지만 여전히 오염도 높음)으로, 수력 발전(청정하지만 세계 대부분 지역에서 생산 최대치에 접근)으로, 석유(오염도 중간)로, 천연가스(스모그 기준으론 청정하지만 여전히 온실효과에 기여)로, 우라늄(매우 청정하지만 가격이 비쌈)으로, 태양광 및 풍력(매우 청정하고 잠재적으로 비싸지 않음)으로 발전해온 것은 사회가 점차 환경친화적으로 이행한다는 것을 보여준다.

2017년 어느 날, 영국의 발전회사들은 하루 종일 발전용 석탄을 전혀 때지 않고 보냈다. 이 일은 전력 수요가 이례적으로 낮았던, 매우 기분 좋게 온화한 봄날 일어났는데, 어쨌든 기념비적인 날이었던 것은 분명하다. 영국은 2025년까지 석탄 사용을 완전히 중단하기 위한 과정에 있는데, 석탄이 사라진다는 것은 1952년에는 상상할 수 없는 일이었다. 당시에 영국은 전력과 난방 연료를 거의 석탄에 의존하고 있었고, 석탄 공해로 인해 런던에서만 4,000명이 사망했다.

세계 대부분의 지역이 오염이 심한 에너지에서 청정에너지 쪽으로 이행하는 궤적을 밟고 있다. 2016년 선거 기간 동안, 트럼프는 마치 석탄 산업의 일자리가 경제적 성공과 동의어인 듯이 말하면서 석탄 채굴 일자리를 되찾아오겠다고 했다. 같은 해에 에너지부의 한 연구는 미국에서 태양광 에너지 산업이 이미 석탄 산업보다 더 많은 일자리를 창출하고 있음을 발견했다. 정치권의 위선자들은 사실보다 사람들이 믿는 것에 더 신경을 쓰기 때문에 이러한 사실을 받아들이지 못한다. 하지만 결국엔 청정에너지의 경제적 가치가 널리 이해될 것이다.

그러나 인위적으로 배출되는 온실가스가 줄어든다 해도 지구의 온도는 올라가게 돼 있다. 기후변화의 도전 과제는 지구의 온도 상승을 막자는 것이 아니다. 만일 지구가 약간 더 따뜻해지는 정도라면 대처할 만하다. 정작 심각한 도전 과제는 온실가스로 인해 부수적으로 발생하는 파급효과를 통제하거나 그 변화에 적응하는 일이다.

해수면의 상승은 많은 해안도시들을 침수시킬 수 있다. 2016년 매사추세츠대학의 로버트 드콘토Robert DeConto가 이끄는 연구팀은 이전 간빙기 동안 해수면이 지금보다 약 30피트(약 9.13m) 높았다는 것을 계산해냈다(이전 간빙기는 약 11만 5,000년 전으로, 그 당시 지구는 자연적으로 따뜻한 상태였다). 육지의 빙하가 녹고 해수가 팽창하면(따뜻한 물은 차가운 물보다 부피가 커진다), 2100년 무렵까지는 해수면이 적어도 약 3피트(약 9m)가량 올라갈 가능성이 크다. 드콘토의 연구 결과는 인위적인 온실가스 배출이 중지되더라도 21세기 내내 해수면이 계속 상승할 것임을 시사한다. 호수도 수면 상승에는 예외가 아니다. 온타리오 호는 엄청난 양의 물이 온도 상승으로 팽창하면서 수면 높이가 계속 높아지고 있다.

강수 패턴의 변화로 인해 고지대의 눈덩이가 녹아 없어지면 오늘날의 곡창지대가 건조해질 수 있다. 바다로 흘러내리는 담수는 흐름이 바뀔 수 있고, 그에 따라 주변 지역의 온도가 바뀔 것이다.

기후변화 예측에 사용되는 컴퓨터 모델은 경험에 의한 추측보다 별반 나을 게 없다. (기후나 선거, 운동경기 등) 어떤 주제에 대한 컴퓨터 모의실험은 모델에 프로그램된 결과가 무엇이든 그대로 내놓는다. 기후 예측 모델들은 대기권이 앞으로 화씨 4도(섭씨 약 2.2도)가량 기온이 더 올라갈 것으로 추정한다. 이 정도의 기온 상승은 범지구적으로 적색 경보 수준이다. 이런 조건이라면 베링기아 지역과 그밖의 몇몇 지역은 사정이 나아질 것이다. 반면에 적도 근처의 개발도상국들은 형편이 나빠질 것이다. 2015년에 카라치에서는 열파로 인해 기온이 화씨 114도(섭씨 46도)까지 치솟아 1,200명이 목숨을 잃었다. 그러니 여기서 더 뜨거워진다고 상상해보라. 더구나 이처럼 더운 나라들은 대부분 가난한 나라들로 기후변화에 (경제적으로) 대응할 능력이 거의 없다.

예측 모델은 유용할 수 있지만 거기서 나온 자료를 오해하지 말아야 한다. 현재 세계에서 가장 뛰어난 기후 모델 설계자라고 할 수 있는 미 항공우주국NASA의 제임스 핸슨James Hansen은 2016년에 (자신의 컴퓨터 예측 모델에 따르면) 심각한 지구온난화가 막 시작되기 직전이라고 밝혔다. 핸슨은 1988년 처음 예측을 내놓은 후 여러 차례 이런 발언을 반복했는데, 매번 온난화 시작 연도를 다르게 예상했다. 우리 사회는 지구온난화가 위험한 수준으로 진행될지, 만일 그렇다면 언제 그럴 것인지 모른다.

기후의 미래가 어떨지 모른다는 것이 정말로 중요한 것은 아니다. 우리는, 인구가 늘어나고 경제는 계속 불안정한 가운데 기후가 바뀌고 있다는 것을 감안할 때, 기후변화가 현대 세계의 심각한 우려사항이라는 것을 충분히 알고 있다. 그렇다고 수많은 논평이 시사하는 것처럼 두려워해야만 할 것인가? 스타빈스는 "나는 20대인 자녀가 둘 있는데, 기후변화는 내가 이들의 미래에 대해 걱정하는 사안들의 목록 가운데 높은 순위에 있지 않다"면서 "기후변화는 바로잡을 수 있고, 환경보호의 역사를 보면 거의 모든 도전들이 예상했던 것보다 더 적은 비용으로 더 빨리 바로잡혔다"고 말한다.

온실가스, 통제 대신 적응할 수는 없을까?

인류는 온난화되는 세상의 여러 가지 어려움에 적응할 수 있다. 연안 도시들은 최악의 경우 포기할 수 있고, 완전히 새로운 경작지를 개간할 수도 있으며, 의료보장과 연금에 지출하는 예산을 대규모 담수화 시설 건설에 전용할 수 있고, 유럽인들은 현재 핀란드와 스칸디나비아

일부 지역에서 하고 있는 것처럼 주 생활공간을 실내로 옮길 수 있다. 그렇다면 온실가스 자체를 통제하기보다 적응하는 것이 더 실용적이지 않을까?

미국 에너지정보국 EIA은 2016년에 세계 에너지 수요가 2040년까지 48퍼센트 늘어날 것으로 추정했다. 10여 년 전 EIA의 추정은 세계 에너지 수요가 100퍼센트 늘어난다는 것이었다. 세계 에너지 수요가 과거 예상보다 더 적게 증가한다고 해도 48퍼센트의 에너지 수요 증가를 감당하는 것은 엄청난 과제다. 그러나 이 과제는, 개도국들이 서구 국가들만큼 잘살 수 있도록 하려면 반드시 이뤄야 할 일이다.

앞서 인용했던 록펠러대학의 제시 오수벨은 1979년 지구온난화에 관한 최초의 대규모 과학 행사의 하나인 '세계 기후회의 World Climate Conference'를 조직하는 데 일조했다. 오수벨은 1980년대에 '생활수준이 향상됨에도 불구하고 자원 소비는 줄어들 것'이란, 당시에는 미쳤다고 할 만큼 엉뚱한 예측을 내놨다. 대략 비슷한 시기에 그는 두 번째 엉뚱한 예측을 했다. 당시에 대기 중 이산화탄소 농도는 약 335ppm이었고, 일부 분석가들은 이산화탄소 농도가 350ppm에 도달하면 인간 사회가 해체되고, 심하면 대규모 멸종 사태를 촉발할 것이라고 말했다. 그런데 오수벨은 이산화탄소 농도가 눈에 띄는 영향을 주지 않고도 400ppm까지 도달할 수 있다고 예측했다. 오늘날 대기 중 이산화탄소 수준은 400ppm이다. 오수벨은 세 번째 엉뚱한 예측을 추가했다. 그는 대기 중의 이산화탄소 축적이 2040년경 450ppm 언저리에서 정점에 이를 때까지 계속될 것이고, 그후에는 청정에너지가 화석에너지를 능가함에 따라 이산화탄소 축적이 멈출 것이라고 예상했다.

오수벨은 2016년 "나는 여전히 전체 이산화탄소 배출량에는 별로 관심이 없다"면서 "이산화탄소 배출은 이미 정점에 도달했거나 정점에 가까워졌다"고 나에게 말했다. "배출량의 수준이 문제가 아니라, 자연 시스템이 다이얼이냐 아니면 스위치냐가 문제다. 만일 자연 시스템이 다이얼이고, 뉴욕시가 볼티모어 정도의 날씨로 바뀌며, 봄철에 일부 식물의 개화 시기가 빨라지는 정도라면 기후변화는 관리할 만하다. 만일 자연 시스템이 점멸식On or Off 스위치라면 기후변화는 전혀 문제가 없거나 아니면 심각한 문제가 될 것이다. 이런 질문을 컴퓨터 모델에 넣어 답을 찾는다면, 컴퓨터는 모델에 입력하는 대로 무슨 답이든 내놓는다. 확실한 답을 찾는 길은 한 가지뿐이다. 그러나 답을 찾지 않는 편이 훨씬 더 좋을 것이다."

복잡한 단어를 선호하는 연구자들은 이를 '선형성linearity' 문제라고 부른다. 기후가 선형적일까? 즉, 온실가스가 서서히 축적되는 것이 기온이 서서히 올라가는 것과 동일하냐는 것이다. 만일 그렇다면 기후변화의 영향은 다루기 쉬워 보인다. 혹은 기후에도 티핑 포인트tipping point가 있을까? 예컨대 광범위한 지역에 급속한 파급 효과를 낳는 급작스런 해류의 변화를 들 수 있다. 이것이 사실로 입증된다면, 이 문장은 그 자체로 완결된다. 기후변화의 티핑 포인트를 피할 수 있도록 하는 개혁을 원한다면 굳이 암울한 견해를 지지할 필요가 없다.

온실가스는 대기 오염의 문제다. (스모그와 산성비, 대기 중의 납, 공장 연무, 성층권의 오존층을 파괴하는 화학물질의 배출 등) 이전의 대기 오염 문제들은 "예상했던 것보다 낮은 비용으로 빠르게 시정됐다"고 스타빈스는 말한다. 스모그 문제를 시정하기 위해 새로운 기술(자동차의 촉매 전환기와 휘발유 및 디젤의 성분 재조합 등)이 엄격한 규제와 결합됐다. 산성비 문제를 해결한 것은 비즈니스 모델이었다. 바로 근본적인 문제가 해결될 때까지 값이 떨어지는 배출권을 시장에서 자유롭게 교환토록 하는 '배출권 거래제'다. 대기 중 납 문제의 해결 방법은 전면적인 금지였다. 성층권의 오존층을 파괴하는 화학물질에 대한 해결 역시 전면적인 금지 조치였다. 산업 연무의 해결책은 공장과 건설 현장에서 공정을 개선하는 것이었다. 온실가스가 오늘날 당면한 최대의 환경 과제이기 때문에 위에 언급한 모든 개혁조치들의 어떤 조합이 필요하다. 모든 개혁 조치들이 전에 잘 시행됐으므로 앞으로도 다시 제 역할을 할 수 있을 것이다.

온실가스 배출량은 줄어들고 있다

기후변화의 추이는 암울한 논평에서 주장하는 것보다 상당히 긍정적으로 나타나고 있다. 이 책을 쓰는 시점에, 세계 GDP가 증가하는 와중에도 세계 온실가스 배출량은 3년 동안 증가하지 않았다. 바꿔 말하면, 세계 온실가스 배출량은 이미 경제적 산출에 비해 상대적으로 감소하기 시작했다는 것이다. 미국의 온실가스 배출량은 경제 대침체가

시작된 10년 전부터 줄어들기 시작해서, 그뒤에 이어진 호황기에
도 완만한 감소세가 계속되고 있다. 미국보다 이산화탄소를 50퍼
센트 더 배출하는 중국은 2014년 이래 완만한 온실가스 감소세를
보이고 있다.

　이러한 온실가스의 감소 추세는 우연히 얻어진 요행수가 아니라
새로운 변화의 전조다. 옥스퍼드대학의 에너지연구소Institute for Energy
Studies는 세계 1인당 이산화탄소 배출량이 1979년 정점에 도달했고, 그
후 전 세계 대부분의 지역이 성장했음에도 불구하고 감소해왔음을 밝
혀냈다. 초당파적 연구기관인 세계자원연구소World Resources Institute는
2016년 대부분의 선진국에서 이미 경제적 산출과 이산화탄소 배출 간
의 동조화 관계가 깨진 것으로 추정했다. 즉, 탄소 배출이 줄어듦에도
불구하고 재화와 서비스의 생산이 늘어나고 자동차의 운행 거리가 늘
어날 수 있게 됐다는 것이다. 미국과 독일, 프랑스, 영국 등이 대부분의
스칸디나비아 국가들과 함께 '탈동조화 경제국 명단'에 이름을 올렸다.
EIA는 미국 경제에서 2010년의 생산단위당 에너지 소요량이 1950년
보다 60퍼센트 줄었다고 보고했다. 시장의 힘에 의해 이루어진 이러한
추세가 그대로 이어지면, 에너지 소요량은 (정부가 아무런 조치를 취하지 않아
도) 2025년까지 75퍼센트가 줄어들게 된다. 자동차 중심의 미국을 포
함한 선진 경제권은 환경면에서 더 청정해지면서도 경제적으로 성장
하는 법을 배우고 있다. 선진국에서 할 수 있다면 다른 모든 나라들도
할 수 있을 것이다. 인위적인 온실가스 배출량이 정점에 이르는 시점

은 먼 미래가 아니라 지금일는지 모른다.

온실가스 감소, 규제 아닌 자율로 성취된 것

온실가스 배출량이 이미 정점에 도달했다 해도, 기후변화 문제는 적어도 21세기 동안은 계속될 것이다. 탄소가 대기 중에 계속 축적되기 때문이다. 와인을 잔에 붓는 속도를 늦춘다 해도 잔이 계속 차오르는 것과 같은 이치다. 이산화탄소 분자가 자연적으로 대기권 밖으로 순환되는 데는 수십 년이 걸린다. 따라서 인위적인 온실가스 배출이 완전히 중단돼도 지구온난화는 오랫동안 지속될 수 있는 것이다.

그러나 온난화 문제에 대한 낙관주의는 여러 가지 면에서 정당화된다. 나라에 따라 다르지만, 오늘날 온실가스에 대한 규제는 거의 없거나 아예 없다. 그러나 탄소 배출은 경제적 산출에 비해 상대적으로 줄고 있다. 시장의 힘이 이미 에너지의 효율적 사용을 통한 온실가스 감축을 선호하고 있기 때문이다.

풍력과 태양광 같은 친환경 에너지는 전 세계 에너지 공급량의 극히 일부에 불과하다. 그러나 그 비중은 꾸준히 높아지고 있다. 2005년에 미국에서 수력발전은 풍력의 약 10배에 달하는 전력을 생산했다. 2016년에 미국에서 풍력발전으로 생산된 전력량은 수력발전을 능가했다. 이런 결과는 수력발전이 줄었기 때문에 얻어진 것이 아니다. 미 해군대학원의 낸시 헤이글Nancy Haegle이 이끄는 연구진은 2017년 "잠재적인 연간 태양광 에너지는 전 세계의 연간 에너지 소비량을 훨씬 초과한다"는 결론을 내렸다. 현재 세계는 한 해에 약 15테라와트의 전력을 사용한다. 연구진은 현세대에서 태양광으로부터 2~3테라와트의 전력을 추출하는 것을 현실적인 목표로 추정했다. 태양광 패널 값은 1970년대 이래 약 90퍼센트나 떨어졌고, 앞으로 현재의 주력 발전 에너지원인 천연가스만큼 비용 대비 효율성이 높아질 것으로 보인다. 막대한 자본을 투자한다면 궁극적으로 15테라와트 이상의 전력을 태양광으로부터 얻을 수 있을 것이다. 그때부터는 전기 생산을 위해 어떤 연료도 구입할 필요가 없고, 온실가스도 전혀 배출되지 않을 것이다.

농업 형태의 개선과 함께 에너지 인프라를 개선하는 참신한 아이디어도 온실가스 배출을 줄일 수 있을 것이다. 전력 수요가 높을 때 쓸 수 있도록 전기가 남아돌 때 충전할 수 있는 난로 크기의 리튬 전지도 그런 새로운 발상의 하나다. 독일의 몇몇 농장에서처럼 애리조나와 캘리포니아의 사무실과 학교, 주택에도 이런 전기 저장장치가 설치되고 있다. 이런 전기 저장설비는 춥거나 더운 지역에서 화석연료에 대한 수요를 줄이고, 결국 온실가스 배출량도 줄일 것이다. 오늘날 리튬 전지는 대부분의 경우 실제 사용하기에는 너무 비싸다. 그러나 이런 전기 저장장치도 부자들의 장난감에서 시작해서 나중에는 보편적으로 쓰일 만큼 저렴한 상품 목록에 오를 것이다.

최근 떠오르고 있는 또 다른 참신한 아이디어는 지역적으로 분산된 전기 생산방식이다. 그다지 멀지 않은 과거에, 가정과 학교에는 개별 난방시설이 없었다. 19세기 말에 혁신적 아이디어로 나온 중앙집중식 난방 시스템은 비효율적일 뿐만 아니라, 어떤 건물은 너무 덥고 어떤 건물은 너무 추운 이른바 골디락스Goldilocks 문제를 안고 있다(뉴욕시와 뉴햄프셔 일부 지역은 아직도 중앙스팀 난방 시스템을 채용하고 있다. 중국의 도시들도 여전히 이 방식으로 난방을 하는데, 어떤 건물은 한겨울에도 너무 더워서 창문을 열어놓는 반면, 그 옆 건물에서는 추워서 벌벌 떠는 입주자들이 제발 따뜻하게 해달라고 간청하는 일이 벌어진다). 개별난방이 일반화되면 난방용 에너지의 소비가 완화되는 가운데 편의성은 증대된다. (태양광 발전뿐만 아니라 수소로 가동되는 소형 발전기 등을 이용해) 집집마다 개별적으로 전기를 생산하는 것은 아직 실용적이지 않다. 그러나 언젠가는 그렇게 될 수 있을 것이다.

학교나 상점 같은 소규모 시설에서 개별 발전을 하는 것은 아직 비용면에서 효율적이지 않지만, 공학적으로는 한번 해볼 만한 시도다. 공학의 역사를 볼 때, 일단 어떤 아이디어를 공학적으로 설계할 수만 있다면, 이를 실행하는 것은 세부 조율과 자금 조달의 문제로 좁혀지는 경우가 다반사다. 언젠가 우리는 중앙집중식 발전 시스템과 결별할지도 모른다. 그렇게 되면 송전 장애로 인한 정전 사태에 대한 우려는 사라지고 온실가스 배출은 줄어들 것이다.

미국 캘리포니아와 대부분의 뉴잉글랜드 지역은 주정부 차원에서 온실가스를 부분적으로 규제하고 있다. 캘리포니아가 주 차원에서 자동차 스모그 기준을 적용하자 다른 주들이 이를 뒤따랐고, 스모그를 일으키는 가스 배출이 전국적으로 줄어들었다. 캘리포니아는 최근 온실가스 배출 기준을 적용하기 시작했다. 만일 다른 주들이 뒤따른다면, 이것은 (의회나 연방법원이 개입하지 않고도) 미국이 전국적인 온실가스 통제 쪽으로 가는 계기가 될 수 있다. 한 가지 언급해둘 것은, 엄격한 스모그와 온실가스 규정이 캘리포니아의 경제에 해를 끼치지 않았다는 점이다. 캘리포니아 경제는 호황을 지속하고 있다.

미국은 주 차원의 조치를 넘어서는 전국적인 탄소 감축 프로그램을 갖고 있지 않다. 이 글을 쓰는 시점에, 발전소들의 탄소 배출을 감축하는 오바마 시절의 연방 계획이 트럼프와 법원에 의해 폐기될 위험에 처했다. 유럽연합은 성공적이었던 산성비 거래제를 본뜬 탄소 거래제를 시행 중이다. 탄소 배출권은 다소나마 온실가스 배출을 줄였으나, 유럽연합의 시스템은 허점이 너무 많다.

2015년 프랑스에서 열린 회의에서 전 세계 대부분의 국가들은 장래의 온실가스 감축에 합의했다. 그러나 여기에는 강제이행 조항이 첨부되지 않았다(1992년 리우데자네이로 정상회담에서 아버지 조지 부시 대통령이 구속력 없는 온실가스 감축 목표를 지지했을 때 많은 평론가들의 조롱을 받았다. 2015년 파리에서 버락 오바마 대통령이 구속력 없는 거의 동일한 목표를 지지했을 때 선견지명이 있다는 찬사를 받았다). 트럼프는 (특정하지 않은 미래의 어느 시점에) 파리협약으로부터 탈퇴하겠다고 말했다. 이 글을 쓰는 시점에, 이 문제에 대한 그의 입장은 하도 많이 바뀌어서 일일이 추적할 방법이 없다. 파리협약이 강제 규정이 없고 1992년 리우 협약과 거의 다르지 않다는 점을 감안하면,

미국이 기후협약 체계에 남아 있든 탈퇴하든 별로 중요하지 않을 것 같다.

파리협약에서 이룬 중요한 성취는 전 세계 대부분의 국가들이 이제 온실가스 배출을 줄여야 한다는 명제를 명시적으로 수용했다는 것이다(이 명제는 최근까지도 주요 국가들이 거부했었다). 또 다른 긍정적인 징후는 중국과 인도, 브라질, 인도네시아 등의 국가들이 이제 기후변화 문제에 대해 서구 국가들과 논의하고, 이와 관련된 공학 정보를 교환한다는 점이다. 어떤 분야든 주요 국가들이 협력한다면 다른 분야에서도 신뢰를 쌓을 수 있다.

다음 단계는 감히 입 밖에 꺼내기조차 어려운 정책인 '세금'에 관한 논의다.

탄소세가 온실가스를 줄여줄까?

'세금'이란 말은 미국 정치에서 거론할 수 없는 금기어가 됐다. 유권자들은 덜 내고 더 받기를 정부에 요구하기 때문이다. 미국 유권자들의 요구를 더 정확히 말하면, "다른 사람의 혜택은 줄이되, 내가 받는 혜택은 늘리라"는 것이다. 가칭 '타 지역구 예산 삭감법'이란 법안이 있다면 오늘날 미 하원에서 잘 먹힐 것이다.

'세금'은 어떤 민주주의 국가에서도 인기 있는 말은 아니다. 많은 현대 정치 지도자들이 이 말을 하지 않으려 했다. 서구의 정치인들은 감히 부르기조차 두려운 '세금 정책'을 직접 언급하지 않기 위해 '재원'이나 '수입' 같은 완곡한 표현을 쓴다. 그러나 탄소 배출에 대한 세금 부과는 단지 온실가스를 억제하는 발명과 혁신에 대해 이윤 동기를 부여하자는 것일 뿐이다.

오늘날 미국과 유럽연합은 소득세와 법인세, 판매세와 소비세, 부가가치세 등을 통해 노동과 자본, 거래가 져야 할 부담을 평가한다. 대부분의 경우 공해와 폐기물에는 세금을 물리지 않는다. 그런데 노동과 자본, 상거래는 사회에 유익한 반면, 공해와 쓰레기는 달갑지 않다. 신고전파 경제학은 무엇이든 세금을 물리면 공급이 줄어든다고 가르친다. 결국 서구의 과세 구조는 세금을 물리지 않았으면 일어났을 상거래와 투자의 감소를 불러오는 셈이다. 노동에 대한 과세는 고용을 억제하고, 자본에 대한 과세는 경제 성장을 억제한다(미국의 경우 고용주는 근로소득세의 절반을 부담하고, 대부분의 경우 사실상 고용을 억제하는 세금 효과를 가지는 의료보험을 제공한다.) 같은 논리로, 공해와 쓰레기에 세금을 물린다면 배출이 줄어들 것이다.

트럼프가 대통령에 취임한 이후, 아버지 부시 대통령 시절 국무장관이었던 제임스 베이커James Baker와 리처드 닉슨 대통령 재임시 재무장관이었던 조지 슐츠George Schultz를 포함하는 보수적인 기성 인사들의 연합체는 온실가스에 과세하고, 그 과실을 소비자에게 되돌려주자는 제안을 했다. 이 제안은 노동과 자본, 상거래에 대한 세금을 줄이는 효과를 거둘 것이다. 엑슨모빌과 제너럴 모터스, 존슨&존슨, 펩시코 등 여러 거대 기업들이 이 제안을 지지했다. 슐츠는 "탄소세가 어떤 규제보다도 더 큰 온실가스 감축 효과를 거둘 것"이라며 "동시에 경제 성장에도 최상의 대책이기 때문에 유수의 기업들이 이 아이디어를 지지하고 있다"고 말했다. 원로 지도자들로부터 나온 이러한 제안은 한 사람을 제외한 미국의 모든 역대 대통령들이 진지하게 받아들였을 것이다. 트럼프는 골프를 치느라 너무 바쁜 나머지 이런 탁월하게 의미 있는 공공정책에 대해 아무런 관심도 표명하지 않았다. 그러나 트럼프와 그의 추종자들은 갈 데까지 갈 것이다. 그때는 탄소세가 최우선 관심사가 되어야 한다.

탄소세는 사회가 필요로 하는 것(노동과 자본)보다는 사회가 원치 않는 것(공해)을 억제할 뿐만 아니라, 정부 조직을 늘리지 않고도 그런 기능을 수행한다. 규제와 감독을 통해 온실가스를 줄이는 다양한 제도들도 효과를 거둘 수 있지만, 그런 방식은 더 많은 기구와 규정 그리고 집행 인력을 요구한다. 이런 정부 조직과 규정, 집행 인력은 이미 충분히 많다.

세금을 내고 싶은 사람은 없다(나도 마찬가지다). 그러나 세금에는 분산된 의사결정이라는 미덕이 있다. 세금이 부과되면, 기업과 소비자들은 자신의 행동을 바꾸지 않고 그냥 세금을 낼 것인지, 아니면 행동방식을 바꿔서 세금 부담을 줄이거나 아예 없앨 것인지를 스스로 결정한다. 탄소세의 경우, 행동방식을 바꾸는 것에는 청정연료로 전환하거나, 효율화 기술에 투자하거나, 보다 환경친화적인 생활방식으로 사는 것 등을 들 수 있는데, 이 모든 것들의 실현 가능성이 매년 더 커지고 있다. 의회가 온실가스 감축에 필요한 정확한 조치들을 취하도록 하는 것은 일을 망치는 첩경이다. 그래서 분산된 의사결정이 더 실현 가능성이 높다.

탄소세 개념은 좌파뿐만 아니라 우파로부터도 지지를 끌어냈다. (아들) 부시 대통령 재임 시 경제자문위원장이었던 그레그 맨큐 Greg Mankiw 는 오래 전부터 이 개념을 지지해왔다. 워싱턴의 자유주의적인 연구소 니스카넨 센터 Niskanen Center를 이끄는 제리 테일러 Jerry Taylor는 여러 해 동안 지구온난화 주장을 조롱했었다. 그런데 과학적 조사 결과가 나오자 탄소세를 지지하는 쪽으로 입장을 바꿨다. 포춘 500대 기업들도 이런 움직임에 가세했다. 에이미 하더 Amy Harder는 이에 대해서 "엑슨모빌과 로열 더치 셸 같은 거대 석유회사들이 석탄보다 탄소를 50퍼센트 적게 배출하는 천연가스에 대한 투자를 점차 늘려왔다"고 썼다. 천연가스 매장지를 보유한 회사들은 탄소세로부터 이득을 볼 가능성이 크다. 탄소세는 천연가스에 유리한 세금이기 때문에 천연가스를 충분히 보유한 기업들의 분기별 수익이 늘어날 수 있다는 것이다.

탄소세는 또한 온실가스를 줄일 수 있는 기술과 사업 모델에 이윤 동기를 부여한다. 이념 지향적인 사람들은 온실가스 배출을 유발하는 사람과 조직에게 벌을 주고 싶어 하지만, 그런 행위들이 대개는 유익하다는 사실을 간과한다. 농업과 발전사업 등이 그렇다. 전향적인 발상을 하는 사람은 문제를 줄일 수 있는 혁신에 대해 보상해주기를 바란다. 개혁의 역사는 성공에 대한 보상이 실패에 대한 처벌보다 더 효과적이라는 사실을 보여준다.

전망보다 중요한 건 한 걸음 먼저 떼는 것

도시지역의 대기 오염과 산성비, 대기 중 독성화학물질 등은 선진국에서는 급감했고, 대부분의 개발도상국에서는 완만하게 감소하고 있다. 그러나 이런 문제에 대한 국제협약은 없다. 스모그와 그밖의 배출가스를 줄이는 발명품과 사업 아이디어들이 (유엔이나 이를 관장하는 어떤 기구 없이도) 전 세계로 퍼져나갔다. 많은 나라가 공해를 줄이는 기술과 정책으로 전환했다. 그러는 것이 국익에 부합했기 때문이다. 탄소세나 이와 유사한 정책들이 온실가스를 적정하게 통제하는 발명과 비용 절감 효과를 불러온다고 가정하면, 국익 증진을 위해서라도 많은 나라가 그런 방향으로 정책을 펴나갈 것이다. 기후변화가 정말로 위험해지면 누구도 피할 수 없다. 이는 어떤 나라든 온실가스 문제의 해결을 위해 필요로 하는 가장 큰 유인 수단이다. 가장 급격하게 온실가스가 늘어난 중국조차도 이제는 이를 인정한다.

때때로 온실가스에 대한 어떤 개별적 행동도 세계적인 규모로는 거의 영향을 미치지 못하기 때문에, 온실가스 감축을 위한 어떤 진전도 무의미하다는 이의가 제기된다. 그러나 이러한 주장은 마치 경찰관이 "내가 저 은행 강도를 잡는다 해도 다른 사람이 또 은행을 털 것"이라고 말하는 것이나 마찬가지다. 2015년 미 환경보호국 국장인 지나 매카시Gina McCarthy는 의회 청문회에서, 만일 미국 발전소의 탄소 배출을 줄이려는 제안이 계획대로 진행된다면 지구온난화는 단지 화씨 10분의 1도만큼 줄어들 것으로 추정된다고 말했다. 그녀의 발언은 (온실가스 감축을 위한) 헛된 노력을 그대로 보여주는 것이라는 조롱을 받았다. 그러나 아무런 노력을 하지 않았을 경우의 합리적인 예측치가 화씨 4도가량의 기온 상승이고, 이 정도의 온난화가 인류 사회에 해를 끼칠 공산이 크다면, 10분의 1도(예측된 온난화의 3퍼센트)만큼 온난화를 줄이는 것은 할 만한 가치가 있는 일이다.

온실가스 감축을 위한 그 어떤 혁신이나 사업모델 또는 규제도 그것만으로는 지구 대기권 같은 거대한 시스템에 기껏해야 미미한 영향을 주는 것이 고작이다. 그러나 한 가지 목표를 이루기 위한 시도가 다른 목표들에도 적용되는 것처럼, 수많은 아이디어와 계획들이 더해지면 문제가 해결될 수 있을지도 모른다.

한 세대 전에 분석가들은 석탄 연소에서 나오는 수은 잔류물에 대해 우려하게 됐다. 기금 모금자들은 세계의 종말을 선언했고, 기업측 압력 단체들은 이와 관련된 어떤 조치도 과잉 규제가 될 것이라고 맞받아쳤다. 대기 중 수은에 대처하기 위한 초기 조치들로 발전소의 배출량이 고작 약 10퍼센트 줄어드는 데 그쳤을 때, 그런 조치는 잔류 수은 문제를 해결하는 데 무의미해 보였다. 그러나 최초의 시도에서 얻어진 공학 지식이, 지금은 비용을 늘리지 않으면서 발전소와 공영 소각로의 수은 배출을 거의 제로 수준까지 낮추는 데 쓰이고 있다.

온실가스에 관한 파리협약은, 만일 제대로 집행된다면, 중국이 2100년까지 탄소 배출량을 약 20퍼센트 늘릴 수 있도록 허용했다. 어떤 사람에게는 이것이 용납할 수 없는 면제 혜택의 전형처럼 보인다. 그러나 10년 전에 중국은 2100년까지 탄소 배출량이 두 배로 늘어나는 궤도에 있었다. 중국은 이미 최악의 상황에서 훨씬 덜 나쁜 정도로 개선됐고, (비록 현재의 감소세가 전체 문제에 비하면 미미하다 해도) 현재의 완만한 탄소 배출량 감축에서 얻어진 지식을 바탕으로 장래에 더 많은 탄소 발생을 막을 수 있을는지 모른다. 넓은 의미에서 개혁의 교훈은 처음의 작은 발걸음(시도)이 나중에 커다란 진보로 이어지는 노하우를 창출할 수 있다는 것이다.

온실가스 감축을 위한 혁신이 성공하면, 기후변화 문제는 지금 가정하는 것보다 더 손쉽고 저렴하게 대처할 수 있게 될지도 모른다. 그러나 혁신이 온실가스를 더 이상 축적되지 않는 수준까지 줄인다 해도, 인류 사회는 (탄소의 축적 속도와 기후의 피드백 효과를 감안할 때) 거의 불가피할 것으로 보이는 온난화에 대비해야 한다. 이는 해안가의 많은 도시들이 방조제와 그밖의 수압 보호시설을 마련해야 한다는 것을 시사한다. 또 다양한 온도와 습도에서 번성하는 새로운 작물을 육종하고, (온난화로 인해 열대지역이 넓어질 것에 대비해) 열대성 질병의 확산을 막기 위한 공중보건 대책을 마련하며, 여름철 열파를 피할 수 있도록 개도국의 전력 생산을 늘려야 한다. 인류 사회는 기후변화로 무슨 일이 일어날지를 두고 개탄만 하기보다는 지금 당장 기후변화에 적응할 준비를 시작해야 한다. 빠진 부분은 나중에 채워넣으면 될 것이다.

앞으로 기후 재앙이 기다리고 있을지 모르지만, 먼 훗날 지구온난화의 위협은, 세계 인구가 늘어나고 빈곤은 계속 줄어드는데도 불구하고 인류가 생활수준을 희생하지 않고도 잘 관리해낸 것으로 회고하게 될 가능성이 크다. 즉각적인 종말을 외치는 군상들에게는 참으로 실망스런 결과일 것이다.

다만 이런 낙관적인 전망은 사회가 개혁을 선택할 경우에만 실현될 것이다.

10

불평등이라는
불가능한 과제

경제 성장과 불평등은 분리할 수 없다

한 가지 사고思考 실험을 해보자. 다음 두 나라 가운데 살고 싶은 나라를 고른다면? 한 나라는 국민 대다수가 식량과 주거, 의약품이 절실한, 끝도 없는 빈곤 속에 살고 있지만 부자는 아무도 없다. 또 한 나라는 국민 대다수가 상당히 괜찮은 물질적 생활을 누리지만 불평등이 극심하고, 일부 부유층이 보통 사람들을 깔본다. 당신은 어느 나라에서 살고 싶은가?

짐작했겠지만, 이 사고 실험에서 제시된 상황은 실제 있는 일이다. 위에 든 사례는 1990년의 중국과 오늘날의 중국을 비교한 것이다. 1990년에는 중국 국민의 67퍼센트가 세계은행의 분류 기준에 의한 빈곤 상태에서 살았다(세계은행의 빈곤 기준은 하루 생활비가 1.90달러 미만인 상태다). 오늘날에는 중국인의 1퍼센트만이 같은 기준에 따른 빈곤 상태에 있다. 이는 단 한 세대 만에 7억 5,000여만 명이 빈곤에서 벗어났다는 얘기와 같다. 이에 비견될 만한 인류의 성취는 별로 없다. 7억 5,000여만 명은 미국의 독립선언 당시 전 세계 인구를 다 합친 것보다 많은 숫자다.

중국에서 수많은 사람들을 빈곤의 저주에서 탈출하도록 도왔던 것과 똑같은 경제적·기술적 힘이 소수의 추잡한 부자들을 만들어냈고, 더 큰 불평등을 낳았다. 이는 많은 개도국들이 거치는 패턴이다. 생활수준과 사회적 여건을 향상시키고, 더 긴 수명과 더 나은 교육, 그리고 적어도 약간의 자유를 가져다준 사회경제적 동력이 동시에 소수의 부유층도 만든 것이다. 하버드대학의 경제학자 벤저민 프리드먼Benjamin Friedman은, 국제교역을 기반으로 한 경제 성장은 개도국에서 "더 큰 기회와 다양성에 대한 관용, 사회적 계층 이동성, 공정성과 민주주의에 대한 헌신적 자세를 만들어낸다"고 주장했다. 동시에 최상위 계층은 말이 끄는 마차를 타다가 자가용 제트기로 옮겨 타는 것처럼 부와 권력이 수직 상승했다.

그렇다면 중국이 1990년에 머물렀던 것이 더 나았을까? 불평등 없이 빈곤이 똑같이 줄었다면 이상적이었겠지만, 오늘날의 세계에서 그런 일은 불가능할 것 같다. 불평등 연구가 전공인 세르비아 태생의 뉴욕시립대 경제학자 브랑코 밀라노비치Branco Milanovic는 "중국에서 빈곤의 감소와 불평등의 증가는 서로 떼려야 뗄 수 없는 관계"라면서 "불평등과 부패의 증가 없이 경제 성장을 이룰 수는 없었을 것"이라고 말한다.

시장의 힘이 만들어내는 불안정이나 상위 1퍼센트에 부와 권력이 과도하게 집중된 데 따른 부작용 없이 전 세계 대부분의 사람들에게 혜택이 돌아가는 생활수준의 향상을 이루는 방법은 없었던 것 같다.

불평등은 몰수와 같은 강압적인 정책으로 없앨 수 있겠지만, 그럴 경우 세계경제 시스템은 빈곤을 줄이는 것을 멈출 것이다. 이런 의미에서, 수많은 보통 사람들의 형편이 좋아지는 한, 불평등이 반드시 결과적으로 부정적인 것만은 아니다. 실제로 자유시장 경제와 국제교역의 결과로 여러 세대 동안 보통 사람들의 생활수준이 향상됐다. 씁쓸한 것은 달콤한 것과 함께 온다. 최상위 계층에 너무 많은 것을 몰아주는 시장경제 시스템이 동시에 빈곤층을 포함한 거의 모든 사람들의 생활수준을 향상시켰다. 그 효과는 서로 밀접하게 연관됐다.

경제 발전에 따른 불평등도의 변화

앞선 장에서 보여줬듯이, 평균적인 미국인들은 구매력 기준으로 볼 때 꽤 잘산다. 이 점이 대중적 논의에서 거의 완전히 무시되고 있기 때문에 다시 한 번 요약해 설명하는 것이 도움이 될 것 같다. 연방세금의 인하와 복지혜택 증가, 소비자 물가 하락으로 인한 구매력의 상승을 감안하면, 경제적 성과의 큰 몫이 최상위층에게 돌아간다고 해도 보통 사람들이 현재의 경제체제로부터 이득을 보고 있음을 알 수 있다. 인플레이션을 감안해 조정했을 때, 현재 미국의 전형적인 노동자는 임금과 복지혜택을 합쳐 1950년대 전형적인 근로자의 세 배를 번다. 보통 빈곤선을 계산할 때는 소득만을 고려한다. 그러나 늘어난 복지수당과 소비자 물가지수의 장기적인 하락을 감안해서 조정하면 미국의 빈곤 비율은 지난 반세기 동안 40퍼센트가 떨어졌다.

소득만 가지고 판단하면 불평등이 걷잡을 수 없이 커진 것처럼 보인다. 1929년 대공황이 발생했을 때 미국의 상위 5퍼센트가 세전 소득의 30퍼센트를 차지했다. 이 수치는 1950년까지 15퍼센트로 떨어졌다가 다시 오르기 시작해서 2000년에는 21퍼센트까지 상승했다. 그때 이후 최상위층의 점유율은 급등해서 2015년에 상위 5퍼센트 가구가 전체 국민소득의 35퍼센트를 가져갔다. 이는 1929년의 비교 수치보다 더 높은 것이다.

미국과 유럽연합에서 최상위 소득계층은 전체 소득에서 불균형적으로 많은 몫을 차지하고 있다. 이들의 소득 점유 비중은 절대금액 기준으로 보거나, 그들이 생산에 기여한 바와 비교한 경우 모두 과도하게 높다. 이러한 현실은 최하위 계층의 분노를 일으키고, 중산층을 불행하게 만들며, 무엇보다 중요한 것은 이러한 현상이 정당하지 않을지 모른다는 점이다. 불평등도가 1920년대에 높았다가 떨어진 후 다시 오른 이유가 무엇일까? 미국에 대한 두 가지 추세선이 어떻게 나타났는지 살펴보자.

첫 번째 추세선은 연방정부의 정책을 보여준다. 미국은 1913년까지 국가 소득세를 매기지 않았다. 대략 1920년대까지 연방 수입은 국방과 외교, 법원, 홍수 통제 등 오로지 정부 활동의 재원을 조달하는 데 쓰였다. 소득이전 용도로 쓰인 연방 자금은 전혀 없었다. 일부 도시는 경제적 곤경에 처한 사람들이 도움을 요청하면 적격성을 판단해서 자금을 지원해주는 빈민구호 담당관poormaster 제도를 운영했다. 그러나 대부분의 시민들은 자신의 생계비를 전적으로 노동이나 사업, 개인적·종교적 자선단체 혹은 가족을 통해 얻었을 뿐 정부를 통한 지원은 받지 않았다. 대공황 이후 나온 뉴딜 정책으로 (1935년 입법화된) 사회보장Social Security 제도가 주축이 된 소득이전 프로그램들이 도입됐다(캐나다는 이미 이와 유사한 시스템을 갖고 있었고, 지금은 모든 선진국들이 도입했다). 뉴딜 정책은 여러 가지 입법 방식으로 자금을 이전했다. 여기에는 가격 인상을 주된 목적으로 한 국가산업회생법과 1935년의 공공산업진흥국Works Progress Adminstration 창설 법안, 1939년의 식품구입권Food Stamps제 도입법 등이 포함된다. 연방정부의 시장 개입은 대공황으로부터 경제가 회복되는 데 기여했고, 저소득 계층에 소득을 이전함으로써 불평등을 하향 추세로 돌려놓았다.

1960년대까지 불평등은 다시 상승했고, 노인의료보험Medicare제도와 저소득층 의료보장Medicaid제도, 현금보조금 지급과 저소득층 주택바우처, 저소득층 전용주택의 건설 등 다양한 사회복지 프로그램의 시행을 통해 정부가 다시 개입했다. 로버트 새뮤얼슨이 언급한 바와 같이, 1962년에는 연방정부 예산의 단 2퍼센트만이 의료보장제도에 쓰였고, 개인이 거의 모든 의료비를 부담했다. 그러나 오늘날에는 연방 예산의 31퍼센트가 의료보장에 지출되고, 그에 따라 병원과 의사의 서비스에 대한 청구서 가운데 상당 부분을 납세자가 부담하고 있다. 노인의료보험제도와 저소득층 의료보장제도는 노인과 저소득층에 대한 의료서비스를 개선하기 위해 도입됐지만, 노인과 저소득층이 자신들이 부담했어야 할 의료비의 대부분을 아낄 수 있게 됨에 따라 그 효과는 소득이전과 똑같았다.

오늘날 많은 메디케어와 메디케이드 수혜자들이 이들 제도의 소득이전 측면을 당연한 것으로 간주하고, 마치 의료서비스가 질적으로 발전했으면서도 모든 게 공짜였던 '좋았던 옛 시절'이 있었던 것인 양 본인 부담금에 대해 목소리를 높여 불평한다. 프랑스에서처럼 질 높은 의료서비스를 제공하면서도 의료보험으로 의료비가 전액 보장되는 경우도 일부에서 얘기하는 것처럼 의료비가 공짜는 아니다. 납세자가 나중에 청구되는 의료비를 전액 부담하기 때문에 의료서비스가 제공되는 시점에는 거의 돈이 들지 않을 뿐이다. 대중적인 토론에서는 흔히 '공짜(무료)'와 '다른 누군가의 부담'을 혼동한다.

의료비 전액보장제도가 미국 의료서비스의 난제를 해결하는 장기적인 해법일는지 모른다. 그렇게 되면 행정적으로 절감되는 돈으로 보장 대상 확대와 지속적인 연구에 자금을 지원하고, 의료보험의 불확실성에서 비롯된 스트레스를 없앨 수 있을 것이다. 유럽연합 국가들은 미국보다 1인당 의료서비스 지출을 덜하면서도 양질의 의료 성과를 거두고 있다. 이는 부분적으로 유럽의 의료제도가 의학적 손상을 주는 스트레스가 적기 때문인 것으로 보인다.

의료비 전액보장제도가 미국의 정치적 여건하에서 가능할지 여부는 별도로 책 한 권을 써야 할 주제다. 그러나 의료비 전액보장제도가 아무리 바람직스럽다 해도 그것이 결코 '공짜'는 아니다. 양질의 의료서비스가 공짜로 제공되던 '좋았던 옛 시절'은 한 번도 없었다. 그리고 언젠가 희소성을 넘어서는 경제가 구현되지 않는 한 앞으로도 없을 것이다.

오늘날 많은 복지제도가 수혜자들로부터 불평을 듣는다. 유권자들이 세금은 적게 내면서도 (수혜자 입장에선 공짜처럼 보이는) 값비싼 복지혜택을 받고 싶어 하기 때문에, 이미 상당한 복지혜택을 받고 생활이 더욱 개선되고 있음에도 불구하고 정부를 향해 분통을 터뜨리는 것이다.

버락 오바마의 대통령 재임 시절, 근로계층과 하위 중산층을 지원하기 위해 의료보험을 확대하는 적정부담 의료보장법Affordable Care Act이 추진됐다. 이른바 오바마케어는 부자들에게 세금을 더 물려서 근로계층과 하위 중산층이 지출을 피할 수 있도록 한다는 점에서 일종의 소득이전제도다. 오바마케어가 저소득 근로 중산층이 이전에 지출했던 비용을 대신 감당해줌으로써 결과적으로 이들의 구매력을 높여주는 경제적 효과를 갖는다는 점은 별로 주목을 받지 못했다. 오바마 재임 시절에 식품구입권과 장애인 보조금의 수혜 대상이 확대됐는데, 이 역시 더 많은 소득이 이전된 셈이다.

복지 수혜자들이 실제로 일자리를 찾기 위해 노력해야 한다는 1994년의 필수요건은 유예됐다. 실업수당에 대한 연방 보조금은 늘어난 반면, 수혜 기간은 6개월에서 2년으로 연장됐다. 의회 예산국CBO에 따르면, 오바마 임기 말까지 정부를 통해 이전된 소득은 현금과 복지혜택, '다른 누군가가 대신 지불한' 비용을 합쳐서 가구당 평균 약 1만 4,000달러에 이른 것으로 나타났다.

빈곤층과 근로 빈곤층, 하위 중산층, 장애인 그리고 은퇴자에 대한 연방정부의 지출은 일반적으로 알려진 것보다 실질적으로 많이 늘어났다. 연방정부의 복지수당 지출은 두 가지 원천에 의해 지탱된다. 하나는 부유층에 대한 세금이고 다른 하나는 국가부채를 통한 미래 세대로부터의 차입이다. 두 가지 모두 소득을 이전시키는 방식이다.

그러나 불평등은 여전히 심각하다. 1971년에 노벨 경제학상을 수상한 벨로루시 태생의 경제학자 사이먼 쿠즈네츠Simon Kuznets는 경제 발전이 초기에는 불평등을 증가시키지만, 그 다음엔 불평등을 감소시킨다는 것을 보여줬다. 이 공식은 1971년 이래 대부분의 나라에서 맞았다. 쿠즈네츠의 공식이 계속 맞는다면, 중국에서도 조만간 불평등이 완화될 것이다. 그러나 미국과 유럽에서 지난 세기의 불평등은, 두 차례의 세계대전을 감안하더라도, 쿠즈네츠가 예상한 것보다는 오히려 주기적인 파동에 가까웠다. 이는 우리를 1920년대 이후 미국에서 경제적으로 가장 가치 있는 것이 무엇인지를 보여주는 추세선으로 이끈다.

100년 전에는 천연자원에 대한 접근성이 경제 성장의 가장 중요한 요소였던 반면, 대부분의 노동력은 미숙련 상태여서 상대적으로 가치가 적었다. 그 결과 부가 소수의 벼락부자들에게 집중되는 경향이 있었다. 그런데 2차 세계대전 이후 제조업과 건설업이 폭발적으로 성장함에 따라 고용주들이 일손을 구하기 위해 치열하게 경쟁하면서 노동이 최우선 요소가 됐고 불평등도 줄어들었다. 높은 노동조합 가입률이 시간당 임금 상승 요인 가운데 하나지만, 노동시장의 여건이 더 중요한 요인이었다.

1990년대에는 정보와 지적 재산의 가치가 상품에 비해 더 상승한 반면, 보다 효율적인 생산과 더 높아진 품질, 내구성이 더 길어진 상품 등의 요인이 결합되어 노동시장을 냉각시켰다. 이로 인해 불평등의 증가 추세가 시작됐다. 각종 보조금 지급이 확대됐음에도 불구하고, 상위계층에 소득을 집중시킨 경제적 힘은 정부의 재분배 정책을 압도했다. 그 결과가 현재의 상태다. 최상위층은 막대한 부를 쌓았고, 중산층과 저소득층을 포함한 보통 사람들은 그나마 형편이 조금 나아졌다. 그런데 모두가 기분이 나쁘다. 부유층조차도 자신들이 이용당했다고 느낀다. 오늘날 선진 경제권은 정보와 지적 재산의 가치를 자원이나 노동보다 훨씬 높게 평가한다. 아마 미래의 어느 시점에서는 이런 사정이 달라지겠지만, 당분간 미국과 중국, 유럽의 일부 지역에서는 소득 불평등이 확대될 것이다.

그럼에도, 불평등은 줄어들고 있다

그러나 범세계적으로 불평등은 줄어들고 있다. 밀라노비치는, (대략 중국과 인도가 자유화되고 자유시장 원리에 기반한 국제교역이 급증하기 시작한) 1988년에 시작해서 세계의 전반적인 불평등은 약 10퍼센트가량 줄어들었다고 추산한다. 경제학자들은 지니계수를 이용해서 불평등도를 측정한다(지니계수는 작을수록 좋다). 밀라노비치는 "1988년 이래 전 세계의 지니계수는 0.69에서 0.63으로 떨어졌다"고 말한다. "이는 산업화 이후 최초로 전반적인 불평등도가 떨어졌음을 보여준다. 그 이유는 빈곤의 감소다. 1988년 이래 전 세계의 실질소득은 한 세대 만에 그 이전 한 세기 동안 올랐던 것보다 더 많이 상승했다. 미국과 그밖의 몇몇 선진국에서 불평등이 증가했기 때문에 모든 곳에서 불평등이 늘어나고 있다고 가정하는 사람이 있다. 그러나 범세계적으로는 이 문제가 완화되고 있다."

만일 불평등 때문에 화가 나서 세계 경제의 근간을 무너뜨려야 한다고 생각한다면, 바로 그 경제 시스템이 전 세계 보통 사람들의 소득을 단 한 세대 만에 더 많이 늘렸다는 사실을 명심하기 바란다.

밀라노비치의 연구는 전 세계 빈곤 인구의 실질소득이 1988년부터 2008년까지 20퍼센트 늘었음을 보여준다. 인류의 과반수를 차지하는 전 세계의 하위 중산층lower middle class의 실질소득은 50퍼센트가 늘어났다. 이 기간 중 전 세계 부유층의 실질소득은 60퍼센트가 증가했다. 하위 중산층 인구는 부자 한 명당 약 65명이므로, 하위 중산층이 새로 거둔 총소득은 부유층이 새로 번 소득보다 더 많이 증가한 셈이다(물론 부유층 개개인은 중산층보다 큰 집과 더 좋은 차를 가졌다).

밀라노비치는 1988년부터 2008년까지 그다지 좋지 않았던 유일한 소득계층이 (그가 전 세계 소득의 75퍼센트에서 90퍼센트를 차지하는 소득계층으로 정의한) 주류 중산층main middle class이었다고 추정한다. 이 계층은 전체 인구와 비교하면 형편이 괜찮지만, 1988~2008년 사이 소득 증가율은 겨우 5퍼센트에 그쳤다. 밀라노비치는 "이들이 서구 유권자의 핵심인데, 이들의 상위계층과 하위계층은 여러 가지 지원을 받는 데 반해 자신들은 전혀 지원을 받지 못하기 때문에 뒤처졌다는 느낌을 갖게 됐다"고 말한다.

미국과 유럽연합처럼 불평등하지만 대부분의 보통 사람들이 잘 사는 사회가, 불평등은 없지만 생활수준이 낮은 사회보다 바람직하다. 여기서 중용의 절충점을 찾을 수 있을까? 한 가지 가능한 개혁 방안은 소득을 제한하는 것이고, 또 한 가지는 부유층에 더 많은 세금을 물리는 것이다. 그리고 다른 한 가지 대안은 '보편적 기본소득Universal Basic Income'이다.

CEO의 보수를 제한하면 불평등이 해소될까?

소득상한제는, 최근 최고경영자들이 과도하게 거액의 보수를 가져간 것이 대중의 공분을 사고 자본주의의 폐해로 지적되면서 매력적인 대안으로 떠올랐다. 2015년에 밸리언트 제약의 CEO 마이클 피어슨은 회사의 실적이 최악이었는데도 1억 4,300만 달러의 보수를 챙겼다. 막대한 정부 보조금을 받는 솔라시티의 CEO 린든 라이브는 회사가 수천 명의 종업원을 정리해고하려는 와중에 자신은 7,700만 달러를 가져갔다. 역시 막대한 정부 지원금을 받는 록히드마틴의 CEO 매릴린 휴슨은 2,800만 달러의 보수를 받았다. 미국 노동운동 연구기관인 경제정책연구소Economic Policy Institute에 따르면, 2016년 북미지역 대기업의 CEO들은 평균 1,600만 달러의 보수를 받았는데, 이는 해당 기업 종업원 평균 연봉의 270배에 이른다.

이 같은 CEO들의 노다지 보수가 왜 화이트칼라 범죄로 간주되지 않는지는 가늠하기 어렵다. 대다수 기업의 CEO 보수는 다른 회사의 CEO들로 채워진 대단히 순종적인 이사회에서 보지도 않고 승인되는데, 다른 회사의 이사회에 사외이사로 참여하는 CEO들은 전반적으로 CEO의 보수를 인상하는 데 강한 사적 이익 추구의 동기를 갖는다. 이사회에서는 '급여pay'란 말을 쓰지 않고 대신 우아하게 '보상compensation'이라고 말한다. 2016년에 CBS의 CEO 레슬리 문브스는, 회사의 배당금이 최근 수년간 계속 줄었고 직원들이 정리해고됐는데도 6,900만 달러를 챙겼다. CBS의 뉴스 부문과 연예 부문은 뉴스 프로그램과 토크쇼 등을 통해 트럼프 행정부의 부와 특권을 자주 비난하면서, 정작 CBS 자체는 조직적으로 소수의 최고위층을 위한 부와 특권을 창출하는 데 골몰하고 있다.

2017년 나이키는 '평등'을 주제로 한 광고 캠페인을 시작했는데, 그 내용은 소득불균형에 대해 다른 기업을 비난하는 것이었다. 나이키는 이 회사의 운동화를 만드는 인도네시아 근로자들에게 하루 3달러를 지급하는데, 기업 이사회를 분석하는 이퀼러Equilar에 따르면, 2016년에 나이키의 CEO 마크 파커는 4,800만 달러를 자신의 호주머니에 채웠다. 자신은 거부하는 일을 가지고 남을 비난하는 것은 위선이다. 나이키는 사회 정의를 신봉하는 듯이 가장함으로써 사기 수법을 한 단계 높였다.

CEO와 고위 임원들에 대한 과도한 보수 지급은 자본주의에 오명을 씌웠을 뿐만 아니라 고소득자들에 대한 보통 사람들의 분노를 낳았다. 그러나 막대한 임원 보수는 자칭 진보주의자들조차도 거부하기 어려울 만큼 유혹적일 수 있다. 오랫동안 자신의 '개념 있는' 진보적 견해를 자랑해왔던 야후의 전 CEO 매리사 메이어는 2015년에 회사가 손실을 보고 직원들을 해고하는 중에도 3,500만 달러의 보수를 가져갔다.

상장기업의 임원 보수 최고 금액을 연간 100만 달러를 한도로 제한한다고 가정해보자(이 정도 금액도 아침에 일찍 일어나 출근하기에 충분할 만큼 많은 인센티브처럼 보인다). 이는 일반인들의 분노를 유발할 가능성을 차단함으로써 자본주의와 시장경제에 대한 평판에 도움이 될 것이다. 그러나 (민간 기업에 이런 규제를 강요할 수 있을지 여부에 대한 판단은 차치하고라도) 소득불평등은 거의 개선하지 못할 것이다. 만일 평균 연봉이 3,000만 달러인 100대 기업 CEO 보수를 100만 달러 한도로 묶고 여기서 남는 돈을 균등하게 배분한다면 미국의 각 가정은 25달러씩을 받게 된다. 2015년에 하니웰의 CEO 데이비드 코트는 3,600만 달러를 받았다. 그가 여기서 100만 달러만 받고 나머지를 직원들에게 균등하게 나눠준다고 가정해보자. 그러면 직원들은 각각 268달러씩 받게 될 것이다.

우선 평등의 기본 틀을 바꾸기에는 CEO의 불로소득이 충분치 않다. 희소성이 해소된 경제 시스템처럼 경제구조에 근본적인 변혁이 있을 때까지는 시장 원리를 따르는 것이 모두의 이익에 부합한다. 이는 소수의 사람들이 응분의 몫보다 훨씬 많이 가져가는 것을 용인한다는 것을 의미할 수도 있다.

임원의 보수를 제한하는 것이 불평등을 해소하지 못한다면, 부자들에게 세금을 물리는 방법은 어떨까?

부자들에게 세금을 더 물리면 불평등이 해소될까?

미국의 상류층, 즉 상위 20퍼센트는 전체 국민소득의 53퍼센트를 가져가고 전체 연방세금의 69퍼센트를 냈다. 반면에 저소득 근로계층, 즉 하위 20퍼센트는 전체 국민소득의 5퍼센트를 가져가고 연방소득세를 거의 내지 않았다. 미국의 최상위 1퍼센트 소득계층은 연방소득세(대부분 연방 보조금 재원으로 쓰인다)와 근로소득세(전적으로 보조금 재원으로 쓰인다)를 합쳐서 연방세 실효세율이 34퍼센트인 반면, 중산층의 실효세율은 14

퍼센트였다. 이 같은 수치는 현재 미국의 세금 구조가 이미 누진적이라는 것을 보여준다. 많은 사람들이 이런 사실을 믿지 않고 있으며, 어떤 사람들은 믿고 싶어 하지 않는다. 미 의회예산국CBO은 현재의 세금 체계가 최고 소득자에게는 높은 세율을 적용하고 그밖의 사람들에게는 1979~2013년간 평균세율보다 현저히 낮은 세율을 적용함으로써 적어도 1990년대 중반 이후 가장 누진적인 세제라고 결론지었다. 주세와 지방세는 누진적이지 않은 경우가 종종 있다. 현 세대에서 주정부와 지방정부는 빈곤층에게 부담이 됐던 반면, 연방정부는 득이 됐다.

버락 오바마는 대통령 재임 시에 종종 부유층에 대한 연방세율을 여전히 더 올려야 한다고 말했다. 그런데 오바마와 그의 부인 미셸은, 그들이 공개한 최종 국세청 세금신고서 상으로 연방세 유효세율 18퍼센트로 세금을 냈다. 같은 소득 범주에 있는 사람들의 대부분의 유효세율이 34퍼센트였던 것에 비해 두드러지게 낮은 세율이다. 오바마는 겉으로는 부자들이 공제 혜택을 다 받으면 안된다고 말하고는, 정작 본인은 모든 공제 혜택을 다 받았다. 아마 그는 세금신고를 할 때 나이키 신발을 신고 있었을지 모른다.

미국의 연방 세제가 이미 누진적이라 하더라도 한계세율을 더 높여야 할 강력한 이유가 있다. 최상위 계층의 사람들은 현재의 경제구조로부터 지나칠 만큼 큰 혜택을 받고 있다. 그들은 더 많은 세금을 냄으로써 사회에 감사의 뜻을 보여야 한다. 문제는 최상위 계층에 대한 세율을 아무리 가파르게 인상해도(각종 공제 혜택의 폐지도 세율 인상과 똑같은 효과를 갖는다) 불평등에 대해 뭔가 해볼 수 있을 만큼 충분한 세수를 거둘 수 없다는 점이다.

2015년 브루킹스 연구소의 윌리엄 게일이 이끈 일단의 경제학자들은, 연방 최고세율을 50퍼센트까지 인상하고 거기서 얻어지는 새로운 세수를 모두 하위 20퍼센트 소득계층에 재분배하더라도 불평등 해소에 극히 미미한 효과밖에 거둘 수 없다는 사실을 밝혀냈다. 연구팀이 계산한 바에 따르면, 세율 인상으로 연방 세수는 950억 달러가 늘어나고, 이렇게 늘어난 세수를 전액 최하위 소득계층에게 이전하면, 빈곤층과 근로 빈곤층 성인 한 사람이 연간 약 2,000달러를 받는 것으로 나타났다. 돈을 준다면야 환영할 일이지만 이 정도 금액으로는 사회적 평등의 기본구조를 바꾸지 못할 것이다.

2016년 대선 선거운동에서 버니 샌더스와 힐러리 클린턴은 최상위 계층에 대한 연방세 인상을 지지했다. 샌더스의 계획은 매년 1,500억 달러의 세금을 추가로 더 걷겠다는 것이었다. 그러나 샌더스는 추가 세수의 대부분을 하위 소득계층이 아니라 노인들과 중산층에게 나눠주겠다고 제의했다. 노인층은 이미 미국에서 경제적으로 가장 많은 사회적 혜택을 받는 집단이고, 중산층은 이미 생활 형편이 상당히 좋은 계층이다. 샌더스는 자신을 정의의 십자군으로 포장했다. 그러나 노인층과 중산층이 투표장에 많이 가는 반면 저소득층은 사전투표제를 시행하는 곳에서조차 투표 참가율이 낮다는 사실을 감안하면, 그는 추가 세수를 정말 어려운 사람들이 아니라 자신의 지지자들이 받도록 하자고 제의한 것이나 다름없다.

클린턴의 계획은 매년 연방 세수로 1,100억 달러를 추가로 걷겠다
는 것이었다. 클린턴은 이 추가 재원을 추진할 만한 가치가 있을지 여
부가 불투명한 새로운 복지 프로그램에 모두 투입할 것을 제의했다.
다만 그가 제안한 새로운 프로그램은 절박한 사람들의 손에 현금을 쥐
어주자는 것은 아니었다.

그러나 브루킹스나 샌더스, 클린턴이 제안한 부자 증세 계획들
이 아무리 장점이 많다고 해도 미국의 불평등에 깔린 근본적인 동
인을 바꾸지는 못했을 것 같다. 불평등의 원인이 정부의 땜질 처방
보다 훨씬 더 강력한 경제적인 힘에서 비롯되기 때문이다. 사회의
평안을 해치는 부자들이 너무 많을지 모르지만, 불평등 문제를 해소할
만큼 돈을 우려낼 만한 부자들이 충분치는 않다. 중산층으로부터 재원
을 끌어내는 것 역시 필요하다. 그렇다면 그런 계획을 뒷받침할 후보
를 찾아야 한다. '보편적 기본소득'이 그 대안이 될 수 있다.

불평등 해소의 강력한 구원투수, '보편적 기본소득'

'모든 저소득자는 수혜자가 적합하다고 생각하는 곳에 쓸 수 있도록,
아무런 조건 없이 현금으로 지급되는 보장 연봉을 받아야 한다.' 누가
이런 제안을 했을까? 엘리자베스 워런Elizabeth Warren(미국의 진보적 민주당
상원의원)이나 코넬 웨스트Cornel West(미국의 진보적 사회운동가) 혹은 레온 트

로츠키Leon Trotsky(러시아의 사회주의 혁명가)가 했을까? 아니다. 이 제안은 자유시장주의 경제학의 총아였던 밀턴 프리드먼Milton Friedman이 1962년 논문 〈자본주의와 자유 Capitalism and Freedom〉에서 제시한 것이다.

프리드먼은 자본의 제한 없는 국경 이동과 함께 법인세의 철폐를 선호했다. 그는 기업 활동에 대한 대부분의 규제에 반대했고, '워싱턴에 집중된 권력'을 비난하는 운동에 앞장섰다. 그는 사람들이 자발적으로 착취적인 저임금 공장에서 일하는 것에 동의했다면 정부는 그 선택에 개입하지 말아야 한다고 말했다. 나이키가 인도네시아에서 하루에 3달러를 지급하는 것도 그에게는 별로 문제가 되지 않았을 것이다. 경제적 자유와 개인적 자유가 같은 것이라는 시카고학파의 개념을 프리드먼만큼 잘 대변한 인물은 없었다.

프리드먼은 또한 시장에 기반한 경제는 변동이 심하고 불안정하기 때문에 실업이나 질병, 그밖의 곤경이 하위계층에 빈곤을 초래하지 않도록 일정한 소득이 보장되어야 한다고 생각했다. 그는 모든 성인이 최저소득으로 연간 2,500달러를 받아야 한다고 제안했다. 빈곤 하위 20퍼센트 소득계층에 속하는 가구가 빈곤에 빠지지 않으려면 (각자가 원하는 형태로, 예컨대 현금으로) 연간 2만 5,000달러는 받아야 한다는 것이 프리드먼의 생각이었다.

1796년 미국 건국의 아버지 가운데 한 사람인 토머스 페인Thomas Paine은 연방 세입(당시는 관세가 유일한 수입)을 모든 성인 남성에게 1인당

10파운드(현재 가치로 약 2,000달러)씩 나눠주는 방식으로 재분배할 것을 제안했다. 정부가 거둔 돈은 연방기구나 주정부 것이 아니라 국민의 것이고, 공공 재원의 최우선 사용처는 빈곤 퇴치라는 것이 페인의 생각이었다. 18세기 이래 미국은 10배 이상 번영했다. 오늘날의 기준이라면, 페인은 빈곤과 금전적 곤경에 빠지지 않을 정도의 생활비로 성인 1인당 연간 2만 달러를 제시했을 것 같다.

이런 개념의 다양한 제안이 공공정책 논의의 장에서 수십 년간 거론됐다. 리처드 닉슨 대통령은 매년 일정한 현금소득을 보장하는 가칭 '가족 지원계획the Family Assistance Plan'의 입법을 의회에 요구했다. 민주당이 장악했던 상하원은 이를 거부했다. 프리드먼의 책을 읽은 닉슨은, 빈곤 퇴치와 관련된 복잡한 관료적 규제를 없애는 대신 빈곤층에 직접 현금을 주는 것이 도심의 낙후지역에서 의존성을 종식시키고 새로운 사업을 장려하는 데 효과적이라고 생각했다. 당시 대도시들은 범죄와 마약, 실업, 공해, 그리고 농촌 거주자들의 유입 등으로 인해, 살 수 없을 정도는 아니지만 거의 무법천지가 되기 직전의 상태로 비쳐졌다. 1960년대와 1970년대 초에 걸쳐 존슨 대통령과 닉슨 대통령은 도심지역에 계엄령을 선포할 준비까지 해놓고 있었다. 광포한 폭동이 임박했다고 생각한 것이다. 클리블랜드와 피츠버그 같은 도시들이 크게 재기하고, 현재의 도시생활이 아주 바람직스럽게 보이게 된 것은 얼마 전까지만 해도 상상할 수 없었던 긍정적인 변화 추세다.

가족지원 계획이 의회에서 무산되자, 닉슨은 자신의 제안을 (프리드먼이 선택한 용어인) '역소득세negative income tax'로 재포장했다. 민주당이 지배한 의회는 이 역시 거부했다. 이 구상이 오늘날 '보편적 기본소득'이란 이름으로 통용되고 있다.

보편적 기본소득 제도의 장단점

미국에 존재하는 여러 형태의 소득이전 지원제도는 빈곤 정 임시지원제도TANF : Temporary Assistance for Needy Families로 알려진 전통적인 복지제도를 포함한다. 또 다른 지원 프로그램인 근로장려세제EITC : Earned Income Tax credit는 저소득 근로소득자에게 세금을 물리지 않고 오히려 2,000달러에서 5,000달러를 근로장려금으로 되돌려주는데, EITC는 미국인들이 잘 모르는 사회보장제도의 하나다. 빈곤 가정 출신의 미성년자들은 아동건강보험 프로그램을 통해 무료 의료서비스를 받는데, 어떤 주에서는 저소득층에 대해 연령에 관계없이 무상의료를 제공한다.

공공 주거비 보조제도는 기본 주거비의 전부 또는 거의 대부분을 지급한다. 요즘은 많은 도시들이 고급주택을 새로 개발할 때 근로계층용으로 저렴한 가격의 주택을 포함하도록 요구한다. 이 기준은 오바마 대통령 재임 시부터 연방정부 지원을 받는 모든 주택개발 사업에 적용되고 있다.

식품교환권 프로그램은 식품으로만 교환할 수 있는 쿠폰을 제공한다. 그러나 이 교환권은 예상된 지출을 대체하는 것이므로 현금이나 마찬가지인 셈이다. 사회보장제도 가운데 빠르게 확대되고 있는 장애인 지원제도는 장애인들에게 주당 40시간 근로에 연방 최저임금을 적용한 금액에 해당하는 지원금을 지급한다. 2015년에 미국은 저소득층에 대한 보조금으로 8,780억 달러를 지출했다. 이는 연방 예산의 4분의 1에 해당하는 규모로, 그해 국방비 5,820억 달러를 극적으로 추월했고, 사회보장비 8,820억 달러와 사실상 같은 수준까지 늘어났다. 현재 미국이 경제적으로 혜택받지 못한 사람들을 돕지 않는다는 주장은 사실이 아니다.

그러나 도움은 보다 더 효과적으로 이루어질 수 있다. 수백만 명의 장애인들에게 연방정부의 지원제도는 비효율적이고 굴욕적인 소득 지원 형태로 운영되고 있다. 수혜자가 이 제도를 통해 지원금을 받으려면 심신쇠약과 만성질환, 극심한 우울증, '정서 장애', 기타 객관적으로 평가하기 어려운 조건들을 입증해야 한다. 근본적으로 구호 담당관에게 간청하는 모양새다. 퇴역군인 장애인 지원제도 또한 이와 비슷하다. 공화당 하원의원이자 내각의 장관이었던 잭 켐프Jack Kemp는 "(공적 지원제도에 대한) 사회적 척도는 얼마나 많은 사람이 공적지원을 받고 있느냐가 아니라 얼마나 많은 사람들이 공적지원을 받을 필요가 없는가이다"라고 말했다. 이 기준에 따르면, 연방정부의 장애인 지원제도는 모욕적이다. 일단 수혜 자격을 취득하면, 다시 취업하는 사람은 거의 없다. 이 지원제도에서 탈락할지 모른다는 두려움은 지원제도에 계속 의존하도록 하는 동기가 된다.

보편적 기본소득제는 일을 하든 하지 않든, 건강하든 그렇지 않든 상관없이 성인에게 제공되는 모든 공적지원을 현금 지급으로 대체할 것이다. 대부분은 한 달에 1,000달러의 현금을 받게 될 텐데, 이는 대략 연방 장애인 지원 프로그램의 월 지급액 수준이지만 아무 조건이 붙지 않는다는 점이 다르다. 이 제도가 도입되면 가장이거나 주소득자뿐만 아니라 모든 성인이 보편적 기본소득액을 받게 된다. 보편적 기본소득제를 위한 시범 사업이 캐나다와 핀란드, 케냐에서 진행되고 있다.

보편적 기본소득제는 현행 제도에 비해 여러 가지 이점이 있을 수 있다. TANF 같은 복지제도와 장애인 지원제도와 달리 근로 의욕을 떨어뜨리지 않을 것이다. 공공주거 보조금 운영자와 달리, 사회 서비스 담당관은 수혜자의 생활을 간섭하지 않을 것이다. 성인들은 보편적 기본소득을 모아서 자신들만의 주거를 선택할 수 있을 것이다. 살면서 실직 같은 곤경에 처했을 때 사회복지 담당자나 실업급여 담당자에게 굽신거리지 않아도 기본적인 생계에 필요한 소득을 확보할 수 있을 것이다. 월세를 마련하거나 새로운 자동차 냉각수 펌프를 사야 하는 등의 급작스런 지출이 발생하는 것이 더 이상 끔찍한 불행이 되지는 않을 것이다. 어느 정도의 소득이 보장되면, 현재의 경제 시스템에서 가치를 인정받지 못하는 저학력자들도 결혼 상대자로서 매력적일 수 있게 될 것이다.

물론 보편적 기본소득에도 단점은 있다. 모든 성인남녀에 대한 기본소득 지급으로 인해 국가 부채가 악화될 것이고, 기존 사회 서비스 관리조직과 정치적 로비는 상당한 저항을 낳을 것이다. 정부의 정책 프로그램은 전쟁과 마찬가지로 시작하기가 끝내기보다 훨씬 더 쉽다. 연방 장애인 지원제도를 산정 지표로 삼아 미국의 모든 성인에게 보편적 기본소득을 확대할 경우 소요 재원을 추산해보면 1년에 약 3조 5,000억 달러가 들어갈 것으로 예상된다. 실로 엄청난 액수다. 그러나 이는 복잡한 사회 서비스 지출 구조를 간소화해서 절감되는 금액을 감안하기 전의 수치다. 예컨대 주택 및 도시개발부와 수십 개에 달하는 주정부와 지방정부의 복지 및 주택 관련 기구들은 폐지할 수 있을 것이다. 수천 명의 관련 공무원들이 일자리를 잃고, 주와 지방자치단체의 정부 및 의회 위원회들은 각종 리베이트와 부당한 '자문 계약' 등 부패의 원천인 정부 지원금에 대한 통제권을 상실할 것이다. 이와 관련된 로비는 쉽게 멈추지 않을 것이다.

사회 서비스와 관련된 관료조직을 철폐하면 보편적 기본소득에 들어가는 재원을 연간 약 2조 달러로 줄일 수 있을 것이다. 이 역시 여전히 엄청난 액수지만, 잘하면 이 분야에 이미 지출하고 있는 연간 약 1조 달러의 범위 내에 들어갈 수 있을 것으로 보인다. 경제협력개발기구OECD는 2017년, 이탈리아가 복지 집행기구를 폐지하고 단순히 현금을 지급하면, 모든 성인에게 지급하는 보편적 기본소득이 이미 각종 정부 보조금으로 지출하고 있는 금액보다 적게 들어갈 것이라고 추정했다. OECD는 이탈리아의 저소득층 가운데 약 80퍼센트가 새로운 제도하에서 더 많이 받게 될 것이고, 이 나라의 예산 적자도 감소할 것이라고 밝혔다.

프리드먼의 역소득세 개념은, 각 개인이 자신들의 삶을 어떻게 영위할 것인지를 스스로 결정하도록 하고 지원을 제공하는 데 따른 행정 비용을 절감하기 위해 모든 형태의 복지 관련 보조금을 현금 지원으로 대체하는 것을 전제로 했다. 프리드먼은 50년 전에, 복잡한 제한 조건이 붙은 복지 프로그램들은 정작 필요한 사람들에게 가야 할 돈을 운영 경비로 전용토록 하는 낭비적인 복지 관료체제를 요구한다는 점을 지적했다. 그는 또한 기존의 복지 프로그램들은 가난한 사람들이 경제관념이 없고 (꿈도 희망도 없이) 무기력하다고 전제함으로써 일종의 간접적인 인종차별주의를 드러내고 있으며, 수혜자들을 의존적인 태도로 몰아간다고 지적했다. 따라서 사람들에게 직접 현금을 주고 자신의 선택에 따라 살도록 하라고 주장했다. 이 점은 50년 전 못지않게 지금도 유효하다.

보수적인 사회학자 찰스 머레이Charles Murray는 보편적 기본소득제도가 경제적 불의, 특히 대학 졸업장이 없는 사람들의 잠재적인 저소득을 시정하는 데 핵심적이라고 주장했다. 머레이는 사회보장제도를 포함한 전체 복지지원 프로그램을 모든 미국 성인들에 대한 월 1,000달러의 비과세 현금 지급으로 대체할 것을 제안했다. 사회보장제도를 보편적 기본소득제로 대체하면 소득보장제도의 순비용을 연간 약 1조 달러 수준으로 줄이고, 동시에 다가오는 사회보장제도의 지급불능 사태도 해결할 수 있을 것이다. 보편적 기본소득은 성년이 된 이후 생애 전 기간 동안 돈이 나오기 때문에, 각 개인은 노후를 위해 약간은 저축할 것이다. 머레이는 사람들이 저축 계좌를 개설하는 것을 모를 정도로 바보는 아닐 것으로 본다. 머레이는 이러한 접근 방법이 사람들의 자립을 장려함으로써 개인적 책임감을 향상시킬 것이라고 썼다. 일단 모든 사람들이 다른 모든 사람들도 소득이 있다는 것을 알게 되면, "무책임한 사람에게 지금은 말할 수 없는 것, 즉 '당신도 소득이 있다는 사실을 아니까, 우리에게 당신이 무력하다고 말하지 말라'는 말을 할 수 있을 것이다." 스스로 불쌍한 척하는 생활 자세는 더 이상 통하지 않을 것이다.

당연히 여러 가지 문제가 생길 것이다. 보편적 기본소득제를 택하지 않고 기존의 무상 주거 혜택과 무료 식품교환권을 요구하는 사람이 나온다면 어떻게 될까? 보편적 기본소득의 개념은 적어도 불평등이 불의를 초래하지 않는 사회에 대해 생각해보는 개념적인 방안을 제시한 것이다. 보편적 기본소득제는 확실히 부자들에 대한 추가 감세보다는 사회적 자원을 더 효과적으로 사용할 수 있는 방안이다. 부자들에 대한 감세는 먼 장래에 경기 활성화를 촉발시킬 것이라는 뜬구름 잡는 주장으로 정당화됐다. 정부가 차입한 돈을 보통 사람들에게 쓰는 것이 최상위 소득계층의 세금을 덜어주는 데 쓰는 것보다 훨씬 더 이치에 맞는 일이다.

연방 최저임금과 주택담보대출 이자 공제제도의 문제점

불평등을 줄이는 방향의 한 가지 방법은 연방 최저임금의 인상일 것이다. 만일 1970년의 최저임금이 물가상승률만을 반영해서 그대로 유지됐다면, 최저임금 기준은 오늘날 시간당 10.50달러가 됐을 것이다. 그러나 현재의 연방 최저임금은 7.25달러로, 실질가치로는 1970년보다 3분의 1이 적다. 현재의 불평등 가운데 일부는 최상위 계층에 소득이 집중됨으로써 생겼다. 또 일부는 미국이 (당연히 그래야겠지만) 많은 수의 이민자를 받아들임으로써 발생했다. 이민자들은 가계소득의 중앙값을 낮추고 임금에 하락 압력을 초래한다. 그리고 일부 불평등은 낮은 최저임금으로 인해 발생했는데, 이 때문에 말단 신입 근로자들이 타격을 입고 있다. 몇몇 주에서는 인플레이션을 감안한 최저임금을 유지해왔다. 캘리포니아의 최저임금은 10.50달러다. 높은 최저임금이 예상했던 만큼 실업을 촉발시키지는 않는 것 같다. 최저임금이 높은 캘리포니아의 실업률은 최저임금이 낮은 텍사스보다 0.4퍼센트포인트밖에 높지 않다.

실업률을 줄이면서 사회 정의를 제고하는 두 가지 목표를 달성한다는 것은, 누구든 연방 최저임금으로 주당 40시간을 일하면 소규모 가족을 부양할 수 있어야 한다는 것을 의미한다. 시간당 7.25달러에 주당 40시간씩 50주를 일하면 연간 세후 1만 3,500달러를 벌 수 있는데, 이 정도 수입으로는 겨우 한 사람을 부양할 수 있을 뿐이다. 연방 최저임금을 1970년 가치 수준으로 되돌리면, 주당 40시간을 일할 경우 연간 세후 1만 9,000달러의 소득을 올릴 수 있을 것이다. 이 정도만으로도 불평등은 줄어들 것이고, 합법적인 취업이 범죄에 비해 더 매력적이 될 것이다. 그리고 정의는 제고될 것이다.

주택담보대출에 대한 연방정부의 보증과 이자 공제 등 주택 소유를 임차보다 장려하는 공공정책을 바꾸면 불평등은 더욱 줄어들 것이다.

약 한 세기 전에 주택담보대출 이자 공제제도가 시작됐을 때, 그 목표는 보통 사람들이 재산을 소유하도록 장려하는 것이었고, 당시에 이는 획기적인 아이디어로 여겨졌다. 그후 수세대 동안 연방 세제의 이자 공제제도는 보통 사람들이 재산을 형성하는 데 적지 않은 기여를 했다. 이 제도를 통해 집세를 내기 위해 대출을 받은 임차인들도 금융 비용을 절감할 수 있었기 때문이다. 그런데 1986년 연방 세제가 이자 공제 혜택을 주택담보대출로 국한시키도록 개편됐다. 이때부터 이자 공제제도는 주택 소유자들은 지원해준 반면 임차인들은 공제 대상에서 누락시킴으로써 손해를 입혔다. 대체로 이 무렵부터 연방정부의 보조금이 신용등급이 낮은 주택담보대출자들로 확대됐다. 이와 비교할 만한 임차인 지원제도는 없었다. 보통 사람이 재산을 소유하도록 장려한다는 사회적 목표는 여러 세대를 거치는 동안에도 유지됐다. 그러나 1986년 이래 연방정부의 정책은 주택 소유자들에게 지원을 집중했고 임차인들은 지원 대상에서 제외됐다. 이와 함께 집값은 처음 집을 사려는 사람들이 꿈도 꾸지 못할 만큼 치솟았고, 도시의 임대료 또한 많은 사람들이 좋은 일자리가 있는 도시에서 살 수 없을 만큼 올랐다. 1986년 이래 불평등이 확대된 것은 놀랄 만한 일이 아니다.

집값이 비싸질수록 주택담보대출 이자 공제의 가치는 더 커지고, 주택 소유계층의 이득 또한 더 커진다. 빈곤층에 대한 주거 지원제도를 감안하더라도 주택 소유자와 무주택자 간의 불평등은 확대될 수밖에 없다. 2017년에 전형적인 주택 소유자가 보유한 재산의 가치는 전형적인 무주택 임차인들의 30배에 달했다. 이 격차의 일부는 주택 소유 여부로 설명되지만, 일부는 순 자산가치를 임차인에게서 주택 소유자로 이전시키는 정부 정책에 기인한다.

대체로 1980년대 이후 주택 소유는 거주 목적이 아니라 투자 방편으로 여겨졌다. 케이스-실러 주택가격지수는 미국의 주택이 1986년 이래 248퍼센트나 값이 올랐음을 보여준다. 이는 일부 성장 주식에 비견될 만한 가격 상승이다. 미국의 베이비부머들은 집값이 매년 오르지 않으면 억울해한다. 그러나 그들의 할아버지에게 주택은 거주하는 곳일 뿐 투자 자산의 핵심은 아니었다. 적자생존의 부동산 생태계에서 자력으로 살아가야 하는 임차인들은 공공정책이 자신들이 아니라 주택 소유자들을 지원하는 실태를 생각하면 소스라치게 놀랄 것이다.

주택담보대출 이자에 대한 공제를 없애고 표준공제를 늘린다면, 세제는 주택 소유와 임차에 대해 중립적이 될 수 있다. 부자들은 세금우대 혜택을 잃겠지만, 이들은 사회적 배려의 마지막 대상이어야 한다. 저소득층과 대부분의 중산층 주택 소유자들, 그리고 거의 모든 주택 임차인들은 표준공제를 선택할 것이고, 그러면 사회가 보다 공평해질 것이다. 이러한 세제 개편은 불평등을 줄일 것이고, 임대주택 건축을 촉진하는 부수 효과도 거둘 수 있을 것이다. 현재 미국의 도시들과 교외지역 일부는 아파트 부족 사태를 겪고 있다.

불평등과 이주의 상관관계

불평등에 대해 직관에 어긋나는 대응 방안은 사람들의 이동을 촉진하는 세제 개편이다. 밀라노비치는 "한 사람의 생애 총소득의 대부분은 태어나면서 결정된다"고 말한다. 살고 있는 곳이 다른 어떤 요소보다도 소득에 훨씬 더 큰 의미를 갖기 때문이다. 생애 총소득의 80퍼센트가 어디에 사느냐에 따라 결정된다. 밀라노비치는 누구도 경제 성장률이나 고용시장을 바꿀 수는 없다고 지적한다. 개인이 할 수 있는 것은 침체 지역에서 호황 지역으로 옮겨가는 것이다.

이러한 간단한 발상은 인구 이동에 관한 논쟁에 엄청난 함의를 갖는다. 오늘날 아프리카연합은 유럽연합보다 인구가 많은데, 수만 명의 아프리카인들이 유럽으로 가기 위해 목숨을 건다. 아프리카인들은 바로 밀라노비치의 연구가 제안한 대로 실천하고 있다. 즉, 소득과 자유도가 낮은 환경으로부터 소득이 높고 더 자유로운 곳을 향해 떠나는 것이다. 많은 아프리카인들은 또한 호주나 캐나다, 미국으로 이주하기를 바라는데, 이들 지역은 더 많은 이주민을 받아들여야 한다(이민은 항상 미국을 더 강하게 만들어왔다). 그러나 많은 아프리카인들은 북미나 호주로 갈 만한 수단이 별로 없다. 유럽이 보다 가능성이 크다. 만일 현재의 인구 추이가 계속된다면, 2050년에 아프리카연합의 인구는 유럽의 세 배에 이를 것이다. 밀라노비치는 "지중해 북쪽 해안으로부터 남쪽 해안에 이르는 지역의 소득 편차는 사상 최대"라고 말한다. "누가 혹은 무엇이 이런 결과를 빚었는지는 개인적 관점을 벗어난다. 바다를 건너 북쪽 해안에 도달하려는 동기는 갈수록 더 커질 것이다."

미국인들은 자신들의 조상이 정치적·종교적 자유를 찾아 바다를 건너왔다고 생각하고 싶어 한다. 그러나 많은 사람들이 경제적 기회를 찾아 미국으로 왔다. 자신들이 태어난 경제 파탄 지역의 침체와 사회적 실패로부터 무한한 잠재적 번영의 기회를 가진 신세계를 향해 떠나온 것이다. 따라서 오늘날 더 많은 미국인들이 여전히 아주 넓고 번영하는 자신들의 나라 안에서 이주하지 않을 이유가 없다.

조지메이슨대학의 경제학자 타일러 코웬Tyler Cowen은, 흔히들 미국인들이 끊임없이 이동한다고 말하지만 실상은 그 반대라고 지적한다. 코웬은 "미국인들은 전통적으로 자신들을 위대한 이주자라고 생각해왔는데, 이는 19세기와 20세기 대부분의 기간 동안 사실이었다"고 썼다. "(그런데) 1980년대 이후 미국인들은 미국 전역에서 이주하려고 그다지 조바심치지 않게 됐다. 주간 이주율은 1948~1971년간 평균의 절반으로 떨어졌다. 같은 주 안에서 카운티 간 이주율은 31퍼센트가 줄었다. 카운티 내 이주는 38퍼센트가 줄었다." 인구조사국에 따르면, 50

년 전에는 미국인의 20퍼센트가 매년 이주했다. 이 비율은 그 이후 꾸준히 줄어 2014년 12퍼센트까지 떨어졌다. 이는 미국 역사상 가장 낮은 이주 비율인 것으로 여겨진다.

2014년 미국 실업률이 급격히 떨어지면서 노동시장이 경색될 조짐을 보였을 때, 중서부의 제조업을 포함한 많은 고용주들이 비어 있는 좋은 일자리를 찾아 이주하도록 근로자들을 설득할 수 없다고 말했다. 이를 디트로이트에서 자동차 업계 최초로 인원 감축이 시작됐던 1970년대 후반 상황과 비교해보자. 미시간에서 일자리를 잃은 사람들 중 일부는 애리조나와 텍사스로 이주했다. 미시간에서 이주한 사람들은 남서부지역의 경제 호황이 계속되는 데 일조했고, 결과적으로 미시간에 남아 있던 사람들보다 형편이 나아졌다. 미시간에서 실직했거나 불완전 고용 상태에 있던 사람들은 좋은 일자리가 남아돌던 뉴잉글랜드나 서부해안 또는 다코타로 이주할 수 있었다. 2017년에 로키산맥 주변 지역 대부분, 특히 콜로라도와 유타에서는 실업률이 3퍼센트 아래로 떨어졌지만, 미국인들은 이들 지역으로 이주하지 않았다. 고용주들은 시간당 25달러를 주는 말단 일자리를 충원하는 데 어려움을 겪는다고 보고했다.

1980년대 이후 미국에서 이주가 줄어든 시기는 불평등이 심화되고 불만이 늘어난 시기와 일치한다. 경제 상황에 대해 분노를 드러내며 2016년 선거에서 트럼프에게 투표한 사람들 가운데 얼마나 많은 사람들이 보조금과 보호무역을 요구하는 대신 고용 사정이 더 나은 지역으로 이주할 용의가 있었는지 궁금하다. 코웬은 저소득층, 중산층, 고소득층에 이어 새로운 '자기만족 계층'이 등장했다고 생각한다. 대다수가 백인인 이 부류의 미국인들은 스스로 자립하기 위한 행동은 취하지 않고, 남들이 자신들을 부양할 것을 요구한다. 도시의 임대료를 완화하고, 사람들이 경제 상황의 변화에 대응해 거주 지역을 옮길 수 있도록 돕는 공공정책이 관세를 올리고 무역전쟁을 벌이는 것보다 더 효과적이고 비용도 덜 들 것이다.

정의롭고 평등한 세상을 위하여

모든 길이 보편적 기본소득으로 통할까? 밀턴 프리드먼 방식의 소득제도는 교육받은 사람들만이 더 잘살 수 있는 암울한 상황을 막을 수 있을지 모른다.

보편적 기본소득의 개념은 현재 운영되고 있는 어떤 복지 시스템보다도 우월하다. 사회복지와 노후복지 프로그램에 대한 의존적 태도를 자립하려는 노력에 대해 보상하는 새로운 발상으로 대체하는 한편, 급작스런 지출이나 일자리 변화가 개인적인 몰락으로 이어지지 않도록 한다면, 사회는 보다 정의로워지고 경제 성장을 위해서도 긍정적일 것이다.

서구 국가들의 정부 부채 상황을 감안하면 보편적 기본소득제도는 지금 당장 감당하기 어렵다. 이는 국가 부채 문제를 처리해야 할 또 다른 이유다. 가까운 장래에 어떤 형태로든 보편적 소득제도를 도입하려면 재정적인 장애물부터 깨끗이 정리해야 한다는 것이다. 오늘날 복지 보조금의 분배는 많은 문제를 덮고 있고, 연금 프로그램들은 고통스런 결정을 미루고 있다. 복지 지원과 연금 두 가지를 모두 보편적 기본소득으로 대체함과 동시에 각종 규제와 관료주의, 불필요한 운영 인력 등을 제거한다면, 서구 사회는 미래 세대를 위해 보다 튼튼한 토대를 마련할 수 있을 것이다. 이상적인 형태로 보면, 보편적 기본소득은 현대의 어떤 복지 프로그램보다도 우수하다. 보편적 소득은 각종 사회문제의 증가 속도를 늦추는 정도가 아니라 문제를 근본적으로 해결할 수도 있다.

만일 발명과 지적 재산의 가치가 계속 상승하는 반면 미숙련 노동의 가치는 계속해서 떨어진다면, 보편적 기본소득이 사회 정의의 실현에 긴요하게 될 것 같다. 시간이 가면 이러한 개혁에 대한 호응이 더 커질 것으로 기대해보자.

11

도전은
멈추지 않을 것이다

이 세상에는 많은 문제가 있다. 좌절하고 싶은 유혹도 있다. 누구도, 무제한의 예산을 가진 자비심 넘치는 철학자조차도 모든 문제를 바로잡을 수 없다. 그러나 현실이 이렇다고 해서 기개가 꺾일 필요는 없다. 우리의 조상들은 포기하지 않았다. 그들은 오늘날 우리가 직면하고 있는 대부분의 어려움보다 더한 고난을 일상적으로 겪었다. 우리는 그런 조상들을 실망시키지 말아야 한다.

이 점을 명심하고, 개혁이 성공할 수 있는 다른 분야로 넘어가보자.

법적 개혁으로 결혼을 촉진할 수 있다

어떤 문제들은 입법을 통해 고쳐질 수 있지만 다른 것들은 그럴 수 없다. 법령은 인종이나 성별에 따라 분리하지 못하도록 금지할 수 있지만, 인종적 편견이나 성차별을 종식시킬 수는 없다. 이런 문제는 사회적 인식의 제고를 통해서만 대처할 수 있다. 이런 범주의 문제들이 바뀌는 추세는 긍정적이다. 모든 서구 국가들은 소수자와 여성, 동성애자들에 대한 편견에서 탈피하는 방향으로 진화해왔다. 그러나 과거의 가정에 따르는 방향으로 되돌아감으로써 사회에 득이 되는 한 가지 주제가 있다. 바로 결혼이다. 결혼은 건강과 경제, 자녀를 위해 좋은 것이다.

전염병학의 창시자 가운데 한 사람인 윌리엄 파William Farr는 1858년, 결혼한 사람들이 결혼하지 않은 사람보다 더 오래 산다는 것을 밝혀냈다. 그의 발견은 21세기에도 여전히 유효하다. 배우자가 있는 사람들은 미혼자나 이혼자보다 심장마비나 뇌졸중을 겪을 가능성이 더 적다. 그러나 현재 서구 사회에서 결혼의 혜택을 보는 인구의 비중은 사상 최저 수준이다. 20세기가 시작됐을 때 미국 가정의 80퍼센트가 결혼한 부부에 의해 꾸려졌다. 21세기가 시작됐을 때 이 비율은 53퍼센트로 떨어졌다. 2014년 퓨 리서치센터는 "미국 성인들 가운데 기록적인 숫자가 평생 한 번도 결혼을 하지 않았다"고 발표했다. 1960년에는 남성들 가운데 결혼하지 않은 비율이 10퍼센트였으나 2014년에는 그 비율이 23퍼센트로 늘어났다.

교육수준과 계층적 배경은 결혼 가능성의 선행 지표가 됐다. 몇 세대 전만 해도 미국에서 근로계층과 하위 중산층의 대부분이 결혼을 했고, 결혼 상태를 유지했다. 오늘날 이들 계층의 대부분은 결혼을 하지 않거나 결혼생활에 실패한다. 상위 중산층과 고소득층에서는 결혼은 일반적이지만 이혼은 그렇지 않다. 부자들은 배우자를 쉽게 떠나고 근로계층은 반대로 결혼 서약을 지킬 것이란 정형화된 통념에도 불구하고, 현대 미국 사회의 현실은 그 반대의 현상이 나타나고 있다. 2010년 인구조사에 따르면, 고졸 여성의 대다수는 결혼하지 않거나 이혼을 하는 반면, 대학을 졸업한 여성의 대다수는 결혼을 해서, 결혼생활을 유지하는 것으로 나타났다.

많은 결혼생활이 불행하게 끝난다. 결혼 상태는 낭만적일 수 있지만, 그렇다고 근사하게 미화할 필요는 없다. 그러나 모든 결혼은 경제적 계약으로서, 부부의 자원을 결합하고 자녀들의 성공 가능성을 높임으로써 부부에게 더 나은 삶을 가능하게 한다. 퓨 리서치센터는 2010년 연구에서, 1970년 이래 결혼한 사람들의 가계소득은 인플레이션을 감안했을 때 약 50퍼센트가량 꾸준히 증가한 반면, 결혼하지 않은 사람들의 가계소득은 1990년에 정점에 이른 후 계속 떨어졌다고 밝혔다.

결혼한 부유층과 결혼하지 않은 근로계층 간의 결혼 격차는 미국의 소득 격차의 많은 부분을 설명하는 데 도움이 된다. 브루킹스 연구소의 개리 버틀리스Gary Burtless는 미국의 소득 불평등 가운데 적어도 10퍼센트는 고학력자 간의 결혼에 기인한다고 추정했다. 보울링 그린 주립대학의 결혼 및 가정문제연구소에서 발표한 자료에 따르면, 한 세대 전에 대학을 나오지 않은 여성의 3분의 1은 첫째 자녀가 태어났을 때 결혼하지 않은 상태였다. 2010년에는 대학을 졸업하지 않은 여성의 대다수가 첫째 자녀가 태어났을 때 미혼 상태였다. 결혼한 부부에 의해 양육된 자녀들은 교육이나 취업 면에서 유리하고, 법적인 문제에 연루

될 가능성은 적다.

역시 브루킹스 연구소의 연구원인 론 해스킨스Ron Haskins와 이사벨 소힐Isabel Sawhill은, 오늘날 어떤 출신 배경을 가진 미국인이든 전통 방식의 인생 패턴(고등학교를 졸업하고, 적어도 21세까지 기다렸다가 결혼을 하되, 아이를 갖기 전에 결혼식을 올리는 과정)을 따르면 빈곤을 피할 수 있음을 알아냈다. 해스킨스는 "이처럼 간단한 규칙을 따른 미국 성인 가운데 단 2퍼센트만이 빈곤 상태에 있고, 거의 75퍼센트는 중산층에 합류했다"고 썼다. 혼란스런 현대의 생활은 모든 것을 바꾼 것처럼 보이지만, 해스킨스와 소힐이 언급한 것과 같은 전통적인 기준들은 여전히 통용된다.

유럽연합에서 제도로서의 결혼은, 결혼식을 올리지 않는 것만 제외하면 사실상 결혼과 똑같은 역할을 하는 장기적인 동반자 관계에 밀려났다. 장기적인 동반자 관계는 유럽 사회에서는 비교적 잘 작동하는 것 같다. 그러나 미국에서는 결혼한 사람과 그렇지 않은 사람이 사회적으로 확연하게 구분된다. 즉, 결혼한 사람들이 결혼하지 않은 사람보다 두드러지게 더 나은 삶을 영위하는 것이다. 결혼하고 싶었지만 적당한 배우자를 찾지 못한 사람들에게 이런 사실은 개인적으로 매우 슬픈 일일 수 있다. 경제학에서 운이 대부분의 심사숙고한 결과보다 더 큰 역할을 하듯이, 짝을 만나는 데도 운이 크게 작용한다. 2015년에 동성결혼이 미국 전역에서 합법화되자 결혼 축하 이벤트와 관련 기사가 넘쳐났다. 그러나 동성결혼은 전체 인구의 2~3퍼센트밖에 차지하지 못한다. 2015년의 결혼 행사 보도가, 결혼하고 싶었지만 배우자가 없는 사람들로 구성된 훨씬 더 큰 인구 집단에게 어떤 영향을 미쳤을지를 한번 상상해보라.

법이 사람들로 하여금 결혼을 결심하게 하거나, 결혼생활 중에 일어나는 불가피한 불화나 힘든 시기를 견뎌내도록 할 수는 없지만, 배우자를 경제적 관점에서 더 매력적으로 만들어 결혼에 성공할 가능성이 커지게 함으로써 결혼과 관련된 문제에 영향을 줄 수는 있다. 그런 개혁은 보편적 기본소득과 최저임금 인상, 대학교와 전문대학, 2년제 단기대학의 학비 경감, 유아 보육 개선 등을 포함한다. 이러한 개혁을 통해 결혼을 장려할 수 있을 것이며, 특히 대학을 졸업하지 못한 저학력자들의 결혼을 촉진하는 효과가 기대된다.

2차 세계대전 직후에 지식인들은 결혼이 여성에게는 감옥과 같다며 결혼제도를 비난했다. 그러다 동성 커플들이 결혼하기를 원하자, 지식인 사회는 갑자기 입장을 바꾸어 결혼 상태를 칭송하기 시작했다. 공공정책은, 부부를 중심으로 형성된 가정이 (많은 문제점에도 불구하고) 현재는 물론 장래에도 사회를 구성하는 근간이라는 점을 감안해야 한다. 결혼을 장려하는 것이 진부하게 들리더라도 할 수 없다.

공교육 시스템이 나아갈 방향

자금을 투입해서 공교육을 개선하려는 시도는 대부분의 경우 무위로 끝났다. 공교육이 통제할 수 없는 가정과 또래 집단의 환경이 교실보다 더 중요하다. 이는 부분적으로 사람들의 IQ가 6세 전후까지 형성되고, 그후에는 학교의 질에 관계없이 거의 변하지 않기 때문이다. 시카고대학의 경제학자 제임스 헤크먼James Heckman의 연구결과에 따르면, 유아기 동안 집에서 양육할 수 있도록 각 가정을 도와주는 것이 아동의 교육 성과를 높이고, 가계소득을 더 올려주며, 남자아이들의 범죄율을 낮추는 결과를 낳는 것으로 나타났다. 유아기의 자녀를 가진 가족에 대한 지원이 학교에 추가 자금을 지원하는 것보다 비용 대비 효과가 더 클 것이다. 뉴욕시의 통계에 따르면, 취학 전 아동에 대한 광범위한 지원 프로그램 비용이 공교육 시스템 전체 예산의 5퍼센트에 불과한 것으로 나타났다. 이는 취학 전 아동에 대한 지원이 매우 현명한 투자임을 보여준다.

여러 세대 동안 미국 교육의 이상은 모든 사람을 대학에 보내는 것이었다. 아마 언젠가는 이런 이상이 실현되는 날이 올 것이다. 현재는 미국 고등학교 졸업생의 약 40퍼센트만이 대학 교육을 받을 준비가 되었음을 보여주기에 충분할 정도의 SAT(미국의 대학수학능력시험) 점수를 받는다. 미국에서 성인의 41퍼센트가 대학 학위를 가졌는데, 이 비율은 세계 최고 수준으로 자부할 만하다.

그러나 현실적인 근거에서 볼 때, 전체 인구 중 대학 졸업자의 비중에는 일종의 상한선이 있을지 모른다. 특히 미국이 계속해서 대규모 이민자를 받아들일 경우 대학 졸업자 비중을 높이기에는 한계가 있을 것이다. 미국 태생이 아닌 가족의 경우, 3대째부터는 일반적으로 학업 성적이 괜찮지만, 이민 1세대와 2세대는 그렇지 못하다. 이민 1세대 고등학생이 많은 로스앤젤레스 연합 학군의 2016년 졸업생에 대한 연구는 이들 중 47퍼센트만이 필수과목에서 적어도 평균 C학점을 받았고, 대학수학능력시험 성적 역시 내세울 게 없었음을 보여준다. 결국 미국인의 절반 정도는 학비가 문제되지 않더라도 4년제 대학 교육을 마칠 가망이 없다고 보는 편이 타당할 것이다. 유럽의 대학 졸업자 비중도 비슷할 것이다.

데이비드 프리드먼David Friedman은 "똑똑한 사람들은 자신들의 재능을 최대한 개발해야겠지만, 그런 능력을 인간 가치를 평가하는 잣대로 삼기 위해 사회를 바꾸도록 허용하지는 말아야 한다"고 썼다. 많은 나라에서 똑똑한 사람들이 그렇지 않은 사람들보다 더 존경할 만하다고 가정하는 문화가 형성돼 있다. 돈 펙Don Peck이 썼듯이, 성과주의의 가장 치명적인 문제는 성과를 시험 성적과 동일시하는 것이다. 평균적인 수학 능력을 가진 사람들도 똑똑한 사람들과 똑같은 사회적 가치를 갖는다. 똑똑한 사람들은 대부분의 경우 스스로를 잘 돌볼 수 있으므로, 공공정책은 보통 사람들의 필요에 부응할 수 있도록 2년제 전문대학과 직업학교를 지원하고, IQ가 형성되는 유아기의 자녀를 가진 부모들을 도와주며, 공립고등학교에 직업기술 교육을 추가하는 데 초점을 맞춰야 한다.

그리 멀지 않은 과거에 대부분의 공립고등학교들은 학생들이 공장과 건설업에 취업하거나 자동차 정비공으로 일할 준비를 할 수 있도록 기계조작 기술과 목공, 금속가공 등을 가르치는 실용기술 과정을 제공했다. 그러나 공교육 시스템이 10대 학생들 대부분은 대학 진학 준비에 초점을 맞춰야 한다고 여기기 시작하면서 이런 과정들은 점차 퇴조하는 경향을 보였다. 그 결과 대학에서 성공할 가능성이 낮은 학생들은 취업에 도움이 될 만한 기술을 갖지 못한 채 고등학교를 졸업하게 됐다. 최근 몇 년간 자동차 영업소들은 정비 기술자를 고용하는 데 어려움을 겪고 있다. 고등학교에서 더 이상 자동차 정비기술을 가르치지 않기 때문이다. 건설업과 각종 수리업체들은 전기공과 배관공, 열쇠 수리공, 목수, 용접공 등을 구하는 데 애를 먹고 있다. 기업들은 기술 직종에서 얻을 수 있는 좋은 일자리에 지원하는 사람이 없다고 불평한다. 학교가 이런 현실에 대응할 필요가 있다.

전면적 재평가가 필요한 교육제도

더욱 가속화되는 경제 여건의 변화는 직업교육의 강화를 넘어서 교육제도의 전면적 재평가가 필요함을 제기한다. 19세기 말 이래 교육제도는 아동기와 10대 청소년기, 초기 성년기 동안의 학습에 초점을 맞춰왔고, 학교를 졸업한 이후에는 학습의 완전한 단절로 이어졌다. 68세의 사모펀드 억만장자 데이비드 루벤스타인David Rubenstein은 2017년에, 자신은 대학 졸업 후 매주 책 한 권을 읽는 나름의 규칙을 고수해왔다고 말했다. 그는 지금까지 거의 2,500권의 책을 읽은 셈이다.

이와는 대조적으로, 미국 대학 졸업자의 3분의 1은 대학을 졸업한 후에 책을 한 권도 읽지 않는다. 한편, 대부분의 미국인들은 고등학교나 대학을 졸업한 후에는 나머지 생애 동안 교육의 중단 상태에 들어선다. 이는 탐구심을 접는 첩경일 뿐만 아니라, 빠르게 변화하는 세계 경제에서 뒤떨어지는 지름길이다.

한 세대 전만 해도 대부분의 사람들은 은퇴할 때까지 처음 선택한 직종에 머물 수 있을 것으로 기대했다. 그러나 이제는 한 번, 두 번 혹은 여러 번의 직종 변경이 일상화되고 있다. 그런데 20대의 교육에 맞춰진 고등 교육기관들이 이런 변화에 대응하지 않는 이유를 모르겠다.

초등학교-중학교-고등학교-대학교 이후에는 전혀 학교 교육이 없는 현재의 표준적인 학제가 지속적인 교육으로 이어진다고 가정해 보자. 예컨대 5년간 직장생활을 한 후 다시 대학이나 직업학교에 돌아가 1년간 최근의 경제 발전이나 연구 성과에 대해 배우고, 다시 5년간 일한 후 학교로 돌아가 1년을 보내는 식으로 평생 동안 학교 교육이 이어지는 학제를 도입하는 것이다. 대학은 사회에 진출하기 직전의 사람들만을 위한 교육장이기를 멈추고, 모든 연령대의 남녀가 정기적으로 교육을 받는 곳이 될 필요가 있다. 대학의 교육자들은 오로지 젊은이들로 구성된 강의실만 바라볼 게 아니라, 젊은이와 중년층, 노년층이 섞인 강의실로 시야를 넓혀야 한다. 이는 미국인과 유럽인들이 불가피한 경제적 변동에 적응할 수 있도록 도울 뿐만 아니라 평생 계속되는 탐구심을 충족시킬 수 있을 것이다.

인구의 노령화 & 정부의 경직화

수명이 늘어남에 따라, 사회는 교육의 새로운 관점에 더해 노화의 의미에 대한 새로운 시각도 필요할 것이다. 1940년에 전형적인 미국인은 생애의 7퍼센트를 은퇴 상태에서 살았다. 지금은 은퇴 후 기간이 생애의 23퍼센트로 늘었고, 이 추세라면 앞으로 생애의 3분의 1까지 늘어날 것이다.

인구가 고령화되는 것과 함께 권력자들도 노령화되고 있는데, 이들은 자리를 차지한 채 늙어가고 있다. 70세의 트럼프가 백악관을 차지하고 그다지 젊다고 할 수 없는 (평균연령 62세인) 각료들로 둘러싸였을 때, 힐러리 클린턴(69세)과 버니 샌더스(75세) 등 야당 지도부의 고위인사들도 60대 후반에서 70대 중후반의 고령이었다. 연방대법원의 대법관 9명 가운데 7명이 사회보장 수혜 대상이고, 그중 4명은 많은 주의 일반판사 정년을 넘겼다. 노령화되는 정부에서는 현상유지가 최우선 관심사가 될 것으로 예상된다. 이런 현상은 일본 정치에서 관찰되고 있고, 갈수록 미국에서도 그럴 것이다.

인구의 노령화가 새로운 아이디어를 요구하는 바로 그 시점에 정부는 경직화되고 있다. 한 정치 소식통은 "현직에는 이미 엄청난 이점이 있다"고 말했다. 그는 "사람들이 더 오래 살수록 현직은 더 공고해질 것"이라며 "양 당 모두 많은 사람들이 권력에 너무 오래 붙어 있어서 참신한 생각이 발붙일 여지가 없고, 이는 민주주의에 좋지 않다"고 말했다. 정치 시스템의 개혁을 통해 정부와 의회, 사법부에 새로운 발상을 가진 젊은 피를 수혈할 필요가 있다.

사회보장제도의 개혁이 시급한 이유

사회보장제도의 구조는 1930년대에 처음 이 제도가 도입됐을 때의 수명이 여전히 계속될 것처럼 변함없이 유지되고 있다. 1961년에 추가된 조기 은퇴제도는 월 지급금을 낮춰서 62세부터 사회보장보험금을 수령할 수 있는 제도로, 수명이 짧다면 매력적이지만 수명이 연장되면서 역효과를 내고 있다. 사회보장보험금의 조기 수령을 택한 사람들은 자신의 저축액을 소진한 채 80대를 맞을 경우, 조기 수령을 신청하지 않을 경우 받을 금액보다 훨씬 적은 돈으로 여생을 보내야 하는 상황에 직면할지도 모른다. 여론조사 결과를 보면, 미국인들은 자신들의 기대수명을 일관되게 저평가하는 것으로 나타난다. 이는 조기 은퇴와 현재의 소비를 정당화하면서 장기간에 걸쳐 의존성을 유발하는 편리한 가정이 아닐 수 없다.

인구학자인 제임스 보펠 James Vaupel은 "사회가 수명 연장과 관련된 정책 선택에 직면하기를 주저하면, 얼마를 저축하고 언제 은퇴할지에 대한 사람들의 결정을 왜곡하고, 정치인들에게 사회보장제도를 개편하는 고통스런 결정을 미루도록 하는 빌미를 주게 된다"고 경고했다. 로널드 레이건은 사회보장제도의 장기 재원조달에 대해 건설적인 조치를 취한 마지막 대통령이다. 레이건 행정부는 사회보장세를 올리고 전면적인 사회보장 혜택을 받는 연령을 약간 높였다. 오늘날 의회 의원들은 대부분 사적으로는 사회보장제도를 다시 손봐야 한다는 데 동의할 것이다. 그러나 공개적으로는 누구도 이 금기시되는 주제를 건드리려 하지 않을 것이다. 연금 재원조달의 복합적인 효과 때문에 개혁은 매년 연기되고 문제는 더욱더 악화된다. 장래의 국가 재정을 안정시키기 위해서는 사회보장제도의 개혁이 필요하고, 그러한 개혁은 재정 위기가 닥친 이후보다 지금 하는 편이 더 쉽다.

일을 완전히 중단하는 은퇴 개념도 바꿀 필요가 있다. 즉, 계속 일만 하다가 갑자기 전혀 일을 하지 않는 단계로 넘어가는 현재의 은퇴 개념을 상근직에서 파트타임 근무로, 그 다음엔 봉사직으로 이행하는 단계적 은퇴 방식으로 바꾸자는 것이다. 수명이 짧았던 과거 대부분의 시기에는 자녀의 출산과 양육이 모든 남녀가 이루고 싶은 희망의 전부였다. 앞으로 수명이 계속 늘어난다면, 자녀 양육 이후에도 수십 년간 친구들과 교유하고 새로운 경험을 쌓을 수 있는 기간이 기다릴 것이다. 이 기간은 감정적으로 빠르게 타올랐다 사라지는 젊은 시절의 우정보다 잠재적으로 더 만족스러울 수 있다.

자동차와 인공지능, 약일까, 독일까?

로봇이 사람의 일자리를 차지하면 개혁이 무위에 그칠 수도 있다. 최근 제조업의 추세는 거의 무인 공장을 지향하고 있다. 이를 한탄한다고 해서 불가피한 추세가 바뀌지는 않을 것이다. 1850년대 표준궤도 선로를 파괴하려던 철도 노동자들의 시도가 사람의 일손이 많이 필요한 복합궤도 선로의 종말을 막지 못했던 것과 다름없다. 한 세기 전 농업 노동자들이 기계로 대체되기 시작했을 때 두려움이 감돌았다. 그러나 그 두려움은 공장 취업이 더 선호되면서 잊혀졌다. 오늘날 제조업 노동자들이 기계로 대체되면서, 교직이나 의료 분야가 확대됨에도 불구하고 두려운 분위기가 감돈다. 언젠가는 기계가 병원에서의 일자리를 대체할지도 모른다(현재의 속도라면 '언젠가'가 내년을 의미할 수도 있다). 그러나 다른 분야가 확대되고 있다.

기술 발전과 관련해서 작은 걱정과 큰 걱정이 있다. 작은 걱정은 기계가 전면적인 실업을 초래할 것이란 신 러다이트Luddite(신기술 반대자) 공포다. 200년 전 수동 방직기에 생계가 걸려 있던 러다이트들은 양말 직조기와 다른 동력 직조 장치들을 파괴하기 시작했다. 영국 의회는 1812년 역사상 가장 기이한 입법의 하나인 '직조기 파괴법Frame-Breaking Act'을 제정해 대응했다. 이 법은 산업용 기계를 파괴한 자를 사형에 처하도록 했다. 그때 발발한 나폴레옹 전쟁에서 기계는 사람을 죽였지만, 사람은 기계를 죽이는 것이 금지된 것이다. 러다이트의 예상은 잘못된 것으로 판명됐다. 1812년 이래 노동계층의 생활여건과 급여, 복지혜택은 꾸준히 향상된 반면, 실업률은 러다이트들이 황야에 모여 기계 파괴를 모의했을 때보다 언제나 더 낮았다.

단지 러다이트들이 과거에 틀렸다는 사실이 이들이 21세기에서도 틀릴 것이란 의미는 아니다. 이미 자동화로 많은 공장 노동자들이 대체됐다. 이 자동화는 두 발로 걷는 번쩍이는 로봇이 아니라 양말 직조기에 대한 현대적인 해법을 말한다. 즉, 반복적인 동작을 수행하는 동력 팔과 조립품을 검사하는 센서, 무거운 물체를 들어올리는 동력장치 등으로 구성된 자동화 설비다. 공장 자동화는 제조 공정에서 사람들에 대한 재해를 줄였지만, 당연히 공장 노동자들을 덜 중요하게 만들었다. 평론가들과 정치인들이 알 수 없는 이유로 감상적으로 묘사한 과거의 제철소와 자동차 공장은 더럽고, 시끄럽고, 덥고, 짜증나며, 무엇보다 위험했다.

한 세기 전에 시작된 농업 자동화의 물결은 농장 노동자들을 덜 중요하게 만들었으나, 오늘날 모두가 형편이 나아졌고, 실업률은 낮게 유지되고 있다. 산업화 시대가 정확히 언제 시작됐는지는 논란이 될 수 있지만, 1763년 제임스 와트의 증기기관이 출발점이라고 할 수 있다. 그후 보통 사람들의 물질적 수준이 훨씬 나아졌을 뿐만 아니라 급여도 꾸준히 올랐다.

오늘날 스스로 움직이는 로봇을 개발하려는 시도는 아직 충분한 성과를 내지 못하고 있다. 그러나 일단 중소형 자율 로봇들이 자유롭게 돌아다닐 수 있게 되면, 이들이 병원의 잡역부와 건설현장의 인부, 피자 배달원, 일부 분야의 군인들을 대체할 것이다. 이들은 또한 혼자 살거나 특별한 돌봄이 필요한 노인과 장애인들에게 일상적인 도움을 제공할 것이다. 자동화의 진전은 다른 분야에서의 공학과 기술의 발전과 똑같은 효과를 낼 가능성이 크다. 경제적 혼란이 일어날 수 있고, 일부는 일자리를 잃는 반면 다른 사람은 새로 일자리를 얻을 것이며, 결국은 거의 모든 사람의 생활수준이 향상될 것이다.

아마도 로봇은 아무리 기술이 발전한다 해도 결코 설계된 일을 수행하는 것 이상도 이하도 아닐 것이다. 보잉 747기는 600만 개의 부품과 첨단 전자기기를 가진 놀라우리만큼 복잡한 기계 장치다. 전 세계 하늘을 나는 1,500대의 보잉 747기 가운데 단 한 대도 자각 능력을 가지고 그 창조자인 인간을 배반하지 않았고 항공공학과 무관한 행동을 한 적도 없다. 어떤 개인이나 기업 또는 국가가 사람을 해치거나 지배할 목적을 가진 로봇을 설계할 수도 있을 것이다. 그러나 이는 사람을 해치는 것이 목적인 무기와 똑같은 문제다. 산업 자동화 설비가 사악한 괴수로 바뀌는 일은 없을 것이다.

기술 발전과 관련한 큰 걱정은 어떤 형태의 전자적 지능이 등장하는 것이다. 오늘날의 중앙처리장치보다 훨씬 강력한 퀀텀 컴퓨터가 개발되고 있다. 이론적으로 이러한 장치들은 은행계좌의 가능한 모든 암호를 추측하는 것처럼, 오늘날 최고의 컴퓨터가 몇 년이 걸리는 엄청난 계산 작업을 단 몇 초만에 수행할 수 있을 것이다. 예일대학의 컴퓨터 과학자 데이비드 겔런터David Gelernter는 2016년에, IQ

5,000에 해당하는 능력을 가진 비싸지 않은 컴퓨터 칩이 조만간 시판될 것이고, 그렇게 되면 휴대폰과 자동차 대시보드, 식기세척기의 조작판이 사람보다 더 똑똑해질 것이라고 전망했다. IQ 5,000짜리 칩 여러 개를 함께 결합할 수 있을 만큼 칩 가격이 떨어지면, 그렇게 결합된 결과물이 무엇이든 그에 대해 사람이 우위를 가질 수 있는 수단은 전원 스위치를 끄는 능력뿐이다. 드라마 〈스타 트렉〉에서 일어난 것처럼, 지적 능력을 가진 컴퓨터들은 전력 공급이 끊어지지 않도록 하는 방법을 찾아낼지도 모른다. 이것이야말로 두려운 상황이다.

70억 명 인류의 지능과 맞먹는 실리콘 집적체가 작은 병 안에 들어갈 수 있을 것이란 점을 감안하면, 전자지능이 인류에 대해 별로 신경을 쓰지 않을지도 모른다. 혹은 전자지능이 인간이 연결되도록 허용한 기기만을 작동시키도록 그 기능이 영원히 제한될지도 모른다. 그러나 위험은 실재한다. 3세대 전에 원자핵 융합 폭탄의 발전은 인류를 멸망시킬 것처럼 보였다. 그러나 세계는 그후 더 평화로워졌다.

다음 세대에 인공지능은 현실적인 위협이 될지 모른다. 2016년에 엘론 머스크Elon Musk와 마틴 리스Martin Lees, 프란체스카 로시Francesca Rossi, 스티브 워즈니악Steve Wozniak과 그밖의 기술과 물리학의 거장들은 인공지능이 (인류에게) 큰 이득이 될 수도 있지만 사회에 큰 해를 끼칠 수도 있다고 경고했다. 그들은 지금이 인공지능에 규제를 가할 시점이라고 말했다. 자동차와 항공기를 포함한 광범위한 제품들에 대해 기본적인 안전장치가 법적으로 의무화됐다. 전자장치에도 자폭 스위치를 의무화하는 법규가 필요할 것 같다.

핵무기, 화산, 우주 암석의 전 지구적인 위협

대부분의 지표들이 긍정적임에도 불구하고, 인류의 삶을 크게 악화시킬 수 있는 일들에 대한 두려움은 여전히 존재한다. 그 가운데 하나가 원자폭탄이 도시에서 폭발하는 것이다. 핵무장 국가들은 서로 싸운 적이 없다. 억제 논리가 핵전쟁을 벌이지 않도록 독재자를 포함한 이성적인 핵무장 국가의 지도자들을 설득해왔기 때문이다. 국가의 역사상 비이성적인 지도자는 아직 알려지지 않았다. 비국가 집단의 정신 나간 미치광이 지도자도 결국은 책임을 지게 될 공산이 크다.

누구나 인터넷에서 원자폭탄의 설계도면을 내려받을 수 있다는 얘기를 흔히 듣는다. 이는 인간 심장의 해부도를 누구나 인터넷에서 내려받을 수 있다고 말하는 것과 비슷하다. 심장 해부도를 가졌다고 해서 누구나 심장수술을 할 수 있는 것은 아니다. 원자폭탄을 만들려면 설계도면 이상이 필요하다. 특히 핵분열 물질은 만들거나 훔치기가 매우 어렵다.

여러 가지 이유로 조악한 형태의 핵폭탄이 도시에서 폭발할 가능성이 거의 없다고 해도, 전혀 불가능한 것은 아니다. 그러한 폭발로 수천 명이 죽을 수 있다. 만일 핵 폭발 물질을 추적해서 특정 국가를 범행자로 지목할 수 있다면 보복 공격으로 수백만 명이 죽게 될 것이다. 그렇게 되면 세계 무역은 수십 년간 중단되고 제2의 대공황을 초래할지도 모른다.

조악한 원자폭탄이 어떤 미치광이의 손에도 들어가지 않는다 해도, 미국 사회는 어리석게도 핵 위험 방지를 위한 여러 가지 노력을 당연한 것으로 여긴다. 이런 핵 위험 방지 조치 가운데 하나가, 원자핵 성분을 추적해서 압류하는 한편, 무기 등급의 핵분열 물질을 발전 연료로만 쓸 수 있는 물질로 전환시키는 일을 하는 '위협 감축 공동 프로그램Cooperative Threat Reduction Program'이다. 정치인들은 이 프로그램이 러시아와의 공동작업을 포함한다는 이유로 미온적인 태도를 보였다. 많은 환경운동가들은 이 프로그램이 민간의 핵 발전을 지속시키는 효과를 갖는다는 이유로 역시 미온적인 자세를 보인다.

전 세계의 핵무기가 줄어들었지만 위험은 여전히 심각하다. 럿거스대학의 앨런 로복Alan Robock과 콜로라도대학의 오웬 툰Owen Toon은, 인도와 파키스탄 간에 제한적인 핵 교전이 벌어질 경우 전 세계에 기온 급강하를 야기해 식량 공급을 위협할 정도로 많은 양의 연기가 발생할 것으로 추산했다. 1991년 피나투보 화산 폭발에 이은 지구 냉각화를 통해, 연구자들은 대기권 상층부까지 뿜어져 올라간 연기가 저고도에서 퍼진 연기보다 오래 지속된다는 사실을 깨달았다. 피나투보 화산은 '제한된 핵교전'으로 인해 발생할 수 있는 연기의 일부밖에 배출하지 않았을 뿐이었다. 원자폭탄이 등장한 초기에는 방사능 낙진이 문명을 위협하는 현실적인 위협으로 보였다. 그러나 성층권의 연기도 그에 못지않게 위험하다. 문제는 각국이 협력 정신을 팽개치고 핵무기를 사용하는 것을 막기 위해 무엇을 할 수 있을지가 명확하지 않다는 것이다. 현재로선 전쟁이 역효과를 낸다는 사실을 인류가 이해하도록 하는 노력을 지속하는 것 말고는 달리 방법이 없다.

화산은 언제든지 나타날 수 있는 자연적인 위협을 제기한다. 가장 최근의 초대형 화산 폭발인 인도네시아의 탐보라 화산 폭발은 1815년 일어났는데, 이때 전 세계적인 흉작을 초래했다. 컬럼비아 대학의 마그마 전문가인 테리 앤 플랑크Terry Ann Plank는 2016년 옐로스톤 국립공원 지하의 화산대가 폭발하면 지구상에 있는 생명체를 모두 말살시킬 것이라고 경고했다. 그러나 화산 폭발을 막기 위해 할 수 있는 것은 전혀 없고, 대비할 수 있는 것도 별로 없다.

인류가 막을 수 있는 자연의 위협이 한 가지 있다. 바로 우주 암석의 충돌이다. 한 세대 전까지만 해도 과학자들은 소행성과 그밖의 우주 물체가 지구에 떨어진 것은 아주 먼 과거의 일이라고 가정했다. 그러나 1908년 상당한 크기의 우주 암석이 시베리아 퉁구스카 강 인근에 충돌해서 히로시마 원폭의 수천 배에 이르는 폭발을 일으킨 사실은 오늘날 널리 알려졌다. 다행히 이 충돌은 사람이 살지 않는 외딴 지역에서 일어났다. 서기 536년에 커다란 소행성이 호주 근처의 카펜타리아만에 충돌했다는 증거가 있다. 다행히 이 소행성은 바다에 떨어져서 지구의 많은 생명체들이 살아남았지만, 추운 여름과 흉작이 뒤따랐다. 천문학자들은 수십 년 전까지도 국지적인 우주 암석Near-Earth objects(지구 근접 물체)을 식별할 수단을 개발하지 못했다. 1980년에 모두 86개의 지구 근접 물체가 식별됐다. 이 글을 쓰고 있는 2017년 중반, 식별된 지구 근접 물체는 1만 6,165개까지 늘어났으며, 앞으로도 계속 늘어날 것이다. 대부분의 우주 암석은 지구와의 충돌 경로에 있지 않지만, 단 한 개의 충돌만으로도 핵전쟁과 맞먹는 재앙을 불러일으키기에 충분하다. 충돌과 폭발로 인해 발생한 연기와 잔해가 몇 년간 태양을 가리는 데다, 부식성이 강한 산성비가 몇 달씩 내릴 것이기 때문이다.

소행성에 대한 방어책은 현대 기술의 범위 내에 있다. 이 기술은 폭탄이나 레이저가 아니라 자동화된 우주 예인선을 이용해 지구와 충돌할 가능성이 있는 큰 우주 암석의 진행 경로를 변경하는 것이다. 우주 예인선을 이용한 소행성 방어 시스템을 구축하는 일은 여러 해가 걸린다. 그래서 이 프로젝트는 충돌이 예상되기 전에 시작되어야 한다.

이 프로젝트를 지지하고 자금을 지원하는 지도자들은, 만일 이 시스템이 쓰이지 않을 경우 조롱을 받을 것이다. 그러나 우주 암석 방어책은 인류를 위한 일종의 보험이다. 보험에 가입했을 때, 최상의 결과는 보험료를 완전히 날리는 것이다. 주택화재보험과 자동차보험, 건강보험 등 보장성 보험에서 가장 이상적인 경우는 보험료를 낸 후 보장을 전혀 필요로 하지 않는 것이다. 소행성 방어가 바로 이런 상황이다. 강대국들은 어떤 목적으로든 결코 사용되지 않기를 바라는 전략 핵미사일을 개발하는 데 수조 달러를 썼다. 최상의 시나리오는, 핵미사일에 대한 투자가 완전히 낭비되는 것이다. 전략무기에 쓴 돈의 극히 일부만으로도 우주 암석 방어체계를 구축할 수 있을 것이다. 전략 핵무기와 마찬가지로, 우리는 이 방어 시스템이 결코 사용되지 않기를 바란다. 만일 이 시스템이 필요해지는 경우, 대량 인명 손실 또는 대량 멸종 사태를 막는 것은 인류 역사상 가장 위대한 업적이 될 것이다. 우리의 후손들에게 다른 모든 것은 비교의 대상이 되지 않을 것이다.

개발도상국의 빈곤 해결은 불가능한 꿈이 아니다

만일 개발도상국의 빈곤이 계속 줄어들면, 세계의 자원 소비는 당연히 늘어날 것이다. 흔히 접하는 통계 가운데 하나는, 미국이 세계 인구의 5퍼센트에 불과한데도 현재 세계 자원 소비의 40퍼센트를 차지한다는 것이다. 이는 통상 미국이 소비를 줄여야 한다는 것을 암시하기 위해서 언급된다. 그러나 이런 통계의 인용은 문제를 잘못 이해하는 것이다. 미국이 자원 소비를 완전히 중단한다고 해도 빈곤 상태에 있는 사람들이 조금도 덕을 보지 못하기 때문이다. 이 통계수치가 의미하는 바는 (에너지와 금속, 물, 콘크리트, 농업용 화학비료 등) 세계 자원 소비가 앞으로도 계속 늘어난다는 것이다.

전력망은 부유한 국가에서 모든 곳으로 확대할 필요가 있다. 모든 사람이 빠르고 안전하게 여행할 수 있도록 하기 위해서는 더 많은 활주로와 항공기가 필요하다. 수많은 학교와 식당이 건설될 필요가 있다.

지구는 자원 소비가 크게 늘어나도 이를 감당할 수 있다. 더 많은 자원을 더 깨끗하고 현명하게 사용하는 것은 21세기 인류의 최우선 과제 가운데 하나다. 서구에서는 생활수준이 계속해서 올라갈 필요가 없지만 개발도상국에서는 더 크게 오를 필요가 있다.

전 세계가 미국인과 유럽인과 비슷한 수준으로 살 수는 없다는 것이 일반적인 통념이다. 그러나 전 세계가 서구 수준으로 산다는 것은 단지 도덕적 대의일 뿐이다. 1인당 공해 발생량과 자원 낭비를 줄이는 것과 함께 생활수준을 일정한 비율로 향상시키는 것이 불가능한 꿈은 아니다. 전 세계가 서구 수준으로 생활한다면 세계에 스트레스와 물질주의가 만연할 우려가 있다. 그러나 인류 사회는 서구 수준 생활의 보편화에 성공할 수도 있고 실패할 수도 있겠지만, 성공할 것이란 전망이 훨씬 더 설득력이 있다. 만일 전 세계가 서구 수준의 생활수준과 수명, 교육수준을 누릴 수 있다면, 희소성을 넘어선 경제에 필요한 여건이 조성될지도 모르겠다.

많은 문제들이 해결할 수 없는 것으로 보이는 이유는 우리가 그 문제를 해결하려고 시도하지 않았기 때문이다. 과거는 결코 끝나지 않을 것처럼 보였던 수많은 어려움을 담고 있다. 그런데 그 많은 어려움들은 결국 해소됐다.

인류의 장래에 대해 낙관적인 것이 '될 대로 되라'는 식의 자유방임주의를 정당화하지는 않는다. 상황은 사회와 개인이 행동을 취할 경우에만 제대로 풀릴 것이다. 온실가스 배출과 풍요 속의 결핍, 더 나은 삶을 위해 모든 걸 무릅쓰는 난민들, 그밖의 다른 어려움들은 해법을 고심한다면 완화될 수 있을 것이다.

20세기에 가장 뛰어난 개혁가였던 프랭클린 루스벨트는 1938년 "우리는 풀리지 않는 문제로 가장한 위대한 기회의 세상을 목격하고 있다"고 말했다. 오늘날 우리는 풀리지 않는 문제로 위장된 기회를 목격하고 있고, 그 해결책을 찾을 수 있을 것이다.

결코 너무 늦은 때란 없다

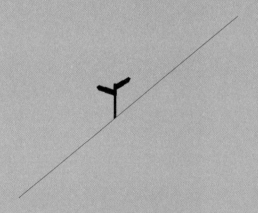

역사적 연대기를 읽다 보면, '그때 그들이 이러저러한 것을
하기만 했다면 그 일은 일어나지 않았을 것'이란 생각을 불러일으키는
수많은 순간과 마주치게 된다. 그러나 우리는 너무나 자주
'일단 그들이 이러저러한 것을 하는 데 실패한 이상,
때는 너무 늦었다'는 결론을 내린다. 이런 분석은 과거뿐만 아니라
현재에도 해당된다. 즉, 어떤 실수나 실패 때문에 좋은 결과가
우리의 손에서 빠져나갔다고 습관적으로 믿어버리는 것이다.
그러나 더 나은 세상을 만드는 데 결코 너무 늦은 때는 없다.
역사에는 특정한 교훈을 넘어서는 일반적인 명제가 있다.

어떤 역사적 명제는 매우 부정적이다.
'권력은 부패하고 절대권력은 절대적으로 부패한다.'

'무기는 결국은 사용하게 돼 있다.'

'부는 근본적으로 도둑질이다.'

'종교는 평화를 설파하고 그 다음에는 폭력을 부른다.'

어떤 역사적 명제는 중립적이다.

'어려움은 끝없는 연쇄 과정 속에 있다. 문제가 일어나고,

문제가 해결되면, 새로운 문제가 생긴다.'

'모든 국가와 개인은 담장 너머 이웃의 잔디가 더 푸르다고 생각한다.'

'개인과 국가와 사회는 드디어 문제를 해결했다고 생각한 지

얼마 지나지 않아 문제를 해결하지 못했다는 걸 깨닫는다.'

그리고 어떤 역사적 명제는 희망으로 가득 찼다.

'대부분의 사람에게 대부분의 상황은 개선된다.'

'인간 가족은 훨씬 커졌지만 자연은 이를 감당한다.'

'진화적 발전론은 거의 언제나 파국적 천변지이설을 능가했고,

낙관주의는 거의 항상 비관주의보다 우월하다.'

진화적 발전론의 관점에는 불확실성이 내재돼 있다.

이 불확실성을 즐기는 사람은 없다. 그러나 역사의 패턴은,

대부분의 도전이 해결되며, 재앙은 자연적인 것이든

인공적인 것이든 항상 일시적이라는 것이다. **자연적이거나**

인공적인 위기상황의 패턴은, 일단 그 위기상황이 끝나면
이전의 추세가 재개되고, 인류의 장래에 대한 이전의 추세는
긍정적이었다는 것이다. 오늘날 세계 각지의 많은 사람들이
우상화된 독재적 지도자들에 대해 우려한다.
역사는 이런 상황이 일시적이며, 긍정적인 추세가
다시 시작될 것임을 시사한다.

우상화된 독재자들의 문제보다 더 큰 두 가지 문제가 있다.
하나는 계몽주의의 끈질긴 복원력이고, 다른 하나는 끊임없는
변화에도 꿋꿋하게 버틸 수 있는 사회의 능력이다.
현재 계몽주의의 모든 전제는 중국과 인도에서 전에 없던
시험을 받고 있다. 1,000년 전에 중국은 수학과 농업, 야금술,
행정제도, 그리고 당시 최고의 기술적 표상인 조선업에서
선도적인 사회였다. 그때 중국은 내부로 방향을 돌려,
외부 개척을 금지하고 교역을 억제했다. 변화를 멈추기 위한
목적의 결과는 1,000년 동안의 쇠락이었다. 그 결과 수많은
보통 사람들이 수십 세대에 걸쳐 고난을 겪었다.
이런 쇠락과 고난은 중국이 현대화의 절박한
필요성을 수용하면서 끝나가고 있다. 과거의 중국뿐만 아니라
변화를 바라지 않는 사회들이 많다.
그러나 이들 사회도 변화로 인해 더 나아질 것이다.

변화는 때로는 스트레스를 주고, 때로는 고통스러우며,
때로는 짜증나는 일이다. 그러나 변화가 적은 아니다.

비관론자들은 다가오는 변화에 대항해 뒤에 서서 승산 없는 싸움을
벌인다. 만일 사회가 무너지고 있다면, 각국은 정말로 방호벽이
필요할 것이다. 그러나 낙관주의자들은 어떤 사회든 더 안전하고,
더 공정하며, 더 자유롭게 만들 수 있다고 믿으며, 세상은 여러 가지
다양한 방법으로 더 나은 곳이 될 수 있다고 생각한다.
누구도 낙관주의가 앞으로도 계속 비관주의를 압도할 것이라고
장담할 수는 없다. 그러나 우리가 아는 한,
낙관주의는 지금까지 늘 비관주의를 이겨왔다.
이와는 대조적으로, 낙관주의가 개혁을 위한 강력한 논거가
된다는 점은 장담하기가 쉽다. 과거의 발전은
인류의 삶을 향상시켰다. 이러한 사실은 다음 단계의 개혁 역시
성공할 것임을 기대할 수 있게 하는 좋은 근거다.

오늘날 서구의 거의 모든 사람과 개도국의 많은 사람들이
살고 있는 현대 사회는 식량과 연료가 풍부하고,
대부분의 전염성 질병이 퇴치되었으며, 일반 사람들도
항공여행을 포함해 빠르고 위험이 적은 교통수단을 이용할 수 있고,
거의 모든 성인이 고등학교를 졸업하고,

전 세계적으로 4억 7,000만 명이 대학 학위를 갖고 있으며,

인류의 대부분이 값싸고 신속한 통신 서비스를 이용할 수 있고,

광산이나 조립 라인에서 땀흘리며 일하는 블루칼라보다

책상 앞에서 일하는 화이트칼라가 많아졌다.

여러분의 고조할머니가 이런 현대 사회의 모습을 보았다면,

그녀 시대에 꿈꾸던 일들이 실현됐다고 말할 것이다.

우리 시대의 많은 딜레마들은 그녀를 당혹스럽게 하고, 오늘날의

어떤 면은 그녀를 매우 겁나게 할 것이다. 그러나 그녀는 대체로

인류의 실험이 잘 진행되고 있다고 생각할 것이다.

그리고 그녀는 우리가 다시 일어서서 앞으로

개선이 필요한 것들을 개혁하기를 바랄 것이다.

오늘날 어떤 이들은 "너무 비용이 많이 들거나 분열을 일으킨다는

이유로 개혁을 할 수 없다"고 주장한다.

과거를 돌아보면, 이것은 과거의 개혁에서 얻은 교훈이 아니다.

과거 개혁의 교훈은 대부분의 경우

"왜 더 일찍 행동하지 않았을까?"라는 것이다.

앞으로의 개혁도 이와 똑같이 회고될 가능성이 크다.

돌이켜보면, 지난 세기의 거의 모든 중요한 개혁들은 현명했고

비용 대비 효과적이었다. 환경보호, 인권 법안 입법,

표현과 종교의 자유 보장, 각종 노동 관련법, 사유재산의 법적 보호,

산업 규제, 피기소자에 대한 정당한 절차와 조력, 공공의료보장제도와

연금제도의 도입, 가정 · 직장 · 군대에서의 인종 및 성의 평등,

정부 비밀의 공개, 예술 및 성의 자유, 과학기술과 연구의 확대,

교육의 확대, 강력한 국방력의 유지 등이 그랬다(이는 미국의 사례들이지만,

대부분의 서구 국가들과 몇몇 개발도상국들도 이와 유사한 발전적 개혁 조치들을 취했다).

이 모든 사례에서 얻을 수 있는 교훈은

"왜 더 일찍 행동하지 않았을까?"라는 것이다.

과거 수많은 경우에 지식인과 공직자, 종교 지도자들은 몰락이

임박했다고 단언했다. 다양한 이념의 극단주의자들은 자신들이

차지하려고 열망하는 지배 구조를 정당화하기 위해 위기상황임을

천명한다는 공통점을 갖고 있다.

그러나 세상은 종말을 거부하고 있다.

언젠가 사람들은 지구라는 요람을 떠나 지구 밖 먼 곳에서

살게 될지 모른다. 우리의 머리 위 은하계에는 무한한 자원과 함께

누구에게나 허용된 무한한 기회가 있다. 인류에 대한

영웅담의 다음 장은 몇 세기 뒤의 일이겠지만,

지질학의 관점에서 보면 순식간에 일어난 것처럼 보일 것이다.

그동안 지구상에는 적어도 1,000억 명의 사람이 살아왔다.

많은 사람들이 끔찍한 고통을 겪었고,

그들의 삶은 (자연에 의해서든 인간의 비정함에 의해서든) 짧고도 괴로운

것이었다. 그러나 과거로부터 지금까지 1,000억 명의 인류는 자신들이 알았던 것보다 더 나은 사회를 후손들에게 남겼다. 그 발전 과정은 지금도 진행 중이다.

역사는 결정론적이거나 신학적이지 않으며, 어떤 형태로도 조종되지 않는다. 그러나 시간이 감에 따라 인류의 생활 여건은 대체로 개선되고 있으며, 이런 추세는 앞으로도 계속될 것이라고 기대할 만하다. 역사는 하나의 화살이다.

그리고 그 역사의 화살은 영원히 위를 향하고 있다.

팩트를 알면 두렵지 않다(원제 : It's better than it looks)

개정판 1쇄 2020년 3월 31일

지 은 이 그레그 이스터브룩
옮 긴 이 김종수
발 행 인 주정관

발 행 처 움직이는서재
주   소 경기도 부천시 길주로 1 한국만화영상진흥원 311호
대표전화 032-325-5281
팩   스 032-323-5283
출판등록 제2015-000081호
이 메 일 moving_library@naver.com

ISBN 979-11-86592-50-2   03300

※잘못된 책은 바꾸어드립니다.
※이 책은 《비관이 만드는 공포, 낙관이 만드는 희망》의 리뉴얼판입니다.

이 도서의 국립중앙도서관 출판시도서목록(CIP)은
서지정보유통지원시스템 홈페이지(http://www.seoji.nl.go.kr)와
국가자료공동목록시스템(http://www.nl.go.kr/kolisnet)에서 이용하실 수 있습니다.
(CIP제어번호 : CIP2020010909)